LA CHARITÉ
A ANGERS

PAR

Léon COSNIER

TOME II

Qui donne aux pauvres prête à Dieu.

ANGERS
LIBRAIRIE LACHÈSE ET DOLBEAU
4, Chaussée-Saint-Pierre, 4

PARIS
RETAUX-BRAY, ÉDITEUR
82, rue Bonaparte, 82

1890

LA

CHARITÉ

A

ANGERS

LA CHARITÉ
A
ANGERS

PAR

Léon COSNIER

TOME II

Qui donne aux pauvres prête à Dieu

ANGERS
LIBRAIRIE LACHÈSE ET DOLBEAU
4, Chaussée-Saint-Pierre, 4

PARIS
RETAUX-BRAY, ÉDITEUR
82, rue Bonaparte, 82.

1890

LES CATÉCHISTES DES ENFANTS PAUVRES [1]

Nous sommes aux confins de la commune d'Angers, du côté triste. Ce ne sont plus les bords verdoyants de la Maine ou l'atmosphère blonde et vivifiante de la Loire ; c'est le sombre horizon des ardoisières : de la poussière ou de la boue au lieu de prairies ; de hautes cheminées remplacent les arbres et des colonnes de fumée voilent l'azur des cieux.

La scène représente une école de village ; quand nous disons école, nous devons ajouter ancienne, car depuis trois ans les dignes Sœurs qui la desservaient ont été expulsées non pas de leur maison, elles en ont l'usufruit, mais de leurs humbles fonctions ; non loin d'elles se dressera un splendide groupe scolaire.

Le local où nous pénétrons se compose d'un rez-de-chaussée divisé en deux pièces, d'une tenue toute primitive. Le sol est recouvert de carreaux usés ; les murs ont reçu jadis une couche de chaux ; n'était la propreté inhérente à tout établissement de Sœurs, on pourrait dire que le tout a grand besoin de réparation.

---

[1] Cette notice devait trouver sa place dans le premier volume, après les Écoles chrétiennes, mais l'œuvre, en formation, ne nous était pas bien connue. Elle compte aujourd'hui cinquante jeunes maîtresses et plus de six cents élèves des deux sexes. Elle en aura le double l'hiver prochain, si l'enseignement de la religion est encore banni des écoles laïques.

Sur les parois sont exposés pour tout ornement — il est vrai que ceux-ci sont sans pareils — un Christ, un Sacré-Cœur et une Sainte-Vierge. Dix bancs remplissent la plus vaste des pièces. Deux chaires rustiques d'une inégale hauteur en garnissent les extrémités; dans une embrasure un petit harmonium est disposé pour l'accompagnement des cantiques.

Le jeudi et le dimanche, quatre-vingts petits garçons plus ou moins correctement vêtus, à l'air éveillé et de bonne humeur, sont pressés sur les bancs. Une Sœur préside, seule, l'assemblée; elle n'est ni grande ni forte, mais elle a le don du commandement, la fermeté jointe à l'amour des enfants. Ce n'est pas sans une certaine peine que son petit bataillon a été discipliné, mais à force de patience et de raison, elle en est devenue tout à fait maîtresse.

En attendant les dames catéchistes, on répète les leçons de la veille et l'on écoute avec recueillement les recommandations pour satisfaire le bon Dieu et les personnes qui, sous son inspiration, viennent exercer un ministère de tendresse et de dévoûment.

A neuf heures, les dames arrivent : elles sont quatre ou cinq, la plupart fort jeunes, la directrice un peu plus âgée. Les enfants se lèvent respectueusement; on fait le signe de croix et une courte prière. « Ma Sœur, dit l'aînée des survenantes, êtes-vous contente des enfants? ont-ils été bien sages, bien appliqués? — Je n'ai pas trop à m'en plaindre, répond la Sœur. Deux seulement ont fait acte de turbulence. Je les ai menacés de vous le dire, mais ils m'ont tant supplié que je leur ai promis de me taire, à la condition de ne pas recommencer. » Les inspectrices promènent leurs regards sur tous les rangs, et grâce à la perspicacité féminine, il leur est facile de discerner les coupables à la rougeur de leurs fronts et à l'humilité de leur attitude. On se contente de cet examen silencieux et chacune des maîtresses improvisées prend la direction de son groupe. Le plus nombreux est préparé à la première communion ; un autre reçoit des leçons d'histoire sainte ; un troisième, composé des plus petits, balbutie les éléments de la religion ; enfin le quatrième, qui n'est pas le plus facile à dégrossir, est formé des sujets les plus obtus et les plus disgracieux; dans un coin de la chambre, ils entourent une jeune personne dont la spécialité consiste à transformer les pauvres natures en êtres intelligents et présentables. Jugez à quel exercice de patience l'aimable demoiselle s'est condamnée, et combien de douzaines, de centaines de fois il faut répéter les explications les plus simples pour les faire entrer dans ces têtes réfractaires !

Le vrai titre de ce chapitre serait *le Catéchisme du jeudi et du dimanche;* mais on a craint d'empiéter sur les attributions du clergé, le vrai catéchisme étant celui qui est enseigné à l'église. Quelques critiques ont été faites à ce sujet, mais elles ont promptement cédé devant les explications de nos jeunes institutrices. Leur rôle est aussi simple que modeste ; émanant de la grande association de *l'Apostolat de la prière*, c'est celui de la mère et non celui du prêtre. Avec l'agrément de MM. les curés, on doit se borner à la préparation des connaissances les plus utiles du monde, faire ânonner le mot à mot, répéter à satiété que la sainte Trinité n'est pas la sainte Vierge, et qu'au confessionnal on doit avoir la contrition et non la confirmation. Dès qu'il sort du catéchisme, croient ces naïfs esprits, un mot en vaut un autre : telle est l'humble tâche à remplir et qui n'est guère sacerdotale.

Une remarque curieuse, c'est que le nombre de nos

petits disciples de l'enseignement chrétien, à Saint-Léonard — quatre-vingt-six — est juste le même que celui des élèves de l'école laïque. Comme il n'est exercé aucune pression et que cette assiduité est toute volontaire, on peut en conclure que rien n'est plus opposé au sentiment des populations que l'invention des écoles sans Dieu.

Ce sentiment est si naturel que, tout spontané chez les enfants, il se réveille à leur exemple chez les parents. Une brave femme, au cœur moins fruste que le langage, demandait dernièrement à la sœur Valérie : *C'est-y vrai, ma Sœur, que les dames veulent râcler mon p'tit Jean de la communion ?* — Ce n'est pas exact, répondit la Sœur; ces dames ont seulement dit à votre fils que s'il ne venait pas exactement au catéchisme, il ne serait pas assez instruit pour être admis à la communion. — *Mais*, reprit la mère, *ce n'est pas lui qui est fautif, c'est moi. Je l'avais envoyé en commission. Il a fait assez le potin pour aller plutôt chez vous. Soyez tranquille, je ne l'en empêcherai plus*, s'écria la brave femme toute joyeuse; *puisque vous me dites que les dames ne sont pas fâchées, je m'encours ben vite pour consoler mon pauvre gars.*

Une des difficultés du modeste apostolat est de garder un air sérieux au milieu de ce petit monde dépourvu d'artifice. Nos missionnaires sont jeunes; élevées délicatement elles font effort pour ne pas rire de ce langage abrupt, semé de saillies ingénues. « Eh bien, Pierre, demandait-on à l'un des néophytes, as-tu fait une bonne confession? as-tu bien tout dit? — J'crois ben, madame (ils ne disent pas mam'zelle, craignant de n'être pas assez respectueux), je n'ai ren caché et pourtant j'en avais gros sur la conscience. Un jour que je passais près de M. le curé, je levai ma casquette, et comme il ne répondit pas à mon salut, j'avais dit : Monsieur le curé est un f.... malhonnête. » Je devais lui conter tout cela, et je m'attendais à être rudement secoué : tout au contraire, il me dit doucement : « Eh ben, mon p'tit ami, une autre fois quand j'te verrai, j'te rendrai ton salut. »

Cette sincérité ingénue, dont nous pourrions citer bien d'autres traits, n'est-elle pas touchante? C'est à notre sainte religion que nous devons la conservation de cette vertu, qui est peut-être plus remarquable dans notre nation que dans les autres. N'est-il pas vrai que nous poussons cette qualité jusqu'à l'excès, car nous ne craignons pas d'exagérer nos défauts dans nos livres, sur le théâtre et dans la presse, tandis que les autres nations dissimulent leurs côtés faibles avec le même soin que nous mettons à découvrir les nôtres.

Mais aussi quand nous sommes dans la bonne voie, qui peut dépasser notre élan et nos succès ? Voyez la stupéfaction de nos persécuteurs : ils avaient compté qu'en fondant des écoles sans Dieu ils en banniraient l'idée de l'âme des générations nouvelles, et voilà qu'une ligue se lève pour leur barrer la route, une ligue non pas de combattants armés de toutes pièces, mais des membres les plus faibles, les plus timides, par conséquent les plus invincibles de la société, de jeunes filles du monde qui échangent les douceurs du foyer domestique pour de longues heures passées dans de pauvres réduits, qui laissent leurs occupations élégantes pour se livrer à un travail, non pas ingrat, mais rude et parfois répugnant. Ah! quel avenir est réservé à ces nobles cœurs, à ces âmes généreuses ! quel apprentissage de la vie de dévoûment et de sacrifices, et comme il est certain que ces jeunes filles deviendront un jour les modèles des épouses et des mères, comme elles sont aujourd'hui l'exemple de leur gracieuse génération !

« Nul ne sait mieux apprécier que nous, disait l'archevêque de Paris, le bonheur et la dignité d'un foyer auquel préside une femme chrétienne et française. »

« Il faut toujours obéir à quelqu'un, disait presque en même temps le général de Charette dans une autre circonstance mémorable.

« Grands et petits, quoi que nous fassions, il faut obéir à cet être charmant qui puise sa force dans sa faiblesse et qui dirige toutes nos actions vers le bien quand on lui en laisse le choix.

« Mère, épouse ou fiancée, quelle est la femme qui n'a pas rêvé pour celui qu'elle aime, gloire et honneur ?

« Si nous laissions à la femme sa juste part d'influence, la question sociale serait bientôt résolue ; car, pour elle, cette question se résume en un mot : la famille. »

Il faudrait posséder ce langage de chevalier des anciens temps pour décrire ce que j'ai vu le jeudi de la Fête-Dieu.

Au bruit de voix enfantines et cadencées qui passaient dans la rue, j'ouvris la fenêtre : c'était le petit bataillon qui se rendait à Saint-Joseph pour la confirmation. Défilant deux à deux, nos jeunes catéchumènes marchaient militairement, d'un pas alerte et presque régulier — ce qui n'étonnait pas, sous la conduite d'une fille de général. — Ils chantaient joyeusement à pleine voix et par cœur, le cantique qu'on avait eu tant de peine à leur apprendre.

A la tête du cortège, s'avançaient les communiants, reconnaissables à la blancheur des brassards et à leurs jolis vêtements neufs. Les mères, tout heureuses et dans leurs habits des dimanches, marchaient sur les flancs à côté de leurs garçons. La pieuse colonne était terminée par le vénérable chef de la paroisse, entouré des deux Sœurs ses dignes auxiliaires, et du groupe des jeunes catéchistes, le visage radieux et le cœur débordant de joie d'avoir pu couronner ainsi leur généreuse entreprise. En effet, est-il un bonheur comparable à celui d'avoir amené tout un petit troupeau d'agneaux aux pieds du Bon Pasteur, et tous les plaisirs du monde valent-ils une seule de ces victoires auxquelles applaudissent les anges du ciel?

Mais nous nous oublions dans le plaisir de parler d'un si aimable sujet, et nous remettons la plume à une main non moins ferme que délicate, à la vaillante inspiratrice du virginal apostolat.

Il est, à une demi-lieue d'Angers, perdue dans les carrières d'ardoises, une pauvre paroisse délaissée, vrai Lazare étendu à la porte du riche sans qu'on s'inquiète de sa misère : c'est la paroisse de Saint-Léonard. Elle compte trois mille habitants dont quatre cents familles de *perreyeurs*, les autres sont journaliers des champs. Il n'y a pas plus de deux ou trois maisons aisées et en état de faire quelques aumônes, aucun grand propriétaire foncier pouvant assister largement, pas de médecin, pas de dame de charité, peu d'assistance de la ville, et la détresse y est affreuse.

Il y a des familles logeant dans des étables à porcs, sous un toit croulant, bouché avec du papier et des chiffons, et sans autres meubles que deux boîtes servant de lit et quelques écuelles. Une vieille Bretonne de soixante-quinze ans, du nom de Perrine, sainte âme s'il en fut, demeure dans une hutte isolée collée contre une butte des carrières. Les vipères passent sous la porte branlante et viennent se nicher dans les fagots qu'elle a ramassés brin à brin dans les champs. En guise d'armoire, elle a des cordes étendues pour suspendre ses guenilles. Une tournée en ville chaque semaine dans quelques maisons amies est la seule ressource de cette pauvre « *chercheuse de pain* », qui sera riche au ciel.

Lorsque l'ouvrage manque dans les carrières et qu'il faut renvoyer des ouvriers, c'est une vraie calamité. Le pain fait immédiatement défaut. Nous connaissons une famille où trois enfants ont dû être envoyés mourants à l'hôpital, n'ayant d'autre maladie que d'avoir pâti et jeûné trop longtemps. Dans d'autres, le père de famille finit par se décider à venir mendier en ville, la besace sur l'épaule, oubliant toute honte devant l'impérieuse faim. Et cette misère matérielle répandue, généralisée dans ce coin de terre oublié et ignoré, n'est rien en comparaison de la misère des âmes.

Il y a quatre ans, Saint-Léonard possédait encore une école de filles congréganiste et cinq Sœurs de Sainte-Marie : trois pour la classe, une pour les malades, et la vénérable supérieure, sœur Justine, véritable mère pour cette paroisse qu'elle servait depuis plus de quarante ans. En 1886, la première école laïcisée de l'Anjou fut celle de Saint-Léonard. Les Sœurs institutrices furent congédiées en huit jours et avec elles disparut leur traitement bien modeste, mais aussi bien nécessaire à la petite communauté. Sœur Justine, ménagée à cause de son grand âge, demeura avec deux Sœurs destinées aux malades dans l'école abandonnée, jugée trop simple pour y installer l'institutrice laïque. Ces trois femmes dévouées n'avaient pour vivre qu'une somme allouée par les Ardoisières à la Sœur des malades. Au prix de quelles privations, de quels sacrifices, de quelles souffrances, elles arrivèrent à ne pas quitter cette paroisse qui eût perdu avec elles sa dernière ressource, Dieu et ses anges seuls le savent! Mais leur plus grand souci comme leur plus grand chagrin était celui-ci : « Nous ne pouvons plus faire de bien aux enfants ! »

Cette plainte, échappée du cœur de l'ardente et héroïque sœur Justine, émut quelques personnes amies, accourues pour consoler les Sœurs. Elles eurent l'idée, ne pouvant pas atteindre les petites filles, de rassembler les garçons chez les religieuses le jeudi et le dimanche pour leur apprendre le catéchisme. Il fallait les amorcer par quelques récompenses, l'école du bourg étant très laïque.

Dès le premier jour, vingt-cinq petits garçons répondirent à l'appel; au bout de l'année ils étaient cinquante. Cette première année fut pénible et laborieuse : les enfants montrèrent beaucoup de courage et de cœur devant des obstacles tout particuliers et les Sœurs firent preuve d'une foi et d'une abnégation sans bornes. Les dames catéchistes venues d'Angers furent accueillies avec une grande faveur par les gens du bourg. Accoutumés au dévoûment constant des Sœurs, ils furent surpris et frappés des efforts, cependant de bien moindre valeur, de personnes du monde, étrangères à la paroisse. La sympathie, l'appui, l'approbation de M. le curé de Saint-Léonard, furent bien précieux aux nouvelles venues et les aidèrent à persévérer malgré les orages.

L'abîme d'ignorance où se trouvaient plongés les pauvres enfants était stupéfiant en pays chrétien. Beaucoup, dans la seconde et la troisième année de catéchisme, ignoraient leurs prières et jusqu'au signe de la croix; très peu allaient à la messe le dimanche. A cette question :

« Mes enfants, vous savez comment le monde a été créé ? » on répondait à l'unanimité : « Non, madame. » Plus de religion à l'école, plus de religion dans la famille ! Quelle place peut tenir dans l'intelligence d'un enfant de dix ans, déjà bourrée d'instruction laïque, de notions historiques et scientifiques, entassées à grands efforts, quelle place, dis-je, peut tenir une leçon de catéchisme à l'église, deux fois la semaine, leçon non écoutée et surtout non apprise ? La première tâche des catéchistes fut d'obtenir que l'enfant apprît son catéchisme chez lui avant de se présenter chez les Sœurs. Avec un système de bons points emprunté à l'abbé Fournier (*bons points monnaie* servant à acheter ce qu'on veut à un petit magasin d'objets et de vêtements), on parvint à stimuler les paresseux et à compléter l'instruction nécessaire. La mort de sœur Justine précéda de bien peu la première communion. Elle ne put voir que du haut du ciel ses chers enfants approcher de la sainte table ; mais les espérances de ce modeste début furent pour cette sainte femme une consolation dernière. L'année suivante, on sentit le besoin de prendre l'instruction de plus haut et de commencer dès la petite enfance. Une trentaine de petits garçons de cinq à neuf ans formèrent une classe préparatoire qui donna de bons résultats. L'année suivante, on put joindre un petit cours d'histoire sainte d'une demi-heure à la récitation du catéchisme. Les enfants, au début, très turbulents, se disciplinèrent peu à peu et prirent l'habitude de l'obéissance, habitude qui se perd dans les familles, où on laisse les enfants, les garçons surtout, dans une liberté complète, ne s'inquiétant plus de les élever. Cette insouciance des parents jointe à la laïcisation des écoles, produit de vrais petits sauvages, ne connaissant aucune règle, ne respectant aucun supérieur et vivant selon la seule loi de leurs instincts. A dix ans, il est déjà tard pour commencer leur éducation. Lorsque l'année de la première communion est la première où l'on entend parler de Dieu, on ne s'imagine pas tout ce qu'il faut mettre à la fois de notions inconnues dans ces pauvres têtes. On a grand'peine, après un an d'efforts, à leur faire comprendre la sainte action qu'ils vont accomplir et à leur faire saisir *qui* ils vont recevoir : Notre Seigneur Jésus-Christ est pour eux un étranger et son nom ne réveille rien chez ces enfants de parents sans foi. C'est encore un bonheur lorsque ce nom sacré n'a pas été un objet de blasphèmes et de railleries à l'école de la part du maître laïque. Cependant Dieu a mis de grandes ressources et de grandes richesses dans le cœur des enfants, naturellement droits et aimants. A cette heure, la petite école de Saint-Léonard compte quatre-vingt-six garçons, tous venant de bonne volonté et sans nulle contrainte.

Ils aiment grandement leur catéchisme et sentent d'instinct que là on leur enseigne la vérité. Souvent turbulents ou paresseux, ils n'ont ni mauvais esprit ni indiscipline, et jamais un acte de révolte n'a chagriné leurs catéchistes. La messe du dimanche n'est omise presque par aucun, les leçons de catéchisme sont apprises et sues, et la tenue à l'église, d'indifférente et dissipée, est devenue respectueuse et convenable. Les familles se ressentent de l'instruction donnée aux enfants. Plusieurs sont revenues à la pratique religieuse, d'autres ont repris l'habitude de la prière en voyant les enfants faire exactement la leur. Certains parents se sont mis à faire réciter le catéchisme à leurs enfants chez eux afin qu'ils ne soient pas privés de bons points. Enfin, c'est, pour cette pauvre paroisse, le commencement d'un réveil. Les catéchistes arrivent le jeudi à neuf heures du matin et trouvent les enfants déjà installés sous la surveillance de la Sœur. Après la prière et l'appel nominal, a lieu la classe d'histoire sainte toujours assidûment écoutée. C'est du nouveau pour ces petits que l'ouvrage des six jours ! Ensuite commence la récitation et l'explication de la leçon du jour par chaque catéchiste à son groupe ; puis la vente des objets achetés avec des bons points, puis une courte récréation de dix minutes. A onze heures, le catéchisme sonne, les enfants prennent les rangs deux à deux et sont conduits à l'église où M. le curé les attend. Le dimanche la séance est plus courte, le catéchisme ayant lieu à une heure et demie et les enfants ne pouvant être réunis chez les Sœurs avant midi et demi au plus tôt.

C'est à tort que l'on s'effraie d'avoir des garçons à gouverner et qu'on les croit particulièrement difficiles. Ils sont au contraire accessibles *en masse* à certaines idées de point d'honneur, de discipline, de justice, qui permettent de les enrégimenter et de les mener comme un petit bataillon militaire. Ils ont l'instinct de l'autorité; estiment la fermeté et ne réclament pas contre une punition méritée. La sincérité est une de leurs meilleures qualités, précieuse à exploiter pour les préparer à la confession. Venant librement au catéchisme, ils ne cherchent pas à y causer du désordre et craignent sur toute chose d'en être renvoyés. Les enfants qui se savent et se sentent aimés répondent promptement par une touchante et confiante affection. Ils ne craignent pas d'avouer leurs chagrins et leurs sottises à celles qui ont pour eux un cœur vraiment maternel. Ils ne sont pas humiliés de leur obéir et de céder à leur autorité volontairement acceptée et même recherchée.

Le grand mal des écoles laïques, même simplement neutres, est de faire disparaître de la vie de l'écolier toute préoccupation religieuse. Entre des parents qui ne se soucient pas de la religion et un maître qui ne se soucie que de la révolution, comment peut-on prendre intérêt au catéchisme! C'est un pensum de surcroît, et voilà tout. Si l'enfant est intelligent, il apprendra sa leçon un quart d'heure avant d'aller à l'église, enfilant des mots sans chercher à comprendre et espérant n'être pas interrogé. C'est du grec pour lui que cette langue nouvelle. Si c'est une cervelle bornée, hélas! il n'apprendra rien, écoutera encore moins et dira avec assurance que la sainte Trinité c'est la sainte Vierge. Tout est bon pourvu qu'on réponde avec un mot tiré du vocabulaire du catéchisme. Les mères de famille, ou ignorantes ou insouciantes, font absolument défaut à leur tâche sacrée qui est d'éveiller l'âme de l'enfant aux choses de Dieu dès le berceau. Les catéchistes essaient d'atténuer le mal en appelant l'attention de l'enfant sur la religion et en l'empêchant de passer ignorée.

Sans un stimulant spécial et marqué sur ce point, le catéchisme sera étouffé entre le bagage pédant de l'école moderne et les soucis matériels de la maison paternelle. Le prêtre attend, il est vrai, l'âme de l'enfant à l'église et au confessionnal, mais il faut que l'enfant soit conduit au prêtre, il faut qu'un premier enseignement élémentaire (celui que devrait donner la famille) l'ait mis à même de comprendre et de recevoir l'enseignement sacerdotal. Autrement, autant vaudrait exposer un bloc de marbre à l'action du soleil. Le malheur des temps, l'affaiblissement de la foi nous réduisent à retourner aux moyens des siècles de paganisme et de persécution. L'enfant chrétien vivant dans une famille païenne était instruit par des catéchistes étrangers à son sang et inconnus à sa parenté, mais quels liens entre les âmes formait cette connaissance de la vraie foi donnée et reçue !

En 1888, M. le curé de la Madeleine sachant qu'on instruisait les enfants de Saint-Léonard, témoigna qu'il serait content qu'on s'occupât des petits garçons de son catéchisme. Il fut facile d'y employer la journée du jeudi. On put réunir vingt-cinq ou trente enfants, nombre qui s'est soutenu toute l'année. Au début, *jamais* les élèves des écoles laïques n'avaient étudié la leçon de catéchisme qu'ils devaient cependant avoir récitée le matin à l'église. A force de gronder, d'insister, d'encourager, on parvint à obtenir des efforts et de l'amélioration. En 1889, M. le curé de Saint-Laud désira aussi de l'aide pour ses garçons (les filles sont instruites par l'œuvre des Jeunes filles catholiques). Un essai est tenté et donne des espérances pour l'année prochaine. Les moyens et les méthodes varient selon les besoins des paroisses et les désirs de leurs pasteurs.

Dieu puisse bénir ces grains de sénevé semés par sa Providence ! Des catéchistes solidement instruites, sérieusement formées, pénétrées du prix des âmes, comprenant la nécessité de prier, étudier, se sanctifier constamment afin d'être au niveau de leur tâche, peuvent être appelées à rendre d'utiles services à l'Eglise et au clergé, dans les tristes jours que nous traversons.

Écoutons maintenant l'aimable présidente des catéchistes de petites filles qui, à peine âgée de dix-huit ans, a rédigé le règlement de son œuvre, et a bien voulu nous en donner le compte rendu sans que le R. P. directeur ait cru devoir en changer un mot :

L'Œuvre des catéchistes pour les petites filles des écoles laïques s'adresse au dévouement des jeunes personnes de la classe dirigeante pour les enfants du peuple.

Née d'hier, l'Œuvre n'a point d'histoire. Elle n'est qu'au début, elle n'a encore réalisé qu'une très petite partie de son vaste programme ; elle n'est qu'un germe, vigoureux peut-être, mais dont Dieu seul sait ce qui fleurira.

L'Œuvre est une ramification de l'Œuvre des Cercles catholiques d'ouvriers, dont elle est sortie, dont elle reçoit la haute direction et à laquelle elle est heureuse et fière de se rattacher étroitement. Le grand souffle d'apostolat que l'Œuvre des Cercles catholiques a fait passer sur toute la France, ne pouvait pas rester sans effets dans le cœur des jeunes filles. Elles ont cherché autour d'elles, quelle pourrait être leur part dans le travail commun de la réorganisation sociale, et lorsqu'elles ont vu fermer ou laïciser les écoles chrétiennes, elles ont voulu combler autant qu'il leur était possible l'immense lacune de l'enseignement religieux.

Ce fut le 3 février 1887 que s'ouvrit le premier Patronage, sur la paroisse de la Trinité. M. le curé, auquel, certes, l'Œuvre ne peut être trop reconnaissante, lui avait facilité, autant que possible, cette première fondation. Trente-deux petites filles se rendirent à l'appel des jeunes institutrices que Dieu avait choisies comme instruments de miséricorde. Ces trente-deux enfants appartenaient exclusivement aux écoles laïques, car il est dans les principes de l'Œuvre de n'en pas admettre d'autres. Le local était dû à l'obligeance des Sœurs de Saint-Vincent-de-Paul, et quant au mobilier, il était simple, oh ! très simple, car il se composait de trois bancs d'emprunt et de deux images de papier représentant l'*Ecce homo* et la *Mater dolorosa*, toutes deux fixées au mur par une épingle. Mais quelque temps après, comme le local était grand et qu'il y avait une salle vide, on y plaça les deux images, auxquelles on ajouta un crucifix, et l'on fit de la cheminée un autel, qu'on garnit d'une robe de bal ! Ce fut *la chapelle*, et tous les jeudis, pendant une année à peu près, les enfants vinrent s'y agenouiller, côte à côte avec leurs jeunes catéchistes, pour réciter le chapelet.

Une fois par semaine, le jeudi, de une heure à quatre ou à cinq heures, suivant la saison, les petites filles viennent au Patronage, placé, à la Trinité, sous la protection de sainte Germaine. — Elles y viennent depuis l'âge de quatre ans jusqu'à la fin des communions, et elles y apprennent le catéchisme, qu'on leur explique ensuite, et l'Histoire Sainte, généralement très ignorée. Elles ont aussi une heure de récréation, pendant laquelle elles *achètent*, avec des bons points mérités, des objets utiles ou de menus jouets. C'est ce qui s'appelle *la vente*. Elle se fait tous les jeudis, et Dieu sait ce qu'il passe de lainages ou de mètres d'étoffe dans une année. Nous sommes certainement au-dessous de la vérité en évaluant à cinq cents le nombre de paires de bas *vendues* depuis la fondation de l'Œuvre, c'est-à-dire depuis deux ans.

Le Patronage ainsi organisé, le nombre des petites filles augmenta, et atteint, cette année même, le chiffre de soixante. Les catéchistes devinrent, elles aussi, plus nombreuses. Il fallut changer de local, et, grâce à un don généreux, l'Œuvre put s'établir chez elle, dans sa maison, et devenir, par là même, plus assurée de l'avenir.

Dès avant cette installation définitive, l'Œuvre s'était déjà étendue sur une autre paroisse : Saint-Serge. Elle y débuta comme à la Trinité, toujours en dette de reconnaissance au clergé paroissial, presque toujours aussi redevable aux Sœurs de différents Ordres qui, sans se montrer, lui offrent l'hospitalité.

Puis ce fut Saint-Laud, puis la Madeleine, puis Notre-Dame, et au second anniversaire de la fondation de l'Œuvre, 3 février 1889, elle possédait cinq Patronages, vingt-huit à trente catéchistes et il n'y avait pas moins de cinq à six cents petites filles inscrites au registre des Patronages, tant celles qui, ayant fini leurs communions ne venaient plus le jeudi, que celles qui y venaient encore.

Le 27 mars 1888, Mgr Freppel avait daigné approuver les catéchistes et leur œuvre. Au mois de mai de la même année, la Présidente, alors à Rome, sollicita du Saint-Père une bénédiction spéciale qu'elle eut le bonheur d'obtenir.

Mais l'Œuvre ne s'arrête pas aux catéchismes. Trop attachées à leurs chères enfants, les jeunes filles ne voulurent pas consentir à les voir s'éloigner après les communions, livrées alors à tous les dangers d'un apprentissage, peu ou non surveillé au point de vue moral. Elles résolurent de reprendre leurs anciennes élèves le dimanche, de continuer là leur œuvre d'apostolat, de suivre jusqu'à l'achèvement l'éducation de ces jeunes âmes, et leur intention bien formelle dans l'avenir, si Dieu daigne leur venir en aide, est de ne les abandonner que lorsqu'elles en auront fait de vraies chrétiennes, des épouses et des mères comme il en manque trop au peuple.

Nous l'avons dit, l'Œuvre a son programme, il s'étend à tout ce que peut embrasser le dévouement d'une jeune fille, mais l'heure et les moyens d'action ne sont connus que de Dieu. Pour le moment, elle a déjà son organisation complète, Présidente, Vice-Présidente, etc., ses réunions hebdomadaires et générales, et son fonctionnement propre.

Dieu veuille continuer à l'Œuvre la protection si évidente qu'Il a jusqu'ici daigné lui accorder ! Dieu veuille que, partout, les jeunes filles du monde, soucieuses de rendre utiles les qualités si riches de leur cœur, se penchent vers les enfants des ouvriers pour les élever jusqu'à elles, et leur communiquer ce feu brûlant de l'amour divin qui fera d'elles aussi des apôtres, pour la gloire de Dieu et le salut du peuple de France !

CONFÉRENCES DE SAINT-VINCENT-DE-PAUL

Ce fut en décembre 1835 que la Société de Saint-Vincent-de-Paul à Paris formula sa constitution, jeta sur le papier son invariable règlement, se donna son Président général et son Conseil.

Le premier dimanche de Carême 1836 vit sa première réunion générale [1].

Composées en partie d'étudiants de province, ces premières Conférences renouvelaient annuellement leur personnel et jetaient sur la France entière, avec leurs premiers membres, le souffle généreux qui les avait produites.

Après Paris, la province, et dans la province les villes de Facultés universitaires sont les premières où l'Œuvre se répand. Cette année 1836 ne s'achèvera pas sans que la capitale de la Bretagne ait sa Conférence.

Les archives générales de l'Œuvre à Paris ont, dès 1837, enregistré l'agrégation de la Conférence de Rennes. En cette année un jeune Angevin y terminait son droit et, sous l'affectueuse direction de l'abbé de Saint-Marc [2], subissait la séduction de l'entreprise nouvelle.

Il rentrait à Angers en 1838 avec l'enthousiasme d'un cœur de vingt ans. Qui n'a connu ce sympathique visage de Florestan Hébert en ses années de jeunesse ? Qui a pu résister à l'attrait de son langage ? Comme il aimait le pauvre, et comme il était heureux de serrer la main d'un confrère !

Trois de ses amis furent sa première conquête : Victor Godard, Paul Beauchêne, Clément Myionnet.

---

[1] Cette notice avait d'abord été composée pour notre recueil. Plus tard, l'obligeant auteur, sollicité de la lire aux Noces d'Or de la Société, développa son sujet qu'on ne pouvait traiter avec plus de compétence. Le plan est si bien rempli que nous n'osons rien en distraire, nous bornant à élaguer les formules oratoires pour revenir au ton du récit primitif.

(*Note de l'éditeur.*)

[2] Décédé il y a quatre ans, archevêque de Rennes et cardinal.

Diligent ouvrier de la première heure, Victor Godard est le seul survivant des quatre. Dévoué toujours à l'œuvre d'Hébert, il a été vite absorbé par ses savants travaux, par son musée Saint-Jean.

Paul Beauchêne, cœur d'élite, ne nous a jamais fait qu'un chagrin, celui de nous quitter pour s'ensevelir à la Trappe.

Clément Myionnet, à l'œil scrutateur, au fruste visage, suivant le pittoresque langage de son ami Godard, avait de la sévérité dans l'expression. Rien de plus trompeur que ce dur aspect. Ses confrères d'Angers, plus encore ses orphelins de Vaugirard, en ont fait l'épreuve. Se dévouer, se sacrifier, faire des heureux, a été l'exercice de sa vie tout entière.

Ce fut en octobre 1838, comme nous le raconte M. Godard dans son *Champ des Martyrs*[1], que, sur les cendres bénies des victimes de la Terreur, nos jeunes amis confient au Ciel leur projet. Puis, sans autre réflexion, sans calcul, ils se réunissent chez Florestan Hébert, leur chef, choisissent quatre familles pauvres et se déclarent constitués, mais sans murer leur porte. Comme leurs devanciers, les premiers fondateurs, ils se promettent au contraire de revenir, huit jours après, accompagnés chacun d'un nouveau confrère.

Promesse est tenue ; la seconde séance compte huit présents. Victor Pavie est l'une des quatre recrues. Victor Pavie, nature enthousiaste, noble esprit, brave cœur ! Quel sacrifice ne lui peut-on demander ? et pourtant le Pavie d'alors ne peut promettre le Pavie que nous avons connu ! Imprimeur-libraire rue Saint-Laud, dans une *charge royale* des siècles passés, marié depuis trois ans, père d'un enfant nouveau-né, avec des relations,

---

[1] Le *Champ des Martyrs*, page 59.

des goûts, des aptitudes qui n'ont rien de la simplicité, j'allais dire de l'humilité d'un membre de Saint-Vincent-de-Paul, Victor Pavie fera un membre honoraire, un membre actif jamais ! Comment concilier le salon, les œuvres littéraires, avec la mansarde du pauvre, la rédaction de *la Gerbe* [1] avec la Conférence ?

Qu'on se rassure sur le compte de notre ami. Victor Pavie n'est pas homme à promettre ce qu'il ne peut donner. Il connaît l'Œuvre nouvelle pour l'avoir visitée à Paris avec Le Prévost qui lui doit quelque chose de sa conversion. C'est en connaissance de cause qu'il s'enrôle sous la bannière de saint Vincent de Paul. Dès le premier jour, à Angers, il donne à ses nouveaux confrères un gage de son dévouement.

On est réuni chez Florestan Hébert, à l'extrémité de la ville, rue Lyonnaise. Pavie trouve ce local impossible. Sans calculer, il offre sa maison, rue Saint-Laud, et sa salle à manger devient le berceau de l'Œuvre. Qu'on écoute sur ce sujet la description qu'en fait son frère Théodore [2] :

« Les débuts de la Société de Saint-Vincent-de-Paul, à Angers, furent bien humbles. Arrivant de l'Inde en mai 1841, je vis dans la salle à manger de la rue Saint-Laud, autour de la table, une dizaine de chaises et, au milieu, deux plats contenant des pois blancs et des pois de couleur. — Qu'est-ce que cela ? — Victor me répondit timidement : — Ce sont les confrères de Saint-Vincent qui vont venir écouter les propositions des pauvres à soulager et voter pour ou contre leur admission. — Ainsi

---

[1] La *Gerbe*, revue périodique.
[2] *Victor Pavie, sa jeunesse, ses relations littéraires*, p. 320.

c'est sous le toit de notre père que la Société prit naissance [1] ».

Les rares survivants de ces premiers temps (l'auteur est du nombre) ont passé par l'épreuve des pois. Ils savent qu'un seul pois de couleur empêchait l'admission. L'unanimité des suffrages favorables était de rigueur.

Les réunions hebdomadaires se tenaient le jeudi, à sept heures du soir.

Le rapport de M. Boré pour 1840 indique que, au 1er décembre 1839, la Conférence d'Angers possédait trente-six membres, tant actifs qu'honoraires, et que, avant ce jour, on avait dépensé 522 fr. 50, produit des quêtes aux séances.

A ce jour, 1er décembre 1839, le bureau se trouvait ainsi composé :

Président, Florestan Hébert ;

Vice-Président, Victor Pavie ;

Secrétaire, Léon Boré ;

Trésorier, Clément Myionnet ;

Vice-Secrétaires, Renier et notre candide Pitre Mesnard, bientôt enlevé par la mort ;

Aumônier-Directeur, le vicaire-général Régnier, qui nous apporta les dernières bénédictions de Mgr Montault.

Cette première année, qui prend fin au 30 décembre 1839, fut une année d'épreuve, d'enfantement ; l'année 1840 fut celle de l'épanouissement.

Les hommes qui gouvernaient alors la France

---

[1] Constituée en janvier 1839, la Conférence d'Angers fut agrégée à Paris par le Conseil général à la date du 9 mars, même année. C'est donc à cette époque, et non en 1841, que l'Œuvre prit naissance à Angers.

n'étaient plus des révolutionnaires; mais ils montraient peu de sympathie aux idées religieuses. Pour eux le christianisme avait fait son temps et ne devait plus faire obstacle au développement de l'esprit. On ne pouvait trop s'opposer à ce qu'on appelait alors les empiètements du clergé. Il était absolument commandé à tout homme de bon ton de se tenir à l'écart de toute pratique religieuse. Suivre une procession eût été le comble de l'insanité. Tout au plus pouvait-on se permettre, sur son passage, une attitude respectueuse. Grâce à Dieu, il s'était conservé des familles chrétiennes, et c'était chez elles que nous allions pouvoir nous recruter.

En cette année 1840 le nombre des membres se doubla, et cent douze familles furent assistées.

Quelque modeste que fût notre Conférence et quelque désir que nous eussions de rester ignorés, nous ne pouvions nous dispenser, si nous voulions faire aux pauvres quelque bien, de recourir à la bienfaisance publique par un appel quelconque. Un sermon de charité et une loterie nous semblaient des moyens tout indiqués et parfaitement abordables.

Une minime somme de 182 fr. 50 fut tout le produit du sermon. La loterie, au contraire, réussit au delà de toute espérance. 1,846 fr. 47 une première année, 4,092 fr. 45 une seconde, 5,000 fr. 08 une troisième, 5,194 fr. 86 la quatrième, mirent l'abondance dans notre caisse et nous assurèrent l'avenir. La loterie fut donc, dès le début, notre principale ressource.

Elle fut autorisée et sa nouveauté fit son succès. La charité en fit tous les frais. La famille royale et nos amis fournirent les lots. La préfecture et son jardin, mis gracieusement à notre disposition, firent du tirage une fête populaire [1].

Des dons particuliers vinrent s'ajouter encore à ces copieuses ressources pour nous donner un actif annuel dépassant 8,000 francs. Les Conférences de Saint-Vincent-de-Paul arrivaient les premières dans la lice de la charité ; aucune des institutions bienfaisantes d'aujourd'hui n'existait encore. Le mode d'assistance qu'elles adoptaient était lui-même tout nouveau. Aller à domicile porter son aumône et compatir, en personne, aux souffrances qu'on y rencontrait, était une pratique insolite qui répugnait absolument à tout instinct naturel. Ces bienfaiteurs d'un genre nouveau allaient d'ailleurs trouver tout à faire dans ces mansardes délaissées. Au vulgaire et indispensable secours du pain allaient se joindre la viande pour les malades, les vêtements et la literie pour ceux qui en étaient privés. Puis à ce programme s'ajoutaient les infirmités et le chômage à combattre, l'ignorance, l'incurie, les vices à réprimer, les enfants à instruire et à diriger.

Pour des soins si divers, nous n'avions qu'un vestiaire rudimentaire dont quelques bottes de *guinche* faisaient la richesse ; un dispensaire orné d'un bocal de sangsues ; le surplus était livré à l'initiative du visiteur.

---

[1] Un souvenir au premier rôle de ces joyeuses solennités : Auguste Myionnet, frère aîné de Clément, y consacrait tous les dons de sa puissante nature : belle humeur, verve intarissable, voix sonore, adoucie au besoin et diversifiée jusqu'aux illusions de la ventriloquie. Nul commissaire-priseur ne sut mieux que lui mettre le feu aux enchères, et nul ne posséda mieux le secret, au grand bénéfice des pauvres, d'exciter le rire des acheteurs, tout en opérant le vide dans leurs bourses.

(*Note de l'éditeur.*)

Les secours matériels, tout indispensables qu'ils étaient, ne pouvaient suffire au but que nous nous proposions : le côté moral avait ses exigences.

Dès 1841, la commission de Saint-Régis fut créée pour le mariage des pauvres.

Cette même année aussi, un commencement de bibliothèque fut constitué, et on décida, pour 1842, la création d'un almanach instructif, à la composition duquel tous les membres furent invités.

La sollicitude de la Conférence fut particulièrement appelée sur les enfants du peuple, dont l'éducation était trop souvent négligée.

Comme de nos jours il existait des écoles laïques et des écoles congréganistes. Comme de nos jours aussi les écoles laïques, dites écoles mutuelles, avaient les faveurs officielles et les écoles des Frères en étaient privées. Moins connues et moins populaires que de nos jours, celles-ci n'avaient guère que le clergé pour soutien, et le clergé, nous l'avons dit, était en suspicion. De ce déplorable état il résultait, dans beaucoup de nos familles, une complète ignorance de la religion, dont gémissaient les visiteurs. Jamais on n'eut plus besoin de patronage qu'au début de l'Œuvre.

Il ne faut pas aujourd'hui considérer ces séduisants asiles que nous possédons, pour se demander ce qui pouvait alors les remplacer.

Dans le dénûment où nous nous trouvions, on conçoit et l'on admire l'esprit de charité de ce jeune professeur du lycée [1] qui, n'étant pas marié, était logé au collège

---

[1] M. Fr. Soullié, qui occupait avec distinction la chaire de seconde et qui consacrait aux pauvres, sans s'arrêter un seul jour, tout le temps dont il pouvait disposer. Depuis son départ d'Angers où il s'était concilié de durables affections, il n'a pas

même, et là, tous les dimanches, dans sa modeste chambre, convoquait les enfants de ses nombreuses familles pour leur expliquer le catéchisme.

Puis venait l'apprentissage ; nous faisions choix d'un patron avec lequel nous stipulions pour notre protégé une paternelle surveillance et la facilité d'assister à la messe le dimanche. Il fut vite compris que le patronage de l'atelier devait être précédé de celui de l'école.

Accueillie chez les Frères, refusée dans les écoles mutuelles, une commission fut formée pour visiter périodiquement l'école et récompenser les méritants.

Les jeunes ouvriers faisaient alors leur tour de France. Fonder un refuge pour ces nomades compagnons fut une œuvre angevine chaudement approuvée par le Conseil général.

Dans cette première période de l'histoire de notre Conférence d'Angers, caractérisée par la présidence de Florestan Hébert, nous ne l'avons encore vue que dans les œuvres extérieures, sans nous préoccuper de son intimité de vie, objet primordial de sa création.

Comme sa devancière et son modèle, la première Conférence de Paris, la Conférence d'Angers avait voulu former une association amicale et chrétienne de jeunes gens qui, elle aussi, entendait présenter à ses membres, contre les séductions pernicieuses de cet âge, un élément de foi et de vie pratique dans l'exercice de la charité. Il convient de voir si ce but a été obtenu.

---

cessé son apostolat : aujourd'hui retiré à Reims, sa ville natale, et entouré d'une grande considération, il continue de présider, avec une activité infatigable, en dépit du nombre des années, les conférences de Saint-Vincent-de-Paul.

(*Note de l'éditeur.*)

J'ouvre, pour y répondre, le rapport général de l'OEuvre de 1844, et j'y lis, page 72 :

« La Conférence d'Angers est pleine de joie et de
« reconnaissance envers Dieu, en proclamant l'unité de
« foi et d'action qui a fait constamment, de tous ses
« membres, des frères plus attachés entre eux par les
« liens de la charité que s'ils l'eussent été par ceux de
« la parenté. »

Ceux de nous qui ont goûté le charme de ces premiers temps ne peuvent oublier les délicieuses réunions du jeudi où, la main dans la main, nous étions si heureux de nous revoir.

Après une heure et demie, deux heures quelquefois de séance passionnée que la sonnette du président avait peine à modérer, nous partions en groupes, prolongeant la soirée en intimes causeries, nous ajournant au dimanche pour nos devoirs de charité ou pour nos délassements.

Ah ! sur ce sujet, laissez-moi vous rappeler notre cher Clément Myionnet, l'ami de nos fêtes, nous recevant chez lui à la ville en hiver, et l'été nous conduisant à sa campagne de la Papillaye.

Si, dans nos réunions, la jeunesse s'y voyait en majorité, nous avions à nos côtés des hommes graves, commandant le respect. Outre les membres déjà cités, nous possédions MM. de Quatrebarbes et de Falloux ; Stanislas de Maillé et Bougler ; Th. Le Bault et Al. Hébert ; Grangeard et L. Cosnier ; Clouard et Chollet ; Alexis Chevalier et Eugène Veuillot, et aussi l'élite du corps universitaire : un inspecteur d'académie, les professeurs de philosophie, d'histoire, de mathématiques, de rhétorique, de seconde du Lycée [1].

---

[1] Le souvenir de ces excellents maîtres fait trop d'honneur à l'Université pour que nous n'en rappelions pas les noms. On a

Ces noms si variés, ces professions si diverses étaient unis par des liens de fraternité, dans la mesure indiquée par le rapport général. Telle était la Conférence d'Angers quand arriva la Révolution de 1848.

Nous préparions notre loterie quand, en février, survint la chute du gouvernement de juillet. A part tout ce qu'avait de sinistre souvenir le mot de République, la Révolution triomphante et la fuite du Roi, les arbres de la liberté et les ateliers nationaux, les insurrections périodiques de mars, mai et juin, troublaient les courages les mieux trempés.

Angers cependant se trouvait relativement calme, grâce à l'harmonie entre les pouvoirs civils et religieux.

Qui ne se souvient, sur le Mail, au dimanche des Rameaux, de la bénédiction de l'arbre de la liberté par Mgr Angebault, entouré de son clergé et reçu par le commissaire du Gouvernement, M. Bordillon, escorté de la force armée ! En témoignage de reconnaissance de cet acte religieux et des bonnes paroles de l'Évêque, toutes les autorités de la ville voulurent suivre la procession de la Fête-Dieu.

Nous rentrions le cœur joyeux quand un sinistre rappel se fait entendre, convoquant au plus vite les gardes nationaux à la défense de Paris menacé par la plus formidable insurrection. Tous se réunirent au Champ-de-Mars, où l'on fit appel au courage individuel, et Victor Pavie, sans consulter ses aptitudes militaires, sort des rangs des premiers et s'embarque

---

déjà cité MM. Léon Boré et Fr. Soullié, nous leur adjoignons ceux de MM. J. Sorin, Cassin, inspecteur d'Académie, beau-père de M. E. Caro, de MM. de Lens, Dubourg, Victor Guérin, Krantz, Penner, etc.

(Note de l'éditeur).

le soir même sur le bateau à vapeur chauffé pour emporter les volontaires.

La loterie, ajournée en juillet, ne rendit que la moitié de sa recette quand un secours des plus étranges et des moins attendus vint y suppléer. La garde nationale, formée alors de tous les hommes valides, présentait un bizarre assemblage d'esprits et d'opinions dont on s'inquiétait à bon droit. Dans ces conditions les hommes d'ordre, pour pouvoir se compter et agir au besoin, conçurent le projet de créer une association charitable modelée sur celle de Saint-Vincent-de-Paul. L'abbé Chesnet en devint président. Les réunions se tenaient à l'évêché sous un nom de circonstance; les membres de Saint-Vincent-de-Paul se retrouvaient en cette œuvre. Des indices variés nous avertissaient trop des dangers de la rue avec notre école d'Arts-et-Métiers pour foyer d'émeute. Dans cette situation, une direction ferme, quoique paternelle, était nécessaire à cette école, et ce fut au sein de notre Conférence qu'on la voulut trouver. Un officier de marine des plus distingués, M. de Joannis, fut créé directeur, avec Florestan Hébert pour sous-directeur.

Chargé de pareilles fonctions, celui-ci crut devoir donner sa démission de président.

A la date, en effet, du 21 juin 1849, le procès-verbal de la séance mentionne deux lettres de M. Hébert, qui, se fondant sur ses nombreuses occupations, prie ses confrères de lui donner un successeur.

La Conférence, péniblement affectée, accepte, avec un profond regret, une démission trop motivée, et fixe au 10 juillet l'élection du remplaçant.

Ce jour-là, trente votants donnent trente bulletins au nom de M. Victor Pavie, élu ainsi à l'unanimité des suffrages.

2.

L'installation du nouveau président se fit à la séance générale du 19 juillet, fête patronale de la Société.

En prenant possession de ses nouvelles fonctions, M. Pavie s'exprima ainsi :

« Je regrette de n'avoir pu vous remercier plus tôt de l'honneur que vous m'avez conféré ; je regrette surtout de n'avoir pas été présent au scrutin afin de rompre au moins l'unanimité de votre vote par un bulletin portant un nom plus digne que le mien. Au reste vous avez voulu, en me désignant, remonter à la source même de la Conférence. Vous avez pensé que l'amitié et les sentiments religieux qui m'unissent à celui que nous perdons faisaient mon titre. Je m'inspirerai donc de ses actes, et le nom seul sera changé. C'est quelque chose que d'avoir dirigé pendant douze ans cette Conférence sans qu'une discorde se soit manifestée, sans qu'il se soit produit d'autres démissions que celles des morts et des absents. Ce passé m'est cher. Je m'en fais solidaire ; je l'accepte pour m'aider dans le présent. La situation est grave. Le pauvre aujourd'hui est un opprimé qui s'insurge et qui cite le riche devant le tribunal de la loi. Ce qu'il appelait miséricorde il l'appelle justice. De là des devoirs particuliers pour nous. D'un autre côté, la philanthropie multiplie ses institutions. En face de cette concurrence, en face de l'esprit d'hostilité qui anime le pauvre, que ferons-nous? Resterons-nous ce que nous avons été, ou fonderons-nous de nouvelles œuvres? Autant de questions à résoudre. La haute expérience de mon prédécesseur me secondera. Vous aussi, Messieurs, vous aiderez ma faiblesse que décuplera votre activité en vous inspirant de légitimes défiances. Un autre vous soutenait, moi je me repose sur vous. Engageons-nous donc avec sécurité dans l'avenir. Une société religieuse comme la nôtre doit être d'autant plus ferme que tout s'écroule autour d'elle. »

M. Hébert répondit :

« Le témoignage que je reçois en quittant le poste qui m'avait été confié me restera cher à jamais et sera ma plus douce récompense. Du reste tout ce qui s'est fait s'est fait avec moi et non par moi. Je félicite la Conférence d'avoir porté ses suffrages sur M. Pavie. Assurément, Messieurs, le premier d'entre vous était plus digne que moi de vous présider ; mais M. Pavie était, par son zèle, par ses précédents, par les sympathies universelles qui lui sont acquises, le meilleur chef que vous puissiez choisir. »

Que pouvons-nous ajouter à l'éloge que fait M. Pavie de son prédécesseur, si ce n'est que ceux qui ont connu Florestan Hébert n'ont pas oublié le charme de ses relations et les services qu'il a rendus à l'œuvre naissante ?

Victor Pavie, qui lui succédait, nous était connu ; il avait fait ses preuves, assurément, dans le champ de la charité ; mais ses confrères ont pu constater que, avant sa présidence, il s'était prêté, et non encore donné tout entier. Ce fut du jour de son installation que le sacrifice fut complet.

De ce jour, en effet, l'œuvre de Saint-Vincent-de-Paul se personnifie, s'incarne en lui ; il en devient la bannière vivante. C'est à sa porte qu'on frappe quand on la veut rencontrer. Comment s'y méprendre ? ne lui a-t-il pas fait à l'avance tous les sacrifices ?

Ses relations de jeunesse se raréfient tous les jours.

La *Gerbe* est morte ; le petit cénacle angevin est dispersé ; son imprimerie est cédée ; son cabinet se ferme ; sa famille seule est admise au partage de sa sollicitude. Une visite annuelle au Salon, de rares apparitions à la Société d'agriculture, sont ses seuls délassements. Fatigues, ennuis, répugnances, sont refoulés par lui devant les exigences de la pauvreté.

Sous le gouvernement de Juillet, la Société de Saint-Vincent-de-Paul, humble et modeste par nature, dut à Angers se contenter de vivre. Ignorée des grands, se recrutant sans réclame, elle pénétrait en silence chez le pauvre. On la connaissait ; mais elle était si obscure, elle tenait si peu de place qu'on voulait bien la tolérer. Comme elle était l'amie du pauvre on lui pardonnait ses étrangetés religieuses.

Mais voilà que, balayant hommes et principes de 1830, la République de 1848 avait jeté brusquement aux masses des libertés que tardivement on voulait réglementer. C'est ce mouvement de recul qui produisit les insurrections que nous avons rencontrées. Il n'en resta pas moins aux catholiques des facilités de vie dont profitèrent les Conférences. C'était l'instant de la démission d'Hébert et de la succession Pavie. Celui-ci allait pouvoir bénéficier d'une liberté qui, avant lui, faisait défaut. Il en sut profiter. Il était de ces hommes d'ailleurs pour lesquels une œuvre périclite quand elle ne progresse pas.

Les patronages furent sa première sollicitude ; mais les militaires, par une circonstance fortuite, devinrent aussi l'objet de ses soins.

C'était au lendemain de la catastrophe du pont d'Angers, si saisissante encore de souvenir. Le sauvetage d'un bataillon entier, la sépulture de deux cent trente victimes, avaient jeté la consternation. Tout le monde s'intéressait aux survivants qui, recueillis d'abord aux quatre coins de la ville, avaient été casernés à la vieille abbaye de Saint-Nicolas.

Dans le voisinage, se rencontra un prêtre aussi distingué que savant, M. l'abbé Le Tellier, qui, avec les fonctions de vicaire auxiliaire de Saint-Jacques, était aumônier du Dépôt de mendicité; les naufragés, sous le même toit que ses indigents, se trouvaient ses paroissiens à double titre. Il se crut autorisé à les visiter et à leur apporter ses consolations. Il fut accueilli comme un prêtre l'est toujours des soldats. L'intimité vint vite, et une retraite organisée et suivie eut un succès qui fit l'admiration de la ville entière.

L'œuvre se trouvait indiquée, et si la santé du chanoine Le Tellier ne lui permit pas de la suivre, il rencontra dans l'abbé d'Andigné un émule digne du maître.

La famille d'Andigné est connue à Angers pour sa charité, et son éloge n'est plus à faire. L'abbé d'Andigné n'avait pas dégénéré. Ce fut sans calcul et de toute son âme, qu'il entreprit son œuvre.

Il avait pour local et pour toute séduction les classes des Frères de la Cité. Il allait y offrir l'instruction élémentaire, gratuite et gracieuse, mais non obligatoire. Toutefois, ne pouvant agir seul, il lui fallait des maîtres adjoints qui voulussent bien eux aussi, enseigner à lire, à écrire et à calculer, aux militaires séduits par leur charité. Ce n'étaient pas les écoles officielles qui allaient produire ces maîtres; il fallait ici des hommes de marque, des émules des Montalembert et des Lacordaire.

Le président Pavie sut les rencontrer. Un avocat stagiaire et un jeune professeur sortant de l'École normale qui débutait au lycée d'Angers dans la chaire d'histoire, furent les élus de circonstance. Prédestiné au sacerdoce, ce dernier (il nous l'a raconté lui-même), devait y mûrir sa vocation, pour devenir un jour évêque d'Autun et membre de l'Académie française. L'avocat stagiaire, depuis bâtonnier de l'Ordre, est aujourd'hui le successeur du président Pavie.

Depuis de longues années déjà, nous patronnions les enfants des écoles, et, grâce à la parfaite correspondance que nous rencontrions chez les Frères, nous obtenions, avec leur concours, le résultat que nous pouvions espérer. Quoi que nous fissions toutefois pour les suivre à l'atelier, ils nous échappaient à leur sortie de l'école. Nous n'avions pas d'asile à leur offrir.

Pour cet objet, quelque attrait que puisse avoir le local lui-même, l'attraction principale sera toujours le directeur, dont l'éminente qualité devra être un amour passionné des enfants. Un prêtre seul possédera cet avantage. Ce prêtre se rencontra. Ce fut l'abbé Le Boucher, qui, dans la carrière sacerdotale, débutait à Saint-Laud en qualité de vicaire. Un patronage était alors une idée neuve, et pourtant l'abbé Le Boucher, pressentant l'avenir, le conçut dans la perfection ; sa fondation est encore aujourd'hui un modèle qu'on n'a pas dépassé.

La paroisse de Saint-Laud, à l'exception de son petit faubourg, était une paroisse rurale. Mais quelle belle campagne que celle de Saint-Laud avant l'établissement du chemin de fer, la construction des casernes et de l'usine Joûbert, quand, descendant de Frémur, la plaine alors ombragée s'harmonisait avec la prairie et la rivière, le tout encadré par les rochers de Pruniers !

Mystérieuse et recueillie, la promenade de la Baumette avait alors un charme et un attrait que doublaient les sentiers sinueux des Champs-Saint-Martin et l'escalier du père Gardien. C'est en cette solitude que l'abbé Le Boucher planta sa tente et bâtit *Notre-Dame-des-Champs*, délices du jeune âge, envie des vieillards. L'abbé Le Boucher lui aussi avait besoin d'auxiliaires, et une commission nommée dans nos conférences fut chargée de les lui fournir.

Napoléon III était alors sur le trône, et les contemporains de son avènement ne peuvent aujourd'hui méconnaître les séductions qu'il présentait. La République de 1848 avait effrayé, profondément troublé le pays. Elle avait disparu sous les efforts d'un pouvoir énergique et fécond en promesses.

Nos Conférences profitèrent de cet apaisement; la prospérité publique nous invitait au progrès; des essaims jetés aux quatre vents du ciel produisirent de nouvelles ruches. Vingt conférences rurales, cinq urbaines prirent, en moins de cinq ans, naissance sur le sol angevin. Saumur, Doué, Montreuil, Segré, Cholet, Chemillé, Le May, Jallais, La Tessoualle, etc., se virent dotés de Conférences qu'on serait heureux de dépeindre si la ville d'Angers n'était pas seule l'objet de notre travail.

Tous les grands centres de population, à l'exemple de Paris, multipliaient les conférences qu'on reliait par un Conseil particulier composé des présidents des Conférences et des œuvres diverses. La ville d'Angers qui, en 1852, n'avait encore qu'une Conférence, réclamait en raison de son étendue, une certaine division.

Avec un moindre développement et une population plus réduite elle présentait alors la physionomie qu'on y retrouve encore, la fortune et la vie au centre, la population ouvrière et la pauvreté dans les faubourgs. L'œuvre de Saint-Vincent-de-Paul subissait le même sort : les membres en ville et les familles assistées aux extrémités.

Des succursales dans les faubourgs et au cœur de la ville un foyer principal semblaient devoir donner satisfaction à tous les besoins. On crut préférable de diviser la ville en quatre tronçons à peu près égaux pour y établir quatre conférences :

La Doutre, sous la dénomination de Conférence de la Trinité, président F. Hébert ;

Saint-Joseph, président Lelong ;

Notre-Dame et Saint-Serge, présidents Fairé père, Affichard ;

Saint-Maurice et Saint-Laud, président Pavie, qui le fut aussi du Conseil particulier.

La Conférence de la Trinité fut la seule des quatre à répondre au but qu'on s'était proposé. La situation des trois autres au centre de la ville, ne pouvait favoriser ni le recrutement des membres éloignés, ni la visite des pauvres aux points extrêmes. Cette lacune profondément sentie détermina, en mai 1858, la formation d'une Conférence à la Madeleine pour desservir ce quartier et celui des Justices.

Plus d'une fois, au contraire, la pénurie de membres assistant aux séances, tant à Saint-Joseph qu'à Notre-Dame, fit exprimer le vœu de revenir à Saint-Maurice.

Cette réserve faite, on ne peut méconnaître que jusqu'au jour de sa dissolution, la prospérité de l'œuvre se manifestait en tous ses actes.

Notre loterie accueillie toujours avec bienveillance

était, avec son revenu habituel, passée dans les mœurs angevines. Le vestiaire, toutefois, aussi bien que la literie et les objets mobiliers, faisaient toujours défaut. En 1854, on résolut d'y suppléer par un appel d'un nouveau genre qui nous réussit au delà de toute espérance.

Pénétrés de cette pensée que dans un ménage aisé il n'est pas de garde-robe qui n'ait ses vieilleries, pas de grenier qui n'ait son encombrement d'inutilités, nous crûmes avec raison que ces non-valeurs du riche seraient appréciées du pauvre et reprendraient vie dans son humble logis. Nous résolûmes de les quêter et, pour cet objet, le 12 janvier 1854, dans toutes les rues d'Angers, les membres de Saint-Vincent-de-Paul, annoncés à l'avance par la publicité, se présentaient en toute maison, sollicitant les objets de toilette ou de ménage qu'on voulait bien leur donner.

On fit bon accueil à cette étrange quête. Nous recevions à profusion les objets les plus variés et les charrettes retenues pour cette fin se remplissaient par enchantement, à tel point qu'on se fût cru à la Saint-Jean, si la saison eût permis l'illusion.

Deux grands jours ne suffirent pas à l'enlèvement de nos richesses, dont on remplit la vieille église Saint-Martin alors disponible; l'abondance fut telle que nous nous vîmes contraints d'emprunter des pauvres au Bureau de bienfaisance pour utiliser tous nos objets.

En outre du produit de nos quêtes, les fêtes publiques et les bals de charité nous apportaient gracieusement leurs revenus en nous constituant les dispensateurs de leurs aumônes. Cette fonction d'aumôniers ne se réalisa jamais d'une façon plus manifeste qu'en 1856, à l'occasion des inondations produites dans le val de l'Authion par la rupture de la levée de La Chapelle. Qui n'a souvenir encore, en nos pays, de ce prodigieux désastre dépassant toute conception ? Une montagne d'eau s'échappant du lit de la Loire par une brèche improvisée et couvrant en vingt-quatre heures, à la hauteur des toits, une plaine de soixante-quinze kilomètres !

Échappés au désastre, habitants et animaux, surpris, affolés, erraient à l'aventure sur toutes les éminences à leur portée. On aura l'idée du cataclysme quand on saura qu'un mètre d'eau couvrait le sol de l'église de Trélazé et que, perçant les digues naturelles autour des fonds de carrière, l'eau s'y précipitait en cascades gigantesques. La France entière et l'étranger s'émurent de nos malheurs et nous vinrent en aide par de généreuses souscriptions. Choisies pour répartir ces libéralités, les conférences d'Angers constituèrent une commission chargée d'assister les inondés de la ville et des environs.

Un philosophe, un chrétien s'effraie à bon droit d'une prospérité prolongée. Il sait que le vrai bonheur est d'une autre vie, que sur cette terre, condamnés à la souffrance, il ne nous est accordé que des joies de passage.

Tel aurait dû être notre raisonnement; telles devaient être nos appréhensions quand, en 1860, pleuvaient sur nous honneurs et richesses à la ville, prospérités à la campagne, faveurs administratives partout. Nous ne sentions pas que nous marchions sur un volcan et qu'un léger tremblement de terre pouvait nous engloutir.

Des nuages à l'horizon présageaient la tempête. Qui ne se souvient, en effet, de l'émotion des catholiques devant les attentats de la Révolution contre les États Pontificaux quand, d'ailleurs, le drapeau de la France flottait à Rome pour les protéger ? Qui alors était dupe des agissements d'un pouvoir clandestin, favorisant la spoliation ? Que les catholiques s'émeuvent de cette anomalie et se passionnent pour les intérêts du Saint-Père, rien de plus naturel. Refouler pareils sentiments était dur pour des membres de Saint-Vincent-de-Paul. C'était pourtant leur devoir et, sous ce rapport, les instructions du président Baudon n'ont pas fait défaut pour les comprimer.

Quoi qu'il fit dans ce sens, la Société de Saint-Vincent-de-Paul avait une place trop élevée dans les rangs catholiques, elle avait pris trop d'importance en France depuis dix ans pour qu'on n'entrât pas en défiance contre elle dans une entreprise qui violentait si fort les amis du Saint-Siège.

Supprimer le Conseil général et lui substituer un agent officiel du pouvoir fut la résolution prise. C'était la ruine de l'Œuvre.

Nous le comprîmes ainsi à Angers ; mais impuissants que nous étions isolément, nous tenir unis à ceux qui avaient mission de nous diriger était de la plus élémentaire prudence. Nous voulûmes davantage. Par ce principe que les membres d'un corps décapité ne lui peuvent survivre, nous nous suicidâmes par anticipation.

Le 5 décembre 1861, toutes les Conférences réunies en assemblée générale, sur la proposition motivée du président Pavie, votèrent la dissolution de l'Œuvre à Angers, détruisant ainsi d'un trait de plume le résultat de vingt-trois ans de luttes et d'opiniâtres travaux.

Nous nous aperçûmes vite que nous faisions fausse route et que nous n'étions pas suivis, que, victimes d'un excès de délicatesse, nous avions dépassé le but ; mais il était trop tard, le mal était sans remède. Personne n'en souffrit davantage que notre cher président qui, en raison de sa charge, s'imputait cette faute.

Six années s'étaient écoulées en cette léthargie quand, en janvier 1867, nous hasardâmes, en local privé, au domicile de notre ancien chef, des réunions en nombre inférieur à vingt [1].

Le fait de se réunir périodiquement, la formation d'un Bureau, la visite de familles pauvres, constituaient à nouveau la Conférence d'Angers ; mais il lui manquait l'approbation légale que des démarches et des négociations multipliées nous obtinrent enfin à la date du 24 mars 1868.

Cette régularisation était attendue par la généralité des anciens membres qui s'empressèrent de rentrer dans la nouvelle Conférence.

Cinquante-un membres actifs, cent trente-quatre membres honoraires, à la fin de cette année 1868, figuraient sur nos listes, rendant à l'Œuvre une grande part de son ancienne splendeur.

Dans une assemblée unique, nous retrouvions en 1869 la Conférence de 1849, celle de Florestan Hébert au

---

[1] Après Pavie, l'honneur principal de cette restauration revient au docteur Renier. Retenu à la campagne, pour cause de santé, pendant cet intérim, il n'avait pu s'occuper de la réorganisation de l'Œuvre qui lui était si chère ; mais dès le lendemain de son retour à la ville, il s'empressa de se mettre à la tâche. Elle n'était rien moins que facile ; il fallait faire une foule de démarches, peser une infinité de considérations, à propos desquelles le vif et généreux esprit de Pavie se regimbait, mais que la patience et la douceur de Renier réussissaient toujours à calmer et à convaincre.

Le mérite de l'un était dans l'insistance consciencieuse, le mérite de l'autre dans l'humilité résignée. Nous avons déjà fait allusion au contraste de leurs natures ; ayant eu le bonheur de me trouver quelquefois en tiers dans ces débats animés, je ne cessais d'admirer le travail de rapprochement de ces deux caractères d'élite si différents, et qui parvenaient à se fondre en un seul cœur par la grâce de leur amitié et de leur foi mutuelle.

(*Note de l'éditeur*).

jour de sa démission. Là encore nous rencontrions chez les membres même cordialité, même union ; dans la population même sympathie. Les séances étaient suivies, la caisse alimentée sans pourtant satisfaire notre ambition, que le souvenir de notre ancienne prospérité rendait exigeante.

L'année 1869 ne se termina pas sans deux importantes innovations, toutes deux sur la paroisse de la Trinité.

La Doutre, séparée par la rivière du reste de la ville, a toujours été le quartier déshérité d'Angers, avec des mœurs et des habitudes de vie sensiblement différentes.

Dans ces conditions, une Conférence indigène avait son grand intérêt. Elle avait l'avantage, à défaut de membres, de fournir des pauvres à profusion.

Des hommes courageux se rencontrèrent et la Conférence se constitua ; presque à la même date, mais d'une façon spontanée, naquit un Patronage.

L'industrie avait fait de grands progrès à Angers, depuis vingt années, dans la période de 1850 à 1870. Cette date est celle de la fondation ou tout au moins de la transformation des plus importantes maisons de notre ville. C'est celle aussi de l'introduction des femmes et enfants dans le personnel ouvrier ; triste progrès imposé par la concurrence au détriment de la famille. Des obligations en résultaient pour la société si l'on voulait éviter des crises dont 1848 n'était qu'un avertissement. Allions-nous laisser dans la rue, abandonnés aux plus périlleuses exploitations, ces misérables enfants dont l'usine la plus morale ne pouvait protéger les loisirs ? Tel était le problème posé par le riche comme par le pauvre, par l'ouvrier comme par le patron, par la famille comme par la municipalité.

Pour y donner satisfaction, il fallait un vaste local, un vaste patronage et surtout un vaste cœur de prêtre avec des trésors de charité.

Avec toutes ses séductions, Notre-Dame-des-Champs ne pouvait nous être d'aucun secours. Son éloignement, son aménagement, son personnel recruté dans un milieu social plus relevé, ne permettaient pas d'y songer. Son directeur, toutefois, assisté d'un professeur du Petit-Séminaire Mongazon, ne craignit pas de tenter l'aventure.

Dans un quartier perdu de la Doutre, sur le vieux cimetière du tertre Saint-Laurent, entre l'École des Arts et Métiers et les greniers de l'ancien hôpital Saint-Jean, existe une vieille ruine d'église qui n'est pas sans intérêt archéologique, quoique à peu près sans histoire ; c'est l'église Saint-Laurent, propriété communale absolument sans emploi. L'abandon de sa jouissance au profit d'une œuvre populaire était une bonne fortune pour le propriétaire et pour l'usufruitier. Ce fut ainsi que le comprit alors la municipalité d'Angers. Son maire, M. Montrieux, se fit fête de venir lui-même, au jour de l'inauguration du patronage, en assurer, pour un temps illimité, la concession gratuite.

Cette inauguration se fit le 23 janvier 1870 avec solennité, et aussi avec le désir exprimé de voir pareille entreprise se reproduire à d'autres extrémités de la ville. Dans cet espoir, nous allions nous établir à la Madeleine quand la guerre éclata.

La guerre, je n'ai point ici à la retracer. Qu'il me suffise de dire que, dès son début, à l'exclusion de toute autre affaire, elle devint pour tout le monde l'unique préoccupation ; dans nos séances même, subissant en cela l'émotion générale, nous parlions de guerre et rien que de guerre.

Le quartier-général n'était ni à la préfecture, ni à l'hôtel-de-ville ; sous la patriotique impulsion de Mgr Freppel, il s'était spontanément implanté à l'évêché. C'était sous ses ordres que nous opérions, tant pour correspondre avec les armées que pour organiser les ambulances.

Notre nouvel évêque nous arrivait au début des opérations, aux premiers jours de lutte marqués déjà par des désastres, quand déjà il avait appris l'envahissement du foyer de ses pères.

Que nous étions loin alors des riants projets conçus pour sa réception, lorsque le 6 mars 1870, à notre réunion générale du premier dimanche de carême, le président Pavie nous annonçait ainsi sa promotion et l'affectueux intérêt qu'il avait exprimé pour notre Œuvre et nos personnes :

« Vous avez accueilli, Messieurs, en fidèles joyeux, la grande nouvelle épiscopale. M. Baudon, que j'ai vu de retour de Rome et du Concile, m'a mis récemment en mesure de vous réjouir à titre plus particulier et plus spécial. Notre futur évêque, probablement initié par ses conversations, ses correspondances, ses études, à la physionomie du diocèse qui lui est confié (car, après le Vatican, c'est Angers qu'il habite ; il en poursuit l'histoire, il en scrute les origines avec son zèle de prêtre uni à sa perspicacité d'érudit), notre futur évêque a reçu de M. Baudon d'intimes et scrupuleux détails ; il se les a fait redire avec un intérêt personnel. Il a passé en revue la série de nos Œuvres. »

« M. Baudon, Monseigneur [1], n'avait point, à la légère, préjugé de vos intentions généreuses pour nous.

---

[1] Dit M. Rondeau, en s'adressant à notre évêque, qui présidait la séance.

En avril, au lendemain de votre consécration, avec vos premières bénédictions, nous parvenaient, de votre part, cinq cents francs pour nos pauvres.

« Vous arriviez en ces jours néfastes, foulant enfin le sol angevin tant convoité et, malgré les poignantes tristesses du moment, vous avez voulu nous recevoir le dimanche 7 août.

« Il vous tardait de nous voir, de nous connaître, de nous compter, de nous dire que vous nous attendiez ; et, sans tarder davantage, vous nous convoquiez dans vos bureaux, dans vos ambulances.

« A quelques semaines, c'était à vos *Fourneaux économiques* que vous nous appeliez ; vos services militaires organisés, vous songiez alors à ceux qui restaient au foyer de la famille, aux pères, aux mères, aux enfants de vos soldats, qu'un chômage forcé rendait malheureux. Ce n'était pas des pauvres, moins encore des mendiants. Une aumône avouée les eût humiliés ; il fallait leur donner sans les humilier, les nourrir pour deux sous.

« Ce fut votre triomphe, Monseigneur, et là encore nous vous avons suivi derrière les Montrieux, les Quatrebarbes, les François Besnard.....

« Je m'égare, Monseigneur, sur un terrain qui n'est pas le nôtre. Mais, à votre suite, nous devons vite retrouver notre voie.

« Un jour d'hiver, à l'une de vos messes matinales, dans la pénombre de la crypte de l'évêché, des silhouettes mystérieuses, qui vous devenaient familières, vous firent deviner notre présence et vous nous demandâtes la raison de cette étrangeté, de cette dissimulation. Peu satisfait de notre réponse, vous nous dites que la raison, autant que l'Évangile, conseillait de ne mettre jamais la lumière sous le boisseau, qu'il convenait, au contraire, de l'élever sur le chandelier.

« C'est dans vos églises paroissiales, le dimanche, « nous dites-vous, au grand soleil, que je vous veux « rencontrer, et là je dirai qui vous êtes et ce que vous « demandez pour vous et pour vos pauvres, pour votre « recrutement et pour vos aumônes. »

« Vous avez tenu parole, Monseigneur, et successivement, en chacune de vos églises paroissiales, vous nous avez honorés, en chaire, des plus chaleureuses recommandations.

« La guerre semblait oubliée en 1872 et 1873. Dans une fébrile activité, l'on se hâtait partout d'en réparer les ruines. Les plus gigantesques entreprises étaient conduites avec une audace qui défiait les obstacles. N'était-ce pas là vos impressions, Monseigneur, quand vous conçûtes le projet de votre Université ? Quelle belle utopie ! nous disions-nous en descendant l'escalier, après avoir reçu vos confidences, et voilà qu'à quelques mois de distance l'utopie se réalisait !

« Nous aussi, Monseigneur, nous nous jetions sans calcul dans la fondation tant de conférences que de patronages. La guerre avait été dure pour nos créations de 1869. Après de pénibles efforts, la Conférence de la Trinité s'était fermée, ramenant son personnel à Saint-Maurice. L'abbé d'Arbois, en décembre 1870, brusquement enlevé à son patronage du tertre Saint-Laurent pour voler en Allemagne, au secours de nos soldats prisonniers, abandonna son œuvre, lorsque quatre de nos jeunes membres, Paul Myionnet, Marcel Cellier, Paul Rondeau et Armand Cotelle se dévouèrent jusqu'à l'arrivée de l'abbé Fournier qui, nommé au Calvaire, allait cumuler les fonctions d'aumônier et de directeur de ce patronage.

« L'abbé Fournier nous venait avec tout son cœur,

s'ingéniant à tirer parti d'un local aussi désolé qu'impropre à sa nouvelle destination. Des ronces coupées, des décombres enlevés, le tout remplacé par de légères constructions, lui sembla ne compromettre en rien l'aspect et l'intérêt du monument. Il se trompait. Pris en flagrant délit de profanation d'une relique du passé, il dut, sans délai, emmener son personnel et vider son ingrat local.

« Vous avez eu compassion, Monseigneur, de la pauvre famille, des enfants dans la rue, du père humilié, abreuvé de tristesse ; vous leur avez donné, dans une situation riante et salubre, un champ à cultiver, nu, il est vrai, mais vous laissiez toute latitude pour bâtir, toute permission de dépenser en constructions telle somme qu'on voudra. Était-ce une mystification ? Non, Monseigneur, vous n'ignoriez point que votre pauvre prêtre était absolument sans fortune, mais vous saviez qu'il avait le bon Dieu pour associé et que, avec lui, on fait merveille. Vos prévisions se sont réalisées, Monseigneur, le bon Dieu s'est trouvé. Le patronage s'est construit ; il défie aujourd'hui toute rivalité et sa chapelle ferait bonne figure au palais de votre Université.

« Le patronage de l'abbé Fournier, dit de Saint-Vincent-de-Paul, notre enfant tout spécial, n'est pas le seul que nous subventionnons ; celui de la Madeleine est un frère cadet qui, lui aussi, demande plus que de la protection.

« Puis viennent Saint-Jacques, les Militaires, Notre-Dame-des-Champs.

« La Conférence de la Trinité avait disparu comme nous l'avons expliqué. Celle de Saint-Maurice restait seule au 5 mai 1871.

« L'unité se reproduisait avec toute son insuffisance,

insuffisance pour les pauvres, insuffisance pour les membres. Nos faubourgs écartés expliquent assez, pour les pauvres, le besoin de Conférences à leur portée. Quant aux membres, à part aussi pour eux-mêmes la distance qui peut les éloigner du lieu de réunion, il y a pour les diviser des raisons d'âge, de fortune, d'éducation, d'état de vie.

Quoi de plus naturel que de rencontrer les pères de famille, dans la paroisse, au milieu de leurs enfants et de leurs amis ? c'est la raison des Conférences de paroisse.

« Saint-Maurice, la plus ancienne, la mère des autres, avec le titre de sœur aînée, devint la première Conférence paroissiale.

« Puis vinrent, dans leur ordre de fondation, la Madeleine, le 2 février 1872 ; Saint-Serge, le 15 juillet 1873 ; la Trinité, le 3 mai 1875 ; Saint-Jacques, au 15 avril 1884 ; Saint-Laud, au 20 avril 1884.

« Rien de plus utile, rien de plus nécessaire même que la Conférence *de jeunesse*. A part la raison de succession, pouvons-nous oublier que notre Société a été créée par des étudiants et pour leur bien spirituel ?

« Les Conférences de jeunesse sont, à Angers, au nombre de trois :

« Notre-Dame-des-Champs, fondée en 1876 ; l'Externat Saint-Maurille, fondée en 1876 ; Saint-Clair, à l'Université, fondée en 1881.

« C'était assez pour Angers, trop peut-être avec une organisation qui n'est pas sans critique. Mais, si la profusion règne en ville, nos campagnes sont absolument dépourvues, malgré les antécédents, que nous connaissons, malgré la création d'un conseil diocésain, malgré votre patronage, Monseigneur, malgré les invitations les plus instantes du Saint-Père.

« Si populaires au bord du Rhin, si bien accueillies à nos portes, dans le diocèse de Nantes, les Conférences rurales ne sont pas acceptées en Anjou. Incitations du président Baudon, instances personnelles de M. Pavie, circulaire explicative à nos amis et aux curés des paroisses, démarches personnelles, rien n'a pu vaincre encore un ajournement qu'il a fallu subir.

« Comme complément d'œuvres à Angers, nous avons la Bibliothèque, le Vestiaire, Saint-Régis.

« Les directeurs de ces divers services sont de simples membres, mais encore ici, pour les mener à bonne fin, faut-il avoir la vocation, aimer son œuvre et s'y dévouer.

« Notre bibliothèque, composée de 5,000 volumes du meilleur choix, est tenue dans un ordre parfait par M. Colas de la Noue, dont vous appréciez aussi le dévouement, Monseigneur, dans l'Œuvre des écoles libres [1].

« Peu de revendeurs ont un bazar mieux monté que notre vestiaire, grâce à l'intelligence de son infatigable directeur, M. Thibaut.

« Notre agent matrimonial de Saint-Régis, est, lui aussi, Monseigneur, un de vos serviteurs les plus dévoués ; son défaut, c'est d'être insatiable dans ses succès. Près de deux cents mariages par année, trois par semaine, ne peuvent lui suffire. Il sait que sa clientèle pourrait doubler si certaines Madeleines, aujourd'hui récalcitrantes, se faisaient repentantes. Il met tout en œuvre pour arriver à ce but.

---

[1] Donnons ici un souvenir reconnaissant aux confrères chargés pendant nos premières années du service de la Bibliothèque. Entre autres se distinguèrent MM. Paul Claveau et Dixneuf.
(*Note de l'éditeur*).

« Toutes les Conférences, toutes les Œuvres que je vous ai dépeintes, Monseigneur, sont aujourd'hui représentées devant vous. Le père seul fait défaut. Appelé devant le Souverain Juge, le 17 août 1886, il a pu comparaître les mains pleines devant son tribunal et lui tenir en toute confiance ce langage du bon serviteur : « Seigneur, vous m'avez confié cinq talents, en voici de plus cinq autres que j'ai gagnés : *Domine, quinque talenta tradidisti mihi, ecce alia quinque superlucratus sum.* »

« Si les hommes meurent, les œuvres leur doivent survivre. Toutefois, une transmission d'autorité, dans leur direction, n'est jamais sans difficulté. Notre règlement s'en devait préoccuper. Il a voulu, en effet, que le président en fonction pût désigner aux suffrages de ses confrères un candidat à sa succession, lequel candidat devrait avoir, en outre, l'agrément de son évêque.

« La mort rapide de M. Pavie ne lui a pas permis de s'acquitter de son dernier devoir, et ses Conférences restaient orphelines sans qu'aucun se montrât assez osé pour affronter pareille charge. Personne mieux que vous, Monseigneur, ne pouvait suppléer à cette lacune, distinguer le caractère qui convenait à la fonction, le faire agréer de ses électeurs et surtout obtenir de votre élu son immolation. Vous avez réussi, Monseigneur ; c'est par acclamation que l'élection s'est faite, et vous avez trouvé dans le président Affichard la docilité d'un enfant. Cabinet, repos, famille, tout a plié, tout s'est incliné devant votre désir et sous vos bénédictions [1].

---

[1] Avant de clore la liste des bienfaits de la Société de Saint-Vincent-de-Paul, nous voudrions bien citer le nom de ceux qui ont contribué le plus à les répandre, à la suite des membres déjà signalés, mais l'espace nous manque. Toutefo une men-

« J'ai fini, Monseigneur, fier du passé, inquiet de l'avenir. Les hauts faits des aïeux et leurs vertus sont la gloire et l'honneur de la famille entière. L'avenir, au contraire, dans une œuvre toute de sacrifice comme la nôtre, est toujours incertain et aléatoire. Nous sommes toujours « la petite association fondée on ne sait par qui ni comment, née d'hier et qui peut mourir demain ». Nous tomberions infailliblement si l'assistance divine nous faisait un instant défaut.

« Bénissez-nous encore, Monseigneur, et permettez-nous de solliciter à nouveau, au profit de notre Œuvre, votre influente intervention dans vos paroisses de la ville et de la campagne. »

Monseigneur ne pouvait laisser, sans commentaire, l'apologie au point de vue angevin, de la principale institution charitable du siècle. Voici en quels termes il a caractérisé l'œuvre et l'historien :

« Messieurs, j'ai suivi avec le plus vif intérêt l'historique des Conférences de Saint-Vincent-de-Paul d'Angers, depuis leur origine jusqu'à nos jours. Après un demi-siècle d'existence, vous avez voulu jeter un coup

---

tion spéciale est due à trois hommes d'un rang élevé, unis par des relations intimes, et dévoués avec la même ardeur aux œuvres de la Conférence : ce sont, MM. Cléret-Langavant, capitaine de vaisseau; Punier de Parry, conservateur des hypothèques, et Clerbout, directeur des contributions. Ils exercèrent sur la société angevine une heureuse influence durant plus de dix ans ; alors les sentiments religieux n'étaient pas un motif de défiance à l'égard des fonctionnaires. M. Cléret est mort au milieu de nous ; ses deux amis sont allés jouir dans leur pays natal d'une retraite honorée ; mais malgré l'éloignement, on conservera longtemps à Angers le souvenir de leurs pieux exemples et de leur parfaite courtoisie.

(*Note de l'éditeur*).

d'œil en arrière pour payer à vos prédécesseurs un juste tribut d'éloges et pour vous encourager vous-mêmes à persévérer dans la voie du dévouement et de la charité. Déjà la reconnaissance publique a devancé tout ce que l'on pourrait dire d'une institution qui restera parmi les plus belles œuvres de notre époque. Laissez-moi néanmoins marquer, en quelques traits, le caractère providentiel d'une fondation dont vous célébrez aujourd'hui le cinquantième anniversaire.

« Les Conférences de Saint-Vincent-de-Paul ont eu pour premier résultat de grouper autour du drapeau de la foi une phalange d'hommes qui, dans tous les pays du monde, sont devenus pour l'Eglise catholique un honneur et une force. Et ce n'était pas chose facile que d'obtenir ces professions de foi ouvertes, ces pratiques religieuses au grand jour, il y a cinquante ans, à une époque où le respect humain exerçait un si grand empire, surtout dans la jeunesse universitaire. « Nous sommes un gouvernement qui ne se confesse pas », disait alors Dupin. A quoi Frédéric Ozanam et ses jeunes compagnons répondaient par leurs actes plus encore que par leurs paroles : « et nous, nous sommes l'avant-garde d'une jeunesse qui ne craindra pas de se confesser et de communier publiquement. » Grand exemple, Messieurs, et qui allait produire ses fruits. A partir de ce moment-là, c'en fut fait de cette fausse honte qui refoulait les convictions au fond des âmes. L'élan était donné ; et depuis lors, en province comme à Paris, chaque fois qu'un laïque est descendu dans l'arène, défenseur du Christ et de l'Eglise, à la tribune, dans la presse, partout où éclate la lutte, où se dresse l'ennemi, on a pu dire de lui la plupart du temps et sans crainte de se tromper : « Il avait commencé par faire partie des Conférences de Saint-Vincent-de-Paul. »

« Le deuxième résultat des Conférences de Saint-Vincent-de-Paul, c'est d'avoir accoutumé les hommes de notre temps à la pratique personnelle de la charité. Déposer aux pieds du divin Enfant l'or, l'encens et la myrrhe, à l'exemple des rois Mages dont nous célébrons la fête en ce jour, c'est de la générosité sans doute ; mais payer de sa personne pour servir le Christ dans ses pauvres ; visiter soi-même les familles nécessiteuses, pour leur porter, jusque dans les galetas où se cache leur misère, avec le secours matériel, la parole du cœur qui fortifie et qui console, voilà, Messieurs, la véritable forme, la forme vivante de la charité. C'est par ce contact immédiat avec le peuple, par cette condescendance des riches pour les pauvres, que les uns se rapprochent des autres, que les préjugés tombent, que les haines s'apaisent ; et si, dans notre ville d'Angers surtout, les esprits sont toujours restés si calmes dans les moments de détresse profonde, nous le devons sans doute et avant tout à la douceur proverbiale du caractère angevin, mais vous y avez une large part, vous, Messieurs, qui, sous les yeux de tous, n'épargnez ni votre temps ni votre peine pour travailler à l'amélioration du sort des classes laborieuses.

« Car c'est là un troisième résultat des Conférences de Saint-Vincent-de-Paul. Assurément, elles ne s'étaient pas proposé pour but direct la solution des graves problèmes sociaux qui sont le tourment de notre époque ; mais elles ont eu le mérite d'appeler l'attention des catholiques sur ces questions les plus importantes de toutes ; elles ont préparé la voie aux œuvres chrétiennes d'économie sociale qui se sont fondées depuis lors ; et, ce qui est plus précieux encore, elles ont fourni les premiers éléments du travail et formé les hommes qui, dans les Cercles catholiques d'ouvriers et dans d'autres institutions du même genre, ont provoqué le mouvement d'idées généreuses dont nous sommes témoins. C'est ainsi qu'en remontant aux origines de toutes les œuvres consacrées de nos jours au soulagement des classes populaires, on est sûr d'y trouver quelque trace des Conférences de Saint-Vincent-de-Paul.

« Reprenez donc, avec une nouvelle ardeur, votre mission de dévouement et de charité. Lorsque, dans cinquante ans d'ici, vos successeurs célébreront le centenaire des Conférences de Saint-Vincent-de-Paul d'Angers, de grands événements se seront accomplis dans ce monde moderne, travaillé par tant de causes de destruction. Quel sera dans ce moment-là l'état des choses en Europe ? quelle sera la situation de la France, en particulier ? C'est le secret de Dieu. Mais ce que je ne crains pas d'affirmer, c'est que s'il plaît à la Providence de sauver ce pays des sophistes acharnés à sa ruine, si la France catholique parvient à remonter au rang d'où elle n'aurait jamais dû déchoir, ce sera l'œuvre des hommes qui auront fait triompher au milieu d'elle ces deux grandes choses qui sont l'âme d'un peuple chrétien : la Foi et la Charité. »

LES BIBLIOTHÈQUES CHRÉTIENNES

Lorsque, il y a près de cinquante ans, le P. Lacordaire parut pour la première fois dans la chaire de Notre-Dame, portant une « liberté » dans les plis du blanc vêtement de saint Dominique, les fortes intelligences du temps, qui déjà voyaient le péril social dans les institutions chrétiennes, disaient qu'on allait retourner vers les âges passés : le progrès devait s'arrêter et la civilisation reculer. Mais ce jour-là, les membres des Conférences de Saint-Vincent-de-Paul entouraient la chaire, faisant ainsi au fils de saint Dominique un rempart de leur dévouement, plaçant la liberté de la parole sous l'égide de la charité, le plus précieux des droits sous la plus radieuse des vertus. L'auditoire écouta avec recueillement et respect le magnifique discours sur la « Vocation de la nation française » ; la foule se montra sympathique, émue et ravie, et la cause de saint Dominique et de saint Vincent de Paul fut gagnée dans un mutuel et éclatant triomphe.

Depuis cette époque, la Société de Saint-Vincent-de-Paul a donné naissance à bien des œuvres, dont l'épanouissement répand sur le monde d'incalculables bienfaits ; parmi ces œuvres, celle des bibliothèques populaires est aujourd'hui l'une des plus nécessaires. Dès l'origine, les fondateurs de la Société s'étaient préoccupés de la création et du développement de ces bibliothèques. La plupart d'entre eux, mêlés au mouvement littéraire d'une époque où on se passionnait encore pour le beau, avaient pu apprécier la puissance exercée sur l'opinion par le livre et les publications qui lui font cortège. Aussi la Société de Saint-Vincent-de-Paul à peine constituée, ils conçurent le plan d'une vaste association catholique, sous le nom de *Société religieuse des Arts*, dont, sur la demande de Gustave Colas de la Noue, Châteaubriant devait accepter la présidence d'honneur, et dans le sein de laquelle la poésie s'unirait à la littérature et à l'histoire. Ils fondèrent en même temps des journaux et des revues, notamment le journal *le Peuple* et la *Tribune catholique*, dans les colonnes desquels parurent des articles pour réfuter les erreurs élevées contre l'Église. L'élan était donné, l'appel fut entendu, les bibliothèques se remplirent de volumes et les lecteurs s'y pressèrent.

« Les livres ont beaucoup de qualités agréables à ceux qui les savent choisir, disait Montaigne, mais aucun bien sans peine : c'est un plaisir qui n'est pas net et pur, non plus que les autres : il a ses incommoditez et bien poisantes. » Rien n'est difficile, surtout à notre époque, comme le choix des livres ; le goût du siècle s'est jeté dans le réalisme et les aventures extraordinaires ; l'imagination ne voyage plus dans les sphères paisibles de l'idéal chrétien, la lecture devient souvent un péril. On ne fera pas à la littérature contemporaine les reproches qu'on adressait aux idylles de Florian, d'être un peu trop fades : « Il n'y a pas mis de loups, » disait-on. Aujourd'hui il n'y a que des loups, ce sont les agneaux qui manquent.

En présence des inconvénients qu'offrent souvent les bibliothèques populaires, on doit féliciter la Société de Saint-Vincent-de-Paul d'avoir rendu aux familles chrétiennes un réel service en mettant à leur disposition une collection de cinq mille ouvrages environ. Ces ouvrages sont très instructifs ; on n'y rencontre pas ces gros livres, dont l'auteur, plus embrouillé que savant, a été oublié même avant sa mort. Choisis avec soin et classés avec ordre, ils permettent de satisfaire aux désirs de tous, depuis l'homme studieux qui veut augmenter ses connaissances, jusqu'à l'ouvrier qui se contente des *Petits entretiens* qui le reposent et l'amusent. La section de l'histoire occupe environ trois mille numéros dans le catalogue ; ils répondent à un désir bien légitime : connaître les origines, le passé de notre patrie, le progrès de nos institutions. Mais les livres les plus demandés sont les romans et les voyages, ainsi que les publications hebdomaires, *l'Ouvrier*, *les Veillées des Chaumières*, *la Semaine des Familles*, etc. Ne repoussons pas ces modestes publications, les plus difficiles les ont vantées.

Un grand évêque, l'un des quarante de l'Académie française, Mgr Dupanloup, écrivant en 1848, pendant une retraite qu'il fit à Issy, de simples notes, qu'il intitula : « Souvenirs de ce que j'ai fait de mal et de ce que Dieu m'a fait de bien », consigne, avec une touchante émotion, le souvenir du temps où il se tenait, près de sa bonne mère, absorbé dans le *Magasin des Enfants*, à genoux devant une chaise, la tête entre ses deux mains : « il se rappelle toujours les délices de cette lecture. »

La bibliothèque de Saint-Vincent-de-Paul est ouverte le dimanche et le jeudi. Le dimanche surtout, les lecteurs affluent, ils dépassent souvent le chiffre de quatre-vingts : femmes, jeunes filles, adolescents, s'y rencontrent ; on accueille même des enfants qui sont encore à cet âge où, suivant la charmante pensée de Mme de Staël, « il semble que le Créateur tienne l'enfant par la main et l'aide à marcher sur les nuages de la vie ». Les ouvrages les plus demandés sont ceux de La Landelle, Lamothe, Marthe Lachèse, Paul Féval, Raoul de Navery, Walter Scott, Cooper, Jules Verne, etc. Afin de se tenir au courant, il faut sans cesse renouveler son outillage, suivant l'expression moderne consacrée. Dès qu'un ballot de livres nouveaux arrive, il est dévalisé : y en eût-il cent, huit jours après tous sont en lecture. Parmi les clients de la bibliothèque, il y en a qui emportent chaque semaine quatre et quelquefois cinq volumes ; et ils ajoutent : « Vous n'avez donc plus rien de nouveau ? » Ennuyé d'entendre la même réponse, on proposa à l'une des plus respectables clientes de s'approcher et de choisir ; impossible ! elle avait oublié ses lunettes. Un sourire discret répondit à cette remarque ; mais chacun pensa que si elle avait conservé ses yeux de vingt ans, on n'aurait jamais pu la satisfaire : elle avait lu tous les livres ; enfin on trouva deux ouvrages dont elle ne se rappelait plus le sujet, on les lui donna et elle partit contente.

Lire est pour beaucoup, du moins on serait tenté de le croire, une condition essentielle de l'existence : peut-être cette ardeur pour la lecture est-elle plus grande de nos jours ; cependant qu'on nous permette de rapporter ce trait curieux de la vie de Pétrarque.

Pétrarque lisait toujours ; dans la solitude, près des sources, sur les montagnes ou dans les vallons émaillés de fleurs, on le voyait avec un livre ; pour ne pas perdre de temps dans ses voyages, il écrivait dans toutes les auberges. Un de ses amis, l'évêque de Cavaillon, craignant que la chaleur avec laquelle il lisait et écrivait à Vaucluse ne ruinât entièrement sa santé déjà affaiblie, le pria un jour de lui donner la clef de sa bibliothèque. Pétrarque la lui donna aussitôt, ne sachant pas ce qu'il voulait en faire. Le bon évêque y enferma ses livres et son écritoire, et lui dit : « Je te défends de lire et d'écrire pendant huit jours. » Pétrarque obéit en se faisant la plus grande violence : le premier jour lui parut plus long qu'une année ; le second, il eut mal à la tête du matin au soir ; le troisième, il sentit quelques mouvements de fièvre. Touché de son état, l'évêque lui rendit sa clef et avec elle la santé.

Les clients de la bibliothèque ne pourront qu'être flattés d'une comparaison avec Pétrarque ; quand on paraît hésiter à leur remettre autant de livres qu'ils le désirent, on dirait qu'on leur enlève une partie de la vie : comme il serait fâcheux qu'ils eussent la fièvre, ou même mal à la tête, on cède toujours.

Heureux encore quand tous rapportent les livres : ici en effet ce n'est pas comme dans les sociétés où les années augmentent le fonds social ; chaque année le fonds diminue : les livres s'égarent ou se détériorent ; c'est regrettable, car il faut les remplacer. Des dons viennent en aide à l'œuvre, et, lorsque cette œuvre sera plus connue, on s'empressera de profiter de toutes les circonstances qui se présentent dans les familles, décès par exemple, pour combler les vides et augmenter les richesses de la bibliothèque.

Un jour, au siècle dernier, l'auteur satirique du « Tableau de Paris », Mercier, fit un rêve qui le transporta en l'an 2000. Cette heureuse vision lui montra un peuple sensé gouverné par des Sages. Ces maîtres avisés avaient résolu de pratiquer un triage scrupuleux dans l'immense poussière des bibliothèques publiques, et de faire réimprimer les meilleurs ouvrages à un million d'exemplaires, afin de les mettre dans toutes les mains. Les hommes devinrent tout de suite plus droits, plus simples et plus réellement éclairés.

Espérer l'avènement de cet âge d'or serait encore un rêve. Mais si l'influence du livre est telle qu'on a pu dire que les Français avaient conquis plus de pays avec leurs livres qu'avec leurs armes, on doit louer ceux qui favorisent la diffusion des livres qui instruisent, moralisent et élèvent l'esprit public. La Société de Saint-Vincent-de-Paul apporte son concours à cette œuvre patriotique ; elle ne rêve pas de conquêtes bruyantes, mais elle espère que, conformément à ses traditions, elle pourra soutenir l'esprit comme elle soutient le corps, éloigner le péril, répandre peut-être dans le peuple, suivant l'expression de la *Sagesse*, l'étincelle qui remue les cœurs, et, dans tous les cas, rester toujours fidèle à sa devise : Aimer et Protéger !

Depuis plus de quarante ans la bibliothèque de la Conférence propage le goût des bons livres et l'on a toujours trouvé pour la desservir gratuitement des conservateurs aussi compétents que désintéressés ; mais cela ne parut pas suffisant aux amis de l'instruction chrétienne. Prêter aux ouvriers des livres pour les emporter chez eux c'était bien, mais les attirer dans un local convenable, surtout pendant les longues soirées d'hiver, pour les mettre à même de saines lectures, c'était mieux encore.

Le besoin en était d'autant plus urgent qu'à cette époque, vers 1863, s'était formée une Société puissante, sous le nom de Société Franklin, présidée par MM. Jules Simon et Laboulaye, qui encourageait partout la création de bibliothèques populaires dans un esprit éclectique, ouvert parfois, contre l'intention des promoteurs, à l'invasion de la libre pensée. Il parut donc opportun aux conservateurs de prendre les devants dans l'importation de l'idée nouvelle et d'offrir au public angevin, sous une forme libérale, un moyen d'instruction agréable et sans danger. En conséquence une association de personnes de bonne volonté fut formée dans notre ville pour organiser une bibliothèque sédentaire et le 25 mars 1865 la lettre suivante fut adressée à tous les partisans présumés de la diffusion des saines lumières :

Angers, le 25 mars 1865.

Monsieur,

Parmi les créations modernes, dues à l'intelligence des besoins de notre époque, il en est une qui a le privilège de réunir tous les esprits : nous voulons parler des *biblio-thèques* destinées plus particulièrement au peuple, c'est-à-dire à l'immense majorité des lecteurs qui n'ont pas de livres, ou plutôt n'ont pas de bons livres.

Sous ce rapport, il faut reconnaître que la France est en arrière de la plupart des pays voisins. Dans le nord de l'Allemagne, en Suisse, il n'est pas de village qui ne possède sa bibliothèque populaire. En Angleterre, surtout, cette institution fleurit depuis près de vingt ans. Elle a puissamment contribué à purifier les mœurs, et, en élevant l'esprit public, elle a fait disparaître presque entièrement les publications corruptrices qui se répandaient, comme aujourd'hui chez nous, dans les villes et les campagnes.

Le meilleur moyen de vaincre le mal est, avec l'enseignement religieux, la propagation des livres honnêtes.

Voilà l'origine des bibliothèques populaires.

Dans plusieurs provinces, en Lorraine, en Alsace, principalement, le projet de bibliothèques du soir et du dimanche, a conquis tout d'abord la faveur publique, et l'on a vu, à Mulhouse, entre autres, une liste de fondateurs, présentée de concert par un professeur et un manufacturier, réunir en moins d'un mois plus de huit cents signatures.

A Paris, cette institution a été propagée avec ardeur. Plusieurs associations se sont formées entre des hommes éminents, appartenant à des groupes divers, mais réunis par la même pensée, l'encouragement et la diffusion des saines connaissances. Dans le seul hiver de 1863 à 1864, en sept ou huit quartiers, de vastes salles ont été disposées pour la lecture, le soir et les jours de fête. A peine inaugurées, les ouvriers s'y sont portés avec empressement, en demandant surtout les ouvrages les plus sérieux et les plus instructifs.

Ce désir d'apprendre, qui se révèle de toutes parts, nous vous convions à le satisfaire dans notre cité.

Les grandes bibliothèques ont leur spécialité, mais, contenant le mal comme le bien, et ouvertes seulement aux heures de travail du plus grand nombre, elles ne sont guère accessibles qu'aux érudits et aux hommes de loisir.

La Bibliothèque du soir et du dimanche, annexe de la Bibliothèque de la ville, sera ouverte à tous. Si elle est fondée à l'intention des ouvriers qui veulent s'instruire, se perfectionner dans leur art et employer fructueusement le temps du repos, elle ne sera pas moins utile aux jeunes gens, si nombreux, du commerce et des diverses administrations.

Inspirer et entretenir le goût de l'étude, remplacer les livres immoraux par des livres qui rendent meilleurs, préserver nos concitoyens trop jeunes, trop peu éclairés, des entraînements où peuvent se perdre leurs croyances et leur avenir : tel est le but que nous nous proposons.

Permettez-nous, Monsieur, pour résumer notre appel à votre concours, d'emprunter les paroles d'un des patrons les plus dévoués des bibliothèques populaires [1] :

« Quand l'ouvrier sort de l'atelier, le soir, transi de froid ou percé par la pluie ; qu'au détour de la rue sombre, il voit flamber un feu clair dans l'âtre du cabaret, et qu'il entend la chanson joyeuse et le cliquetis des pots qui s'entrechoquent, ouvrons-lui vis-à-vis une petite chambre modeste, mais confortable, bien éclairée, bien chauffée, où l'attendent, sur un rayon, d'aimables livres, pleins de belles histoires, d'attrayants récits, de discussions sérieuses, de nobles maximes. Il suffit qu'il y vienne une fois pour être tenté d'y revenir. Il ne trouvera là ni les excitations bruyantes, ni les plaisirs grossiers, ni les amitiés suspectes du cabaret ; il y trouvera le sentiment de sa dignité, la mâle et puissante saveur d'un plaisir qui est un travail, et qui, en récréant l'esprit, l'ennoblit et le fortifie..... »

Les membres du Comité,

MM. Montrieux, maire d'Angers, *président.*
  Bellanger, conseiller municipal.
  Biéchy, professeur de philosophie au Lycée, et de littérature à l'École d'enseignement supérieur.

---

[1] Émile Souvestre.

MM. Théodore Bigot, avocat.
L'abbé Bodaire, aumônier de l'École des Arts.
Camille Bourcier, président à la Cour impériale.
Jules Cesbron-Lavau.
Paul Claveau.
Léon Cosnier.
Coutret, conseiller à la Cour impériale.
Gripon, professeur de physique au Lycée et à l'École d'enseignement supérieur.
Ambroise Joubert, juge au Tribunal de commerce.
L'abbé Legeard, curé de la Trinité.
Fr. Ménard, anc. direct. d'école d'enseignement mutuel.
Jules Merlet, conseiller de préfecture.
Joseph de Mieulle, conseiller général.
Parage-Farran, conseiller général.
Victor Pavie.
Eugène Poitou, conseiller à la Cour impériale.
Vicomte de Ruillé, conseiller municipal.
Segris, député au Corps législatif.
Théobald de Soland, conseiller à la Cour impériale.
J. Sorin, inspecteur honoraire d'Académie.

EXTRAIT DU RÈGLEMENT

Article premier. — Une bibliothèque du soir et du dimanche est fondée à Angers, par une Association de souscripteurs, et administrée par un Comité.

Art. 2. — La présidence de l'Association appartient de droit au Maire.

Art. 3. — La souscription est fixée à cinq francs. Elle est annuelle et cessera à la volonté du souscripteur. Les dons supérieurs à la souscription seront reçus avec reconnaissance.

Art. 5. — Du 1er octobre au 15 avril, la bibliothèque sera ouverte au public, tous les jours, le dimanche compris, de sept heures à neuf heures et demie du soir, et, en outre, le dimanche, de midi à trois heures.

Art. 6. — Le conservateur sera nommé chaque année par le Comité d'organisation. Ses fonctions seront gratuites, ainsi que celles du conservateur adjoint.

Art. 8. — Les fonctions du Comité consistent à seconder le conservateur, à administrer, et à décider le choix des livres.

Art. 12. — Tous les livres donnés ou achetés, ainsi que le matériel de la Bibliothèque, appartiennent à l'Association.

La Bibliothèque du soir et du dimanche sera installée dans la grande salle de l'ancien *Palais des marchands*. Cet édifice, situé au centre de la ville, dans le quartier le plus populeux, d'un accès facile, semble créé pour sa nouvelle destination.

La souscription est ouverte, dès à présent, chez tous les membres du Comité.

Cet appel fut entendu. Les souscriptions affluèrent. L'institution fut brillamment inaugurée au Cercle du Boulevard par une Conférence de M. Samson, professeur au Conservatoire de Paris, sur l'art de la lecture. Le Maire, M. Montrieux, donna en l'honneur du célèbre artiste, un grand dîner, suivi de réception. La recette de la première année dépassa six mille francs, au moyen desquels, plus de mille volumes furent installés dans la grande salle du *Palais des Marchands*, décorée avec goût. Outre les souscriptions, des dons importants furent recueillis, parmi lesquels on doit citer de beaux ouvrages offerts par M. Mame, de Tours, qui se rappelle toujours avec bonheur qu'Angers fut le berceau de sa famille; un autre bienfaiteur s'était plu à orner les murs des douze charmantes statuettes qui entourent le piédestal du Roi René. Les lecteurs répondirent aux prévenances des souscripteurs. Chaque soir le nombre des habitués s'élevait en moyenne à cinquante. Leur assiduité fut interrompue seulement pendant quelques mois lors de l'hiver de 1870. Cet établissement dura dix ans, jusqu'à l'expiration du bail et l'acquisition de l'immeuble entier par MM. Chanlouineau et Cie. D'ailleurs deux bibliothèques du soir venaient d'être fondées par l'Administration municipale. La composition du catalogue en était confiée au choix éclairé de M. Lemarchand; par conséquent celle de la rue Baudrière n'avait plus de raison d'être. Toutefois la différence est grande dans le mérite de leur origine. Les nouvelles bibliothèques sont entretenues par le budget de la commune, tandis que leur devancière, qui avait servi de modèle, était due entièrement à l'initiative privée. Les frais de loyer, d'achat de livres et de mobilier s'étaient élevés à près de 15,000 francs.

En outre de la Bibliothèque de Saint-Vincent-de-Paul, ouverte à tout le monde, il en existe plusieurs autres, spécialement destinées aux femmes chrétiennes ; ainsi chez les Sœurs de la Sagesse, parvis Saint-Maurice, nous savons que depuis longtemps, on prête moyennant une légère rétribution, des livres choisis aux personnes qui méritent confiance. Dans les Communautés où, le dimanche, se réunissent des jeunes filles, les religieuses mettent à la disposition de leurs protégées de petites collections d'ouvrages à la fois instructifs et agréables. Enfin on recommande avec empressement la Bibliothèque de Saint-Michel, établie dans le faubourg du même nom, n° 8. Elle dépend de l'Œuvre fondée il y a une vingtaine d'années, par les Pères Jésuites, sous la direction particulière du P. Félix, le célèbre conférencier de Notre-Dame-de-Paris.

Cette Œuvre a pour but de publier des ouvrages à

prix modique, de propager les bons livres et de donner en même temps un encouragement aux auteurs qui vivent de leur talent. La Société imprime leurs livres à ses propres frais et les vend à ses risques et périls.

Il n'est peut-être pas d'influence plus grande que celle d'un bon livre :

« Sa parole[1] si elle est dominatrice s'emparera du temps comme elle s'est emparée de l'espace ; ce qu'il a fait hier, il le fait aujourd'hui, et ce qu'il fait aujourd'hui, il le fera demain. Comme il va au bout du monde, il ira peut-être au bout des temps ; et de siècle en siècle, comme d'espace en espace, il portera des convictions, il persuadera des âmes, il transformera des vies ; et nul ne peut dire où s'arrêteront ses conquêtes illimitées et indéfinies dans la durée autant et plus qu'elles ne le sont dans l'espace. Le livre est comme un être impersonnel à qui l'on s'abandonne, sans s'inquiéter de sa naissance et de son caractère, de ses vices ou de ses vertus, sans même songer à lui demander son nom. Cet hôte qu'on ne connaît pas, on l'accueille comme un frère et on lui dit la bienvenue. A peine a-t-il commencé à parler, que vous le considérez comme un ami intelligent et bon, fort et sympathique, c'est-à-dire ayant tout ce qu'il faut pour gagner votre confiance ».

Ce fut, je crois, en 1878 que le P. Félix vint donner à Angers, dans la chapelle du couvent de son ordre, une suite de conférences sur son œuvre de prédilection. La parole du célèbre orateur excita une vive sympathie. Un Comité de dames se forma aussitôt sous la direction du P. Tahoc, et Mme Ambroise Joûbert en fut proclamée présidente. Ce n'est pas sans une profonde

---

[1] *La parole et le livre*. Discours prononcé par le R. P. Félix, le 23 avril 1865.

tristesse que nous prononçons le nom de cette pieuse chrétienne qui exerça une influence si douce, si digne sur la Société angevine et dont la perte dans les circonstances les plus douloureuses, y a laissé des regrets inconsolables.

En quelques jours furent recueillis des fonds suffisants pour former une collection d'ouvrages choisis et variés dont le nombre atteint aujourd'hui le chiffre de deux mille. On y trouve des livres dans tous les genres, véritablement d'élite. Entretenu avec le plus grand soin, comme on peut s'attendre d'un dépôt confié à des femmes consciencieuses, il fait également honneur à sa discrète clientèle. On voit qu'elle obéit fidèlement aux recommandations de respect pour l'extérieur des livres qui s'allie si bien à l'intérêt causé par leur intérieur.

Le catalogue est rédigé avec discernement et largeur. Par une précaution judicieuse, chaque titre d'ouvrage est précédé de l'un des chiffres 1, 2, 3 ou 4, pour indiquer à quelle catégorie de lecteurs il convient spécialement.

La Bibliothèque est ouverte tous les jours non fériés, excepté le lundi, de huit à dix heures du matin, et de deux à quatre heures, dans l'après-midi ; les dimanches et jours de fête, de midi à deux heures.

Les associés dont la cotisation annuelle est de cinq francs, peuvent recevoir deux volumes à la fois, s'ils demeurent à Angers, et quatre s'ils habitent la campagne. Ceux dont la cotisation annuelle est de vingt francs au moins, peuvent, sur leur demande, en recevoir un plus grand nombre.

Les ouvrières et les domestiques sont associées à l'OEuvre de la Bibliothèque, moyennant une cotisation annuelle de 50 centimes.

Par ce qui précède on voit que la Bibliothèque de Saint-Michel présente toutes les garanties aux personnes qui veulent s'instruire sérieusement, comme à celles qui ne recherchent qu'un délassement agréable ; de plus elle est rangée avec tant d'ordre, que son aspect plaisant accroît, chez les uns et doit inspirer aux autres, le goût des lectures sérieuses, véritablement édifiantes.

LE VESTIAIRE DE LA SOCIÉTÉ DE SAINT-VINCENT-DE-PAUL

La Sagesse des nations l'a dit depuis longtemps : une bonne action en amène une autre ; on pourrait même changer ce singulier en pluriel. C'est ainsi que la Société de Saint-Vincent-de-Paul a produit la Bibliothèque chrétienne, le Vestiaire, l'OEuvre de Saint-Régis et les Fourneaux économiques.

Commençons par le plus modeste de ces accessoires, et non le moins utile, le Vestiaire. Par respect de la vérité nous devons reconnaître que la première idée de cette innovation n'appartient pas à nos conférences ; seulement elle est venue s'y adjoindre, ainsi que nous allons le raconter.

Après la Révolution de 1848, une émulation de généreux sentiments s'établit entre les hommes de bonne volonté, sans distinction de partis. Ce fut grâce à cet heureux courant que l'on fonda une institution de crédit qui sous le nom de Comptoir d'escompte préserva le commerce angevin d'une ruine imminente.

N'oublions pas que M. Leclerc-Guillory, aidé de nos principaux commerçants, fut le promoteur de ce retour à la confiance et que dans l'organisation de cette grande caisse de secours, il trouva dans M. Elie Bigot [1] un agent dont l'intelligence spéciale égalait la probité.

En rouvrant les sources du crédit, le Comptoir d'escompte faisait réapparaître l'argent qui dès la nouvelle d'une révolution néfaste que rien ne justifiait avait complètement disparu ! Ce double service était grand sans doute, mais il ne suffisait pas pour rassurer la population justement alarmée ; en attendant la reprise du travail, il fallait trouver des ressources pour nourrir et vêtir la classe indigente qui semble se multiplier dans les malheurs publics. La garde nationale venait d'être réorganisée dans un esprit de concorde et sans exclusion des anciens partis. Des hommes intelligents, de généreux citoyens, profitèrent de cette heureuse circonstance pour former une Association de bienfaisance sous le nom de *Société fraternelle de la garde nationale*. Chaque compagnie élut un comité de secours chargé de dresser la liste des nécessiteux de son quartier et de leur porter des secours en vivres et en vêtements. L'institution sous les auspices du Maire et du Colonel, tous deux pleins de cœur et de bon vouloir, MM. de la Tousche et Daribau, comptait de nombreux auxiliaires qui se signalèrent par leurs aptitudes et leur dévouement. Parmi ces braves gens se distingua un ancien officier de l'Empire, M. J.-B. Richard. Il n'était pourtant pas angevin, mais il était devenu notre concitoyen par une alliance des plus intimes. En 1808, en traversant notre ville avec son régiment pour se rendre en Espagne, il avait logé chez un honorable

---

[1] Alors premier comptable de la Commission des Ardoisières.

avoué, M. Danger. Les amitiés se liaient vite à cette époque d'événements glorieux et rapides. On avait conservé de bons souvenirs de ce passage lorsque en 1812, le même officier, échappant aux périls de la terrible guerre, revint dans notre ville, incorporé dans un des régiments de la jeune garde que réorganisait le général Dumoustier.

Le temps de repos si glorieusement gagné se prolongea. Ce fut alors que profitant de l'occasion plusieurs officiers de la vaillante brigade s'unirent à des familles d'Angers des plus distinguées ; nous pouvons citer entre autres MM. Lerivin, Daribau, Bernelle, etc. Parmi les hôtes du capitaine Richard ne se trouvait pas de demoiselle à marier, par conséquent il ne put imiter ses frères d'armes, mais quand son régiment partit pour l'Allemagne, les adieux furent renouvelés avec plus d'effusion encore que la première fois ; heureusement ils ne devaient pas être éternels. En 1815, après le licenciement de l'armée de la Loire, M. Richard dirigea à Paris une maison de draperie avec fabrique à Reims. Le petit-fils de son premier hôte étant venu suivre les cours de droit y retrouva une seconde famille, et l'intimité devint si cordiale que l'on résolut de n'en former qu'une seule ; c'est ainsi que M. Richard devint l'un de nos plus capables et bienfaisants concitoyens, pendant de longues années, car il a vécu jusqu'en 1858, toujours actif, toujours charitable ; nous ne devons pas omettre que déjà gravement malade sa dernière visite fut aux pauvres de sa conférence dont il était un des membres les plus ingénieux et les plus ponctuels.

Si nous nous sommes un peu attardé devant le souvenir de M. Richard, c'est que nous avons peu connu de figure plus loyale et plus sympathique. Il joignait à la franchise militaire, l'aptitude de l'organisateur, heureuse alliance qui assigne toujours à ceux qui en sont pourvus un rôle utile dans le mouvement de la société.

En sa qualité d'ancien capitaine d'habillement et de manufacturier, M. Richard s'était appliqué spécialement à établir un dépôt de vêtements pour les divers âges des malheureux. Dire au prix de quelles démarches et de quels sacrifices personnels ce dépôt fut assemblé, est le secret du passé. Le premier local du précieux assortiment fut trouvé dans le faubourg Saint-Samson, par le zèle de M. l'abbé Subileau, alors vicaire de Saint-Serge [1] ; c'était beaucoup sans doute, mais à ce local il fallait un gardien, un conservateur aussi compétent que désintéressé. Où le trouver ? M. Subileau n'hésita pas longtemps ; il conduisit M. Richard chez un épicier de son voisinage, ancien militaire comme lui religieux, et charitable comme lui. A peine les deux franches natures furent-elles en présence qu'elles s'entendirent parfaitement ; le type du conservateur d'un Vestiaire des Conférences de Saint-Vincent-de-Paul était inventé.

M. Rémy Thibaut avait suivi l'état de son père, cordonnier, à Saint-Martin-du-Bois ; après le tirage, en 1823, n'ayant pas été favorisé par le sort, il devança l'appel avec deux de ses camarades pour entrer dans le régiment où servaient deux gentilshommes de son voisinage, M. Alexandre d'Andigné et son jeune frère. Le 14e régiment d'infanterie de ligne qui comptait beaucoup d'Angevins dans ses rangs était alors commandé par M. René d'Armaillé, un de ces officiers de l'ancienne armée, composés d'héroïsme et de bonté, qu'a si bien peints M. de Quatrebarbes et que relevait encore la beauté physique, précieux avantage, héréditaire dans la famille d'Armaillé. M. Thibaut resta

---

[1] Aujourd'hui curé de Montreuil-Bellay.

sept ans sous les drapeaux; loin de se plaindre de ce long service, il ne manqua jamais l'occasion de s'en féliciter.

C'était l'heureux temps où l'on tenait plus à la qualité qu'au nombre, et où l'on pensait que ce n'est pas en trois ans que se forme l'esprit militaire bien plus important que les connaissances techniques.

Il en parle toujours avec plaisir et fierté; malgré ses quatre-vingt-quatre ans, ainsi que ses anciens compagnons d'armes, il en a tellement conservé l'empreinte qu'au premier coup d'œil, à sa démarche droite et régulière, au port de sa tête, enfin à ce je ne sais quoi de martial on juge qu'il eut l'honneur de porter l'uniforme français... Enfin je m'arrête, car mon affection pour M. Thibaut m'entraînerait aussi loin que m'a conduit M. Richard, mais il fallait bien, avant de le représenter dans ses fonctions actuelles, donner un aperçu de ses antécédents qui le rendaient si propre à les remplir.

Revenons à la rencontre de nos deux anciens guerriers. M. Richard avait tout ce qu'il fallait pour convaincre M. Thibaut, et celui-ci était tout disposé à croire ce que lui conseillait son officier. Cependant, au lendemain de 48, malgré la misère de l'époque, l'épicerie se soutenait, grâce à l'ordre et à l'honnêteté de la direction; au retour du calme elle allait redevenir florissante! n'importe, le goût de la bienfaisance l'emporta; on quitta peu à peu les occupations assujettissantes; le magasin fut cédé. Pour conserver une modeste aisance on combina de petites spéculations qui réussirent et l'on put se livrer tout à fait au fonctionnement du Vestiaire. Or voici la quarantième année que M. Thibaut l'a commencé. On ne peut donc pas dire qu'il ait manqué de constance. Le sentiment chrétien seul peut l'inspirer, car dans cet emploi de son temps il n'a d'autre satisfaction que la conscience de rendre service aux pauvres gens, dénués des vêtements les plus indispensables.

Nous allons expliquer ce genre de service. Le magasin de M. Thibaut est composé de deux pièces au rez-de-chaussée, sous la bibliothèque de Saint-Vincent, place Saint-Martin. Ces deux pièces ont l'aspect d'une boutique de revendeur fripier. Selon les occasions, il s'y trouve un peu de tout, mais jamais assez, car les divers articles dont se compose l'assortiment multicolore ne font guère long séjour et sont bientôt répartis entre des clients empressés de combler les lacunes de leur garde-robe.

L'approvisionnement du Vestiaire se compose de trois éléments : la quête de Noël ; les dons de vêtements et de linge dans le courant de l'année et l'allocation de la Conférence. Ce dernier secours était autrefois de 1,200 francs, mais la rigueur des temps l'a réduit à 800 dont la moitié est destinée à l'achat de guinche. C'est donc avec une somme de 400 francs que notre zélé costumier s'efforce de satisfaire les suppliques qu'on lui présente. Qui révèlera jamais les combinaisons de son esprit inventif, ses recherches infatigables en quête de soldes à bon marché ! Dernièrement il fit l'emplette de vingt paires de bottines à 2 fr. 25, un peu défraîchies il est vrai, mais encore solides, de cent képis de pontonniers dont le cuir à l'occiput lui a servi pour remettre à neuf les semelles d'un lot de chaussures. Tous les samedis, M. Thibaut fait l'inspection du marché aux guenilles et en rapporte toujours un stock de dépouilles, non opimes, qui lui serviront pour la confection de pantalons et de vestons d'enfants. C'est cet article qui est le plus souvent demandé. « Ah ! me disait-il dernièrement avec chagrin, si j'en avais cent, deux cents même, comme ils seraient bientôt placés ! » En effet, n'avez-vous pas souvent gémi en assistant au défilé des élèves des Frères, par un temps froid ou humide, en remarquant aux derniers rangs de pauvres petits garçons à peine vêtus, transis et honteux de leur misère ? Si l'on pouvait les vêtir comme leurs camarades, ne serait-ce pas la plus pressante des charités et la récompense bien due à leurs parents qui préfèrent voir souffrir leurs enfants, ce qui est plus affligeant que de souffrir eux-mêmes, plutôt que de les envoyer aux écoles sans Dieu, où ils trouveraient les secours les plus confortables ? Pour parer à cette navrante infortune que faudrait-il donc faire ? Nous nous adressons au bon cœur si connu de nos dames qui ont un peu de loisir ; ne pourraient-elles mieux l'employer qu'en faisant ces petits vêtements si rapidement exécutés aujourd'hui, au moyen des machines à coudre qui, après avoir privé d'occupation tant d'ouvrières de la ville et surtout de la campagne, serviraient du moins à confectionner promptement les vêtements des petits pauvres ?

La collecte des vieux effets, au temps de Noël, est une des trois ressources du Vestiaire, mais elle diminue graduellement par la baisse des stocks du démodé et du défraîchi ; ensuite la misère des temps engage à l'économie, et plus d'un vêtement que naguère on eût mis à la réforme fait encore partie du service actif. L'Etat donne l'exemple d'user ses hardes jusqu'au dernier fil. Naguère nos soldats ne portaient leur pantalon que pendant deux années, maintenant il doit en durer trois, et comme le drap n'a plus la qualité d'autrefois, il se trouve réduit à une si faible expression que M. Thibaut ne peut plus s'en servir, car il ne vaudrait pas le prix de la teinture pour le transformer du rouge au noir.

Parfois de meilleures aubaines lui arrivent de la part de familles pieuses qui, ayant perdu un de leurs membres, ne croient mieux remplir ses intentions qu'en donnant, par une entremise digne de toute confiance, sa garde-robe aux malheureux qui en sont le plus dépourvus.

La seconde branche du commerce gratuit de M. Thibaut se compose de garnitures de matelas, au moyen de cette grande herbe des bois qu'on appelle *guinche*. De pauvres femmes vont la faucher dans la forêt de Serrant et grâce à la permission du généreux châtelain y trouvent une précieuse ressource. Elles la vendent 4 centimes la livre ; il en faut au moins vingt-cinq livres pour remplir un matelas. M. Thibaut reçoit 400 francs de la Conférence, par conséquent il n'en distribue pas moins de dix mille livres, au moyen desquelles on garnit les matelas d'une matière moins douce que la laine, mais pas plus raide que le crin, et aussi sèche et aussi saine que l'un et l'autre.

Quelle que soit la nature de ses distributions, M. Thibaut estime qu'il en fait à peu près mille par an, pour une valeur de 2 francs, au minimum. Grâce à la libéralité des donateurs et surtout à l'ingénieuse persévérance du conservateur, on voit que l'OEuvre créée par M. Richard et continuée par M. Thibaut a distribué aux indigents, en objets de vêture, une valeur qui n'est pas moins de 80,000 francs.

Ces industries variées nécessitent un travail assidu et considérable, sans compter toutes les courses que M. Thibaut fait en ville pour profiter des bonnes occasions. Il se tient à son dépôt deux fois par semaine, le jeudi et le dimanche de midi à une heure, règle jamais diminuée mais souvent dépassée, selon l'affluence des solliciteurs, à l'égard desquels Dieu sait combien M. Thibaut, tout en se faisant respecter, a dû dépenser de paroles et déployer d'obligeance. Le bon vieillard porte encore gaillardement ses 84 ans, mais sa vue déclinant ne discerne plus avec la même sureté la qualité des étoffes et la variété des nuances ; il devient, comme tous les gens de grand âge, un peu économe de ses trésors, et ne les défend plus avec autant d'ardeur contre l'invasion des mites et des puces. Toutefois les meilleures choses ne pouvant éviter une fin, quand le moment de la séparation viendra, comment faire pour remplacer M. Thibaut qui s'est tellement identifié avec son office qu'on ne peut les concevoir séparés ? Aussi nous avons lieu de croire que l'ordre de la nature étant changé à cause de lui, le moment fatal ne viendra pas. Des hommes tels que le brave conservateur de notre Vestiaire méritent d'être immortels.

LA SOCIÉTÉ DE SAINT-FRANÇOIS-RÉGIS

Au Carême de 1888, l'éloquent prédicateur de la station de Saint-Joseph, commençait l'un de ses sermons, à peu près en ces termes [1] :

Mes Frères,

« Vous donnez dans la rue une pièce de monnaie à un pauvre enfant, aux traits flétris par le froid et la

[1] Le R. P. Léopold de Chérancé, gardien du couvent des Capucins d'Angers.

faim, ou vous lui accordez, à votre porte, un morceau de pain ; c'est un acte de miséricorde.

« Vous rencontrez une jeune fille, que le désordre à précipité dans la boue et qui veut se relever. Si, touché de son repentir, vous lui tendez la main et l'aidez à remonter sur le piédestal de l'honneur et de la vertu, oh ! alors c'est encore de la miséricorde, mais de la miséricorde dans la plus haute expression. C'est imiter Notre-Seigneur accueillant *la Madeleine* avec une indulgence paternelle ; c'est le *Bon Pasteur* rapportant au bercail la brebis égarée... »

Telle est, en une seule phrase, toute l'histoire de l'œuvre de Saint-François-Régis, une des plus belles, créées par l'inspiration chrétienne dans le xixe siècle.

Voici comment cette institution, aussi elle d'origine toute française, s'est établie, il y a environ soixante ans :

Un magistrat de noble caractère, M. Gossin, considérait l'autorité comme un moyen de mieux servir Dieu et les pauvres. Ayant été nommé procureur du roi à Troyes, en 1816, il découvrit une plaie morale à laquelle sa compassion résolut de porter remède. Dans ce pays de fabriques, la plupart des unions, parmi les ouvriers et les pauvres, étaient illégitimes. Les uns restaient dans cet état de scandale par ignorance ou par indifférence ; les autres cherchaient à se rassurer, en considérant leurs désordres comme une conséquence inévitable de la misère, et sans importance dans un pays qui n'était pas le leur.

M. Gossin, ne séparant pas les devoirs du magistrat de ceux du chrétien, offrit à plusieurs de ces pauvres gens de les aider à rentrer sous la loi civile et religieuse en faisant venir, sans frais pour eux, les papiers nécessaires à l'acte de mariage. Cette proposition fut acceptée, et bientôt le bon exemple entraîna un grand nombre de ménages illicites à rentrer dans le devoir.

Ces difficultés étaient levées par le magistrat, et une pieuse femme, Mme Dalbane-Lebœuf, secondait M. Gossin en fournissant des vêtements aux familles qui suivaient ses conseils.

M. Gossin, après s'être appliqué, pendant deux années, avec une obligeance et un zèle constants à réformer les mœurs des pauvres de Troyes, fut rappelé à Paris, comme substitut de procureur du roi. Il pensa que les desseins de la Providence, en le plaçant dans une aussi grande ville, étaient de lui offrir une moisson plus abondante, et il résolut de continuer l'œuvre commencée à Troyes.

« M. Gossin, écrit l'aimable auteur que nous nous plaisons à citer [1], trouva dans les Sœurs de Saint-Vincent-de-Paul des guides expérimentés C'est la congrégation de ces saintes filles qui communique aux personnes bienfaisantes cette sûreté et cette prudence si nécessaires dans les œuvres. Tout le monde admire le dévouement de la Sœur de charité, mais il faut le voir de près pour le connaître tout entier... »

M. Gossin sentait qu'une organisation régulière était indispensable au succès de son entreprise; toutefois il reculait devant les difficultés, malgré l'invitation intérieure que Dieu lui en faisait.

Ces hésitations et ces craintes n'étaient cependant point un refus formel à la grâce, et en 1822, l'excellent chrétien devenu vice-président du tribunal de première

---

[1] Mlle Julie Gouraud, *Les Œuvres de Charité à Paris*, pages 160 et suivantes.

instance de la Seine, fit vœu, s'il guérissait d'une grave maladie, de tenter la formation d'une société de charité, dont le but serait de favoriser le mariage civil et religieux des pauvres vivant dans le désordre.

Ce fut à Louvesc, village de l'Ardèche, qui possède le tombeau de saint François-Régis, que M. Gossin prit cet engagement. Dieu l'entendit, la santé fut rendue au digne magistrat qui, dès lors, médita les moyens à prendre pour accomplir sa promesse.

Au mois de mars 1826, il soumit à l'archevêque de Paris, un plan détaillé sur la manière dont il envisageait la fondation de l'œuvre. Ce plan reçut l'approbation désirée, et son auteur entra dans cette carrière de dévouement à laquelle il resta fidèle le reste de sa vie.

L'œuvre nouvelle ne conquit pas de suite, la popularité dont elle jouit aujourd'hui ; loin d'être accueilie avec faveur, elle fut l'objet de ces railleries dont l'esprit français est inépuisable. Pendant une année entière, M. Gossin fut seul à braver les moqueries et à supporter le fardeau de son entreprise. Il savait trouver du temps pour recevoir les pauvres, et se charger de leur correspondance. Malgré la faiblesse de ses ressources, il pourvut à toutes les dépenses.

La Providence bénissait visiblement le zèle de son fidèle serviteur ; toutefois on voulait intéresser à l'œuvre le saint qui avait évangélisé le Velay et le Vivarais, au XVIIe siècle, en s'attachant particulièrement à réformer les mœurs et à détruire le scandale par l'influence de la religion. L'œuvre fut donc désignée sous le nom de *Société de Saint-François-Régis*.

Depuis 1826, elle n'a cessé d'exercer une action puissante sur la classe ouvrière et sur les pauvres ; ses détracteurs ont été remplacés par des admirateurs sincères. Dans presque toutes les villes de France et dans les principales à l'étranger, est établie la bienfaisante société, et partout le succès couronne le zèle de ceux qui s'y dévouent.

Dans le seul département de la Seine, depuis 1826 jusqu'en 1866, quarante-trois mille deux cent cinquante-six mariages ont été réalisés, et par suite quatre-vingt six mille cinq cent douze personnes sont rentrées dans le devoir, sans compter plusieurs milliers d'enfants auxquels la légitimation a donné un rang dans la société. En présence de pareils chiffres, on gémit de l'ignorance du peuple, et on est pénétré de reconnaissance envers les hommes qui s'appliquent à faire revivre la foi au prix de tant de fatigues.

La Société de Saint-François-Régis a compris que l'autorité ecclésiastique est l'auxiliaire indispensable de toute œuvre conduite par des laïques, et c'est avec le concours des curés et des religieuses de diverses maisons, qu'elle est parvenue à rétablir l'ordre dans un grand nombre de familles.

« Cette œuvre, dit l'auteur déjà cité, est une des plus difficiles et des plus délicates qui soient proposées à la charité ; il faut pratiquer la patience, la persévérance et la douceur, qui étaient les armes de saint François-Régis pendant ses laborieuses missions. Mais ces vertus ne suffiraient pas encore pour arriver au but ; il faut faire largement l'aumône de son temps, et, de plus, avoir une certaine connaissance des lois pour arranger les affaires de pauvres gens fort embarrassés quand il faut fournir les plus simples renseignements ; il en est même qui ignorent jusqu'à leur lieu de naissance.

« La correspondance qu'exigent les services à rendre, est fort compliquée. Un seul mariage nécessite quelquefois dix lettres avant d'obtenir des renseignements exacts.

« La Société de Saint-François-Régis agit avec un désintéressement complet ; les services qu'elle rend sont gratuits ; elle refuse tout, à titre de remboursement. Le caractère de gratuité est un des plus grands éléments de succès auprès des gens du peuple qui confondraient aisément la charité avec un bureau d'agence, s'ils avaient la plus petite indemnité à donner.

« La réhabilitation des mariages n'est pas le seul bienfait de la Société de Saint-Régis ; la légitimation des enfants naturels en est la conséquence immédiate ; par son entremise, une foule de pauvres petits êtres, condamnés par leur naissance à rester en dehors de la société civile, y prennent rang et n'ont plus à rougir d'une origine dont ils sont innocents. Enfin il n'est pas nécessaire d'aller en Chine pour trouver des enfants auxquels le bienfait du baptême soit refusé. Il y a, dans toute grande ville, un certain nombre de pauvres petites créatures qui conservent la tache du péché originel. La Société de Saint-Régis pouvait-elle les oublier ?

« Grâce à sa sollicitude, chaque année, un nombre considérable de ces pauvres enfants reçoivent le sacrement régénérateur, et une fois rentrés dans le sein de l'Église, ils trouvent facilement des protecteurs qui les instruisent de leurs devoirs de chrétiens.

« On comprend que le concours des autres œuvres est nécessaire à celle dont nous nous occupons pour découvrir les plaies morales, souvent cachées sous des apparences honnêtes. La Société de Saint-Vincent-de-Paul est à même, plus que toute autre, de fournir des renseignements ; aussi ces deux œuvres ont-elles fait une alliance étroite, et même souvent, à Angers notamment, la Société de Saint-Régis est rattachée comme une branche à la tige maîtresse.

« La difficulté qu'on éprouve à vaincre l'indifférence religieuse de ces ménages illicites est la plus grande de toutes. Il y a des gens qui sont restés en publication pendant cinq et même dix ans, avant de se déterminer à s'approcher du tribunal de la pénitence. De quelle longanimité ne faut-il pas faire preuve pour vaincre une pareille résistance ? L'aumône de l'argent est vraiment bien facile, en comparaison de celle du temps et de la persévérance qu'il faut apporter dans une pareille mission. Le sentiment religieux, l'amour du prochain, peut nous donner la force de l'accomplir. Les refus, les moqueries et les injures sont parfois les premiers fruits que recueillent les disciples de saint Régis ; mais il n'est peut-être pas d'exemple plus frappant de la puissance des sacrements de l'Église que le changement qui s'opère chez ces pauvres gens, après le mariage ; alors toutes les difficultés s'aplanissent ; la misère est la même, et pourtant ils s'empressent de réclamer leurs enfants et de leur procurer le baptême. Cette moisson souvent tardive, réjouit amplement le cœur de ceux qui n'ont cessé d'y travailler pendant des années.

« La Société de Saint-François-Régis s'occupe de tous les indigents. Bien qu'elle ait pour but principal la réhabilitation des unions illicites et la légitimation, elle n'en n'accueille pas moins les personnes qui ne vivent pas dans le désordre et qui viennent réclamer son assistance..... »

L'œuvre salutaire ne vécut à Angers pendant de longues années que d'une existence assez précaire. Ce fut M. Gaignard de la Ranloue, avocat amateur, homme excellent, mais un peu singulier, qui le premier, je crois, en eut l'idée. Son fils M. Charles, s'en occupa aussi avec une grande obligeance. Ils y consacraient une partie de leur temps, quand ils étaient à la ville, et faisaient venir à leurs frais les papiers nécessaires. Toutefois, malgré leur dévouement, le service ne fonctionnait que d'une façon peu régulière. Ce ne fut qu'à partir de la loi bienfaisante du 10 décembre 1850, que l'on résolut d'organiser l'œuvre en la rattachant à la conférence de Saint-Vincent-de-Paul. On sait que cette loi en facilitant les formalités matrimoniales pour les indigents, réduisit les frais des pièces nécessaires, à un minime droit de copie. Notre cher président, Victor Pavie, toujours prêt aux sacrifices de son temps et de sa bourse, se chargea d'un fardeau qui pour lui était plus lourd que pour un autre, puisqu'il passait à la campagne, presque toute la belle saison. De temps en temps il était soulagé par l'assistance de confrères, tous bien intentionnés, mais obligés, après une certaine période, de cesser leurs fonctions, à cause d'absences ou de maladies. Nous citerons entre autres MM. Hélot, Maisonneuve, Ménard, Bouchet. Sans diminuer le mérite des premiers, on doit une mention particulière au dernier, vieillard respectable, ancien notaire, travaillant, à la suite de revers de fortune, en qualité de simple clerc, et qui en sortant de son étude, venait le soir, mettre, pendant une heure ou deux, le reste de ses forces au service des indigents.

Cependant malgré le bon vouloir de tous, les audiences du bureau manquaient de continuité ; les absences étaient fréquentes, et le complaisant Pavie était souvent obligé de remplir les intérims. Cet état de choses ne dura pas moins de vingt ans ; en dernier lieu, notre zélé président se trouva contraint, faute de suppléant, de supporter la charge si longtemps que sa santé en fut profondément altérée. Obligé de revenir exprès de la campagne, il fallait, en outre de la réception des clients, faire de nombreuses démarches en ville et emporter les dossiers pour mettre à jour la correspondance. Comme je lui avais promis de le remplacer, on conçoit que le moment de mon installation était impatiemment attendu. Nous ne perdîmes pas de temps ; le 31 décembre 1879, mes collègues et moi, fîmes nos adieux à la digne supérieure, aux Sœurs et aux employés des Hospices que nous avions administrés, nous pouvons le dire, sans reproche, pendant dix années et le 2 janvier 1880, je fus investi de ma nouvelle fonction. L'intérêt qu'elle m'inspira adoucit l'amertume d'une révocation imméritée, et j'éprouvai un vrai bonheur à soulager d'un travail trop pénible pour lui, un ami d'enfance, auquel j'étais redevable à tant de titres.

D'ailleurs, l'emploi qui était excessif pour lui, était beaucoup plus léger pour mes épaules. Veuf et sans enfants, casanier par essence, au point de me croire égaré quand je perds de vue les tours de Saint-Joseph au delà de vingt-quatre heures, je pouvais disposer, en faveur de l'Œuvre, de tous mes loisirs d'une façon régulière. Frappé tout d'abord de l'insuffisance d'une réception par semaine, j'en ajoutai une seconde et presque aussitôt la clientèle, loin de se partager en deux, s'accrut du double, si bien que dès la première année de mon exercice, le nombre des dossiers complétés s'éleva à quatre-vingts, chiffre qui, je crois, n'avait jamais été atteint et qui, depuis cette innovation, n'a cessé de croître [1].

L'année dernière, le nombre des unions préparées dans notre petit bureau fut de cent quatre-vingt-cinq, plus que le quart de toutes celles de la ville, et le chiffre des enfants légitimés fut de soixante-dix-sept. Nous devons ajouter que nous ne sommes plus seul pour conduire à bonne fin, autant que possible, toutes ces affaires : un des magistrats de l'ancienne Cour d'appel dont la mise à la retraite a causé le plus de regrets, m'a permis, en consentant à me remplacer l'hiver dernier, d'avancer la mise au net du présent travail. Enfin, depuis trois ans, un collaborateur, aussi ingénieux que

---

[1] Le bureau est ouvert le mardi et le samedi, de une heure à quatre, place Saint-Martin, 1 *bis*.

zélé, a bien voulu se charger de la partie extérieure, la plus pénible de nos attributions.

Mon début ne s'ouvrait pas sous d'heureux auspices. Les Sœurs, chargées de distribuer les secours du Bureau de bienfaisance, venaient d'être privées de cet emploi qu'elles remplissaient avec tant de zèle et d'intelligence. Tandis qu'elles gémissaient de ce déni de justice, les pauvres en pâtissaient sous le rapport moral comme au point de vue matériel. En soulageant les souffrances, leurs bienfaitrices veillaient aussi aux plaies des âmes, et nous amenaient ou nous signalaient les personnes qu'elles découvraient vivant d'une façon irrégulière. Enfin les Pères de la compagnie de Jésus allaient être proscrits et parmi les œuvres bienfaisantes auxquelles ils prêtaient leur puissant concours, la réhabilitation des mariages était une de celles auxquelles ils s'adonnaient avec le plus de sympathie et de succès.

Enfin l'excellent M. Goubault venait d'obtenir sa mise à la retraite, gagnée par trente ans d'honorables services à la tête du bureau de l'État civil. La société de Saint-François-Régis perdait en lui un ami dévoué qui appréciait, avec une bonté paternelle, les heureux résultats de l'assistance que lui prêtait la charitable institution.

M. Goubault eut pour successeur M. Guy avec lequel nous n'eûmes que des rapports satisfaisants; mais bien que dans la force de l'âge, il mourut au bout de peu de temps, et fut remplacé par M. Hervé, qui sortait, je crois, de l'Instruction primaire.

A cette occasion, marquons une pause pour nous permettre deux digressions. D'abord que l'on veuille bien me pardonner si je vais encore user, durant le moins de temps possible, de la première personne du singulier. Je sais combien le *moi est haïssable*, mais il s'agit d'une responsabilité qui me regarde personnellement; je ne puis la rejeter sur les épaules d'un autre. Ensuite, à mon vif regret, je vais déroger à la condition première de mon livre, à ce qui m'est si agréable, dire du bien et faire l'éloge de tous ceux qui le méritent, quand le souvenir en a été conservé, et surtout quand il est tombé en oubli.

Me voilà donc réduit à la dure nécessité de changer de ton. Ce parti n'étonnera personne, pas même M. Hervé qui ne peut s'attendre à des compliments sur la manière dont il comprend l'importance de ses fonctions. Hâtons-nous de déclarer que notre différence de point de vue ne touche en rien l'honorabilité de notre contradicteur. Nous rendons justice à ses intentions et à son application au travail qui serait beaucoup moins pénible s'il ne le surchargeait, selon nous, de scrupules excessifs de légalité.

Dès les premiers jours de son installation, à propos d'une pauvre ouvrière de fabrique, obligée de comparaître plusieurs fois inutilement à la Mairie, je m'aperçus que nous ne nous entendrions pas longtemps. En effet, nous partons l'un et l'autre de points opposés. En recevant une demande de publication de mariage, M. Hervé n'est préoccupé que d'objections, tandis que la Saint-Régis ne pense qu'à les aplanir, à moins qu'elles ne soient insurmontables. M. Hervé se retranche dans le texte du Code, la Saint-Régis prétend que le législateur n'a pu tout dire et que la loi a souvent besoin d'être interprétée; sans cette nécessité à quoi serviraient les avocats, les tribunaux et les commentaires des Toullier et des Demolombe?

Or, si certains articles du Code doivent être compris largement, ce sont principalement les articles relatifs au mariage des indigents dont l'état civil est si difficile à établir. C'est pour obvier à ces difficultés que peu après la promulgation du Code, le Conseil d'État rendit un premier arrêt en date du 4 thermidor an XIII, pour suppléer au défaut de production des actes concernant le décès des ascendants ; du même corps judiciaire émana un second arrêt, le 30 mars 1808, pour rectifier le plus simplement possible les erreurs dans les actes produits par les futurs époux.

Ce sont ces diverses considérations qui ont servi de base à la loi si bienfaisante du 10 décembre 1850, qui, en recommandant les plus encourageantes facilités pour le mariage des indigents, les exonère presque entièrement des frais d'expédition de pièces ; mais M. Hervé ne reconnaissant de véritable autorité qu'à la lettre du Code n'estime les avis du Conseil d'État et les considérants de la loi de 1850, qu'à l'égard d'opinions particulières, respectables sans doute, mais nullement officielles. C'est en raison de cette soumission au sens judaïque des textes que M. Hervé exige une résidence de six mois avant la célébration du mariage : ce qui est absolument impossible pour une foule d'individus, colporteurs, artistes forains, voyageurs de commerce ; ainsi toutes les professions nomades sont mises hors la loi. On a beau objecter que presque partout, notamment à Paris, on fait exception à la règle absolue, il n'est tenu à Angers aucun compte de cette sage tolérance.

Deux faits seulement entre bien d'autres, pour démontrer à quelles conséquences entraîne l'application trop rigide des principes.

Un ouvrier de la manufacture de M. Bessonneau, nommé Pierre Callès, désire épouser une jeune fille, Yvonne Rumeur, de Morlaix. Celle-ci est munie du consentement de sa mère, mais elle n'a point fourni celui de son père qui a péri dix ans auparavant dans un naufrage où équipage et navire ont disparu. Le commissaire de marine constate l'évènement ; un acte de notoriété est délivré par le juge de paix. Le Procureur de la République à Morlaix, appuie favorablement cet acte ; M. le Procureur d'Angers certifie qu'il partage l'avis de son collègue. M. Hervé soutient que le décès n'ayant point été constaté d'une manière juridique, on ne peut procéder au mariage, et les malheureux jeunes gens sont obligés d'attendre dix-huit mois l'avènement de la majorité de la future. Par bonheur leur fidélité égala leur patience ; mais s'ils n'avaient pas possédé ces deux vertus à un degré aussi exemplaire, que serait-il advenu ?

Seconde citation prise à une autre extrémité de la vie : Une brave femme de soixante-quatorze ans, demeurant faubourg Saint-Jacques, a calculé qu'en faisant ménage commun avec son voisin qui ne compte guère moins de printemps, il y aurait une notable économie. On exigea l'acte de décès de son père ; elle ne se souvenait plus de l'année de la mort, mais elle supposait que la date remontait avant 1820. On cherche dans de vieux registres, sans doute couverts de la poussière d'un grenier, et l'on s'assure que le vieillard dont le consentement ou l'extrait mortuaire était jugé si nécessaire, n'aurait pas moins de cent six ans !

Quand les futurs époux ont atteint vingt et un ans et par conséquent ne sont plus mineurs, M. Hervé réclame en cas de mort des pères et mères, les actes de décès des aïeuls ; or cette exigence entraîne des recherches multipliées ; on sait combien souvent l'état civil des indigents est défectueux, surtout quand il y a eu décès dans un hôpital, d'où les renseignements sont presque toujours incomplets. Lorsque les grands parents existent il est de droit que l'on demande leur consentement, à défaut des père et mère ; mais quand l'intéressé affirme qu'ils sont morts, il nous semble superflu d'en réclamer la preuve ; sans compter la perte de temps, c'est lui faire injure, et croire à un mensonge, supposition presque toujours gratuite, car il est très rare que nos clients et clientes manquent à la sincérité. Souvent même, nous avons été charmé de leur bonne foi, de la franchise avec laquelle ils racontent des faits embarrassants. Nous signalerons également la patience et la douceur avec lesquelles ils supportent des ajournements prolongés, ou même des fins de non-recevoir dont les motifs ne paraissent pas toujours suffisants.

Contraint par ces obstacles invincibles d'en appeler à l'autorité supérieure, je m'adressai tout d'abord à l'un des adjoints, M. Lacour-Trottier, dont je connaissais le caractère affable et qui, ayant été notaire, appréciait toute l'importance du sujet. Il m'accueillit favorablement, résolut deux ou trois affaires en souffrance et m'autorisa, au besoin, à invoquer son appui. Malheureusement sa mort prématurée mit peu après fin à sa complaisante intervention.

M. Jules Guitton ayant succédé à M. Maillé, j'espérai que la science juridique du nouveau maire, protégerait efficacement mon modeste ministère. Bien qu'il m'en coûtât un peu, je me présentai à son cabinet. Aux premiers mots que je prononçai sur la rigueur de M. le chef de l'État civil, M. Guitton s'écria : « Ah ! ça ne m'étonne pas ; il vient assez souvent me... déranger pour des minuties, et ce qu'il y a de plus fâcheux, c'est que mon adjoint chargé de ce service est aussi timoré que lui... »

Encouragé par la solution satisfaisante qu'il donna sur un point en litige avec M. Hervé, je lui demandai de recourir à son omnipotence quand de sérieux désaccords se renouvelleraient ; il s'empressa d'acquiescer à ma demande ; mais au moment où, me confondant en remerciements, je mettais la main sur le bouton de la porte, il me dit : « Ah dame ! ne revenez pas trop souvent, car ce n'est pas amusant votre affaire ! »

On conçoit que, médiocrement encouragé par cet amendement, je ne revins pas du tout.

Alors, pour défendre des causes que je croyais excellentes, je m'adressai à M. Beucher dont l'obligeance est bien connue ; mon attente ne fut point trompée ; l'habile avocat réussit, mais non sans peine, à gagner deux ou trois causes ; puis à son départ pour les vacances, il me remit les dossiers en préparation, en les recommandant à M. de Villiers. Dire toutes les peines que je donnai à celui-ci, le nombre de démarches et de consultations, si disproportionné avec celui des rares succès, est impossible. Enfin, après deux ou trois ans d'assistance qui ne lassèrent pas plus la constante courtoisie de M. de Villiers qu'ils ne désarmèrent le système de défense de M. Hervé, je n'osai plus abuser d'un si bon vouloir et j'allai frapper à la porte de M. Perrin. Le docte professeur à l'Université m'accueillit avec la même bienveillance que ses prédécesseurs, mais ne réussit pas davantage à faire revenir M. Hervé de son inflexibilité. Alors, ayant la conscience d'avoir épuisé tous les moyens de secours, je me renfermai dans mon petit bureau, engageant mes pauvres clients désolés à la résignation, dans l'espoir que des temps meilleurs surgiraient, où les intérêts vraiment populaires recevraient une plus complète satisfaction.

Les angoisses de la dernière épreuve subie à Angers, par les candidats à l'hymen, sont d'autant plus pénibles que c'est là où l'on devrait trouver le plus d'assistance ; partout ailleurs, autorités religieuses, judiciaires, municipales, administratives s'empressent de seconder l'œuvre de Saint-Régis, avec une persévérance égale à la sympathie qu'elle inspire ; mais à Angers, nos pauvres clients ressemblent trop souvent au navigateur, qui, à la suite d'une heureuse traversée, ne parvient au port, qu'après avoir doublé un cap hérissé d'écueils formidables.

Nous sommes désolé d'être contraint de continuer cette série de récriminations qui contraste si fort avec notre ton ordinaire, mais nous avons été témoin, pendant dix années, de tant de fâcheuses conséquences résultant des difficultés opposées aux indigents à la Mairie, qu'il nous semble de notre devoir de les signaler avec franchise, pour en éviter le renouvellement. Que de fois nous en avons gémi avec M. Goubault, le prédécesseur regretté de M. Hervé ! « Pendant trente années d'exercice, j'ai été aussi large que possible avec les pauvres gens, me disait cet homme si sage, ne tenant qu'aux prescriptions essentielles, et négligeant tous les accessoires ; jamais je n'ai eu à m'en repentir, jamais je n'ai fait de bigame, comme on craint, à tort, d'en commettre. Sans inquiéter les prétendus, je leur indiquais la marche à suivre, les aidant au besoin ; mais quand se présentaient des embarras trop graves pour que j'eusse le temps ou le pouvoir de les lever, j'en appelais à M. le Maire, ou je les adressais à la Saint-Régis. En agissant de cette manière je renvoyais les parties toujours satisfaites, car elles n'avaient à subir ni pertes de temps, ni contrariétés, ni surtout de refus impitoyables. »

Malheureusement l'honorable successeur de M. Goubault n'a point suivi cette bienveillante tradition, et quant à la Société de Saint-François-Régis, l'auxiliaire si précieux du bureau de l'État civil, il n'a pas voulu s'en servir ; au contraire, il nous a toujours tenu en une sorte de défiance, comme si nous prétendions empiéter sur ses attributions. Assurément c'est bien à tort, car nous n'avons jamais eu la moindre idée d'usurpation ou même d'indiscrétion. Que M. Hervé veuille bien lire les remarquables débats auxquels donna lieu la loi de 1850 [1], il verra par les éloquents rapports de MM. Godelle et de Limayrac, comment les représentants de la France entendaient resserrer les liens qui existaient déjà entre l'autorité municipale et la Société de Saint-François-Régis.

« ..... Agir au lieu et place de l'indigent, s'il est incapable d'agir, placer à côté de lui un conseil officiel, lui procurer ses titres presque sans frais, telle est l'économie du projet qui vous est soumis pour remplir les lacunes que nous avons signalées.

« Ce conseil, où le prendrez-vous ?

« A ne consulter que les intérêts du pauvre, nous le trouverions naturellement parmi ces hommes de bien qui ont, les premiers, inspiré la pensée des améliorations que nous poursuivons. Réunis en sociétés charitables dans toutes les grandes villes de France, ils pratiquent depuis longtemps l'œuvre que nous voulons consacrer par la loi ; ils ont la haute intelligence de tout ce qui répare ou prévient le désordre, sans perdre de vue ce qui adoucit ou moralise l'indigence. Pourquoi nous priverions-nous de ce concours ? Pourquoi négligerions-nous ces avantages, lorsque la loi, pour les obtenir, ne cesserait pas d'être libérale ? Dans cet ordre d'idées, les Sociétés de Saint-Régis dont les nombreux travaux ont fixé les sympathies de la Commission, seraient appelées à prendre une place officielle auprès de l'autorité.

« Un examen plus approfondi nous a fait éloigner ce projet. Il nous a paru, Messieurs, que la loi ne devait pas confondre les associations de la charité produites par un

---

[1] Séance du Corps législatif, 4 décembre 1850.

élan spontané, essentiellement libres dans leur action, avec les institutions permanentes qu'elle doit, au même titre, et dans une parfaite égalité de droits, à tous les citoyens. Devant la loi point de distinction, ni de catégorie, plus de difficultés..... L'indigence reconnue, il faut que l'assistance prenne son caractère de régularité, je dirai même de légalité qui ne se rencontre que dans l'intervention de l'homme public. L'indépendance actuelle de ces Sociétés ne se prêterait pas encore à cet office, et d'un autre côté, lors même que le concours serait assuré dans les grands centres de population, il deviendrait insuffisant dans les campagnes. L'inégalité serait choquante au préjudice de la classe la plus nombreuse. Ces considérations ont dû faire rechercher une combinaison plus stable et plus générale.

« Les pauvres n'y perdront pas, Messieurs ; les instincts religieux de la charité se prêtent à tout. L'œuvre qui leur a fait tant de bien, marchera parallèlement avec celle de l'assistance officielle, et par la nature même des choses, il s'établira entre ces deux institutions une louable réciprocité de bons offices... »

Voici donc le caractère de chaque rôle bien déterminé. Pour l'officier civil l'exécution de la loi, dans son texte et dans son esprit, mais pas au delà, sans la pousser jusqu'à l'exagération. Pour le représentant de la société de Saint-Régis, la liberté de venir en aide aux indigents, en faisant pour eux, les démarches nécessaires, en leur donnant de bons conseils, les exonérant des frais, quoique réduits, que la loi laisse à leur charge, enfin en les assistant de son savoir et de son influence, pour les diriger dans les cas difficiles.

Il est évident que sans crédit et sans expérience les personnes qui désirent se marier, ne peuvent souvent, réduites à elles seules, réunir toutes les pièces indispensables à l'accomplissement de leur union. Quand il s'agit par exemple d'un consentement des ascendants, d'un conseil de famille, d'une rectification de l'état civil, etc, il faut absolument qu'une main obligeante tire le solliciteur d'embarras ; le plus souvent ce ne peut être l'officier de l'État civil ; il n'a pas le temps de se livrer à une correspondance compliquée, et d'ailleurs il ne possède pas, près de certaines autorités, l'autorité ecclésiastique par exemple, si utile pour obtenir les consentements, il ne possède pas le crédit d'un délégué d'associations religieuses.

Autant est bienfaisante cette harmonie entre les deux protections auxquelles s'adressent les indigents qui veulent remplir consciencieusement leur devoir, autant le défaut d'accord entraîne des conséquences regrettables. Depuis dix ans d'exercice, nous avons tâché de réunir les éléments de mille dossiers environ, mais combien n'ont pas été suivis de mariage, par le fait d'exigences qu'il ne nous a pas été possible de satisfaire ? Combien aussi d'unions n'ont pu être consommées qu'à force de supplications, près des parties découragées d'attendre des mois et parfois davantage ? Ce ne sont pas nos peines que nous regrettons, mais bien la douleur de ces pauvres gens, la perte de leur temps si précieux et surtout la contrainte involontaire de continuer à vivre dans un désordre qui leur répugne, et d'où ils désirent ardemment sortir. Qui donne la preuve la plus éclatante des progrès de la moralité dans une population, si ce n'est l'accroissement du nombre des mariages ? Il me semble que si j'avais l'honneur de présider aux élevées et bienfaisantes attributions du bureau de l'État civil, je ferais tout au monde pour avoir le bonheur d'annoncer chaque fin d'année, au Maire, un chiffre supérieur à celui de l'exercice précédent.

Ayons l'espoir que M. Hervé voudra bien accueillir ces considérations, dictées par le seul intérêt d'une cause qui nous est également chère. Déjà sur la bienveillante observation de M. de Châtaux, pendant son trop court mairat, il s'était relâché de ses rigueurs ; nous savons que M. Guignard l'a également engagé à être plus facile, *plus coulant ;* nous avons donc tout lieu de croire que désormais nos pauvres clients n'entendront à son bureau que paroles de bienvenue et d'encouragement.

En prenant la liberté de revenir sur mon compte, ai-je besoin d'ajouter que les frais de patience auxquels j'ai été souvent exposé, ne sont rien à côté de la satisfaction ressentie par l'heureuse conclusion des affaires ? En effet, il n'est pas d'œuvre plus attachante parce qu'il n'en n'est pas qui touche à de plus graves intérêts et dont les résultats soient plus importants et plus sensibles. En voici deux exemples :

Un homme marié civilement, résistait aux prières de sa femme pour la consécration à l'église. Dans un mouvement de colère, son bras atteignit une sainte Vierge en plâtre, sur la cheminée ; la petite statue se brisa en morceaux. L'iconoclaste involontaire s'enfuit épouvanté ; il erra quelque temps dans les rues, revint au logis et dit doucement à sa femme : « Demain matin nous irons voir M. le curé ». Quelques jours après ils étaient mariés. Le lendemain de la cérémonie simple et touchante, le père alla chercher à l'école l'aîné des garçons, et celui-ci tout joyeux dit à sa mère : « Oh que papa est bon ! il ne me gronde plus et veut bien causer avec moi ! » Sans pouvoir apprécier la cause, l'enfant indiquait l'effet du changement au modeste foyer ; la paix de l'âme, le plus grand des biens, l'avait transformé par la grâce de Dieu.

Dans un autre ménage plus pauvre encore, quatre petits enfants attendaient leurs parents qui étaient partis en leur recommandant d'être bien sages, pendant leur mariage à l'église. Quand ils revinrent, le visage comme illuminé, les enfants se précipitèrent dans les bras des deux époux, tout en larmes, et le plus jeune, à peine âgé de trois ans, dit à sa mère en lui entourant le cou de ses petits bras. « Tu es contente, maman ! »

Pour les personnes au courant de cette sorte d'assistance populaire, il n'est pas douteux que la moitié au moins des mariages accomplis par les soins de la Saint-Régis, n'auraient pas lieu sans son intervention. La misère et les difficultés de se procurer les papiers essentiels, sont les principales causes de cette situation. On constate avec bonheur que ce n'est presque jamais l'irréligion qui fait obstacle. Dans notre long exercice, il ne nous est arrivé qu'une fois d'essuyer un refus pour aller à l'église. Il venait du jeune homme et sa fiancée renonça au mariage sans hésiter. La foi est bien plus vive qu'on ne pense au fond des cœurs. Le culte de la sainte Vierge est toujours en vénération même après de grandes fautes. Lorsque nous sommes à bout d'expédients pour satisfaire aux prescriptions légales, nous engageons nos clientes à porter un cierge sur l'autel de *Notre-Dame-de-Pitié* à la Cathédrale, ou à se rendre au *Champ-des-Martyrs*, et presque toujours la prière est exaucée.

Une circonstance atténuante au bénéfice des jeunes filles qui, déchues de leur innocence, veulent se relever par le mariage chrétien, c'est que la plupart, les trois quarts d'entre elles, peut-être, ont perdu leur mère de bonne heure, soit par une mort prématurée, soit par un abandon dénaturé, ce qui est plus rare, mais ce qui arrive quelquefois. Or, nul n'ignore à quels dangers est exposée la pauvre fille du peuple quand elle est privée de sa protectrice naturelle, et même quand le père est honnête, il peut difficilement veiller sur l'honneur du foyer domestique, puisqu'il est occupé au dehors précisément pour l'entretien de sa famille.

Les hommes comme les femmes sont toujours flattés de recevoir le livret d'instructions religieuses que nous leur remettons avec le dossier au grand complet. Ils trouvent dans ce manuel des conseils éclairés sur leurs devoirs envers eux-mêmes, envers leurs enfants et envers Dieu. Ils y trouvent le meilleur moyen de supporter vaillamment les peines de la vie, en invoquant souvent la puissance surnaturelle, près de laquelle les secours humains sont si insuffisants!

On nous dit quelquefois : « Parmi les causes qui vous sont apportées, il doit s'en trouver de bien intéressantes. » C'est vrai, et c'est pourquoi l'OEuvre de Saint-Régis attache souvent jusqu'à la fin de leur carrière les membres de la Société de Saint-Vincent qui s'en occupent. Nous pourrions remplir bien des pages de ce que l'on nous a confié, mais en outre de l'espace qui nous manque, nous devons aussi avoir égard au secret professionnel. Contentons-nous d'une seule anecdote, elle donnera l'idée de beaucoup d'autres.

Il y a quelque temps, près d'Angers, une jeune fille, appartenant à une famille honnête, habitait la campagne, lorsqu'elle fut recherchée en mariage par un jeune homme employé dans une administration publique. Quelques difficultés s'étant élevées au sujet des pièces nécessaires à la célébration de l'acte civil, elle vint s'établir dans la ville pour faire les démarches nécessaires. L'affaire traîna en longueur, et la pauvre jeune fille, seule, sans conseils, sans expérience, éloignée de la surveillance maternelle, oublia les sages conseils qu'elle avait reçus ; mais bientôt honteuse de sa faute, délaissée de son complice, n'osant plus revenir chez elle, livrée à la misère et à la souffrance, elle se laissait aller au plus affreux désespoir, lorsque la Providence la fit connaître d'une brave femme qui habitait le voisinage. Celle-ci poussée par un instinct de charité qui devine toutes les misères et compatit à toutes les faiblesses, eut bientôt compris la triste position de l'infortunée, et vint lui offrir de partager son humble demeure.

Comme la jeune fille, effrayée de la gêne que sa présence allait apporter à une veuve âgée, qui avait déjà de la peine à se soutenir, n'osait accepter cette offre généreuse. — « Ne craignez rien, lui dit la pieuse femme, Dieu m'envoie aujourd'hui une enfant qu'il m'avait refusée dans ma jeunesse, il me donnera de quoi la nourrir. »

Ces paroles firent rentrer le courage dans cette jeune âme abattue. Le repentir chrétien prit la place du désespoir. Dirigée par les conseils de celle qui prenait autant de soins de son âme que de son corps, la jeune fille rentra en grâce avec Dieu et se réconcilia avec ses parents. La Saint-Régis, avertie, fit disparaître tous les obstacles et aujourd'hui la pauvre délaissée, rendue à la vertu et au bonheur, a pu prononcer devant Dieu et devant les hommes des serments dont elle ne doit plus rougir. Quant à notre brave femme, elle jouit de son ouvrage et remercie la Providence de lui avoir permis de faire une aumône que, dans une position plus élevée, elle n'aurait pas eu, peut-être, l'occasion de donner.

« Le bonheur d'avoir rendu la paix à ceux qui l'avaient perdue [1] est une récompense donnée par Dieu lui-même.

---

[1] Mlle Julie Gouraud. *Les Œuvres de charité à Paris*, p. 169.

Pénétrons ensemble dans un de ces intérieurs bénis par l'Église ; le remords en est banni : une vie nouvelle commence pour les époux ; ils s'aiment avec des cœurs nouveaux ; aux reproches amers ont succédé les paroles de consolation. Pour la première fois ils osent parler d'avenir. Cette femme qui cachait sa honte et n'osait entrer dans une église, est redevenue libre ; son âme, déprimée par le trouble de la conscience, prend l'essor sous l'action de la grâce. Que de larmes n'a-t-elle pas répandues pendant ses jours de péché ! car la foi ne s'éteint pas dans le cœur qui l'a reçue. Quel heureux changement ! Elle estime son mari, et se sent protégée par lui. Les difficultés de la famille sont grandes ; mais, en sanctifiant les âmes, la grâce double aussi les forces, et la tâche de chaque instant s'accomplit avec amour. »

LES FOURNEAUX ÉCONOMIQUES

Le 21 novembre 1870, au plus fort de nos angoisses patriotiques, Mgr Freppel, tout en étant accablé de mille soins divers, trouva le temps d'organiser des fourneaux économiques dans sa ville épiscopale. Alors, cette fondation dérivait naturellement de la Société internationale de secours aux blessés dont notre évêque était président, pour la section d'Angers.

Voici la lettre que Sa Grandeur écrivit à MM. les curés de la ville :

« L'hiver approche, ramenant au milieu de nous, pour les classes nécessiteuses, la gêne et les privations. Pénible en tout temps, la situation s'aggrave cette année des maux de la guerre et des conséquences qu'elle entraîne après elle. Sans parler des exigences du service militaire qui enlève à tant de familles leurs soutiens naturels, la diminution du travail, le ralentissement des affaires commerciales et le chômage forcé de plusieurs industries, multiplient la misère dans notre populeuse cité ; il en résulte pour tous les hommes de foi et de cœur un devoir impérieux, celui de proportionner les secours aux besoins, et si cette obligation sacrée incombe à quelqu'un, c'est bien à ceux qui se font gloire de compter le service et l'assistance des pauvres parmi les fonctions les plus hautes et les plus indispensables de leur ministère.

« Or, entre toutes les formes de la charité chrétienne, celle qui sauvegarde le mieux la dignité du pauvre, et qui pourvoit le plus efficacement à son entretien, doit mériter nos préférences, et voilà pourquoi je n'hésite pas à placer en première ligne l'établissement des *Fourneaux économiques*, à l'aide desquels les familles nécessiteuses peuvent se procurer une nourriture substantielle, à un prix presque insignifiant. Il m'a été donné d'en apprécier les bienfaits dans la capitale, où, moyennant la faible somme de 10 centimes, une charité industrieuse a trouvé le moyen de distribuer une ration de potage ou de viande, suffisante pour une personne. Établie sur une vaste échelle, une pareille œuvre nous préserverait à coup sûr du fléau de la misère.

« Il est vrai que l'acquisition de tels fourneaux, si elle tombait à notre charge, entraînerait des dépenses considérables ; mais, fort heureusement, la Providence y a pourvu en dotant notre chère ville d'Angers de ces communautés religieuses qui, à tant de titres déjà, lui rendent de si importants services. En nous prêtant leurs fourneaux pour quelques heures dans la journée, elles nous permettent de lever toutes les difficultés. J'ai donc fait un appel à leur dévouement, et elles y ont répondu avec le zèle charitable qu'on est toujours sûr de trouver chez les âmes vraiment religieuses. Grâce à leur concours empressé, il nous sera facile de répartir un certain nombre de fourneaux dans les différents quartiers de la ville pour les rendre accessibles aux ouvriers et aux indigents. Sur l'avis des hommes compétents qui m'ont aidé de leurs lumières, je me suis arrêté au chiffre de douze, d'après le tableau suivant :

« Outre-Maine : Bon-Pasteur ; Sœurs de Saint-Charles, Sainte-Marie-de-la-Forêt ; Ouvroir de Saint-Vincent-de-Paul ;

« Rive gauche : Sœurs de la Sagesse ; Sœurs de la Miséricorde ; Ursulines ; Pères jésuites ; Belle-Fontaine ; Sœurs de Saint-Charles ; Augustines ; Dames de la Retraite.

« Une Commission de vingt laïques, dont je vous ferai connaître prochainement les noms, vous sera adjointe pour diriger l'œuvre des *Fourneaux économiques*, et pour l'organiser dans tous ses détails. Les offrandes et les souscriptions ne nous manqueront pas. Je me propose de prêcher à cette fin des sermons de charité dans les principales églises de ma ville épiscopale et je mets dès maintenant la somme de 1,000 fr. à la disposition du Comité. Dieu veuille bénir une œuvre qui nous est inspirée par l'amour de nos frères malheureux ! Je compte tout particulièrement sur le zèle dont vous m'avez déjà donné tant de preuves, et j'espère que nos fourneaux pourront s'ouvrir le jeudi 8 décembre, jour de la fête de l'Immaculée-Conception de la très sainte Vierge.

« Agréez, Monsieur le Curé, la nouvelle assurance de mes sentiments affectueux et bien dévoués.

« † Ch.-Émile, évêque d'Angers. »

De telles paroles ne pouvaient rester sans écho. Quelques jours à peine s'écoulèrent ; on se réunit avec empressement à l'Evêché ; une seule séance suffit pour la discussion. Le grand salon était rempli de notabilités, venues spontanément. Les personnes qui prirent le plus de part à l'élaboration du projet, dont l'idée première appartient à Monseigneur, furent MM. de Quatrebarbes, F. Besnard et Guinoyseau. Ils comptèrent jusqu'à leurs derniers jours, parmi les plus généreux bienfaiteurs de la populaire entreprise.

L'éloge des Fourneaux économiques et l'énumération de leurs services ne sont plus à faire. Nous avons clos le dix-huitième exercice de notre institution, fondée dans l'année de la guerre ; le résultat est la meilleure preuve de son utilité, de l'excellence de son organisation et de la certitude d'un avenir aussi prospère que bienfaisant, si les fondateurs veulent bien lui continuer leur concours.

Voici le tableau succinct de nos opérations pendant les quatre mois d'hiver de 1888 à 1889 :

RECETTES

Reste en caisse de l'exercice précédent........	2.363 55
Intérêts de la somme provenant de cette réserve.....................................	76 85
Produit des souscriptions du présent exercice.	4.282 »
Dons divers...............................	50 »
Provisions existant à l'ouverture des fourneaux	85 75
Produit des 108,400 portions vendues au public	7.751 85
Produit des 52,892 portions distribuées aux enfants des Écoles chrétiennes............	3.790 15
Vente de provisions après la clôture des fourneaux..................................	94 40
Total...........	18.494 55

DÉPENSES

Pommes de terre.........................	1.063 15
Haricots.................................	1.742 10
A reporter.....	2.805 25

Report........	2.805 25
Beurre	905 10
Viande de boucherie....................	4.663 50
Lard frais.....	838 50
Riz...................................	263 35
Sel, poivre, girofle, sucre.............	208 65
Légumes frais et lait..................	1.369 30
Combustible : charbon, bourrées.........	733 35
Étamage des ustensiles.................	85 40
Femmes de journée, menues dépenses diverses	546 25
Frais généraux, achat d'un fourneau, réparations, imprimés, recouvrements, etc.......	561 05
Prix des aliments donnés aux enfants des Écoles chrétiennes, garçons	2.075 45
Prix des aliments donnés aux enfants des Écoles chrétiennes, filles................	2.139 55
Provisions existant à la clôture de l'exercice..	386 75
Total............	17.580 45

Le total des recettes, exercice 1888-1889 étant de	18.494 55
Celui des dépenses de....................	17.580 45
Le reliquat est de............	914 10

employés à l'achat, en temps utile, des premières provisions.

Le total des portions de ragoût et de bouillon, de légumes et de laitage, distribuées dans le dernier hiver, s'est élevé à 161,292. Ce chiffre est inférieur de 7,746 portions à celui de 1887 ; cette légère diminution doit être attribuée à la douceur de la température, qui permit de conserver, en abondance, des légumes et des fruits pendant tout l'hiver. Cette élévation continue du chiffre de la vente démontre que l'utilité des Fourneaux est de plus en plus appréciée, et qu'il est impossible de leur faire concurrence, pour le soin des préparations, comme pour la modicité des prix.

Le nombre des portions distribuées dans les dix-neuf premières années de l'Œuvre, monte à . 2,640,499
En y ajoutant les. 161,292
du dernier exercice, on arrive à un total de 2,801,794

Si nous voulons traduire ces chiffres en espèces, les portions de dix et de cinq centimes se partageant à peu près en égal nombre, nous prendrons la moyenne de sept centimes et demi, et par une simple multiplication nous obtiendrons un total de 203,979 francs, valeur total de notre production, si avantageuse pour les acheteurs, et dont le tiers environ a été employé en libéralités, d'abord pour la grande ambulance de la Gare, en 1870, et depuis pour les Écoles chrétiennes.

Un autre calcul peut servir à réfuter les assertions de ces dispensateurs de vaines promesses, qui prétendent au monopole des inspirations populaires. Nous existons depuis dix-neuf années, à chacune d'elles nous recueillons en moyenne 5,000 francs. Ce sont donc 95,000 francs sortis de nos bourses, pour soulager les classes souffrantes, par l'intermédiaire de la plus modeste, mais non de la moins utile de nos œuvres. Cette somme serait presque doublée si nous y ajoutions les intérêts ; et combien d'autres sommes, sous des dénominations diverses, sont versées dans la main des malheureux par un grand nombre de nos concitoyens, que la fortune a plus ou moins favorisés !

Il est facile d'organiser une œuvre lorsque tout le monde est d'accord. Celle-ci ne pouvait être mise en question [1]. D'ordinaire les institutions qui sont nées d'un

---

[1] La Commission d'initiative fut composée ainsi : Mgr Freppel, président ; MM. le comte de Quatrebarbes et Montrieux, vice-

concours de circonstances exceptionnelles, n'ont qu'une existence éphémère, il n'en devait pas être ainsi de l'œuvre nouvelle : inspirée par un sentiment chrétien, entretenue par un dévouement religieux, elle s'est soutenue et même développée graduellement.

Pendant la guerre, les services rendus par nos *Fourneaux*, furent incalculables. Les ambulances y puisèrent des ressources sans pareilles. Que de fois, à l'arrivée des convois de blessés et de varioleux, on y accourut pour aller porter à de pauvres jeunes gens exténués, des aliments chauds et abondants, que l'on ne trouvait pas ailleurs ! Les soldats et les mobiles ne furent pas seuls à en profiter ; combien de personnes mises en détresse par le malheur des temps, durent la conservation de leurs forces à ces repas, tout préparés et d'un bon marché tel que le prix de vente est inférieure au prix de revient des matières premières !

Une entreprise aussi féconde devait survivre aux causes qui l'avaient produite ; de nombreux intéressés en demandèrent la continuation, et ces instances, jointes à la conviction des services rendus, engagèrent la Commission administrative à poursuivre ses efforts[1].

Il y a longtemps que l'institution des Fourneaux

---

présidents ; Dély, trésorier ; L. Cosnier et H. Faugeron, secrétaires ; F. Besnard, Et. Carriol, l'abbé Christaud, Guinoysean, le baron Le Guay, Achille Joûbert, Lihoreau, Métivier, Mestayer, E. Oriolle, Victor Pavie, docteur Renier, Max Richard et le vicomte de Ruillé, membres.

[1] La multiplicité des Fourneaux n'étant plus nécessaire, sept fonctionnent aujourd'hui : aux Augustines, rue de la Madeleine ; à la Sagesse, parvis Saint-Maurice ; aux Ursulines, rue des Ursules ; chez les Sœurs du Sacré-Cœur de Jésus, rue de la Blancheraie ; à l'Ouvroir Saint-Vincent-de-Paul, rue de la Harpe ; à l'école Saint-Charles, rue du Chef-de-Ville.

économiques est connue ; elle remonte à Vincent de Paul ; on leur donnait le nom touchant de *Marmite des Pauvres.* La difficulté n'est pas de les établir, mais de leur assurer une existence durable. Il est superflu de nous étendre sur les avantages qui en résultent pour tous. Bienfaiteurs et obligés, par l'effet de la solidarité chrétienne, ont également à s'en féliciter. Qu'on nous permette seulement quelques rapides considérations.

Le pain quotidien, voilà l'objet des constantes préoccupations, et souvent des cruelles préoccupations de la mère de famille pauvre. Le père ne demande pas d'autre récompense à son incessant travail que le plat modeste qui repose près du pain du jour ; les enfants se pressent, frais et joyeux, autour de la table ; tout sourit dans la maison. Qu'il manque, tout change : la mère, assise à l'écart travaille, sans oser regarder les enfants, pâles, pleurant près du foyer froid. Le père, où est-il ? à épuiser ses dernières forces dans un travail stérile, s'il n'est pas à jeter les quelques sous qui adouciraient cette misère navrante, dans la grossière ivresse où il cherche l'oubli.

Voilà le besoin suprême que tendent surtout à soulager les associations de secours ; c'est le premier résultat que se proposent les amis du pauvre ; car ses souffrances ne peuvent attendre ; elles ne pardonnent pas, elles sont l'agonie de la mort la plus cruelle.

Mais il n'est pas si facile qu'on le suppose de les soulager. L'argent employé à leur apaisement peut être livré par une main imprudente, et souvent même détourné ou dissipé par une main criminelle. La bienfaisance qui l'apporte doit donc s'assurer de la régularité de son emploi ; le moyen le plus certain est de donner le secours, non en argent, mais en nature, c'est-à-dire en bons d'objets de première nécessité [1], objets qui, achetés en détail par les pauvres, leur coûtent très cher, tandis que les sociétés les achetant en gros, obtiennent des réductions considérables.

La charité ne consiste pas seulement à donner des secours à celui qui ne peut suffire à ses besoins; son action est plus large ; aucune détresse ne lui est étrangère ; elle n'est pas moins heureuse lorsqu'elle adoucit les souffrances de celui qui ne réussit à élever sa famille qu'au prix des plus dures privations, et qui trouve, dans la noblesse de ses sentiments, le courage de travailler et de souffrir plutôt que de tendre la main.

Or, c'est à cette classe si nombreuse et si intéressante, que les Fourneaux sont principalement utiles. Ils portent l'aisance dans la mansarde de la jeune fille, ou de la pauvre femme à qui l'aiguille laborieuse est impuis-

---

[1] La Société des Fourneaux ne vendant d'abord que contre espèces, n'avait pas adopté le système des bons ; on craignait que les personnes, apportant le prix de leur achat, ne fussent froissées de voir à côté d'elles, des obligés de la charité ; mais vaine fut cette appréhension L'ouvrier, livré à lui-même, est trop sensé et trop humain pour refuser le contact du malheureux. Partout ailleurs, à Paris, à Tours, à Nantes, le double mode est employé sans inconvénient. D'ailleurs plusieurs de nos manufacturiers font usage de ces bons, qui sont reçus avec faveur dans les ateliers, de sorte que l'on ne peut plus distinguer si les bons ont été achetés par ceux qui s'en servent, ou s'ils ont été donnés. Chaque fourneau possède un dépôt de ces bons qui portent une estampille particulière. On ne peut trop propager l'emploi de ce moyen si simple de soulager efficacement l'indigence. Toutefois, pour en éviter le discrédit, nous prenons la liberté d'avertir de ne pas en gratifier les mendiants de profession ; ceux-ci ne seraient pas bien vus de la clientèle ordinaire des *Fourneaux*. Les bons conviennent surtout aux pauvres honteux, qui ne demandent pas l'aumône, aux convalescents, aux familles nombreuses d'artisans, qui ne peuvent malgré leurs efforts, satisfaire aux exigences de la saison rigoureuse.

sante à assurer la nourriture de chaque jour. Ils font pénétrer la joie et la sécurité dans le réduit de cet artisan, dont le gain journalier a tant de peine à subvenir aux besoins de tous les siens, car l'économie produite par la baisse du prix des aliments, se trouve, par le fait, ajoutée au salaire ; de sorte que ce salaire insuffisant la veille, devient presque l'aisance pour ces humbles ménages. Ils peuvent se présenter, sans hésitations, à ces fourneaux, qui ne sont pas des bureaux de bienfaisance, mais des comptoirs. Ils n'y tendent pas la main ; ils ne reçoivent pas, ils achètent. Quoiqu'il en coûte moins à leur bourse, il n'en coûte rien à leur dignité ; ce n'est pas un don qu'on leur fait, c'est une vente qu'on réalise. Triomphe admirable de la charité! elle est parvenue, par ses ingénieuses combinaisons, à enlever à ses bienfaits, en les transformant, ce qu'ils pouvaient avoir de blessant pour ceux qu'elle secourt. De ses pupilles elle a fait des clients.

L'œuvre angevine a atteint son but en vendant au-dessous des prix de revient, et à un bon marché auquel nul ne peut descendre, des aliments sains et préparés avec une propreté appétissante. Elle a démontré l'inanité de certaines craintes sur les conséquences de cette innovation. On avait appréhendé l'affaiblissement des liens de la famille, résultant de l'habitude que pourraient prendre les ouvriers de s'éloigner du foyer domestique. Cet inconvénient est prévenu par la facilité donnée à l'acheteur d'emporter les rations à son domicile.

Les familles bien avisées s'empressèrent de profiter de cette facilité qui, loin de relâcher leurs liens, ne fit que rendre leur union plus étroite. L'expérience fait ressortir d'autres sujets de satisfaction que l'on n'avait pas prévus. Ainsi on a observé que les ouvriers venant consommer sur place, montraient dans leur tenue une réserve et un respect qui ne sont pas toujours dans leurs habitudes. De plus, l'obligation de payer comptant les astreint à une régularité et à un ordre précieux pour leur bien-être.

Les relations amenées journellement entre les pieuses femmes qui desservent les fourneaux et leur clientèle offrent encore un avantage inappréciable. Ces braves gens réfléchissent et finissent par reconnaître que des mercenaires ne pourraient avoir autant de patience et de bonté. Ils comprennent que la religion, seule, peut inspirer cette complaisance désintéressée. Nous devons croire que plusieurs, au moins, touchés par tant de bonne grâce, comparent les réels services de celles qu'ils nomment du doux nom de sœurs avec les promesses trompeuses de ceux qui veulent arracher de leurs âmes les divines espérances, comme s'il était au pouvoir d'ambitieux flatteurs de supprimer la pauvreté, les maladies et la mort.

Les fourneaux ont résolu le problème de la vie à bon marché. Ils ont tenu sans promettre tandis que le socialisme a promis sans tenir. En présence de la cherté croissante des subsistances, combien d'ouvriers ayant plusieurs enfants ne peuvent, même avec un salaire élevé, suffire aux frais du ménage, surtout en hiver! combien de femmes, de jeunes filles, peuvent à peine acheter leur nourriture chez les marchands ordinaires de comestibles! Maintenant pour vingt-cinq centimes on peut se procurer un demi-litre d'excellent bouillon, une portion de ragoût et une assiette de légumes ou de laitage, le tout assez abondant pour satisfaire l'appétit d'un homme vigoureux. En outre, ces aliments servis bien chauds, dispensent du bois, du beurre, si coûteux, et de plus, ils épargnent le temps, ce qui est inappréciable.

En examinant notre tableau récapitulatif, on s'étonnera, peut-être, de ne nous voir accuser qu'un faible déficit sur nos opérations. « Puisque vous vendez au-dessous du cours des marchandises, nous dira-t-on, plus vous vendez et plus vous perdez ; en outre, vous ne parlez pas des frais de manipulation, de production, qui doivent être considérables ? » Cette dernière remarque amène forcément la divulgation de notre secret.

Pour que le service de nos fourneaux ne coûte que les modiques salaires d'aides subalternes, ils n'ont point à leur disposition la baguette des fées, mais ils ont, ce qui vaut mieux, le dévouement ingénieux des communautés où ils sont établis. Pourrait-on obtenir de mains mercenaires, quelque honnêtes qu'elles fussent, non seulement le travail, mais encore l'économie pour l'achat des provisions, la vigilance pour les conserver, qualités qui, entre bien d'autres, sont l'apanage des religieuses ? cela est si vrai que, sans aller loin, à Laval où l'on ouvrit des fourneaux analogues aux nôtres, mais fonctionnant à l'aide de laïques salariées, l'élévation des frais de main-d'œuvre qui montèrent jusqu'à six mille francs dans la deuxième année, entraîna la clôture de l'entreprise.

Cependant les sacrifices et le désintéressement, même chez les personnes dont le cœur est au-dessus des considérations humaines, doivent avoir des bornes et l'on ne peut en abuser. Après avoir clos son deuxième exercice en 1872, la Commission renouvela près des communautés qui desservent l'institution alimentaire, aussi laborieuse qu'utile, ses sollicitations pour leur faire agréer une indemnité ; nouveaux refus, nouvelles instances. Enfin l'on convint qu'un certain nombre de portions, une pour deux enfants, serait donné aux

7

petites filles pauvres fréquentant les écoles de ces maisons.

La question des petites filles nous amène à celle des petits garçons. La dernière ne regardait pas les Sœurs, mais les Frères des Écoles chrétiennes. La position de ceux-ci, très-difficile depuis les évènements de 70, était devenue impossible au début de l'exercice scolaire 72-73. D'un côté le refus d'une subvention convenable, de l'autre les largesses de l'Administration qui venait de doter de fourneaux les écoles mutuelles avaient détruit le juste équilibre, la bienveillante protection du budget commun, qui devraient être maintenus entre les deux méthodes d'enseignement primaire. Les écoles des Frères étaient d'autant plus menacées qu'étant réellement gratuites, elles se recrutent surtout dans la population indigente. En dépit de l'attachement de celle-ci à ses instituteurs préférés, l'appât des avantages présentés ailleurs pouvait leur faire déserter les classes des humbles disciples du P. de Lasalle.

Pour éviter un malheur imminent, il fallait accorder aux écoles de garçons les mêmes secours qu'à celles de petites filles. Cette libéralité, répartie avec un discernement scrupuleux, s'adresse à une clientèle non moins nombreuse qu'intéressante. Depuis seize ans, nos fourneaux ont alimenté pendant l'hiver près de mille petits pauvres. Est-il un genre d'assistance plus bienfaisant? Ce ne sont pas seulement les enfants qui en profitent, les parents en ressentent aussi un grand soulagement. On ne peut prétendre que ceux-ci soient, en toutes circonstances, chargés de l'entretien des premiers, et que, si l'on ne vient à leur aide, ils s'en remettront à la société du soin d'accomplir leurs devoirs. Il est trop vrai que l'égoïsme brutal s'introduit sous le oit du misérable et que des chefs de famille se montrent indignes de ce titre sacré. Le relâchement des liens intimes est trop affligeant pour que nous puissions le nier. Cependant, le plus doux des sentiments, après la piété, l'amour maternel, résiste à ces défaillances. Si l'on assiste le matin, à l'entrée des petites filles dans la cour d'une école, on est charmé de les voir, presque toutes, gentiment mises, avec un petit panier au bras, contenant le repas du jour ; mais au prix de quelles privations a-t-il été rempli ? Beaucoup de ces pauvres mères, nous ont assuré les Sœurs, pour que leurs enfants ne manquent pas d'un maigre nécessaire, se résignent à ne manger que du pain, et plusieurs même déposent dans le petit panier, le dernier morceau du ménage.

Malgré toutes les précautions il reste toujours, après chaque campagne d'hiver, une certaine quantité de provisions que l'on ne peut garder pour l'année suivante, telles que beurre, lard, pommes de terre. Ces restes ne sont pas perdus. On les répartit entre d'honnêtes familles, et par conséquent ils ouvrent un nouveau cours aux bienfaits dont l'institution est la source. Celle-ci, du reste, se prête à d'autres libérales inspirations. Ainsi, quand un ouvrier relève de maladie, quand une mère a plusieurs petits enfants en bas âge, la main de la religieuse fait naturellement la portion plus forte. Elle a souvent un petit trésor de bons en réserve, qu'elle partage entre les plus timides et les plus nécessiteux.

Parfois aussi un fondateur est amené sur les lieux par un intérêt désintéressé, et veut étendre les libéralités communes, touché qu'il est par la reconnaissance d'une pauvre veuve, ou d'une jeune commissionnaire, transie de froid et de faim.

Il est difficile, en effet, de n'être pas ému par l'aspect

de ces distributions. Les plus soigneux apportent leurs plats à l'avance, avec la monnaie sur le couvercle, de peur de revenir trop tard. C'est une collection de vases, de pots, de récipients de toutes formes et de toutes dimensions, rangés en ordre comme la vaisselle d'un dressoir. Onze heures sonnent; la vente s'ouvre; on s'aligne en file et l'on respecte le droit de préséance; puis, le premier flot écoulé, viennent les craintifs, les pauvres honteux, et ce qui est le plus digne d'égards, la misère honnête en habit noir ou plutôt en robe noire. Alors que de bonnes paroles sont échangées! La bienveillance de l'accueil réussit à sécher les larmes furtives, même parfois à provoquer le sourire sur des visages pâlis par la souffrance. « Ah! ma sœur, disait un jour devant le rédacteur de cette notice, une pauvre femme abandonnée par son mari, que de bien vous nous faites! Nous allions mourir, mes deux petites filles et moi; votre bouillon nous a sauvées. »

Que peut-on ajouter à cet éloge? il doit nous inspirer le courage de continuer une œuvre qui n'a que de bons côtés et qui est devenue une nécessité. C'est une des meilleures manières d'aimer le peuple, le vrai peuple, celui qui travaille honnêtement. Prouvons-lui que nous ne négligeons aucune occasion de le voir de plus près, et de venir en aide aux petits, aux humbles, aux déshérités de ce monde; montrons-lui par nos paroles et par nos bienfaits, quels sont ses plus sincères amis. Nous qui avons le bonheur de croire à l'Évangile, n'oublions jamais le précepte: *Qui donne aux pauvres prête à Dieu.*

Voici plusieurs exemples des services rendus par notre œuvre: mieux que des paroles, ils démontrent les bienfaits pour une foule de besoins et d'infortunes.

« Les Fourneaux, nous disait une brave femme

d'ouvrier, ont mis la *suffisance* à notre petite table et la paix dans notre ménage. Ils nous ont permis d'économiser quelques sous, chaque soir, pour notre loyer. Mon mari gagne trois francs par jour, mais, comme nos trois enfants sont petits, je ne puis guère ajouter que 50 centimes aux gains de la famille ; c'est bien juste pour cinq personnes ; aussi notre ordinaire, pendant la rude saison, était bien maigre. Maintenant, nous mangeons du *fricot* deux fois par semaine, et, le dimanche, c'est un vrai régal. Le matin, après la messe, où nous allons tous ensemble, chacun de nous a, pour sa part, une ample *beurrée* de graisse, une pomme et une petite tasse de café. A une heure vient le grand repas. Sur la table je dresse, en guise de nappe, une serviette bien blanche, que je recouvre d'une soupe grasse toute fumante, avec de bons légumes que la Sœur m'a donnés en surcroît de son excellent bouillon. Vient ensuite un plat abondant de ragoût de bœuf ou de mouton, avec lard et pommes de terre ; enfin, du riz au lait, sucré, une vraie crème !

« Ce qui ajoute à tout cela un prix inestimable, c'est que nous pouvons acheter maintenant, pour le jour du repos, une bouteille de vin blanc, bien pur, qu'un petit propriétaire de nos voisins nous vend 40 centimes le litre. Vous comprenez le bonheur de mon mari ; il ne va plus au cabaret s'empoisonner avec de la *piquette* frelatée ; mais il ne garde pas tout pour lui ; chacun des enfants, quand ils sont sages, en a un petit verre. — Et vous ? demandai-je. — Pour moi, je ne bois que de l'eau, répondit la digne mère.

« Le soir, nous jouons au *loto*, et, pour égayer la société, je fais cuire des marrons sous la cendre. Si les enfants perdent, ils ne paient rien ; gagnent-ils, le père met une petite pièce dans leur bourse, pour acheter à la foire quelque chose d'utile. C'est ainsi, dit la brave femme en terminant, que, grâce à vos Fourneaux, si le bon Dieu veut bien nous préserver de la maladie et du chômage, je ne connais personne plus heureux que nous. »

La charité est bien belle, exercée par les favorisés de la fortune, mais elle revêt, chez les pauvres gens, un caractère plus touchant, à cause des sacrifices ingénieux qu'elle inspire.

La Supérieure de l'un de nos restaurants populaires nous dit un jour que plusieurs de ses clientes profitaient de la diminution des frais, procurée par les Fourneaux pour en faire jouir de plus gênées qu'elles-mêmes. J'eus occasion de voir une de ces modestes bienfaitrices, et voici ce qu'elle répondit à mes questions sur la manière dont elle s'y prenait :

« Je suis une ancienne domestique, dit-elle, et j'ai servi trente ans les mêmes maîtres. N'ayant pu conserver mes gages que j'envoyais à mes parents chargés de famille, je me serais trouvée sans ressources à la mort de ma maîtresse, si elle ne m'avait pas laissé une rente viagère. Les héritiers étaient nombreux. Les formalités se prolongèrent avant la délivrance des legs. Ne voulant pas tendre la main, je serais morte de besoin, si des dames de bon cœur n'étaient venues à mon secours. Enfin, je touchai ma rente, mais elle est si juste qu'elle ne peut guère suffire qu'à l'absolue nécessité. Je tâchais, toutefois, de rendre service à mes connaissances moins favorisées que moi, en allant veiller les malades, garder les poupons, consoler les affligés ; toutefois je me dépitais de ne pouvoir faire davantage, lorsque je m'avisai de recourir au Fourneau des Ursulines. J'y trouvai en même temps économie et amélioration de mon ordinaire. Après avoir fait le calcul de ce que j'y gagne, j'employe les bénéfices à porter du bouillon tout chaud aux jeunes filles poitrinaires, des assiettes de laitage aux enfants, et, aux hommes, de bons bas bien solides, avec de la laine que je tricote après l'avoir achetée le samedi à la halle.

« Bref, Monsieur, l'hiver particulièrement, je me livre au plus grand plaisir que Dieu nous accorde à son exemple, celui de secourir les plus malheureux que soi. J'ai connu la misère, et quand je n'avais ni pain pour me soutenir, ni bois pour me réchauffer, j'étais bien aise d'en recevoir ; eh bien ! veuillez me croire, aujourd'hui je suis plus heureuse encore d'en pouvoir donner. » Après un tel récit, on est tenté de dire : « Quel dommage que certains pauvres ne soient pas un peu riches ! comme ils nous donneraient de bonnes leçons ! ».

Nous pourrions multiplier ces traits à l'infini, mais en voilà assez pour faire comprendre les sympathies qui entourent la bienfaisante institution. En conséquence, nous ne saurions trop recommander aux personnes qui aiment à secourir les malheureux, par elles-mêmes ou par des intermédiaires de confiance, de se munir de bons que l'on trouve à chaque Fourneau. C'est un excellent moyen pour les Sœurs de remplacer, en partie du moins, la distribution des secours du Bureau de Bienfaisance qui leur a été injustement enlevée. Ces bons, d'un prix minime, cinq et dix centimes, sont toujours parfaitement accueillis. Ils servent à calmer bien des souffrances, à sécher bien des larmes, et même à dissiper beaucoup de préventions. « *Il n'est cœur si dur, fût-il de fer,* a dit saint Augustin, *qui ne puisse être amolli par le feu de la Charité.*

LES FOURNEAUX DES ÉCOLES COMMUNALES LAIQUES

Nous avons sous les yeux le rapport que vient de publier la Commission sur son dernier exercice. Elle est présidée par M. L. Renault-Lihoreau, et c'est à son obligeance que nous devons un exemplaire de ce travail, rédigé avec beaucoup de soin.

L'œuvre en elle-même est excellente ; nous n'avons que des éloges à lui donner. Fournir aux enfants pauvres des aliments sains et de chauds vêtements pendant la saison rigoureuse, rien de mieux. Toutefois si l'équité est de rigueur sous un régime démocratique, c'est surtout à l'égard des enfants du peuple qu'elle doit être appliquée. Les considérations politiques et même les préférences pour tel ou tel enseignement en seront écartées. L'Administration municipale ne doit voir dans le personnel pauvre des écoles laïques ou congréganistes, que des petits indigents ayant tous droit aux encouragements du budget de la commune, formé par les bourses de tous les contribuables, sans différence d'opinions.

Or, nous voyons figurer au compte des recettes de l'œuvre officielle, année 1887 :

1° Subvention de la Ville pour les Fourneaux. 4,500 f.
2°   —   pour les vêtements. 1,500
3°   —   du Bureau de bienfaisance. 1,500

                           Total. . . . . . 7,500 f.

« Maintenant, dira le lecteur impartial, après avoir pris connaissance du budget municipal où sera reproduit celui des écoles laïques, pourquoi donc est-il à peine question des Écoles libres ? Ne sont-elles pas fréquentées par des enfants de la ville, ayant tous les mêmes droits aux sollicitudes de l'autorité ? Pourquoi donc tout pour les uns, et rien ou presque rien pour les autres ? »

Ah ! sous l'Empire et la Monarchie les choses se passaient autrement. L'esprit d'équité régnait alors à l'ordinaire. Dans la pensée qu'en fait d'instruction en général, le stimulant de l'émulation était le meilleur principe du progrès, on protégeait l'une et l'autre méthode d'enseignement, et c'étaient nos amis, MM. Bigot, Lardin, Mestayer, Montrieux, Farran, etc., qui composaient le comité directeur des Écoles mutuelles, dont les maîtres universellement estimés étaient MM. François et Achille Ménard, Mme Gellerat, etc. On était à ce point respectueux dans l'appréciation des deux systèmes, que nous avons entendu Mgr Angebault, président de société de secours mutuels, recommander aux pères de famille d'envoyer leurs enfants aux écoles, mais sans leur indiquer de préférence, à moins qu'on ne vînt le consulter personnellement.

Si l'on considère l'importance des services rendus, l'avantage est évidemment du côté de nos Fourneaux. Ceux des écoles laïques ont distribué, dans le dernier hiver, 49,508 repas payants et 47,237 gratuits. Les nôtres ont donné un nombre à peu près égal aux enfants pauvres, 49,401 portions ; mais ils ont fourni 120,637 portions au public, ce qui a été pour une foule de petits ménages, un vrai trésor de ressources

Si l'on compare les titres à la sollicitude de la municipalité, il est évident que les *Fourneaux économiques* en possèdent de supérieurs à ceux de leurs émules ; ils ont été fondés avant ceux de la ville, et lui ont épargné une dépense considérable, étant une institution de première nécessité. Bien qu'on ne puisse dénier à leurs administrateurs le droit de réclamer une protection égale au moins à celle qui soutient leurs voisins, il a semblé préférable de ne s'appuyer que sur la sympathie des souscripteurs, sans solliciter des faveurs, subordonnées à des considérations politiques et souvent contraires à l'esprit de charité.

Habitués que nous sommes aux abus de la centralisation, on est trop porté à recourir à l'intervention du pouvoir pour soutenir les entreprises de bienfaisance. Ayons donc plus de confiance dans le succès de nos efforts individuels. Quel mérite y aurait-il, après avoir fondé une œuvre avec enthousiasme, à l'abandonner au trésor public ? Nous perdrions ainsi les deux récompenses qui sont le prix d'une institution vraiment populaire : la satisfaction de perpétuer ses bienfaits en acquérant des titres à la reconnaissance de ceux qui en profitent. C'est surtout en fait de charité que l'initiative privée est précieuse. Tant qu'elle reste fidèle à l'inspiration chrétienne, elle en assure la réussite et la durée.

Loin de nous plaindre de cette mise à l'écart, félicitons-nous de la co-existence de deux œuvres de nature modeste mais indispensable. Elles marchent vers le même but, sinon de la même manière. Sans se confondre elles suivent deux voies parallèles. Ne regrettons pas les sacrifices que nous a imposés la généreuse institution. Préparons-nous à en faire davantage, s'il devient nécessaire, et songeons que ces peines sont peu de chose à côté des travaux qu'ont bien voulu assumer nos pauvres Sœurs et de la tâche en surcroît qu'elles accomplissent avec tant de courage, de bonne grâce et de désintéressement.

LES DAMES DE LA PROVIDENCE

Sous ce beau titre, qui annonce si bien l'origine et le but de l'Œuvre, se réunirent vers la fin de 1815, plusieurs dames, animées d'intentions charitables. C'était au début de la Restauration, de cet heureux temps où s'élançaient toutes les nobles aspirations, où s'épanouissaient tous les généreux sentiments.

A cette époque se multiplièrent toutes les traditions de l'ancienne France qui voyait renaître les associations religieuses et laïques, sous l'égide d'une sage liberté ; mais dans la hâte de faire le bien, on se préoccupait d'agir bien plus que d'écrire. Aussi n'avons-nous trouvé aucune trace de documents pour cette première période des Dames de la Providence. Quant à la seconde qui date du 23 mars 1847, nous possédons bien un cahier de quittances, mais sans procès-verbaux. On donnait libéralement aux pauvres ; on allait les visiter, mais sans songer qu'une fois l'aumône faite de bon cœur, il fallait en garder le souvenir pour l'instruction des générations à venir.

Toutefois ce cahier de quittances est précédé de la liste des dames associées, au nombre de soixante. Ce document est plus éloquent que des paroles, car c'est la charité en action, sans phrases ; c'est pourquoi nous pensons qu'on lira cette liste avec intérêt ; elle contient les noms des dames, qui, spontanément, il y a quarante ans, s'empressaient d'accueillir toutes les idées de bienfaisance, et de plus ce sera une réponse à l'objection faite souvent que les possesseurs de châteaux, réservant leurs ressources pour les campagnes, ne sont que de faibles secours pour les infortunes de la ville.

Voici la copie exacte des fondatrices :

Mmes Guérin, Mlle Claire de Quatrebarbes, Zacharie du Reau, du Reau mère, Lepré, Mlle Barbot, Auguste de Gohin, de Candé, de Romans, Dupuis, Lenoir, de Sainson, de Maulne mère, de Maulne Charles, de Mergot, Dupont, de la Perraudière Chéri, de Beaurepos, de Romain, Tardif, Gautier mère, Violas, Millet, de la Motte de Règes, Martin, de Langotière, du Hardas, de Terves Prosper, de Grignon, de Langotière Henri, Jamin, route de Paris, du Rouzay, de Boissard-du-Rouzay, de Bongérard, Garreau, Mlle Béclard, de Villoutreys, d'Anthenaise, du Buat, de Bonchamps, Cassin, de Montlaur, du Tillet, Mlles de Montergon, de la Perraudière veuve, Logerais, de Chalopin, Favre, Roussel, Lepage, de Bellefonds, Brouard, Chesneau-Morna, d'Andigné Édouard, Le Tellier, Le Chat, de Roincé, Mlle Lemasson, de Villemorge, Mlles Boyleau.

La cotisation de ces dames était de 25 à 50 francs, ce qui vaudrait le double aujourd'hui. Le directeur était M. Pasquier, curé de Notre-Dame. Hélas ! cet excellent pasteur, au cœur ouvert à toutes les pensées généreuses, nous a quittés depuis longtemps, ainsi que la plupart des personnes dont nous venons de citer les noms, mais leur mémoire doit être conservée, car elles appartiennent à l'histoire de la charité angevine.

Parmi ces noms auxquels nous voudrions, pour

chacun, attacher une note biographique, nous en relèverons seulement trois ou quatre ayant droit à une mention particulière. En tête, Mme de Villemorge, la digne épouse du Maire d'Angers, de 1815 à 1830. D'abord un peu brusque, ainsi que son ami et l'associé de ses bienfaits, le curé de Notre-Dame ; comme lui, elle tenait toujours son cœur et sa bourse, à la disposition de toutes les infortunes ; Mme Roussel, trésorière de l'Œuvre, femme d'un notaire très considéré, semblait destinée pour cet emploi, par son esprit d'ordre et d'arrangement ; Mlle Rosalie Barbot, à laquelle j'ai consacré bien des pages, ce qui me dispensera de revenir sur cette figure spirituelle, originale, dont le souvenir provoque toujours un sourire sympathique chez tous ceux qu'elle a charmés. Peut-il en être autrement, quand on pense que Mlle Barbot, nouvelle Mme Récamier, a eu le talent de réunir dans son salon, des chanoines et des voltairiens, pendant un demi siècle, vivant en parfaite intelligence, et que, dépassant quatre-vingt-dix ans, elle était assez alerte de tête et de jambes pour grimper aux mansardes de ses autres amis, les pauvres honteux ? Mlle Madeleine Béclard dont la haute intelligence et la raison éclairée égalaient les éminentes qualités de son frère. Enfin, Mme de Villoutreys, car c'est toujours à elle qu'on revient quand on veut citer un type de grande chrétienne, de même que la chevaleresque figure de M. de Quatrebarbes, s'offre à nos regards comme le représentant parfait des vertus d'un autre âge et des sentiments de la société moderne.

Voici ce que nous écrivions le 2 avril 1880. Le temps n'a rien changé à l'appréciation du moment ; au contraire, il n'a fait qu'accroître les regrets et les éloges.

« Toutes les classes de la société angevine, viennent

d'éprouver une grande perte. Mme la marquise de Villoutreys a succombé hier soir aux suites cruelles d'un accident imprévu. Durant la semaine précédente, la digne fille de Mme de Villebois, qu'elle appelait si justement *sa sainte mère*, avait employé sa journée, selon son habitude, en visites de pauvres et en réunions de charité.

« Que de larmes va faire couler cette mort douloureuse, et combien de cœurs en sont inconsolables ! Mme de Villoutreys n'était pas seulement vénérée, elle était aimée de tous ceux qui la connaissaient et le nombre en était grand. Tout en conservant la distinction de la noble dame, la simplicité de ses manières vous mettait de suite à l'aise. Elle était plus qu'affable, elle était affectueuse ; on voyait en elle la personnification de la bonté, mais de la bonté chrétienne, éclairée autant qu'indulgente. Les avis salutaires qu'elle ne craignait pas de donner, maintenaient ou retenaient dans la voie droite, en ne laissant place qu'à la satisfaction et à la reconnaissance. Quand on venait de voir Mme de Villoutreys, on se sentait meilleur, car on emportait de sa pieuse demeure, comme un parfum des aimables vertus qu'elle renfermait.

« On serait tenté de croire qu'il entre parfois dans les desseins de la Providence de frapper surtout les objets de sa prédilection. Mme de Villoutreys avait subi de déchirantes épreuves. Après sa mère et son mari, sa fille lui avait été enlevée dans la fleur de ses qualités charmantes ; mais le chagrin, comme dans les belles âmes, loin d'assombrir la sienne, l'avait pénétrée d'une douceur de plus en plus compatissante aux souffrances des autres. Lors de son veuvage, elle avait songé à se recueillir dans le silence d'une communauté. Après quelques mois de retraite, le penchant vers une charité active l'emporta, et on la vit avec bonheur, devenir le centre, l'inspiratrice, ou au moins l'auxiliaire de toutes les œuvres généreuses, qui sont l'honneur de notre cité.

« M*me* de Villoutreys faisait beaucoup de choses sans avoir l'air de se hâter. Douée d'une sagacité exquise elle voyait toujours juste et marchait résolument à son but sans perdre de son calme et de sa sérénité. Avec sa douce voix, souvent hésitante et un peu lente, elle semblait consulter son interlocuteur pour se décider, mais ce n'était qu'apparence ; sachant très bien ce qu'elle voulait, elle parvenait à faire prévaloir son avis, qui était toujours le meilleur, en vous laissant l'illusion d'avoir adopté le vôtre.

« Le grand secret de M*me* de Villoutreys, pour mener à bonne fin tant de délicates entreprises, consistait à prendre pour guides le bon sens et l'esprit d'ordre ; elle connaissait le prix du temps et en réglait parfaitement l'emploi ; ses journées se divisaient en deux parts ; après les devoirs d'une fervente piété, le matin était destiné aux réceptions pour des motifs presque toujours d'intérêt charitable. La porte était ouverte à tous ; les plus humbles étaient accueillis avec la même aménité que les plus considérables, et ils se retiraient également émus et satisfaits. A partir d'une heure elle sortait et consacrait l'après-midi à sa nombreuse et nécessiteuse clientèle, s'attachant particulièrement aux ouvroirs et aux écoles de filles. Elle s'asseyait au milieu des enfants qu'attirait son inépuisable bienveillance, surveillant leurs progrès en instruction élémentaire et dans les travaux d'aiguille, utiles, disait-elle, à la direction des ménages opulents comme des indigents. Une des qualités de l'excellente femme, qualité trop rare et bien précieuse chez les personnes favorisées de la fortune, était d'avoir acquis une parfaite connaissance des besoins moraux et matériels des pauvres gens ; sans les froisser jamais, elle possédait le don de dire et d'attribuer à chacun ce qu'il fallait, en inspirant une confiance aussi absolue que respectueuse... »

Aujourd'hui, malgré les nombreux vides causés par la mort dans les rangs de la pieuse Association, elle compte encore trente-cinq membres. Suivant la destination première, le revenu de chaque année est consacré à l'éducation d'orphelines dans des ouvroirs religieux. La Présidente de l'OEuvre est toujours Mme Charles Bourcier, qui cumule les fonctions de directrice et de trésorière avec une bonne grâce toujours aimable et jeune, au grand contentement de toutes les intéressées à la bienfaisante institution.

LES DAMES DE LA MISÉRICORDE DE SAINT-VINCENT-DE-PAUL

La charité déborde du cœur de Dieu ; elle regarde comme ses enfants les pauvres aussi bien que les riches ; ils sont égaux devant son amour. N'allons point ailleurs chercher l'étymologie du doux nom de *Miséricorde* qui se compose de deux mots : *miseri*, les malheureux ; *cor*, dans le cœur. C'est donc imiter Notre-Seigneur que de porter, comme lui, les pauvres dans son cœur, que d'avoir *Miséricorde* pour eux, non seulement pour leur misère corporelle, mais plus encore pour la misère des âmes, accablées sous le poids de la pauvreté ou de la douleur.

La Société des Dames de Saint-Vincent-de-Paul fleurit à Angers, depuis de longues années ; elles n'ont pas voulu laisser aux hommes, sous cet auguste patronage, le monopole de la charité.

C'est la mission la plus chère des chrétiens que de relever cette misère morale en lui tendant une main fraternelle, en la réhabilitant à ses propres yeux, en s'abaissant jusqu'à elle, pour l'élever jusqu'à Dieu, après avoir soulagé le cœur par l'aumône et consolé l'âme par ces douces paroles, qui inspirent la patience, l'espoir et le courage.

Telle fut la pensée qui présida à la fondation de l'Œuvre de la Miséricorde de Saint-Vincent-de-Paul.

Le 24 décembre 1839, une dame [1], animée d'un zèle ardent pour le soulagement des pauvres et la perfection des âmes, soumit à l'approbation de M. l'abbé Regnier, alors vicaire général, les statuts d'une confrérie dont les obligations étaient nombreuses et l'observance un peu sévère. Un certain nombre de personnes de bonne volonté se réunirent et s'engagèrent dans cette œuvre, qui prit le nom de Confrérie de la Nativité, et fut connue sous le titre de Notre-Dame-de-Douleur, Saint-Vincent-de-Paul.

Le but de cette association était la visite des pauvres, la confection des vêtements, le travail en commun deux fois la semaine, mêlé de prières et de pieuses lectures ; de plus, les malades étaient au besoin visités à l'hôpital par les Dames associées, qui joignaient encore l'instruction des enfants pauvres aux autres œuvres ; le règlement portait en outre, des pratiques de piété et des conseils particuliers aux membres de la Confrérie.

---

[1] Mme Courtigné-Janvier.

Mlle Boguais de la Boissière fut une des premières et des plus fidèles associées, des plus assidues aux réunions de travail, à la visite des pauvres, des malades à domicile ou à l'hôpital ; cette visite était obligatoire une fois par semaine. Une maison fut louée pour servir d'ouvroir à ces dames et de logement aux Sœurs de la Charité des Saints Cœurs de Jésus et de Marie, de la Salle-de-Vihiers, appelées pour être les auxiliaires de l'Œuvre.

Le bien se faisait avec zèle, l'Association était florissante lorsque la fondatrice déclara qu'elle retirait, pour fonder d'autres œuvres, la subvention de huit cents francs qu'elle donnait tous les ans, et qui faisait le plus clair des revenus de la société. Ce fut un coup de foudre. Cependant les associées ne se découragèrent pas ; elles continuèrent, avec les cotisations annuelles, leur œuvre qui, malgré tous leurs efforts, ne fit que végéter.

Il fallait cependant assurer l'avenir de cette association émimnement utile, et l'on songea à faire une quête pour la fonder d'une manière durable, à l'abri du caprice ou de la lassitude. Deux dames généreuses, dont l'une reçoit dans le ciel, la récompense d'une vie passée à faire le bien, confièrent à Mlle Célestine une somme importante. Pour atteindre le chiffre nécessaire à la fondation, M. Gourdon, alors curé de la cathédrale, rédigea une lettre, expliquant le but de la demande.

Nulle voix n'était mieux écoutée que celle de M. Gourdon, aimé et estimé de toute la ville, à cause de sa vive piété, de sa parole, qu'on ne se lassait pas d'entendre, à cause de sa conversation aimable et enjouée. D'une ardente charité pour les malheureux, personne ne méritait mieux que lui cet éloge de l'Écriture Sainte : « Il écoutait le pauvre avec bienveillance, se dévouait à son service, et ne lui faisait entendre que des paroles de paix et de mansuétude. (Eccl., ch. L, 8.) »

« La lettre écrite, il fallait qu'elle fût connue ; on trouva que le meilleur moyen était de la faire porter par des dames, chargées de recueillir les offrandes, et Mlle Boguais fut désignée pour cette mission [1].

« Entre toutes les œuvres de charité, la plus pénible et la plus méritoire, est sans contredit de *faire une quête*. Mlle Célestine avouait que c'était celle qui lui coûtait le plus, et que son cœur se serrait en sortant de chez elle ; la grâce ne l'emportait qu'après une lutte contre la nature. Elle s'adjoignit pour compagne Mme de Poilpré, âme généreuse et dévouée... »

Le résultat de la quête assura l'avenir de l'association. M. Gourdon étant mort, le nouveau curé de la cathédrale, M. Denéchau, aussi zélé pour les pauvres que son prédécesseur, voulut réchauffer l'esprit de charité et donner plus d'animation à cette œuvre excellente, en appelant un grand nombre de personnes à y contribuer.

Mlle Boguais de la Boissière fut élue présidente à une grande majorité, et l'œuvre reconstituée le 2 février 1852, dans une nombreuse réunion de dames, fut approuvée par Mgr Angebault, à la même époque. Elle devait recevoir l'autorisation préfectorale, le 18 décembre 1863.

---

[1] Nous empruntons ces lignes à la biographie, déjà citée, que Mme Hector Boguais de la Boissière, écrivit peu après la mort de sa belle-sœur, Mlle Célestine Boguais. Cette notice est empreinte d'un charme si doux et si pénétrant, qu'elle semble tracée par la main délicate et forte en même temps de Mme Craven. Certaines pages figureraient avec avantage dans *le Récit d'une Sœur*.

Au moment de sa fondation, la Société se composait de soixante-quatre membres actifs et de cinquante et un honoraires ; elle avait à visiter soixante-quatre familles pauvres. Un règlement fut élaboré pour préciser le but de l'œuvre et les obligations des associées. Mlle Boguais de la Boissière, nommée présidente, devait être assistée d'une vice-présidente et d'une trésorière.

Les Dames de la Miséricorde, en outre de la visite des pauvres à domicile, se réunissaient chaque semaine à l'intention des familles assistées. Mgr Angebault accorda une indulgence de quarante jours, aux associées qui viennent travailler pour les pauvres. Une instruction mensuelle suivie d'un Salut est donnée aux membres de l'Association.

Tous les ans une retraite est suivie par les associées ; les personnes même étrangères à l'Œuvre peuvent prendre part aux exercices de cette retraite. Depuis le 14 novembre 1852, une messe annuelle est célébrée pour les associées défuntes.

Mlle Boguais de la Boissière, étant venue à mourir, a été remplacée le 4 novembre 1852, par Mme Boguais de la Boissière. Sous sa présidence, Mgr Freppel voulut bien, le 20 décembre 1870, honorer la Société de la Miséricorde, d'une visite au local de l'Association, rue du Vollier, 4. Monseigneur prononça une de ces allocutions que n'oublient jamais ceux qui ont eu le bonheur de les entendre. Peu de temps après, l'Association avait le regret de perdre Mme Boguais de la Boissière, si dévouée à l'Œuvre. Mme la marquise de Villoutreys fut nommée Présidente, le 19 février 1871. A ce moment on a décidé qu'une Sœur de la Charité de la Salle de Vihiers serait attachée à l'Association et qu'une salle serait réservée pour les réunions, ainsi que la chapelle pour les saluts qui ont lieu le troisième mardi de chaque mois.

Mme de Villoutreys, après avoir, pendant dix années, prodigué son zèle et son dévouement aux progrès de l'Œuvre, reçut la récompense de sa vie toute chrétienne et consacrée au bien ; elle emporta les profonds regrets de toutes les associées. Sous sa présidence l'Association avait pris une grande extension.

Mme d'Espinay a été nommée présidente, le 31 mai 1880. M. l'abbé Bazin, archiprêtre de la cathédrale, donne à l'Association une ferme et intelligente direction et lui imprime une impulsion féconde.

La destinée de l'excellente œuvre ne pouvait être mieux confiée qu'à la digne arrière-petite-fille de Brevet de Beaujour, dont le renom d'éloquence et d'aménité s'est perpétué jusqu'à notre temps.

Le nombre des membres associées s'est successivement accru sous les différentes présidences. La Société comprenait au mois de novembre 1871, cent trente-neuf membres actifs et cent douze honoraires. Depuis ces chiffres se sont notablement accrus.

Le nombre des familles visitées était en 1871 de cent soixante-seize, elles se sont élevées en 1887, à trois cents.

La Société distribue des bons de pain, de bois et de linge ; ses ressources matérielles consistent dans la cotisation des membres, et le produit d'une quête annuelle. Pendant plusieurs années elle a fait une loterie qui a été supprimée en 1881, par l'autorité civile.

La Société est aujourd'hui administrée par un conseil composé d'une présidente, de quatre vice-présidentes, d'une trésorière, d'une secrétaire et de plusieurs conseillères. Les fonctions de vice-présidente, ont été remplies par Mmes Godard-Faultrier, Léon de Contades, de Villoutreys, Guérin des Brosses, Charles Bourcier, de la Villebiot, Mlles Desmazières et de Foucault ; celles de secrétaire et vice-secrétaire, par Mmes de la Villeurnois, de Maulne, Boguais de la Boissière, Joûbert, Mlles Touchalaume et de Cacqueray.

Les trésorières ont été Mmes Fairé, Chapin et Pierre Richou.

La Société continue à faire appel à la charité publique et à toutes les personnes chrétiennes d'Angers, pour venir en aide aux misères, dont le soulagement est le but qu'elle s'est proposé.

L'ŒUVRE DE SAINTE-MARTHE

A côté de la grande institution dont nous venons de parler et pour ainsi dire sous son aile, quoique distincte, dans un local séparé, mais avec porte commune, fonctionne une œuvre modeste, dont les bienfaits sont incalculables ! c'est l'*Œuvre des domestiques*. Avec l'agrément de Mme la supérieure de la Miséricorde, et de son directeur, M. le curé de la Cathédrale, nous osons invoquer pour elle le patronage de la diligente amie de Notre-Seigneur, de la sœur de Marie-Madeleine. Est-il un nom qui puisse mieux lui convenir ?

Il faut remonter un peu haut pour préciser l'origine de l'Œuvre en question. Si nos souvenirs sont fidèles, c'est à l'époque du catéchisme de persévérance de MM. Maupoint et Stanislas Fouré que l'on doit en fixer la date. Qui ne se rappelle, au moins par ouï-dire, le grand succès de ces éloquentes conférences ? On voulut leur donner une sanction en invitant les personnes favorisées par la fortune à venir en aide à celles qui, moins heureuses, sont exposées à bien plus de dangers. Telle est la source de ces courants de charité, connus sous les titres de *la Miséricorde, les Demoiselles de la Providence, les Enfants de Marie, Notre-Dame de Bon-Secours*.

Ces différentes œuvres concernent particulièrement les jeunes ouvrières. Il était juste qu'elles fussent le premier sujet de la sollicitude des âmes chrétiennes, émues par les exhortations de prédicateurs persuasifs. Les ouvrières forment le principal contingent de la population féminine; les dangers qui les entourent, même dans leurs familles, et surtout quand elles n'ont point de famille, sont si redoutables, qu'elles ont droit à la priorité des secours intelligents.

Sous le rapport de la sécurité, la condition des servantes est supérieure à celle des ouvrières. Elles profitent de l'honnêteté des familles — et c'est le grand nombre — qui les ont accueillies et qui veillent sur leur conduite. C'est très bien quand elles y sont à l'abri, mais avant d'y entrer et quand elles en sortent, pour des motifs même très légitimes, que d'incidents peuvent amener des malheurs irréparables! C'est pour les prévenir que plusieurs des fondatrices d'institutions d'ouvrières, se mirent à chercher les moyens de tendre une main secourable aux jeunes filles que l'indigence de leurs parents oblige de servir les heureux de la terre.

Chaque année amène en ville un grand nombre de jeunes filles de la campagne, surtout aujourd'hui que le travail est si rare pour les ouvrières des bourgs. A ce nombre on doit en ajouter d'autres, sorties des ouvroirs et des couvents où l'on ne peut les garder, passé l'âge de dix-huit et vingt ans. Ces jeunes filles, en général, n'ont point de guides sûrs; les loger chez des personnes dont c'est la profession, et qui, nous n'en doutons pas, n'ont que des intentions honnêtes, ce n'est pas assez rassurant. Afin de satisfaire à toutes les précautions pour préserver ces pauvres enfants sans expérience, maîtresses tout d'un coup de leur liberté, il faut vraiment une protection maternelle, j'allais dire surnaturelle, et cette protection ne peut être donnée que par une femme inspirée de l'amour divin, une Sœur de charité.

Parmi les pieuses âmes qui prirent un vif intérêt à la condition des domestiques, Mlle Boguais fut naturellement des premières. La tendresse de son cœur et son ardente dévotion à la sainte Vierge la portaient à protéger spécialement les faibles, les petits, les innocents; elle trouvait toutes ces conditions réunies dans la jeunesse pauvre de son sexe; une circonstance particulière développa chez la bonne demoiselle cette sympathie généreuse.

« La famille habitait souvent la campagne, écrit Mme Boguais de la Boissière[1]. Quand vint l'âge de la première communion, Célestine allait tous les dimanches au catéchisme à Angers, éloigné d'une lieue, montée sur un petit poney, escortée d'une domestique; elle cheminait en causant avec cette fille que l'on croyait très sûre. M. et Mme Boguais étaient très pieux, et, sévères gardiens de l'innocence de leurs jeunes enfants, ils savaient quelle surveillance les parents doivent exercer sur ceux qui approchent ces chers petits anges confiés à leur garde. Ils furent cependant trompés dans leur confiance. Cette domestique

---

[1] *Notice sur Mlle Célestine-Joséphine Boguais de la Boissière* Angers, 1865, imprimerie de Lainé frères.

entraînée par un commérage stupide se permit d'entretenir la jeune fille des sujets les plus inconvenants. Par un sentiment de réserve facile à comprendre, Célestine ne parla pas à ses parents de ces conversations qui eussent fait de tristes ravages dans une âme vulgaire ; mais cette âme, prévenue dès l'enfance par le Seigneur, ne souffrit point de ces indiscrétions ; elles ne produisirent qu'un profond et invincible dégoût pour le mal, et son esprit s'arrêta dès lors à une résolution qui influa sur toute sa vie. »

Cette résolution, il est facile de la deviner : conçue dans l'enfance, elle fut confirmée dans sa jeunesse. Mlle Boguais comblée de tous les avantages qui excitent l'admiration, fut recherchée en mariage par les plus brillants partis ; cédant aux instances de sa famille, elle consentit, plutôt par obéissance que par inclination, à donner sa main à un jeune homme digne de son choix. Toute la société s'émut de ce projet d'union ; les présents étaient achetés, le jour de la cérémonie fixé, lorsqu'un incident inattendu en retarda la célébration : Mlle Boguais crut y voir un avertissement du Ciel et se voua pour toujours au célibat, afin de consacrer toutes ses forces au salut des âmes exposées à tomber dans l'abîme dont elle avait entrevu l'horreur.

Ce fut peu de temps après la renonciation de Mlle Boguais au bonheur d'une aimable et pieuse union, que l'on organisa, en partie grâce à elle, l'œuvre de Sainte-Marthe. L'installation en fut des plus simples : quelques chambres au-dessus du dortoir des Sœurs, un petit fourneau pour les repas que les pensionnaires préparent elles-mêmes : voilà pour le matériel. Pas d'autres frais qu'une minime rétribution pour le coucher et le combustible, complétée par une légère offrande quand le placement est effectué. Le séjour est très bref, deux jours, huit jours, rarement au delà, les Sœurs ayant toujours une liste de demandes à satisfaire.

Ah ! voilà une belle œuvre, dira-t-on, dont la pratique est facile. — Eh bien ! c'est ce qui vous trompe ; en l'observant de près, on s'aperçoit qu'elle est une des plus délicates et par conséquent des plus difficiles à mener à bien. Il faut aux religieuses qui la dirigent une expérience consommée, un tact exquis, une raison supérieure, toutes qualités dont la réunion est trop rare, et ne se rencontrent guère que dans les personnes qui, bien qu'en dehors du monde, en connaissent toutes les faiblesses.

C'est déjà beaucoup de savoir apprécier, du premier coup d'œil, les jeunes filles qu'on présente aux religieuses ou qui se confient à leurs soins ; il faut, en outre de leur caractère, discerner leurs aptitudes, leurs dispositions, et tout est varié dans la nature humaine, comme dans l'universalité des choses créées ; les jumelles même ne se ressemblent pas.

Voilà pour les sollicitcuses à caser dans tel ou tel emploi, mais ensuite il y a les choix des postes à occuper. Tel convient à l'une qui déplairait à l'autre. Puis viennent les considérations particulières à chacune ; de même que les servantes sont classées selon leurs qualités, et même leurs défauts — qui en est exempt ? — de même *les maisons bourgeoises* — ainsi nommées celles qui contiennent une ou plusieurs domestiques — sont distinguées par des qualificatifs, depuis les très bonnes jusqu'aux moins que médiocres.

Il n'y a que le regard si pénétrant, la finesse, la sûreté du jugement dont la Providence a doué l'intelligence féminine, pour pouvoir se reconnaître au milieu de tant de difficultés. Les facultés humaines n'y suffiraient pas, si les Sœurs chargées de cette tâche n'y suppléaient par la grâce dont elles sont abondamment pourvues. C'est la seule explication du calme et de la sérénité qu'elles conservent, sans crainte d'une responsabilité, effrayante pour tant d'autres, car elles savent qu'elles sont assistées par une faveur surnaturelle.

Qui n'a connu la sœur Élisabeth, supérieure pendant de longues années de la Miséricorde et de la Sainte-Marthe? Était-il possible de voir réunies plus de bonté et plus de perspicacité? Quand on lui parlait, on eût dit qu'elle lisait dans votre âme; aussi semblait-elle née pour ses fonctions investigatrices. Sans avoir étudié les systèmes de Lavater et de Spurzeim, elle devinait sous les traits du visage le caractère et les sentiments de chacun. Si, comme nous devons le croire, la récompense céleste est en proportion des âmes sauvées, quelle part aura reçue sœur Elisabeth! Elle connaissait si bien les périls qui menacent les jeunes filles, surtout à leur arrivée dans une grande ville, que nul ne savait mieux les en garantir. Sans vouloir énumérer les ennemis qui semblent ligués contre leur vertu, n'est-il pas vrai de dire que tout conspire contre elles, la jeunesse, la bonne grâce et jusqu'à leur innocence, si elles ne trouvent pas à la première porte où les conduit leur ange gardien, un asile où elles sont accueillies par une sœur Élisabeth ou par sa digne élève, la sœur Madeleine?

Une grande part de récompenses revient aussi aux fondatrices de l'Œuvre de Sainte-Marthe, particulièrement à Mlle Boguais qui, sans avoir à s'occuper autant de cette institution que des Enfants de Marie, y portait un constant intérêt.

Bien plus, la pieuse demoiselle ne crut pas avoir fait assez de se dévouer tous les jours à ses jeunes protégées, elle leur fit le sacrifice de sa vie, en demandant à Dieu une mort prématurée, à la suite d'une maladie longue et douloureuse. Elle disait bien que l'intention de ces souffrances était d'expier ses péchés et son existence trop heureuse, mais le fond de sa pensée était le sacrifice de sa santé pour le salut des pauvres filles du peuple, ouvrières ou servantes.

Son héroïque prière fut exaucée : à peine âgée de cinquante ans, dans toute la force de son intelligence et de sa constitution, dans tout le charme de ses qualités et de ses relations, Mlle Boguais fut frappée d'un mal terrible.

« Nous n'entreprendrons point le journal de cette cruelle maladie [1], dit sa véridique biographe. Pendant ces longs mois, la science la plus dévouée luttait en vain contre un mal incurable, des ulcères aux entrailles, qui causaient des douleurs inouïes. Les forces s'éteignaient lentement ; d'abord la malade se levait pendant qu'on remuait sa couche, puis il fallut se glisser dans un lit placé près du sien ; enfin, elle fut réduite à se faire porter. L'amélioration qui apparaissait de temps en temps, ne suffisait pas à réparer les forces perdues dans les crises précédentes ; des nausées continuelles lui causaient des angoisses inexprimables, et, de semaine en semaine, la pauvre patiente descendait d'un degré vers la tombe.

« Mlle Célestine comprit bien la gravité de son état ; elle n'avait pas attendu pour régler ses affaires temporelles, et l'avenir de ses chères œuvres la préoccupait vivement.....

« Ces devoirs accomplis avec une présence d'esprit, une prévoyance admirable, Mlle Célestine s'abandonna paisiblement aux mains de Dieu et se remit aux soins affectueux qui lui étaient prodigués. Cette belle âme qui avait toujours commandé se fit obéissante ; comme le dit Bossuet, *elle fut douce envers la maladie ;* elle accepta tout et rien ne lui

---

[1] *Notice sur Mlle Boguais de la Boissière.*

fut épargné, ni l'humiliation des soins, ni la douleur des remèdes qui ne la soulageaient pas. Jamais une plainte ne lui échappa, jamais elle ne dit que ce temps de souffrance était bien long. Elle était sûre, en souffrant, d'accomplir la volonté de Dieu, cela lui suffisait. On pouvait appliquer à Mlle Célestine ce qui avait été dit d'un religieux, l'une des gloires de la Compagnie de Jésus (le P. de Ravignan), elle pratiquait *la patience dans la peine, le silence dans l'amertume.*

« Les tortures de la maladie n'étaient pas les seules que Notre-Seigneur réservât à sa fidèle servante. Il voulait pour que la ressemblance fût complète, que cette âme si forte, si aimante, ressentît comme lui les terreurs de la mort. L'amour de la vie, l'attache à tout ce qu'elle chérissait, semblaient s'être réveillés avec vivacité comme pour lui faire sentir plus cruellement l'amertume du sacrifice ; ses larmes trahissaient son émotion, et cette disposition étonnait ceux qui n'y voyaient pas une épreuve suprême de la miséricorde de Dieu, qui voulait ainsi purifier les affections les plus légitimes et les plus naturelles. « Il les a éprouvées comme l'or dans la fournaise. Il les a reçues comme une hostie d'holocauste. Il les regardera favorablement quand le temps sera venu. » (Sag. III.) L'holocauste fut complet et méritoire, car il fut bien douloureux.....

« Pour soutenir son enfant bien-aimé, le bon Maître venait la visiter, et ces jours étaient des jours de fête pour la pauvre malade ; ils étaient toujours trop rares à son gré ; une autre consolation bien chère à son cœur était la présence du vénérable évêque. Quand ses visites diocésaines lui permettaient de se reposer à Angers, il accourait au chevet de la pauvre martyre ; il la bénissait, priait pour elle, et avec elle ; il avait toujours quelque bonne parole d'espoir et de consolation ; la malade se ranimait et paraissait moins souffrir. Le bon prélat la quittait le sourire sur les lèvres, puis il descendait l'escalier en versant des larmes, car il honorait Mlle Célestine d'une affection paternelle si grande, qu'il dit un jour à son frère : « Je ne

« vous dirai pas que je donnerais plusieurs années de ma
« vie pour racheter celle de votre sœur, car, à mon âge, on
« n'a pas beaucoup d'années devant soi, mais s'il ne fallait
« que ma vie, je la donnerais de grand cœur. »

« On lui avait dit que la pieuse demoiselle avait demandé à Notre-Seigneur d'être préparée à la mort par une maladie longue et douloureuse.

« Un soir, après lui avoir adressé quelques paroles de piété, il lui dit avec une paternelle effusion : « Chère fille, est-il vrai que vous ayez demandé à Notre-Seigneur qu'il vous préparât à la mort par une maladie longue et douloureuse ? » Elle était déjà très fatiguée et ne pouvait soutenir sa tête, mais elle le regarda en souriant et dit : « C'est vrai, Monseigneur ! »

« Les souffrances aiguës qu'elle éprouvait ne suffisaient pas à purifier entièrement la victime ; il plut à Dieu de les augmenter d'une manière effrayante. Les premiers jours d'août, des douleurs affreuses se déclarèrent dans la tête et dans l'oreille ; quelques jours après un dépôt commença à se montrer ; il envahit la joue, le cou, et prit des proportions monstrueuses. Nous renonçons à dire ce que la pauvre malade souffrit ; depuis cinq mois, couchée sur le dos, de larges écorchures s'étaient faites ; il fallait souvent la remuer ; elle n'avait plus la force de s'aider ; on la soulevait avec des sangles, et chaque fois, elle laissait de sa peau et du sang sur ses draps ; on soulevait sa tête avec mille précautions, et malgré tout, on lui faisait éprouver des élancements atroces dans son abcès et comme des rages de douleur dans les nerfs du cou. Ce supplice se renouvelait bien des fois par jour. Sa bouche était contournée, et sa gorge gonflée ne laissait qu'un passage difficile et douloureux au peu de breuvage qu'elle pouvait supporter. La douleur pouvait lui arracher des cris, mais jamais une parole d'impatience, jamais on ne lui entendait dire qu'elle était ennuyée de souffrir.....

« Pendant ces jours si cruellement occupés, la retraite des Filles de Marie eut lieu. On évitait de lui en parler.

Mlle Célestine fit demander le Directeur de l'Œuvre, et dit qu'on lui causait un véritable chagrin en craignant de la fatiguer. Tous les jours elle voulait qu'on lui rendît compte de ce qui se passait, et elle apprit avec plaisir que ses chères filles s'unissaient aux prières que l'on faisait de tous côtés pour elle.

« Dieu exauçait ces prières selon ses vues et non selon nos désirs ; le mal s'aggravait et les forces diminuaient rapidement. Le médecin jugea une opération nécessaire ; il la proposa. Mlle Célestine avait toujours eu une grande appréhension des instruments de chirurgie et des maux suivis de suppuration ; ce nouveau calice lui fut présenté ; elle l'accepta et se soumit à tout ce qu'on voulut ; le jour de l'Assomption, le médecin ouvrit le dépôt. Pendant que la lancette pénétrait profondément dans le mal, la patiente, immobile, les yeux levés vers le ciel, ne paraissait pas le sentir ; il fallut une seconde fois enfoncer le fer pour élargir intérieurement l'ouverture, puis introduire une mèche pour empêcher la plaie de se fermer ; ce ne fut que quatre ou cinq jours après que l'on obtint un peu de soulagement. Les souffrances étaient moins aiguës ; on voulait espérer que peut-être un bien résulterait de cette crise ; d'un autre côté la suppuration abondante était une cause d'affaiblissement. Mlle Célestine le sentait bien, car le dimanche 24, anniversaire de sa naissance, elle demanda l'Extrême-Onction. Toute sa vie elle avait demandé à Dieu la grâce de la recevoir avec sa connaissance. Sa famille était rassemblée autour de son lit ; son confesseur, M. l'abbé Chesnet, lui administra le sacrement des mourants : elle le reçut avec paix et calme et les sentiments d'une grande piété.

« Le reste de la semaine la faiblesse augmenta ; les souffrances ne diminuaient guère. Des étouffements fréquents rendirent son état de plus en plus pénible ; mais rien ne pouvait détourner la pauvre malade de la pensée de Dieu. Ses regards s'arrêtaient souvent sur le crucifix qu'elle avait fait placer près d'elle ; elle le baisait avec amour ; ses exercices de piété n'étaient point interrompus.

« Le jeudi 28, le médecin jugea qu'une nouvelle incision était nécessaire, elle fut pratiquée ; on redoutait la gangrène ; une odeur fétide remplissait l'appartement ; c'était une nouvelle croix pour Mlle Célestine, qui avait toujours redouté ces tristes suites de la maladie. Elle se fit donner une glace, et après avoir considéré longtemps les ravages que la souffrance avait empreints sur ses beaux traits, elle la rendit en disant : « Ce n'est plus qu'une figure de cadavre. »

« Les forces étaient complètement affaissées, la parole faible et pénible ; on craignait à chaque instant de la voir expirer. Elle entendit sonner midi et désira que l'on fit les prières à la *Sainte Face* [1] ; elle ne pouvait plus les prononcer, et s'y unissait seulement avec une grande ferveur.

« Vers le soir un pansement très douloureux de l'abcès arracha des cris navrants à la pauvre malade. Quelque temps après survint un violent frisson qui réveilla toutes les douleurs avec une force inouïe ; on s'empressa pour réchauffer ses membres agités et glacés. La bonne Sœur de l'Espérance qui soutenait Mlle Célestine fit signe qu'elle n'avait plus de pouls. On cherchait en vain à la ranimer en la frictionnant, mais elle se sentait mourir en disant adieu à chacune des personnes qu'elle aimait et demanda son frère ; il était allé chercher le médecin qui arriva en toute hâte... Mais hélas ! son air consterné ne révélait que trop la vérité. Il dit que M. l'abbé Chesnet était là, et demanda à Mlle Célestine si elle ne désirait pas le voir ? Elle témoigna qu'elle en serait bien aise, et M. Chesnet entra.

« — Me voilà donc pourtant rendue ! lui dit-elle.

« — Vous êtes pleine de confiance, n'est-ce pas ?

---

[1] Mlle Boguais avait une grande dévotion pour l'auguste image de Notre-Seigneur sur la croix. Elle en avait peint une remarquable copie qui, de sa chambre, a été portée dans la belle chapelle de la Miséricorde, élevée à ses frais sous l'habile direction de M. Heulin.

« — Oh oui ! »

« Elle désira lui parler seule ; on se retira quelques instants ; il lui donna l'indulgence plénière de la bonne mort. Elle remarqua qu'elle n'avait pas fait sa prière du soir ni récité son chapelet. Son confesseur lui suggérait quelques pieuses aspirations, et telle était sa présence d'esprit qu'elle complétait et développait les pensées qui n'étaient qu'indiquées. Rien ne lui échappait de ce qui se faisait autour d'elle, et sa préoccupation était que M. Chesnet ne se fatiguât dans son assistance. Il se retira vers onze heures et demie.

« A ce moment même la pauvre patiente nous dit : « Je me sens mieux ; je crois que je vais dormir. » Elle ferma les yeux ; sa figure était calme, sa respiration régulière ; on crut qu'elle reposait et la famille se retira le plus doucement possible.

« Elle ne devait se réveiller que dans le sein de Dieu...

« Le lieu de la sépulture de la famille Boguais de la Boissière étant à Avrillé, on y conduisit le corps de celle qui fut l'honneur des siens. A la sortie de la ville, les députations des communautés et une partie de ceux qui avaient suivi, jetèrent un dernier regard d'adieu vers le cercueil qui renfermait l'objet de tant d'affections ; mais d'autres, en grand nombre, continuèrent leur pieux voyage. Les Filles de Marie devaient, à ce moment, se séparer de leur chère présidente ; elles ne purent s'y résoudre et toutes voulurent accompagner son corps aussi longtemps que possible. Les habitants d'Avrillé vinrent à la rencontre du cortège, et les vêpres des morts ayant été chantées, le corps de Mlle Célestine fut porté par les fermiers jusqu'au bord de sa dernière demeure. Les honneurs suprêmes furent rendus au bruit des sanglots qui s'échappaient de toutes les poitrines ; les Filles de Marie posèrent sur le cercueil la blanche couronne, et s'éloignèrent en pleurant de la tombe de leur mère bien-aimée... »

Ah ! sans doute le spectacle de ce long cortège éploré

était bien beau et bien touchant ; mais quand on élève sa pensée vers le ciel, et qu'on y voit le cortège virginal des âmes qui s'avancent au devant de celle qui les avait sauvées, n'a-t-on pas comme une révélation des splendeurs divines et de l'ineffable félicité des anges ?

On dit que nous vivons dans un siècle d'égoïsme. Le sacrifice de Mlle Boguais n'est-il pas un acte de charité chrétienne dans toute sa perfection ? Quel exemple que celui de ces jeunes filles qui, comblées des dons de la naissance et de la fortune, dans tout l'éclat de la jeunesse et de la beauté, se vouent à une vie pénible, à une mort cruelle, à un martyre volontaire enfin, pour défendre la plus noble des causes, celle de la faiblesse et de l'innocence !

En lisant les pages que lui a consacrées sa belle-sœur, on les croit empruntées aux *Actes des apôtres*.

Les grandes œuvres ne peuvent être fondées qu'au prix des souffrances de leurs initiateurs. Selon cette vérité, l'avenir des deux œuvres sœurs, *les Filles de Marie* et *les Pauvres servantes*, est garanti par l'effusion du sang virginal de Mlle Célestine Boguais et par la glorification de ses angéliques vertus.

L'ASSOCIATION DE SAINT-FRANÇOIS-DE-SALES

C'était pendant l'été de 1873. Mgr Freppel se trouvait alors chez M. le comte d'Esgrigny, au Pouliguen. Jours charmants, malgré l'époque encore troublée. Autour de M. et Mme d'Esgrigny qui faisaient, avec une haute distinction et l'affabilité la plus exquise, les honneurs de leur maison, se groupait une société d'élite. Mgr Chigi, alors nonce apostolique et depuis cardinal, Mgr Freppel, Louis Veuillot, le P. Lavigne, lord Digby, l'abbé Sauvé, le marquis de Montaigu, le vicomte de la Bourdonnaye, M. de Courcy, Mme la vicomtesse des Cars, et d'autres, tenaient la conversation. Le soir, en face de la mer, on causait à perte de vue. Dans le flot de nouvelles qui affluait du monde entier, les bonnes œuvres avaient une large place. M. d'Esgrigny avait été nommé trésorier-général d'une société récemment fondée par Mgr de Ségur, le saint aveugle, de mémoire déjà vénérée. L'*Association catholique de Saint-François-de-Sales* s'occupait de faire donner des missions dans les pays pauvres, de soutenir les écoles libres, de favoriser les patronages et autres sociétés chrétiennes, de répandre de bons livres, etc. Soixante diocèses, en France, l'avaient déjà accueillie, et celui d'Angers ne la connaissait pas ! Il ne fut pas difficile à M. d'Esgrigny et à Mgr Chigi d'intéresser Mgr Freppel à l'œuvre nouvelle. Il n'avait qu'à nommer un directeur ecclésiastique pour la répandre dans le diocèse. L'un des secrétaires du prélat, M. l'abbé Grimault, se trouvait là, tout indiqué ; voilà comment fut introduite, dans le diocèse d'Angers, l'Association dont nous allons dire quelques mots.

Il n'est pas tout à fait exact de dire qu'à cette époque l'œuvre de Saint-François-de-Sales était inconnue en Anjou. Les comptes-rendus de la société mentionnent, chaque année, jusqu'en 1873, une somme de 2 à 300 francs versée par notre diocèse. Cette somme était, en grande partie, recueillie par une pieuse femme dont c'est justice de consigner ici le souvenir.

Qui n'a connu Mme Girard, dans la cité angevine ? Je parle de ceux qui ont l'habitude de recevoir les quêteurs catholiques. Chaque année, en décembre ou janvier, ils étaient sûrs de voir arriver, courbée en deux, la vieille quêteuse, avec son long châle noir et sa figure pâle. On eût dit un visage de cire, encadrant des yeux, hélas, quasi éteints. Dans les dernières années, surtout, la pauvre femme avait peine à se conduire, mais on ne tardait pas à s'apercevoir que son cœur et sa langue étaient toujours bien vivants !

Mme Girard avait élevé la quête à la hauteur d'un art, ou d'une profession. Elle connaissait les époques où ses clients étaient en fonds, et riches de bonne humeur. Elle ne se présentait chez les ecclésiastiques qu'après qu'ils avaient touché leur mandat, et, chez les bourgeois, qu'au lendemain du jour où ils avaient perçu leurs revenus. Alors elle dressait, pour chacun, une sorte de facture, rédigée à peu près dans ces termes :

Doit M. UN TEL :

1° Pour l'œuvre de Saint-François-de-Sales. . . 1 fr.
2° Pour l'œuvre de l'Adoption. 1
3° Pour l'œuvre des Ecoles d'Orient. 1
4° Pour l'œuvre de la Sainte-Enfance. . . . 1
5° Pour l'œuvre de la Propagation de la Foi. . 3
Etc., etc. . . . . »

Total. . . . . . . Tant

Pour acquit :
Veuve GIRARD.

Les chiffres *imposés* n'étaient presque jamais ceux des cotisations officielles, et ils variaient suivant la fortune du débiteur. Ainsi M. le vicomte de Boissard, l'un des meilleurs clients de la quêteuse, était taxé à 50 francs, à 100 francs, pour tel et tel article !

L'œuvre de Saint-François-de-Sales figurait en tête des *factures* de Mme Girard. C'était sa quête de prédilection. Elle y avait particulièrement intéressé le pieux vieillard dont nous venons d'écrire le nom, M. de Boissard, aveugle comme elle, et qui aimait à entendre le babil de sa fidèle quêteuse. L'année dernière, M. de Boissard, mourant, remit pour dernière offrande à l'œuvre de Saint-François-de-Sales la somme de mille francs [1].

Mais ne tardons pas de donner, pour ceux qui les ignorent, quelques détails sur l'objet et le but de l'Association.

L'œuvre de Saint-François-de-Sales a pour but général d'aider le clergé à défendre la foi et à ranimer la vie chrétienne *dans les pays catholiques*. Elle est née, en 1857, d'un vœu exprimé par Notre Saint-Père le Pape Pie IX. Voyant se liguer contre l'Église les sociétés secrètes, les loges maçonniques, les sectes protestantes et révolutionnaires de toutes nuances, le souverain Pontife exprima le désir de voir s'organiser, sans retard, une grande association catholique destinée à faire, au dedans, ce que font, au dehors, les œuvres de la Pro-

---

[1] Mme Girard est morte, il y a quelques années, dans la modeste chambre qu'elle occupait, rue du Musée. Cet indescriptible logement, où se trouvaient accumulés tous les souvenirs de la pieuse femme, ses reliques de famille, mille objets témoins de son passé, mériterait une peinture qui charmerait les admirateurs de Téniers et de Fra Angelico.

pagation de la foi et de la Sainte-Enfance : « Je voudrais, dit textuellement le Saint-Père, une sorte de Propagation de la foi à l'intérieur. »

Tel est *le but* de l'œuvre de Saint-François-de-Sales : préserver et défendre, conserver et ranimer la foi, partout où elle est menacée.

Est-il besoin de montrer l'utilité d'une pareille œuvre pour la France ?

Ce n'est pas exagérer de dire que nous touchons, peut-être, aux plus mauvais jours de notre histoire nationale. Sous des influences qu'il n'est pas besoin de nommer, il est certain que la foi, les pratiques religieuses, les bonnes mœurs, le respect des lois de l'Église, attaqués de toutes parts, surtout depuis les événements de 1870, iront s'affaiblissant de plus en plus si les gens de bien, les hommes de cœur, n'opposent pas à cet affaissement général toute l'énergie dont ils sont capables.

Grâce à Dieu, il s'est fait quelque chose, dans ces derniers temps, pour défendre la foi et les mœurs des populations, non seulement dans les villes, mais aussi dans les campagnes. Aux lois d'enseignement qui ont banni la religion de l'éducation, l'on a opposé des écoles libres et chrétiennes. Si des livres sans pudeur et des journaux sans frein ont été répandus à profusion, si l'impunité a été laissée aux attaques les plus odieuses, si la multiplicité des cabarets et des mauvais lieux a favorisé les plus détestables doctrines, si les audaces de l'athéisme, la haine de Dieu et de l'Église ne connaissent plus de bornes, il n'est que juste d'ajouter que les catholiques se sont éveillés pour conjurer le péril social. De toutes parts se sont réunis de vaillants défenseurs du Christ et de l'Évangile. On peut dire que l'œuvre de Saint-François-de-Sales n'a pas été la dernière à combattre, hardiment et partout, depuis trente ans, ce bon combat.

Les *moyens d'action* sont au nombre de trois, expressément approuvés et bénis par le Chef de l'Église :

En premier lieu, fonder et soutenir les œuvres qui ont pour objet direct l'éducation chrétienne de la jeunesse : asiles, écoles, patronages, ouvroirs, classes du soir, cercles de jeunes gens, œuvres militaires. Des sommes variant de 100 à 500 francs sont distribuées à ces œuvres pendant une ou plusieurs années.

Secondement, fonder et soutenir les bibliothèques paroissiales, répandre à bon marché des livres populaires, faciliter, par toutes sortes de moyens, les bonnes lectures ; en un mot, opposer au poison de la presse impie et révolutionnaire un antidote efficace et réclamé par tous les gens de bien. Une œuvre spéciale, annexe de celle de Saint-François-de-Sales, a été imaginée dans ce diocèse, il y a quelques années [1], pour procurer aux associés des lectures facilement renouvelées. On sait, en effet, que le grand écueil des bibliothèques populaires consiste dans la difficulté de fournir de nouveaux aliments aux personnes qui aiment la lecture. Grâce à des générosités particulières, des bibliothèques dites *roulantes*, c'est-à-dire pouvant circuler de paroisse en paroisse, ont été mises à la disposition des associés. Cinquante volumes, environ, sont enfermés dans une caisse qui s'ouvre de telle sorte que l'on trouve, rangée sur deux rayons, toute une petite bibliothèque. Une fois lus, les livres sont renvoyés au directeur diocésain,

---

[1] Grâce au zèle et au dévouement de Mlle Clouard, trésorière de l'Association de Saint-François-de-Sales, depuis son organisation.

par un commissionnaire qui rapporte dans la paroisse une nouvelle collection de livres. Une légère contribution est exigée pour la reliure des livres détériorés.

En troisième lieu, l'Association s'occupe de faire prêcher des missions, des retraites populaires, dans les paroisses pauvres, et d'aider, par tous les moyens, la parole du missionnaire. Ce moyen d'action, entouré de circonstances spéciales, produit, presque toujours, les meilleurs résultats. Ainsi, quelques jours avant l'arrivée du prédicateur, l'Association fait distribuer, à profusion, dans la paroisse, des opuscules et des objets de piété, crucifix, images, chapelets, etc. Quelquefois ces objets sont distribués à l'église même, avant le sermon, et le peuple qui les reçoit ne saurait manquer de recueillir, en même temps, la parole de Dieu.

L'*organisation* de l'œuvre est des plus simples. Elle est administrée par un Conseil central dont le siège est à Paris. Agréé et béni, à diverses reprises, par le Souverain Pontife, ce Conseil est composé d'ecclésiastiques, de religieux et de laïques, habitués aux œuvres et tout dévoués aux intérêts de l'Église. Il se réunit tous les lundis sous la présidence de M. l'abbé Gossin, chanoine du diocèse de Paris, qui a succédé à Mgr de Ségur. Il correspond avec NN. SS. les évêques et avec les directeurs diocésains, centralise les renseignements et les aumônes, examine les demandes préalablement approuvées par les directeurs diocésains, et y fait droit dans la mesure du possible. M. Philippe Lermigny, chef du secrétariat, se multiplie pour rendre tous les services; on peut dire qu'il est l'âme de l'Association, à Paris.

Dans chaque diocèse où l'œuvre est agréée, un directeur nommé par l'évêque est à la tête de l'Association. Pour le diocèse d'Angers, ce directeur est, comme nous l'avons dit, M. l'abbé Grimault, chanoine, vicaire général.

Le directeur diocésain s'efforce de répandre l'œuvre dans les chefs-lieux d'arrondissement et dans chaque canton. C'est à lui qu'on adresse les demandes de secours pour les cercles ouvriers, les patronages, les écoles du diocèse. Il transmet les demandes à Paris et distribue les secours accordés. De fait, le Conseil central renvoie à peu près, en secours, tout l'argent qui a été recueilli dans le diocèse ; d'où l'on peut conclure que c'est l'intérêt du diocèse de compter un grand nombre d'adhérents.

Présentement, les recettes du diocèse atteignent presque 10,000 francs par an.

Voici, du reste, le tableau des recettes de l'œuvre depuis son organisation dans le diocèse :

(L'année 1872, avant l'organisation, présente une recette de 269 francs.)

En 1873............................	1,647 f. 50
En 1874............................	3,752 30
En 1875............................	5,211 80
En 1876............................	5,480 70
En 1877............................	6,073 30
En 1878............................	6,277 10
En 1879............................	6,315 10
En 1880............................	6,481 20
En 1881 [1]......................	23,616 95
En 1882............................	6,918 80
A *reporter*........	72,254 75

[1] Y compris un don extraordinaire de 16,000 francs.

Report............	72,254	75
En 1883......................	6,781	75
En 1884......................	8,190	25
En 1885......................	9,666	50
En 1886......................	8,560	05
En 1887......................	8,231	15
En 1888......................	9,876	20
Total au 31 décembre 1888...	123,052 f.	65

La cotisation versée par chaque associé est de *soixante centimes* par an. C'est avec une telle base que l'Œuvre a pu s'élever à CENT VINGT-TROIS MILLE FRANCS de recettes, en seize années ! Comme pour la Propagation de la Foi, les associés sont groupés par dizaines. Les chefs de dizaines relèvent eux-mêmes des directeurs paroissiaux et leur remettent les cotisations recueillies. Tous les mois un *Bulletin* de l'Œuvre est envoyé aux associés.

Présentement (juin 1889) l'Œuvre est établie dans cent cinquante paroisses environ. On voit quelle extension elle peut encore recevoir.

Parmi les paroisses dont la générosité mérite d'être signalée, on peut citer celles de la Cathédrale, de Sainte-Thérèse, de Cholet, de Baugé, de Segré, de Saint-Aubin-du-Pavoil, de Challain-la-Potherie, de La Séguinière, de Nueil, de Doué-la-Fontaine, de Vihiers, de Chalonnes, de Saint-Lambert-du-Lattay, de Beaufort, de Pouancé, de Beaupréau, d'Ingrandes, du Roussay, de Sainte-Gemmes-d'Andigné, de Faye, de Thouarcé, de Jallais, de Saint-André-de-la-Marche, de Morannes, de La Tessoualle, de La Pouèze, de Briollay, de Saulgé-l'Hôpital, etc.

A Angers, chaque année, vers le 29 janvier, fête de saint François de Sales, l'œuvre tient une assemblée dans la chapelle des Sœurs de l'Espérance, rue d'Alsace. Une prédication intéressante, des chants bien exécutés, avec le concours de M. Delaporte, maître de chapelle de la cathédrale, et d'amateurs distingués, un compte rendu de M. l'abbé Grimault, directeur de l'Association, attirent à cette réunion un grand nombre d'associés.

Une fête semblable a lieu à Cholet, vers la même époque, dans la chapelle de la Retraite, grâce au zèle de M. l'abbé Lethon, aumônier, et de Mme la Supérieure de l'établissement.

Il serait trop long d'énumérer les dons particuliers qui ont été faits à l'œuvre depuis son établissement parmi nous. Le souvenir en est consigné, chaque année, dans le compte rendu fait pour le diocèse. Qu'il suffise de citer l'offrande d'un associé de Cholet qui, en 1881, a bien voulu remettre à l'Œuvre la somme de 16,000 francs.

Depuis quelques années, le *Denier des Écoles chrétiennes* a pu être établi par Monseigneur l'Évêque pour les besoins des écoles dans le diocèse, sans entraver, d'une manière sensible, l'Association de Saint-François-de-Sales.

Rien ne prouve mieux qu'il n'y a jamais trop de bonnes œuvres. A ceux qui s'étonneraient de voir naître, côte à côte, des œuvres similaires et qui semblent se nuire, comme ils s'étonnent du grand nombre d'associations pieuses, de confréries répandues dans le monde catholique, on peut répondre avec ce mot du P. Lacordaire qui, certes, n'était pas un petit esprit :

« La considération du trop grand nombre d'associa-
« tions ne doit pas vous retenir. Le monde est grand.
« Il suffit qu'une chose convienne à un certain nombre
« d'âmes pour qu'elles le réalisent avec fruit. Nous ne

« devons jamais oublier ce beau mot de saint Paul :
« *Multiformis gratia Dei.* Dieu se fait tout à tous. Il se
« fait, en quelque sorte, au caprice des âmes, et l'asso-
« ciation en Lui, sous quelque forme que ce soit, est
« une chose qui lui plaît. »

LES SOCIÉTÉS DE SECOURS MUTUELS

L'origine des Sociétés de Secours mutuels remonte aux *Confréries* du moyen âge, fondations admirables dont l'heureuse existence ne prit fin qu'à la Révolution de 1789.

L'assistance mutuelle formait aussi le fond de l'institution des *Jurandes* et *Maîtrises*, si malheureusement détruites par Turgot en 1778, et dont la constitution avait besoin d'être réformée mais non abolie.

Parmi les associations de bienfaisance qui encouragèrent la propagation de la mutualité, on doit citer en première ligne la *Société philanthropique* de Paris, fondée en 1780 par le roi Louis XVI et qui n'a cessé qu'en 1847, sous la direction de Dupont de Nemours, d'Everat et de Bauverger, de se mettre en rapport avec les Sociétés de Secours mutuels, à leur naissance, de les éclairer et même de les aider par des dons généreux.

C'est avec bonheur que nous trouvons le patronage de Louis XVI à l'origine des Sociétés de Secours mutuels, comme nous avons trouvé celui de la reine Marie-

Antoinette sur le premier berceau de la *Société maternelle*. Jamais souverains ne compatirent aux souffrances du pauvre peuple avec plus de tendresse de cœur et d'élévation d'esprit. Si leur règne n'avait été tranché par le plus grand des crimes, ils eussent renouvelé pour la France les bienfaits de Blanche de Castille et de saint Louis.

Le premier rapport présenté à l'empereur Napoléon III par la Commission supérieure d'encouragement et de surveillance des Sociétés de Secours mutuels, contenant les résultats de la première enquête sérieuse sur ces Sociétés, constate qu'il y avait, au 31 décembre 1852, deux mille quatre cent cinquante-huit Sociétés mutuelles, signalées par les préfets.

Sur ce nombre :

Quarante-cinq avaient été fondées antérieurement au XIXe siècle.

Cent quatorze de 1810 à 1814.

Trois cent trente-sept de 1814 à 1830.

Mille quatre-vingt-huit de 1830 à février 1848.

Quatre cent onze de février 1848 au 15 juillet 1850, date de la première loi qui ait été faite sur la matière.

Deux cent quarante-deux du 15 juillet 1850 au décret du 26 mars 1852.

Cinquante-cinq du décret du 26 mars 1852 au 31 décembre de la même année.

Le nombre des membres participants était à cette dernière époque, de deux cent quarante-neuf mille quatre cent quarante-deux, dont vingt-six mille cent quatre-vingt-une femmes, et le nombre des membres honoraires, de vingt-et-un mille six cent trente-cinq.

Ces résultats furent obtenus, pour la plupart, en l'absence de toute impulsion administrative, sauf une circulaire ministérielle du 6 août 1840, où l'on remarque les passages suivants : « La seule participation à une Société de Secours mutuels est, de la part du souscripteur, une garantie d'ordre, de prévoyance et d'économie... Partout où les Associations de Secours mutuels ont été établies, on a pu en apprécier les excellents effets, sous le double rapport de l'ordre public et de la diminution des pauvres, admis dans les hôpitaux. »

Bien que le succès de la mutualité en France dénote la vitalité de l'institution, il faut reconnaître que l'Angleterre nous est de beaucoup supérieure dans la pratique de la prévoyance. Il n'y a pas de parallèle possible entre les deux pays, quant au nombre et à l'importance de leurs Sociétés mutuelles.

Parmi ces Associations, bornons-nous à citer la Société des *Old Fellows*, de Manchester, qui compte quatre cent mille membres, dont les cotisations s'élèvent, en une année, à près de huit millions de francs, qui possède un capital de quarante millions, au moins, et qui peut assurer à ses associés 12 fr. 25 par semaine, en cas de maladie, 225 fr. à la mort du sociétaire, 155 fr. à celle de la femme.

« Les Sociétés d'*Amis*, dit M. Hennequin, constituent une puissance de premier ordre, l'une des ressources les plus solides de la sécurité matérielle et de la grandeur morale de l'Angleterre... »

Quelle est la cause du prodigieux développement des *Friendly-Societies* en Angleterre ? Comment les cantons ruraux, aussi bien que les districts manufacturiers, y luttent-ils à l'envi, dans la voie de la prévoyance ? Peut-être la cause de cette supériorité de l'Angleterre sur la France doit-elle être attribuée d'abord à l'absence de révolutions, ensuite au caractère même du peuple anglais, à la force de l'esprit d'association et de l'action individuelle dans ce pays, où, contrairement à la tendance qui domine chez nous, on ne compte pas uniquement sur l'autorité pour concevoir et réaliser des progrès.

Nos Sociétés de Secours mutuels sont de deux sortes : approuvées par l'autorité, elles sont considérées comme établissements d'utilité publique, et peuvent recevoir des dons et des legs avec l'autorisation du Conseil d'État.

Les Sociétés de Secours mutuels privées, peuvent se réunir, mais elles ne jouissent pas des avantages que la loi accorde aux Sociétés de la première catégorie.

L'un des résultats les plus heureux des anciennes corporations était de créer entre le *maître* et le *compagnon* des relations affectueuses. De ces relations naissait la permanence des rapports. L'ouvrier demeurait fidèle à l'atelier ; le patron le conservait chez lui tant que la fortune de sa maison le permettait : mais que devenait l'ouvrier atteint par la maladie, blessé ou infirme ? Le patron lui donnait ses soins ou le faisait soigner par des mains charitables.

C'était là, à défaut des prescriptions formelles de la corporation, une coutume qu'imposaient les relations permanentes et bienveillantes dont nous venons de parler. L'ouvrier qui avait passé une bonne partie de ses jours à servir la fortune du patron, dont les rapports quotidiens avaient mérité la confiance et l'estime, était considéré comme un membre de la famille ; il ne pouvait devenir un objet indifférent, au moment précis où la maladie rendait pour lui plus nécessaires les témoignages d'intérêt.

Valide ou malade, l'ouvrier trouvait ainsi, sous le régime de la corporation, protection et secours. La force qu'il puisait dans son union permanente avec le patron, le soutenait à travers toutes les phases de son existence.

Doit-il les mêmes avantages aux lois de la Révolution ?

Ce fut, après la période révolutionnaire, l'un des sujets de tristesse les plus poignants, pour les populations laborieuses, de se voir dans la maladie, dans les infirmités, dans la vieillesse, privées du secours des patrons.

Tant que la vigueur soutenait son bras, l'ouvrier pouvait se passer des attentions affectueuses de son maître ; mais à quelle misère douloureuse, à quel cruel délaissement la maladie ne le condamnait-elle pas ?

Les premiers cris de haine contre la Société contemporaine, se firent entendre sur les grabats des ouvriers abandonnés, en proie à l'isolement, victimes des lois que la Révolution de 93 s'était plu à lui imposer.

Qui s'étonnerait, en présence de ces douleurs, que la première association dont la pensée vint à l'esprit des ouvriers, après la tourmente de destruction, fut une association de Secours mutuels ?

Les patrons avaient été atteints tout particulièrement dans leurs intérêts matériels. Ils fondèrent des syndicats, des chambres de commerce, afin de recouvrer, en partie du moins, les bénéfices de la corporation. Les ouvriers avaient été privés de la protection, de la sollicitude, du dévouement de leurs patrons ; ils organisèrent une institution pour tenter de retrouver les heureux effets qu'ils retiraient jadis de l'association des corps de métiers.

Depuis 1819, où l'on voit apparaître la Société de Secours mutuels, nommée *le Bon Accord*, formée à Paris entre les ciseleurs, mouleurs et tourneurs en bronze, jusqu'à la loi de 1852 qui accorde le bénéfice de l'existence légale à ce genre d'association, les Sociétés d'ouvriers, *dites* de Secours mutuels, furent les seules qui survécurent à leurs fondateurs.

Au moment où l'Empire allait donner une existence civile aux Sociétés de Secours mutuels, les ouvriers en avaient déjà établi dans la plupart des grandes villes de France. Lorsque la loi eut été promulguée, elles se multiplièrent de plus en plus. Aujourd'hui, quoique ce genre d'association ait perdu le caractère de Société fondée spontanément pas les ouvriers, il conquiert sans cesse de nouveaux adhérents.

Tous les éléments d'influence que la Société de Secours mutuels renferme en elle, portent l'ouvrier à devenir laborieux, appliqué, économe, respectueux des droits d'autrui.

En réalité nul adhérent ne se soustrait à l'heureuse influence des statuts de la Société ; tous sont obligés pour jouir des avantages de l'association mutuelle, de travailler pour économiser, et d'économiser pour s'assurer les profits de l'union. Tous sont conduits par les efforts qui leur sont commandés, à se mettre chaque jour en présence de leurs besoins actuels, et à prévoir les menaces de l'avenir.

Ah ! si chaque ouvrier connaissait bien ses véritables intérêts, comme apparaîtrait bientôt dans un jour éclatant l'alliance intime des intérêts matériels avec les intérêts moraux ! Comme chacun verrait que la sauvegarde la plus puissante de sa vie, est dans la pratique des devoirs de travail et de justice, imposés à tous les hommes par la loi de Dieu !

Les règlements des Sociétés de Secours mutuels varient peu. Voici les dispositions qui sont communes à la généralité d'entre elles :

« Les Sociétés ont pour but :

» 1° D'unir tous les membres de l'Association par les liens d'une bienveillance réciproque et d'une affectueuse communauté d'intérêts ;

« 2° D'assurer aux sociétaires en cas de maladie, une indemnité pécuniaire et les secours du médecin.

« La Société est dirigée par un président, un vice-président, un secrétaire et un trésorier.

« Les associés sont fondateurs ou sociétaires.

« Les sociétaires sont ceux qui ont souscrit l'engagement de se conformer aux statuts et qui participent aux avantages de l'Association.

« Leur cotisation est d'un franc cinquante ou d'un franc vingt-cinq par mois.

« Les fondateurs ou membres honoraires sont ceux qui, par leurs soins, leurs conseils et leurs souscriptions, contribuent à la prospérité de l'Association, sans participer à ses avantages ; leur cotisation n'est fixée que par leur générosité.

« Pour faire partie de la Société, il faut être sain de corps, avoir obtenu un certificat du médecin de la Société, avoir une bonne conduite, être présenté par un sociétaire ou un fondateur, être admis par le Bureau et n'avoir pas moins de quinze ans et plus de quarante.

« L'ivrognerie et l'inconduite sont des motifs d'exclusion, le Bureau en sera juge.

« Le fonds social se compose :

« 1° Des versements des sociétaires ;

« 2° De ceux des membres honoraires ;

« 3° Des subventions accordées par l'État, le département ou la commune ;

« 4° Des dons et legs particuliers ;

« 5° Des fonds placés ;

« 6° Du produit des amendes.

« Chaque Société de Secours Mutuels s'attache un ou plusieurs médecins, dont les émoluments, toujours modérés, varient selon les circonstances.

« Les sociétaires, leurs femmes et leurs enfants non mariés, demeurant ensemble, ont droit aux soins gratuits du médecin de la Société.

« Il est alloué par jour de maladie 1 fr. 25 ou 1 fr. 50, c'est-à-dire un secours égal à la cotisation que le sociétaire paie chaque mois.

« L'Association alloue une somme de 40 francs pour frais d'enterrement de chaque membre défunt.

« La politique est interdite dans les séances.

« Au commencement de l'année, le sociétaire donnera un franc pour les médicaments qui seront fournis gratuitement, d'après un traité fait avec un pharmacien digne de confiance... »

Tels sont les éléments communs des Sociétés de Secours Mutuels et qui en constituent l'économie ; suivant les lieux et les circonstances, les dispositions secondaires varient, mais l'organisation ne change pas ; nous avons cru devoir l'expliquer, car beaucoup, ne la connaissant point, ignorent le rôle important de cette institution dans la société moderne, rôle qui ne peut que s'accroître encore.

Il faut reconnaître l'élan généreux qui entraînait les esprits vers des institutions populaires, sous la présidence du prince Napoléon et dans les premières années de l'Empire. A cette époque, le Conseil d'État étant composé de véritables capacités, les lois étaient bien étudiées et si bien formulées, qu'elles n'ont pu être abolies.

Le décret organique du 26 mars 1852 sur les Sociétés de Secours Mutuels fut un digne pendant de la loi du 10 décembre 1850, pour favoriser le mariage des indigents.

Dès l'article 1ᵉʳ du décret, on voit dans quel esprit excellent il fut promulgué :

« Une société de Secours Mutuels sera créée par les soins des maires et des curés dans chacune des communes où l'utilité en aura été reconnue. Cette utilité sera déclarée par les Préfets, après avoir pris l'avis du Conseil municipal... »

Ainsi un concours vraiment libéral de toutes les autorités légitimes était invoqué pour établir l'œuvre nouvelle et lui assurer une existence durable et prospère.

Toutefois, si le principal honneur de ces innovations remonte au nouveau chef de l'État, le principal mérite appartient à l'auteur des projets de loi, au rédacteur de l'exposé des motifs, M. le vicomte Armand de Melun.

Le rôle de l'éminent élève de Mme Swetchine, de celui qu'on put appeler le bras droit de la sœur Rosalie, devint prépondérant dans cette administration, mais sans jamais cesser d'être indépendante.

« Pendant dix ans de suite, j'en fus nommé rapporteur, écrivit celui qui était la charité en personne. Plus de deux mille Sociétés passèrent par mes mains. M. Gaillardin et moi, ne fûmes étrangers à aucun des progrès de cette institution. Le Président, devenu Empereur, demandait sans cesse à son entourage ce qu'il pourrait faire pour me récompenser. Déjà les uns recouraient à mon prétendu crédit ; les autres commençaient à m'accuser d'ambition et même de socialisme. Mais lorsqu'on vit que j'étais décidé à n'accepter ni place ni faveur, on ne s'occupa plus de moi. Le seul profit que je retirai de la bienveillance du maître, fut d'obtenir en faveur de l'Œuvre des Apprentis, pendant deux années, 40,000 francs de l'État, au lieu de 1,000 qu'on lui allouait précédemment... »

Quel bonheur pour nous de rencontrer sur notre chemin l'un des hommes les plus admirables de notre temps, dont la noble carrière a été la plus remplie d'œuvres bienfaisantes et durables parce qu'elles étaient animées, par excellence, du souffle chrétien ! Nous le demandons à tous ceux qui ont connu M. de Melun, était-il possible de voir plus de vertus et de charme réunis dans une seule individualité? En causant avec ce Vincent de Paul des salons, ce qui ne l'empêchait pas de rechercher les chaumières, on était à l'aise comme avec un ancien ami; on oubliait le gentilhomme de haut lignage, le descendant des princes d'Épinoy, pour ne voir que l'idéal de la courtoisie française, dans ses traditions de nature simple et d'exquise distinction [1].

M. de Melun était encore membre de l'Assemblée et se disposait à partir pour l'Angleterre, quand il reçut des religieuses de l'hospice de Baugé l'invitation pressante de se rendre à la célébration solennelle du second centenaire de leur fondation, faite par une de ses parentes, Mlle de Melun.

« Il y a donc deux cents ans, écrivait son arrière-neveu, qu'Anne de Melun, princesse d'Epinoy et comtesse de Gand quitta le château de son père, sur les frontières de la Belgique, pour venir, déguisée en servante des pauvres, au fond de l'Anjou, à deux cents lieues de chez elle, se dévouer aux indigents, aux vieillards et aux infirmes. Dix ans après, reconnue par un seigneur de la Cour de Louis XIV, au milieu des pestiférés qu'elle soignait comme une infirmière, elle n'en resta pas moins au service des malheureux, fit bâtir l'hospice de Baugé, fonda pour le desservir une congrégation hospitalière, qui se répandit

---

[1] En parlant de M. de Melun, pouvons-nous oublier notre excellent compatriote et ami, Alexis Chevalier, son secrétaire et collaborateur, qui apprit, à cette école inspiratrice, l'art de composer ses beaux livres sur les Sœurs de Saint-Vincent-de-Paul et sur les Frères des Écoles chrétiennes?

dans le pays, et mourut dans cette maison, aimée comme une mère, vénérée comme une sainte. C'est pour fêter ce second centenaire de la fondation de Mlle de Melun, que ses filles, ayant découvert mon nom dans quelque journal, m'invitent à partager leur joie et leurs prières. Quel enseignement que celui de ce souvenir de la charité qui résiste au temps et aux révolutions. La princesse d'Epinoy, si elle n'eût été qu'une haute et puissante dame, serait depuis longtemps oubliée de sa famille ; mais après deux cents ans, l'humble sœur hospitalière est encore jeune et grande de tout le bien qu'elle a fait... »

Aux instances de la Supérieure s'étaient jointes celles du Maire, du Préfet, de l'Évêque. Il fallut bien se rendre à Baugé. C'était le 26 novembre 1850. La ville était en fête. Arcs de triomphe, harangues, oriflammes, guirlandes, illuminations, l'attendaient à la descente de la voiture, qui était celle de l'Évêque...

On sait le reste ; M. de Melun charma tellement toutes les classes de la population par son aménité et sa haute intelligence qu'on le nomma en séance populaire, maire de Baugé, puis conseiller général. Son cœur sensible ne put résister à l'enthousiasme, mais il n'accepta ces fonctions que pour trois ans. Malgré cette réserve, le sacrifice était bien lourd, car il l'empêchait de consacrer à ses chères œuvres de Paris, toutes les forces de son dévouement et de sa capacité.

Le passage de M. de Melun en Anjou et les liens qu'il y contracta, nous donnent le plaisir de le considérer comme membre de notre grande famille angevine ; il a vaillamment conquis le droit de cité parmi nous, de même que M. J.-Denis Cochin l'avait gagné, peu d'années auparavant, par une alliance avec l'une de nos premières familles. N'est-ce pas une vive jouissance de pouvoir revendiquer comme nôtres, les principaux fondateurs de deux de nos plus bienfaisantes institutions du siècle : les Salles d'asile et les Sociétés de Secours Mutuels ?

Il ne nous a pas semblé possible d'aborder, sans quelques détails sur l'origine peu connue des Sociétés de Secours Mutuels, l'historique de l'Œuvre au point de vue local ; du reste, nous ne nous en étions pas trop éloigné, puisque nous avons évoqué l'aimable souvenir de son organisateur, lequel avait inauguré son séjour à Baugé par la fondation d'une de ses œuvres de prédilection.

De Baugé à Angers, la distance n'est pas grande, et nous arrivons là au centre de notre sujet.

D'après le rapport présenté au Président de la République par M. Fallières, ministre de l'Intérieur, sur les opérations des Sociétés de Secours Mutuels, pendant l'année 1885, le nombre des Sociétés de Secours Mutuels approuvées, était en France, à la fin de 1885, de cinq mille sept cent quarante-quatre.

Elles se répartissent en trois catégories, savoir :

Quatre mille dix-huit Sociétés d'hommes ;

Mille cinq cent cinquante-six Sociétés comprenant des hommes et des femmes ;

Cent soixante-dix Sociétés composées exclusivement de femmes.

Par conséquent, la première catégorie entre dans la totalité des opérations pour une proportion de 70 %, la deuxième catégorie pour 27,10 %, et la troisième catégorie, pour 2,9 % seulement.

L'Administration a constaté depuis plusieurs années, un mouvement assez prononcé en faveur du régime de l'approbation officielle. Les organisateurs de sociétés de Secours mutuels, frappés des nombreux avantages qu'il confère, se sont empressés de placer ces associations sous le bénéfice du décret organique du 26 mars 1852, qui leur attribue la personnalité civile et les avantages importants qui s'y rattachent.

Un certain nombre de sociétés, simplement autorisées en vertu des articles 291 et 292 du Code pénal, sont aussi transformées en sociétés approuvées. Dépourvues d'existence civile, l'arrêté préfectoral leur avait concédé le droit de réunir, sous les conditions prescrites, leurs sociétaires et d'agir dans la limite de leurs statuts.

A la dite époque, 1885, c'est la Gironde qui possède le plus de sociétés approuvées, trois cent douze. Les Bouches-du-Rhône viennent ensuite avec deux cent quatre-vingt-neuf sociétés. La Seine n'arrive qu'au troisième rang avec un chiffre de deux cent soixante dix-huit. Maine-et-Loire atteint le dixième numéro avec un total de cent trente-neuf sociétés, dont cent dix-huit d'hommes, dix-huit d'hommes et de femmes, et trois de femmes seulement.

Maintenant, si nous consultons un tableau dressé avec soin à la fin de 1888, nous voyons qu'il y a soixante-cinq sociétés approuvées ou non à Angers ; on en compte deux cents dans le département.

Plusieurs des soixante-cinq sociétés ne sont pas circonscrites dans la cité, telles que celles des médecins, des instituteurs, des cantonniers, et trente-deux ne comprennent pas cent membres ; ce qui est fâcheux, car il est constant, qu'une société qui ne possède pas ce nombre de membres, ne peut couvrir ses dépenses. Les sociétés qui versent des fonds à la Caisse des Dépôts et Consignations, reçoivent une somme analogue de l'État, prélevée sur le fond de dotation des sociétés qui s'élève à plus de dix millions. Pour encourager ces dépôts, la Ville alloue une subvention d'un franc environ par sociétaire, à la condition que ces fonds serviront à former un capital de retraite ; toutefois, il est bien peu de sociétés qui aient pu réaliser des économies suffisantes pour assurer des retraites. Sauf trois ou quatre autres, nous ne voyons guère que la Générale qui peut affecter une réserve de près de 50,000 francs pour servir cinquante titres de rente de 50 francs à cinquante de ses vieillards.

Après la Générale, les sociétés qui possèdent le plus d'avoir, sont :

L'Indivisible	8,551 fr.
La Fraternelle	17,764
L'Ermitage	17,605
Le Robinson	11,871
Les Cordonniers	17,443
Les Médecins	7,658
La Paternelle	10,980
Les Employés	98,759
La Justice	17,776
Notre-Dame-de-Bon-Secours	18,591
La Ruche	49,224

Le tableau ne contient pas l'état financier des typographes, des commis-voyageurs et des instituteurs.

On ne peut nier l'origine chrétienne des Sociétés de Secours Mutuels. Si quelques-unes ont dévié de leur principe, elles sont pour tous leurs membres une école d'économie, d'ordre et de moralité. Entre autres services qu'elles ont rendus et rendent tous les jours, le plus grand peut-être, est de préserver l'ouvrier honnête, le vrai travailleur, de la dure nécessité de l'hôpital. Cette dernière ressource ne pouvait plus suffire à l'accroissement des populations urbaines. Prenons Angers pour exemple : en 1830, le nombre des habitants ne dépassait guère trente mille. Il y en a soixante treize mille aujourd'hui. L'Hôtel-Dieu ne contient guère plus de lits que l'ancien Saint-Jean, et il est presque toujours rempli. Comment ferait-on si les six mille cinq cents membres de nos sociétés — nombre qu'il faut porter à quinze mille, en y ajoutant les femmes et les enfants — ne profitaient pas du bienfait inestimable d'être soignés chez eux, au sein de la famille, sans crainte du voisinage et de l'atmosphère d'autres maladies ?

Au début de l'institution, les hommes seuls y participaient. Les femmes n'avaient pas droit aux visites médicales. On reconnut bien vite l'injustice de cette exclusion. De toutes les égalités rêvées, la plus sainte et la plus respectable, est sans contredit celle qui appelle entre époux, les mêmes soins et les mêmes soulagements pour les mêmes douleurs. Gardons-nous de détourner en rien l'ouvrier de faire sa première société sous son toit, de mettre en commun tous ses plaisirs et toutes ses peines, toutes ses ressources et toutes ses joies ; que pas un morceau de pain n'entre chez lui, sans qu'une part ne puisse être faite pour sa compagne. Pourquoi faire payer au ménage une cotisation destinée à soigner la maladie du mari seulement et pourquoi convier le mari à s'asseoir à une table dont la femme resterait exclue ?

Les Sociétés de Secours Mutuels sont faites pour moraliser, autant que pour soulager. Les idées de fraternité s'y sont développées. On ne s'est pas contenté d'assurer aux femmes l'assistance du médecin, on les a admises aux séances à côté de leurs maris. A Angers, c'est la Fraternelle qui, fidèle à son titre, a eu l'honneur de l'initiative et plusieurs ont suivi cet exemple ; l'on s'en est bien trouvé. Les discussions, moins vives, durent moins longtemps ; à la sortie des séances, les maris prennent le bras de leurs femmes pour aller retrouver les enfants, et terminer la journée en famille, au lieu de s'en aller avec des camarades.

La dernière Société, commune aux deux sexes, formée dans un excellent esprit, sous le titre de *Syndicat des industries textiles* [1], répond victorieusement aux objections soulevées par cette dualité ; on craignait d'abord que la santé des femmes étant plus délicate, n'entraînât plus de frais ; mais en fin de compte, on a reconnu que soumises à des travaux moins dangereux que ceux des hommes, plus soigneuses et veillant davantage à leurs indispositions, les frais de leurs maladies ne s'élèvent point au-dessus de ceux de l'autre sexe.

Sur les soixante-cinq sociétés angevines on n'en compte que trois composées seulement de femmes ; ce n'est pas étonnant ; bien qu'en général, elles soient plus économes et plus prévoyantes, celles qui sont mariées, étant secourues par les médecins de leurs maris, n'ont pas besoin de s'affilier à d'autres sociétés. Quant aux célibataires, jeunes ou vieilles, qui ne demeurent pas chez leurs parents, faisant presque toutes partie d'associations religieuses, elles y trouvent, en cas d'interruption forcée de travail, une assistance aussi efficace que dévouée.

Avant la loi de mars 1852, il n'y avait à Angers que huit Sociétés de Secours Mutuels, ou du moins, nous n'avons pu relever que ce nombre, en consultant les présidents actuels, car avant cette époque, on n'avait pas songé à dresser une liste officielle.

La première en date de ces sociétés, fut fondée en mars 1833, par M. Louis Vignais, maître cordonnier, pour les ouvriers de sa profession.

---

[1] Présidée par M. Gustave Genest.

Puis vinrent successivement :

La Société des *Tailleurs d'habits*, en 1838, président, M. Gallard.

Les *Fendeurs d'ardoises*, aujourd'hui la Renaissance, fondée le 1er juin 1841, par M. Parenteau.

L'Indivisible, fondée le 8 mai 1842, par M. Chuignard.

Les *Filassiers*, en 1845, par M. Frédéric Paul.

La Fraternelle, en 1849, par M. Christian Æschlimann.

La Générale, mars 1851, fondée et présidée par Mgr Angebault.

Les *Sapeurs pompiers*, en 1851, par M. Gojard, ingénieur des Ponts-et-Chaussées.

C'est donc la Société des cordonniers qui a l'honneur de l'initiative, ou plutôt c'est à son premier président qu'en revient le principal mérite. C'était une figure originale, en face de laquelle il est juste que nous nous arrêtions. Sans instruction, sans fortune, sans avantages extérieurs, par la seule bonté de son cœur et la droiture de son esprit, M. Vignais a fait de grandes choses et rendu de nombreux services à ses concitoyens. Nous nous souvenons l'avoir vu, il y a quelque cinquantaine d'années, au milieu de ses compagnons, dans sa boutique de la rue Saint-Aubin, taillant, clouant, battant ses chaussures, toujours actif, toujours gai et boute-en-train. En faisant son tour de France, il avait gravi la montagne de la Sainte-Baume, et reçu des religieux du couvent de Sainte-Madeleine, les rubans dont se parent, aux grandes solennités, les vrais *Compagnons du Devoir*. Toutefois, ces insignes n'étaient pas considérés par tout le monde avec le respect que leur portait M. Vignais.

« Quelques jours avant l'installation de notre société, racontait-il, nous nous présentâmes à la cure de Saint-Maurice, et nous priâmes M. Breton, qui en était alors titulaire, de vouloir bien nous dire une messe. Il y consentit de bonne grâce. Nous voilà donc le dimanche suivant, pénétrant dans la Cathédrale, en bon ordre, en grande tenue, nos quatre *rouleurs* en tête, dressant haut leurs cannes enguirlandées et précédant un brancard, chargé d'une *fouasse* large comme une meule de moulin, toute décorée de rubans dont les vives couleurs rivalisaient avec les plus belles fleurs qu'on avait pu trouver. Tous les regards étaient fixés sur nous; nous croyions produire un effet superbe, mais quel fut notre désappointement lorsque nous vîmes M. le curé s'avancer rapidement vers nous d'un air fâché en disant : — Que signifie cette mascarade ? Retirez-vous au plus vite pour ne pas prolonger le scandale [1].

« Vous pensez bien que la retraite se fit prestement et tout mon brillant cortège retourna bien penaud sur le parvis Saint-Maurice; mais je ne me laissai pas aller au découragement : « Compagnons, m'écriai-je, notre intention était bonne, ne nous tenons pas pour battus; allons conter notre affaire à l'évêque. » Deux minutes après nous étions dans la salle synodale, et Mgr Montault prévenu, se présentait pour nous demander l'objet de notre visite. Je le lui expliquai en quelques paroles. « Mes enfants, nous répondit-il, de ce ton paternel qui lui gagnait tous les cœurs, dans un quart d'heure je vais aller dire ma messe au grand autel; assistez-y. Laissez-là vos insignes, vous les reprendrez après l'office; mais, ajouta-t-il en souriant, n'oubliez pas votre beau gâteau, je le bénirai ainsi que vous et vos familles. » Ce qui fut dit fut fait. Après l'office, nous courûmes attendre, dans la grande salle, Monseigneur à son retour de l'église, et comme en le remerciant avec effusion, nous le priions d'accepter le gâteau. « Je ne le puis, répondit-il

---

[1] Les traits de brusquerie de M. Breton forment une légende au presbytère de Saint-Maurice ; ils ne sont dépassés que par les souvenirs de son inépuisable charité.

gracieusement, il est trop beau et trop grand ; même avec le concours de tous mes chanoines, je n'en verrais jamais la fin. Il faut des dents plus jeunes et des appétits plus robustes que les nôtres. Allez l'offrir aux bonnes sœurs des Renfermés pour leurs petits orphelins, et croyez-moi, vous ne pouvez trouver un meilleur placement. »

M. Vignais fut aussi l'un des organisateurs, sinon le principal, du *Comité consultatif* des Sociétés de Secours mutuels. L'idée de cette création était excellente. On avait voulu réunir, dans un conseil supérieur, des délégués de toutes les Sociétés afin de s'éclairer et de perfectionner leur œuvre. M. Vignais présidait les séances mensuelles avec une intelligence ingénieuse et un rare bon sens. Ses allocutions étaient bien parfois émaillées de quelques *cuirs,* mais cette légère licence était bien permise à un disciple de saint Crespin ; d'ailleurs l'auditoire ne s'en apercevait guère ; on y comptait peu de docteurs. Sauf une ou deux exceptions les délibérants étaient des ouvriers. Qu'ils fussent en majorité, c'était leur droit, mais les discussions auraient gagné à être soutenues par des personnes vraiment instruites. Tout alla bien pendant la période calme de l'Empire ; mais quand sur la fin du règne la surexcitation commença, le pauvre Comité se ressentit de l'agitation générale ; les événements de 1870 y mirent le comble. Le Comité, sous la pression d'énergumènes, devint une espèce de club et l'autorité en ordonna la dissolution dans le cours de 1873.

Non seulement M. Vignais avait perdu la présidence, mais comme il arrive trop souvent aux bienfaiteurs populaires, en temps de révolution, il fut accusé de malversations, lui le plus honnête et le plus désintéressé des hommes. Heureusement ces calomnies ne persistèrent pas. Leurs auteurs disparurent honteusement de la ville et M. Vignais put mourir avec le calme de la conscience et le sentiment que partageaient tous les honnêtes gens, d'avoir bien mérité de ses concitoyens [1].

On a vu que cet excellent homme dont nous avons encore à parler dans la notice sur la boulangerie, avait voulu donner à sa Société une consécration religieuse. Nous ne savons si elle a pu continuer de suivre ce précédent, conforme au véritable esprit d'une institution fondée sur le principe de la fraternité. Ne pouvant parler de toutes les Sociétés, nous allons seulement en signaler deux qui, à notre avis, réalisent le mieux la pensée des fondateurs.

La *Générale* a été établie par Mgr Angebault, en mars 1851. Ouverte avec une générosité toute libérale, sans distinction d'âge, aux diverses catégories d'artisans, elle compta d'abord plus de deux cents membres honoraires et six cents participants. On conçoit que la majorité de ceux-ci comprenait une foule de vieillards dont les dernières années furent adoucies par des secours que ne pouvaient offrir les autres Sociétés. Les vice-présidents étaient MM. de Boissard, l'abbé d'Andigné et Crepon ; le trésorier, le capitaine Bouilhet et le secrétaire, M. de Cumont. A chaque séance Mgr Angebault ou M. de Boissard prononçaient des allocutions qui charmaient la nombreuse assemblée. A leur défaut d'autres orateurs recherchés les remplaçaient. Aujourd'hui Monseigneur qui tient beaucoup à la conservation de cette Société qu'on peut appeler modèle, la préside toutes les fois qu'il en a le

---

[1] M. Montrieux, maire, avait demandé la croix d'honneur pour M. Vignais et la lui remit dans une séance publique après un touchant discours, couvert d'acclamations unanimes.

pouvoir, et la présence de notre grand orateur cause toujours une satisfaction reconnaissante dans son modeste auditoire.

L'association mutuelle de Notre-Dame-de-Bon-Secours en faveur des ouvrières malades de la ville d'Angers, a été fondée le 21 avril 1851, dans la même année que la Société *Générale* pour les hommes, toutes les deux, avec l'approbation et sous le patronage de Mgr Angebault.

La fondation de Notre-Dame-de-Bon-Secours avait été précédée d'un projet soumis à l'Évêque par M. l'abbé Coulon, alors premier vicaire de la cathédrale, aujourd'hui curé de Châteauneuf-sur-Sarthe. Nous en copions l'extrait suivant :

« Les relations que le saint ministère m'a obligé d'avoir avec les ouvrières, m'ont plus d'une fois, Monseigneur, fait gémir sur la triste situation où les jette une maladie tant soit peu prolongée. Sorties presque toutes des rangs de la pauvreté, c'est à grand'peine qu'elles peuvent, de seize à vingt ans, prélever sur leur nécessaire des économies suffisantes pour monter leur garde-robe et leur petit ménage. Souvent ces faibles épargnes sont achetées au prix d'un travail excessif et de longues veilles de la nuit. Les forces de la jeunesse, bientôt épuisées, ne manquent pas d'amener de profondes altérations dans la santé. On n'ose pas les soigner dès le début, et bientôt c'est une grave maladie qui, si elle n'emporte pas la pauvre patiente, infailliblement en épuise toutes les réserves. A vingt ou vingt-cinq ans, on est donc obligé de recommencer sur de nouveaux frais, et à se retrouver avec le dénûment des premières années. Cependant les besoins sont plus grands, les exigences de la mode plus impérieuses ; de là pour moindres conséquences, souffrances morales et découragement... Qu'alors la séduction, sans cesse aux aguets de la détresse, fasse briller son or, aura-t-on toujours le courage de n'écouter que la conscience pour préférer le sacrifice ?... »

Le premier bureau de l'Association, sous la présidence de M. Denéchau, archiprêtre de Saint-Maurice, fut ainsi composé :

Mme Auguste de Gohin, présidente ;
Mme Joseph de Terves, vice-présidente ;
Mme Vergne-Desmazières, vice-présidente ;
Mlle Zénobie de Cacqueray, secrétaire ;
Mme Lemesle, trésorière ;
M. l'abbé Bodaire, directeur.

Au mois de décembre 1870, M. l'abbé Bodaire, alors curé de la cathédrale, a remplacé comme président M. Denéchau, décédé.

Au mois de janvier 1878, M. l'abbé Bazin, alors curé de la cathédrale a remplacé comme président, M. Bodaire, décédé.

Mme de Gohin, présidente jusqu'en 1872, a été remplacée par Mme Achille Joubert, qui a donné sa démission de présidente en décembre 1879. Au mois de juin 1880, Mme Rochard a accepté la présidence qu'elle occupe encore. Mme Joseph de Terves a été remplacée par Mme Bizard comme vice-présidente ; Mme Vergne, l'a été par Mme Rochard, devenue présidente.

Mlle Z. de Cacqueray, secrétaire, a été remplacée par Mlle Marie-Louise Debrais, qui devenue Mme Gaudin, a été remplacée par Mme L. Cosnier jusqu'en 1873, époque où Mme A. Lachèse lui a succédé. En juillet 1882, Mme Beauchef remplace Mme Lachèse, nommée vice-présidente.

Mme Lemesle, trésorière jusqu'en 1871, s'adjoint en 1866 Mlle Besnier pour lui venir en aide, l'accroissement de la Société lui donnant trop de travail.

Mme Jouin lui succède et prend Mlle Clouard en 1872 pour lui aider. Elle donne sa démission à la fin de 1874 et Mlle Clouard reste seule jusqu'en décembre 1887.

A la réunion de janvier 1888, Mlle Jamet est nommée trésorière, remplaçant Mlle Clouard, démissionnaire pour cause de santé.

Une des Sociétés nouvellement créées, mérite une mention particulière, c'est la société de l'industrie métallurgique, présidée par le jeune M. Méry de Contades. On sait que passionné pour les sciences physiques et mécaniques, M. de Contades possède une collection très précieuse d'instruments dus aux dernières découvertes. Non seulement il les utilise pour ses expériences personnelles, mais il les met à la disposition des maîtres et des ouvriers, dans cette partie si importante de l'industrie française.

Touché des égards que lui témoignent les ouvriers reconnaissants, M. de Contades a voulu joindre l'agréable à l'utile en se chargeant de l'entretien d'une fanfare qui produit le meilleur effet dans les solennités populaires. N'est-ce pas d'un exemple excellent ce zèle du descendant d'une des familles les plus respectées de l'Anjou? Ah! si son aïeul tant regretté et dont il porte le prénom, vivait encore, comme il serait heureux de voir son dévouement au bien public et son amour pour le travail si bien honoré par ses petits-fils! Pendant que l'un poursuit avec succès les expériences scientifiques, son cousin, M. Gérard de Contades, se livre à des études et à des publications historiques d'un haut intérêt.

Malheureusement la plupart de nos Sociétés de Secours mutuels ne sont point pénétrées de ces sentiments religieux qui ont présidé à la fondation de la

Générale et de Notre-Dame-de-Bon-Secours ; elles n'y sont point hostiles, mais elles ne s'en préoccupent pas. Cette absence de base solide les livre trop souvent à des influences néfastes ; tantôt c'est *l'Internationale* dirigée par le Prussien Marks ou les *Trades unions* [1] d'Angleterre qui les convient à des exigences de salaires exagérés, sous peine de grèves ; tantôt c'est la politique qui cherche à les exploiter comme instrument électoral.

Espérons que, dans un temps meilleur, l'excellente institution des Sociétés de Secours Mutuels, pourra revenir à son principe générateur et même se perfectionnera, au moyen de deux mesures, selon nous, essentielles, l'adjonction de membres honoraires à chaque Société et la création d'un Comité d'arbitres, composé d'ouvriers méritants et de notabilités de la ville, offrant toutes les garanties de lumières et de vertus. Par cette heureuse fusion de toutes les classes seraient réalisés en France, comme chez nos voisins, les éloquents conseils que le marquis de Salisbury donnait naguère aux chefs, des deux sexes, de l'aristocratie, réunis pour fêter la *League of Primrose*, qui ne compte pas moins de huit cent mille adhérents.

« Grâce à ces milliers et milliers de volontaires, dit le premier ministre de la Reine, qui, à votre appel, se sont levés — aussi bien les femmes que les hommes — dans tous les rangs de la société, vous maintenez l'honneur de la Constitution, et vous la maintenez par le concours spontané et libre de gens qui n'ont en jeu aucun intérêt personnel. Vous entretenez ainsi cet esprit de devoir public que les Sociétés démocratiques ont si souvent le malheur de perdre. Vous développez

---

[1] Lisez pour connaître cette formidable association le savant ouvrage de M. le comte de Paris.

cet esprit public qui fait qu'on se dévoue au pays simplement par amour pour le pays et à la défense des principes dans lesquels on a foi ; vous tenez ainsi à distance ce qui, je l'espère, est encore loin de chez vous, et ce que je souhaite ne jamais y voir, cet ennemi fatal de la moralité publique, cet ennemi de tout progrès, les politiciens de métier.

« La grande force de notre ligue consiste à fusionner toutes les classes de la société et à les unir dans une même action pacifique et libre. Cette fusion est la condition même de l'existence de la société moderne. Le mal actuel vient de la disparition de l'influence qui s'exerçait autrefois entre les différentes classes, pour leur profit mutuel. — De cette disparition funeste sont résultés les dangers qui nous menacent : en bas, l'envie d'en haut ; en haut, la crainte d'en bas. — Comment combattre d'un côté ce sentiment d'envie, de l'autre ce sentiment de crainte ? Par les rapports fréquents et faciles, par le contact quotidien que la communauté d'action établit sans distinction de rangs ni de conditions entre tous les rangs de la société. La bataille de l'avenir est comme la bataille d'Inkermann ! c'est le combat corps à corps, c'est la bataille du soldat. Elle dépend de la vigilance de tous dans tous les rangs... »

Lord Salisbury ne dit pas par là que le soldat est au-dessus du chef ; il n'émancipe pas le subordonné du commandement, il lui signale seulement sa responsabilité nouvelle, il l'avertit de ses devoirs ; et c'est dans cet ordre d'idées qu'il remercia et félicita la *Primrose-League* du grand service qu'elle rend à la nation anglaise.

Ce service, pourquoi une ligue analogue ne le rendrait-elle pas également à la France, à tous ceux qui mettent d'accord avec la politique, le respect de la religion, l'intérêt des familles et la grandeur de la patrie ?

LA BOULANGERIE DES SOCIÉTÉS DE SECOURS MUTUELS

Histoire d'une Société coopérative

Le dimanche 30 mars 1882, les principaux actionnaires d'une Association qui a fait beaucoup de bien et peu de bruit, étaient réunis dans une salle de l'École supérieure pour entendre le rapport des liquidateurs. Nous voulons parler de la dernière séance des intéressés à la Boulangerie des Sociétés de Secours mutuels. Tous les comptes furent approuvés, toutes les propositions agréées avec une cordiale unanimité, moins une voix qui protesta, sans doute comme témoignage de la liberté des opinions. Cet accord ne pouvait manquer, car, chose trop rare dans les assemblées de liquidation, on fut agréablement surpris d'apprendre que chaque action serait remboursée au double de la valeur primitive, deux cents francs au lieu de cent francs. De plus il restait une somme de quatre mille cent cinquante-neuf francs, qui fut répartie entre plusieurs institutions de bienfaisance.

Nous venons d'avancer que l'œuvre fit peu de bruit, entendons-nous, je prends le terme au figuré, au sens idéal, c'est-à-dire que l'on ne chercha point à surexciter l'intérêt public par des prospectus et des réclames. Quant à l'acception matérielle du mot bruit, on ne peut nier que l'approche des fourgons de la boulangerie, annoncée par la clochette suspendue au gaillard d'avant ne produisît des sons peu harmonieux. Ils étaient d'autant plus aigus qu'ils servaient, non à provoquer l'attention des passants, mais à prévenir les clients des troisièmes et quatrièmes étages. Quoi qu'il en fût, l'effet de cet appel strident agaçait tellement certaines dispositions nerveuses, que l'un de nos amis, oserai-je dire l'un de nos supérieurs ? en était exaspéré. Bien que fort charitable, il eût sacrifié la Société coopérative, et, je crois, toutes les Sociétés coopératives du monde, au plaisir de n'être plus troublé, dans ses études et méditations, par ce tintement monotone, qui éclatait périodiquement sous ses fenêtres, à presque toutes les heures du jour.

Tout est bien qui finit bien! cet axiome, juste en général, ne suffit pas pour caractériser l'heureuse influence de la Boulangerie mutuelle, car, si le dévouement de quelques-uns de ses organisateurs a été méconnu, l'œuvre n'a cessé de rendre de signalés services, non seulement à sa clientèle, mais encore à la population entière. Il nous sera facile de le démontrer, si l'on veut bien prêter un peu d'attention au récit d'un témoin qui, dès le premier jour, a suivi avec intérêt les vicissitudes de l'institution.

Reportons-nous à l'année 1863. A cette époque le commerce de la boulangerie n'était pas libre. Tout le monde était mécontent. Les boulangers se plaignaient de la servitude de la taxe, les consommateurs de la qualité de la marchandise. Ce n'était que récriminations surtout de la part des pauvres gens qui accusaient la bonne foi des producteurs, et de ceux-ci qui prétendaient, non sans raison, que l'habitude des crédits leur enlevait tout bénéfice.

Frappés de cet état de choses, plusieurs bons citoyens, hommes de tête et de cœur, ayant entendu parler des boulangeries coopératives, résolurent de doter notre ville de l'un de ces établissements de grande importance. Ils réunirent un capital de quarante mille francs, réparti en quatre cents actions qui, subdivisées, au besoin, par coupons de vingt francs, furent presque toutes souscrites par des ouvriers, membres de Sociétés de Secours mutuels. On acheta dans la rue Saint-Evroult une maison, occupée par un pensionnat de jeunes gens, et l'on y installa, tant bien que mal, trois fours dans le sous-sol. Dire à combien d'essais et de mécomptes on s'exposa serait trop long à raconter ; ces incidents ne doivent pas surprendre ; ce qui doit même étonner davantage, c'est que l'on n'ait pas commis plus d'erreurs au début, car, il faut bien le dire, si la bonne volonté des fondateurs était grande, leur incompétence ne l'était pas moins. Les trois principaux promoteurs de l'Œuvre étaient l'un cordonnier, le second marchand de cuir et le troisième tailleur. Mais si l'apprentissage, dans leur nouvelle carrière, manquait à MM. Vignais, Vau et Æschlimann, l'intelligence suppléait à l'inexpérience, et la force de caractère triompha de tous les obstacles.

Aussi bien, ces tâtonnements durèrent peu ; la boulangerie ne tarda pas à fonctionner d'une façon régulière, sous le rapport de la manipulation comme sous celui de la gestion. Les fondateurs se trouvèrent ainsi récompensés de leurs peines, mais c'était trop beau pour que cela pût continuer : la jalousie excitée par le succès, souleva une opposition violente. Les organisateurs, indignés d'absurdes accusations, se retirèrent, et l'Association, quoique en plein exercice, allait se dissoudre, si le Conseil de surveillance n'avait réussi, non sans efforts, à ramener l'harmonie dans la Commission administrative, presqu'entièrement renouvelée.

Par une prévoyance salutaire, ce Conseil de surveillance avait été composé d'anciens patrons, et, faut-il le dire ? de bourgeois, bien que ce titre ne soit pas précisément en faveur aujourd'hui. Cette combinaison de représentants de deux classes de la société laborieuse, maintint l'Œuvre dans la bonne voie. Il en adviendra toujours ainsi lorsqu'au lieu de souffler la guerre, on cimentera la paix et la concorde entre deux moitiés d'un ensemble qui ne peuvent rien l'une sans l'autre : les patrons et les ouvriers.

Les commissaires ne prenaient pas à l'entreprise une part aussi active que les administrateurs, puisqu'ils n'étaient astreints, sauf les cas extraordinaires, qu'à une séance trimestrielle, pour la vérification des comptes ; néanmoins leur ascendant fut assez efficace pour faire éliminer de la Commission les agents de discorde qui ne savent que blâmer et dissoudre. Les dernières années s'écoulèrent dans un calme parfait. On regretta seulement que les membres fondateurs, contraints de se retirer devant la calomnie, n'aient pu jouir de cette amélioration. Ainsi qu'il arrive presque toujours aux hommes d'initiative, ils eurent les épines du début en partage, d'autres recueillirent les fleurs. Toutefois, ce fut une grande satisfaction pour eux de voir leur Œuvre continuer à prospérer sous l'empire des idées d'ordre et de dévouement qui leur en avait inspiré la création.

On a dit avec raison : Le bien se fait sans bruit et le bruit ne fait pas le bien. La direction de la boulangerie ne tenait point à faire parler d'elle, ne se vantait pas des services qu'elle rendait, et cependant ils étaient considérables ; on en jugera par quelques chiffres dont l'élévation causera une vive surprise. L'établissement de la rue Saint-Évroult débitait en moyenne, par an, pour 350,000 fr. de produits, dont, bien entendu, il ne restait pas une parcelle invendue. C'était environ mille pains de trois kilos par jour, à peu près la huitième partie de toute la consommation de la ville. Le total de la vente de dix-neuf années d'exercice ne monte pas à moins de la somme de 6,650,000 francs. Le prix du pain, en prenant la base de six kilos, était ordinairement de 20 centimes, jamais moins de 10 centimes, inférieur au prix des boulangers. En fixant la moyenne à 15 centimes par pain, il est facile de calculer que le rabais constitue sur le prix habituel de 2 francs, un douzième à peu près de diminution ; par conséquent les clients de la boulangerie mutuelle, pris en bloc, ne faisaient pas moins de 30,000 francs d'économie par an, laquelle multipliée par dix-neuf, forme un total de 570,000 francs pour toute la durée de l'exploitation.

Ce n'étaient pas les seuls clients de la Boulangerie mutuelle qui profitaient de la modération de ses prix ; les boulangeries particulières se trouvaient obligées de la prendre pour régulatrice, et, tout en vendant plus cher, ne pouvaient cependant élever leurs prétentions au delà d'une certaine mesure. Il résultait de cette émulation que la population entière payait le pain moins cher que si l'honnête concurrence n'avait pas existé. Cela est si vrai que les villes voisines où n'existait pas de Boulangerie coopérative, au Mans, par exemple, à Tours, à La Flèche, le pain de six kilos se vendait 10, 15 et même 20 centimes plus cher que dans notre ville. Ce n'est donc pas aux 570,000 francs de bénéfice procuré à sa clientèle par la Boulangerie mutuelle que l'on doit s'arrêter, c'est par millions qu'il faut compter le gain, ou, si l'on veut, la diminution de dépense qui a résulté de la fondation coopérative pour tous les habitants d'Angers.

Les prix fixés par la Commission administrative, suivant les variations du prix du blé, étaient si justes qu'ils se trouvaient presque toujours conformes à la mercuriale officielle. Depuis l'abolition de la taxe, on a continué d'établir cette estimation à la Mairie, d'après des renseignements certains, pour se rendre compte, dans l'intérêt général, de cette partie principale de l'alimentation publique.

Parmi les besoins auxquels répondait la nouvelle création, il en est un qu'on ne doit pas oublier. Peu après 1864, le commerce de la panification était déclaré libre comme tous les autres commerces. Cette mesure comporta de grands avantages, en outre de son caractère d'équité ; néanmoins l'abolition de la taxe pouvait entraîner plusieurs inconvénients, entre autres celui de permettre aux producteurs de se coaliser pour imposer leur décision aux consommateurs. La Boulangerie mutuelle rendait impossible tout accord en ce genre. Nous ne savons si des tentatives furent essayées ; en tout cas, elles n'ont pas abouti. Il faut rendre cette justice aux boulangers que, depuis bien longtemps, ils n'ont point élevé de prétentions excessives.

Sous un autre point de vue, car nous tenons à cœur de n'en négliger aucun, ces honnêtes producteurs dont l'industrie tient une place si essentielle dans le mouvement du commerce, ont-ils souffert de cette fondation, élevée à leurs côtés par un groupe considérable d'intéressés ? Il y avait alors une quarantaine de Sociétés de Secours-Mutuels, contenant environ cinq mille membres sans compter leurs familles. L'émoi fut grand, on s'en souvient ; dans les premiers temps, la bienveillance ne fut pas précisément à l'ordre du jour. Des bruits fâcheux se répandirent. En prédisant toutes sortes de malchances à l'Œuvre nouvelle, on crut l'arrêter dès les premiers pas ; mais comme elle continua de marcher résolument, les opposants avisés, parmi ceux qui se croyaient le plus gravement atteints, ne tardèrent pas à se rassurer, après un peu de réflexion. De même que toutes les institutions réellement bienfaisantes et sagement conduites, la boulangerie mutuelle ne devait entraîner de conséquences fâcheuses pour personne. Si elle a causé des ennuis sérieux et même certains préjudices, ce n'a été qu'à ses fondateurs, non par la faute de son principe, mais par la jalousie de quelques-uns de ceux à qui elle rendait le plus de services.

L'établissement de la rue Saint-Évroult ne visait d'abord qu'à garantir aux actionnaires l'intérêt à 5 % de leur mise de 40,000 fr.. Toutefois, on reconnut bientôt qu'il fallait ménager, chaque année, un certain boni pour parer aux éventualités et amortir modérément le capital ; c'est ce que l'on n'a cessé d'effectuer. Néanmoins, quelque modeste que fût cette ambition, la manipulation étant plus dispendieuse que chez les maîtres boulangers, puisque l'on avait la charge d'un gérant, le doit et l'avoir ne se seraient pas équilibrés si l'on n'avait pas exigé le paiement comptant. Cette prescription, en assurant la marche de la boulangerie sociétaire, sauvegardait les établissements privés.

Qui ne se souvient des faisceaux de branches de chêne coupées en longueur, qui, sous le nom de *coches*, garnissaient les boutiques, plus que les écus ne remplissaient les tiroirs ? Or, ces titres primitifs de créances aventurées ne servaient, le plus souvent, surtout dans les quartiers pauvres, qu'à développer le calorique des fours. Il reste bien encore quelques-uns de ces témoins muets d'une détresse souvent respectable, mais ils sont bien plus clairsemés, et n'ont plus guère pour origine qu'une confiance motivée ou une compassion irrésistible.

Il est constant que ces crédits qui multipliaient les pertes jusqu'à la ruine de leurs victimes ne s'accordent plus que dans une mesure acceptable. L'habitude est adoptée de payer le boulanger, en prenant la marchandise, de même que le boucher ou le charcutier. Grâce à cette heureuse innovation que l'on doit à la boulangerie sociétaire, que d'argent a été détourné du cabaret au profit de la famille! combien de pauvres femmes ont béni cet usage en allant, toutes fières, solder la provision du samedi soir, avec la *paye* de leurs maris, au lieu d'envoyer, comme autrefois, leurs petites filles, en pleurant, pour toucher le cœur de la boulangère, n'osant pas se présenter elles-mêmes!

L'œuvre coopérative n'a pas seulement préservé les boulangers du fléau des crédits excessifs; elle les a engagés, et même obligés, au besoin, à perfectionner leurs produits. La Commission ne s'adressait qu'aux principaux minotiers des environs; à MM. Raffray, Richou, entre autres, et dans le temps, à M. Terrien, de la Suze. Les marques de ces maisons étaient ou sont encore considérées à la halle de Paris, à l'égal de celles des moulins de Corbeil. Les statuts de la Société défendaient bien la spéculation sur le prix des farines, mais autorisaient l'approvisionnement de trois mois. Avec un peu de prudence, on profitait des occasions favorables pour acheter le moins cher possible, mais en qualité toujours supérieure et sans mélange de sortes. L'abondance des fonds permettait de n'employer la farine qu'au temps voulu après la mouture, afin d'obtenir un rendement satisfaisant à tous égards.

Parmi les personnes d'un certain âge, qui ne se rappelle la division du pain en deux classes : le pain dit de *méteil* et la *miche*? Elles ne valaient guère mieux l'une que l'autre ; la première était souvent mélangée de son, et la seconde se réduisait à une sécheresse telle que, le deuxième jour, elle n'était plus mangeable. Les perfectionnements dans les procédés de mouture ont sans doute amélioré la farine, mais il n'est pas moins vrai que pour sa transformation en pain, la boulangerie sociétaire a pris une grande part au progrès. La plupart des boulangeries l'ont suivie ; si elles n'ont pas marché du même pas, il ne reste en arrière qu'un petit nombre de praticiens, fidèles aux vieux errements du *tient-bon* et de la surabondance d'eau, ou qui, faute de ressources, ne peuvent se procurer les matières premières dans des conditions favorables.

A un certain point de vue, on peut même dire, qu'en fait de progrès, les boulangeries privées devancèrent leur puissante émule, en se livrant à la confection de gâteaux, surcroît dont notre boulangerie n'a pas voulu se charger, et selon nous, elle a bien fait. Laissons à chacun sa spécialité. Il est difficile de diriger deux entreprises à la fois. Que les pâtissiers fassent des pâtés, agréables au goût sans être indigestes, et que les boulangers fournissent du pain savoureux et de juste poids, voilà l'essentiel. Avant 1830, on ne comptait que trois pâtissiers à Angers : Lelly et Guyan, établis porte à porte vis-à-vis la fontaine Pied-Boulet, et, à la place de la Laiterie, Schander, d'origine suisse, comme l'honnête M. Lelly, mort dernièrement à un âge très avancé, dans sa jolie retraite près de Châteaubriant, où, par amour de l'art, il s'empressait, reprenant ses insignes, de mettre la main à la *pâte feuilletée*, pour fêter la présence d'un vieil ami.

Aujourd'hui la proportion des pâtisseries dépasse de beaucoup l'accroissement du nombre des habitants. On en voit presque dans chaque rue. Cette multiplicité est fâcheuse à plus d'un titre. Les gâteaux ne forment pas une alimentation bien saine. L'étalage en est plein de séductions pour les enfants, et combien de grandes personnes, sous ce rapport, redeviennent enfants ! De même que devant les cabarets, les passants regardent la première boutique, sont tentés par la seconde et succombent à la troisième. Il est donc permis d'estimer que nos boulangers, au lieu de rivaliser avec les confectionneurs de tartelettes, eussent agi avec plus de sagesse, en améliorant encore davantage leur fabrication. Qu'ils nous permettent de leur recommander un but digne de leur ambition — ils doivent le connaître du reste ; — ce serait d'atteindre le degré de perfection de leurs confrères du Mans et de la Flèche qui, depuis de longues années, sont considérés dans nos provinces de l'Ouest, comme les maîtres de la belle industrie de la panification.

La poursuite d'un succès qui serait si honorable pour nos boulangers est singulièrement aidée par la qualité des farines de l'Anjou, au moins égale à celle du Maine, et bien supérieure aux provenances des États-Unis et de l'Orient, qu'on a le tort d'employer souvent à cause du bon marché. La boulangerie angevine, en n'employant que des produits du pays, acquerrait de nouveaux titres à l'estime qu'elle mérite et dont elle reçoit de fréquents témoignages. La preuve en est qu'elle ne sert plus de point de mire aux défiances populaires, qui montaient parfois jadis jusqu'à l'hostilité. Les rapports entre producteurs et consommateurs étaient si tendus, qu'un des grands ennuis de l'administration municipale venait des débats qu'il fallait soutenir chaque quinzaine pour la fixation de la taxe. Aujourd'hui il n'est plus question de ces griefs passionnés de part et d'autre. Les boulangers vaquent tranquillement à leur travail qui leur assure un bénéfice vraiment rémunérateur. S'ils n'y font point de grandes fortunes, ils n'éprouvent point les pertes d'autrefois. Enfin, dans les heureuses conditions qui les entourent, il ne tient qu'à eux de réaliser le vœu du poète : *aurea mediocritas*.

Cet apaisement dans l'une des principales branches du commerce local et la sécurité qui en dérive sont dûs, pour une grande part, à l'établissement de la boulangerie centrale. Le délégué de la Société de Secours Mutuels *La Générale*, près du Comité consultatif des sociétés, élu par celui-ci commissaire de la nouvelle œuvre d'intérêt public, a pu en suivre toutes les vicissitudes, en apprécier tous les bienfaits. Présent à la séance d'inauguration ainsi qu'à la séance de clôture, pendant dix-neuf ans, il n'a cessé d'y donner son concours, dans une mesure modeste, mais qui n'a peut-être pas été superflue ; ses deux collègues, MM. Joubin et Laroche, remplacé à son décès par M. Legroux, ainsi que lui, en observaient les phases avec d'autant plus d'intérêt que cet examen leur permettait d'étudier sur le vif, d'une façon tout à fait pratique, la difficile question des Sociétés coopératives. Témoins impartiaux, rien ne devait leur échapper des considérations qui se rattachent à ce genre moderne d'entreprises : procédés des ouvriers entre eux, rapports avec leurs patrons, moyens d'établir l'entente et de faire tourner, si ardue que soit la tâche, les intérêts particuliers, maintenant d'apparence inconciliables, à l'avantage de la cause commune.

Il est facile de prévoir la remarque de nos lecteurs. — Soit, nous dira-t-on, nous sommes disposés à croire ce que vous nous dites, de l'œuvre coopérative de la rue Saint-Evroult, mais puisqu'elle a rendu tant de services, pourquoi vos collègues et vous-même, avez-vous cessé de vous en occuper et, sous un autre caractère, en avez-vous remis la direction à d'autres mains? La réponse sera complexe, mais au risque de causer quelque froissement involontaire, elle ne doit pas manquer de sincérité. Le sujet est trop grave pour qu'en le traitant, on se permette des réticences.

Nous étions parvenus à un moment critique. Depuis plusieurs années, le poids de l'administration ne retombait plus que sur trois ou quatre de ses membres. Des concurrences à bon marché s'étaient élevées, et nonobstant des produits inférieurs, avaient réussi, en se montrant plus faciles sur les crédits, à détourner un certain nombre de nos clients qui n'entendaient guère leurs véritables intérêts. D'un autre côté, nous regrettons de le dire, l'Administration municipale, sans motif impérieux, avait ôté à l'institution si éminemment populaire, la clientèle du Dépôt de Mendicité et celle de l'Orphelinat. Grâce à des réclamations réitérées, Saint-Nicolas nous avait été rendu, mais non pas l'Asile Saint-Jean. Enfin, la société créée pour vingt ans, touchait à son terme. Ce fut dans le cours des délibérations auxquelles donnait lieu la question du renouvellement que survint un incident inattendu.

Les directeurs d'un pensionnat voisin, M. et Mme Biotteau, offrirent pour notre immeuble un prix supérieur à celui d'acquisition. C'était une occasion si avantageuse, qu'elle ne pouvait pas se reproduire. Les actionnaires furent convoqués en Assemblée générale. Toutes ou presque toutes les Sociétés de Secours

Mutuels s'y firent représenter. L'honorable président de la Commission administrative proposa de continuer l'œuvre à la condition de réunir un nombre de bons vouloirs suffisants pour se charger du fonctionnement. Aucune voix n'ayant répondu à cet appel, la dissolution de la Société fut prononcée, à la majorité de soixante votants contre un seul.

Cinq liquidateurs furent désignés avec la même majorité, le président en tête, et, parmi les autres, M. Vau qui eut ainsi l'honneur bien mérité de mener à bonne fin l'entreprise dont il avait été l'un des plus zélés promoteurs.

L'opération fut conduite avec tant d'ordre et d'activité, qu'on put en annoncer le résultat définitif à une séance générale qui suivit de près la première. Les actionnaires reçurent 200 francs par action, c'est-à-dire le double de leur mise. De plus, comme nous l'avons déjà dit, une somme importante fut répartie entre plusieurs institutions de bienfaisance.

Observons que l'on voit bien rarement se terminer aussi brillamment des associations commerciales, même entre personnes douées de toutes les faveurs de la fortune et de tous les avantages que donnent des connaissances spéciales.

Néanmoins cette conclusion, si heureuse au point de vue financier, laissait à chacun un fond de tristesse, car cette œuvre créée par des ouvriers, était leur œuvre favorite. Elle seule avait survécu à tous les essais tentés en ce genre, mais pour d'autres produits. C'est en cédant à cette impression que le président de la Commission, celui qui avait le plus contribué à son succès final, M. Thibault, proposa de prendre l'entreprise à ses risques et périls, et de suivre les mêmes errements de travail et de vente, sans laisser d'intervalle entre l'ancienne société et la nouvelle gestion ; On accepta par acclamation. L'usine fut transférée vis-à-vis la gare des marchandises, dans l'ancien magasin de M. Émile Trottier, et l'on appropria le vaste local à sa nouvelle destination avec autant de célérité que de convenance. Les mesures furent si bien prises que le travail ne chôma pas un seul jour. Les habitués ne s'aperçurent qu'au progrès de la confection du pain qu'il avait été cuit dans des fours nouveaux et perfectionnés.

Tous les présidents des Sociétés de Secours Mutuels présents à l'Assemblée générale où fut décidée la transmission de la boulangerie, s'engagèrent à la recommander et à la soutenir de tout leur pouvoir, près de leurs électeurs. C'est, en effet, pour tous un devoir de justice et de reconnaissance de répondre à une invitation si bien justifiée. Nous nous plaisons à penser qu'une œuvre d'une utilité incontestable et qui s'adresse à tant de monde, ne fera que croître et prospérer sous la direction habile et loyale à laquelle ses actionnaires l'ont confiée.

Nous venons de dire que de toutes les Sociétés coopératives de production ou de consommation, essayées dans notre ville, la boulangerie, seule, a réussi. On a vu successivement finir d'une manière lamentable, le débit de vin, la pharmacie, la boucherie, fondés par des ouvriers. Pourquoi tant d'efforts restés infructueux ? Pourquoi les intéressés dans ces diverses entreprises ont-ils perdu leur temps et leur argent ? Parce qu'ils ont manqué de prévoyance. Jaloux de ne travailler qu'entre eux, ils n'ont point eu la prudence, comme à la boulangerie, de se fortifier par un contrepoids de surveillants, doués plus qu'eux de sang-froid et d'expérience. Ce n'est pas médire de l'ouvrier français que de l'estimer peu apte aux spéculations exigeant beaucoup de calme, de persévérance et de modération. Il est intelligent, généreux, mais trop vif, trop méfiant, trop enclin surtout à subir l'entraînement d'une parole ardente et déclamatoire. Son tempérament facile à émouvoir l'empêche d'écouter longtemps le langage de la raison, très bien comprise quand il est seul, mais qu'il n'entend plus, quand il est entouré de camarades de nature inflammable comme la sienne.

Pour entretenir des œuvres coopératrices, il ne suffit pas d'un élan, court comme un feu de paille, il faut un feu qui dure, et c'est ce que comprennent bien mieux que les nôtres, à ce qu'il paraît, les ouvriers de l'Allemagne et de l'Angleterre. On fait grand bruit surtout de l'organisation des Sociétés de Rochdale, dans le comté de Lancastre, qui ont réalisé, assure-t-on, le rêve si vainement poursuivi ailleurs par les prolétaires : la vie à bon marché. Nous ne révoquons point en doute ce que l'on raconte des succès de ces associations, toutefois, nous croyons pouvoir affirmer que les institutions dues seulement à l'initiative philanthropique, n'ont qu'une existence éphémère. Assurément c'est beaucoup de contribuer à l'amélioration du bien-être de ses concitoyens, mais ce n'est point assez s'il ne s'y joint le sentiment chrétien. Seul, le dévouement surnaturel, c'est-à-dire le sacrifice en vue du salut des âmes et de la gloire de Dieu, communique la stabilité, la perpétuité, aux œuvres de bienfaisance. Voyez nos hôpitaux, nos asiles, nos crèches, nos orphelinats, nos missions étrangères, et tant d'autres créations merveilleuses, dues à la propagande du catholicisme, principalement, il faut le reconnaître, à l'expansion de la charité française.

Depuis que l'imprévoyance des économistes du

xviiiᵉ siecle, de Turgot en particulier, a supprimé les corporations dont il était facile de conserver les bienfaits en réformant les abus, le pauvre ouvrier, réduit à sa défense personnelle, c'est-à-dire à l'individualisme, ne sait où trouver aide et protection. Par un déplorable malentendu, trop souvent, au lieu d'avoir recours à la direction de ses protecteurs naturels et désintéressés, il ne se tourne vers eux que dans la détresse, mais, tant qu'il peut suffire à ses besoins, il préfère les ambitieux qui l'abandonnent quand il ne peut plus les servir. De là surgissent les défiances, les haines, les violences, pour atteindre un but chimérique qui s'éloigne toujours, comme s'il était possible d'établir la concorde des honnêtes gens par la force et l'absolutisme de l'État, par la guerre sourde ou déclarée aux principes de la société. Les ouvriers ne peuvent pas plus se passer des patrons que les patrons des ouvriers. Le monde industriel est une armée qui ne peut vaincre que par l'accord des officiers et des soldats. Comment donc le rétablir? C'est un problème formidable dont la solution est retardée de plus en plus par les passions d'une démocratie à outrance.

Ainsi est-il évident pour tout juge impartial que la nouvelle loi des syndicats professionnels, avec faculté de fédération, en apparence favorable aux ouvriers, n'aura d'autre effet que d'aggraver leur position, en plaçant les patrons sous leur dépendance. Cette loi despotique et à contre-temps ne servira d'auxiliaire qu'à l'*Internationale*, dont le siège est à Londres et d'où partent secrètement les ordres aux associations ouvrières d'exiger des augmentations de salaires, sinon de recourir aux néfastes extrémités des grèves.

Quels sont les résultats de ces sommations insensées? Ruine des maîtres, au moins suppression de bénéfices légitimes, en outre, transmission des commandes à l'étranger, si bien qu'après maintes discussions, quand les patrons, abandonnés par les arbitres naturels, les représentants de l'État, se trouvent contraints d'accepter des conditions déraisonnables, le travail a disparu, et l'artisan qui vivait tranquille avec un salaire assuré et suffisant, aujourd'hui privé d'ouvrage, par sa faute, n'a pas d'autre satisfaction que de posséder un tarif élevé à la hauteur de ses prétentions, mais sans application possible ; c'est ce qui est arrivé dans plus d'une profession, et ce qui se multipliera, si l'on ne parvient pas bientôt à remonter ce funeste courant.

Quand, après une longue série de déceptions et peut-être de désastres, l'heure viendra où la lumière étant faite, on rentrera dans la voie de la raison, deux mesures nous semblent indispensables pour ramener les esprits et les choses à l'état normal : d'abord intéresser les ouvriers, sans nuire à l'indépendance des patrons, au succès de leur établissement, au moyen de caisses d'épargne, combinées par l'apport proportionnel des deux parties ; ensuite choisir dans chaque corps d'état les membres les plus dignes pour composer, de chefs d'ateliers et d'ouvriers, un jury d'arbitres, qui empêcherait les excès de la concurrence entre les maîtres et les réclamations déraisonnables de la part des employés.

Tandis que l'on est en train d'émettre des vœux, nous nous permettrons d'unir notre voix aux autorités les plus compétentes sur un sujet connu de tout le monde ; jusqu'à présent ces réclamations n'ont retenti que dans le désert, bien que leur justesse aurait dû frapper les yeux des moins clairvoyants.

Le système d'adjudication, excellent pour les

matières premières, telles que le blé, le vin, la viande, le charbon, les fourrages, est déplorable quand il s'agit d'objets confectionnés. Il est presque toujours préjudiciable aux intérêts de l'État ou des soumissionnaires, et souvent aux deux parties. Entre une foule d'exemples, citons les fournitures de l'armée française, la plus mal habillée des armées de l'Europe, a dit M. Laisant, sans être contredit, en pleine Chambre des députés. Autrefois les draps indigo et garance, étaient fournis par les premières fabriques de Châteauroux, Castres, Nîmes, etc..., auxquelles on s'adressait de confiance, maintenant ces étoffes sont livrées à bas prix par des sous-enchérisseurs, dont certains même ne sont pas fabricants, et vérifient de nouveau, par la mauvaise qualité de leurs marchandises, le vieil adage : *les bons marchés ruinent.*

Les règlements d'adjudication sont aussi nuisibles aux ouvriers qu'aux grands établissements qui sont l'honneur de l'industrie française. Les chefs de ces maisons, n'étant plus soutenus par les commandes du gouvernement, et ne voulant pas descendre aux produits d'origine équivoque, décorés du nom de *renaissance*, se trouvent contraints de diminuer leur personnel, en commençant par les derniers venus. Ceux-ci, heureux encore de trouver de l'emploi dans les petites fabriques, y perdent le goût des bonnes traditions et y deviennent souvent, ainsi que les matières défectueuses, mises entre leurs mains, les victimes de spéculations économiques.

A un autre point de vue ne devrait-on pas réclamer l'interdiction de ces déballages d'exploiteurs nomades dans les villes où ils ne paient ni impôts, ni patente ? A l'aide de prospectus mensongers, ils attirent les chalands crédules par des rabais extravagants ; mais on s'aperçoit bientôt de la fraude, à l'emploi de ces articles de pacotille et même de rebut ; on jure de ne plus céder à la séduction, et l'on retourne à la première occasion se faire prendre au piège, sans réfléchir que l'on se nuit à soi-même, en nuisant aux marchands honnêtes de notre ville, qui ont droit à toutes les préférences.

Ne pourrait-on pas encore mettre obstacle, par exemple en exigeant une patente pour chacun de leurs genres d'articles, à l'excès de ces maisons colossales qui, accumulant les genres les plus divers, ont la prétention de tout accaparer, tels à Paris *le Louvre* et *le Bon-Marché*, que la province commence à imiter ? Leur mode d'engagements mobiles de centaines de jeunes gens des deux sexes, entraîne des conséquences où la morale est subordonnée à l'intérêt, tandis qu'un autre résultat de cette organisation est d'écraser, sans profit sérieux pour les consommateurs, une foule d'honorables maisons de second ordre. Dans chaque quartier de Paris, celles-ci se transmettaient, tous les vingt ou trente ans, de père en fils, avec un renom de probité, de politesse et de bonne grâce, qui donnaient au commerce parisien un prestige universellement reconnu. Assurément il n'est pas possible d'interdire les associations en matière de commerce, mais il est à désirer que l'on trouve les moyens d'en réprimer les abus. Par un respect exagéré d'une fausse liberté, doit-on laisser consommer la ruine d'un grand nombre au profit de quelques-uns, en invoquant l'arrêt qui a causé tant de mal à la France : *Périssent les colonies plutôt qu'un principe !* Notre Boulangerie des Sociétés de Secours mutuels réalisait le type d'une alliance bienfaisante de nombreux intérêts en se renfermant dans sa spécialité. Elle fonctionnait simplement, et ne visant qu'à un bénéfice modéré, elle ne nuisait à personne, bien différente de ces puissantes maisons qui dans leur passion d'accaparement et de domination, rappellent la féodalité par l'un de ses plus mauvais côtés.

Cependant on voit une foule de gens honnêtes et même religieux, séduits par des annonces souvent illusoires, se précipiter vers ces bazars funestes, sans réfléchir aux résultats de leur légèreté. Espérons qu'ils ne tarderont pas à s'en apercevoir, quand cela serait un peu à leurs dépens. La défiance succédant à l'engouement sera le remède efficace contre le fléau, en attendant que l'on trouve le secret de faire comprendre à nos nouveaux établissements de commerce que le meilleur moyen de faire honnête fortune, sans vouloir tout envahir, est de coter ses articles à un taux modéré, en veillant à ce qu'ils soient toujours de qualité solide et de longue durée.

Ah! je prévois l'objection. Comment voulez-vous que s'accomplissent et même se proposent les sages réformes dont vous parlez à notre époque de fièvre et de méprises continuelles? Il faudrait pour les réaliser une accalmie où l'on puisse écouter les conseils de la raison. Nous sommes sous l'empire de la multitude qui, comme au temps de l'Agora et du Forum, ne pénétrant point au fond des choses, ne se paie que de mots sonores, solidarité, exclusivisme, revendication, etc., dont elle ne comprend pas même le sens. Renversement étrange! depuis que les ouvriers, par leurs élus, croient diriger le mouvement social, tout ce que l'on édicte, tout ce que l'on impose, tourne à leur détriment; ils perdent en liberté et en sécurité depuis l'école qu'ils ne peuvent choisir pour leurs enfants, jusqu'au plein exercice de leur profession, entravé par des grèves qui tarissent le travail au profit de l'étranger. Enfin ils ne sont plus libres, à Paris, entre autres, même à l'hôpital, où il faut comprimer les élans de sa conscience, heureux lorsqu'ils voient encore à leur chevet de pieuses consolatrices et le ministre de Dieu, leurs seuls et derniers amis, pour adoucir l'angoisse des moments suprêmes.

Il est trop vrai que si l'espérance n'était pas un devoir, on se renfermerait dans un sombre silence, enveloppés d'une atmosphère de mécomptes et de malentendus qui ne s'éclaircit que bien lentement. Tout ce qui se fait dans l'ordre civil nous blesse et nous attriste. Il semble qu'un génie fatal devine nos pensées pour détruire successivement tout ce que nous admirons, et pour étouffer au fond de nos cœurs tout ce que nous aimons. On peut dire que c'est une persécution universelle, et il n'en peut être autrement, puisque cette hostilité s'attaque ouvertement ou sournoisement à la foi chrétienne dans toutes les œuvres qui, pour les fidèles, sont l'essence même de la civilisation. Pour nous, surtout qui avons vécu dans des temps plus heureux, où le clergé, la magistrature et l'armée, ces trois colonnes de l'ordre social, n'étaient point en butte aux assauts multipliés de passions anti-patriotiques, nous ne pouvons croire à l'égarement continu des esprits. Un pays comblé des faveurs de la Providence, une nation qui, grâce à Dieu, possède une si belle histoire, qui parle une langue si noble et si sensée, qui a fondé des institutions charitables, au dedans et en dehors de la France, comme n'en montre aucun peuple, un tel pays ne peut être longtemps humilié ; il se relèvera pour l'honneur de tous, et surtout pour le bien-être des classes populaires, à l'ombre tutélaire d'un pouvoir éclairé, national et traditionnel. C'est alors que pourront surgir et prospérer dans la sécurité du jour et la confiance du lendemain, les Associations populaires de produit et de vente, à deux conditions essentielles, la première, c'est qu'à l'exemple de la Boulangerie de la rue Saint-Evroult, elles soient fondées par l'accord des patrons et des ouvriers; la seconde condition, plus importante encore que la première, c'est qu'elles soient pénétrées de l'esprit chrétien qui seul inspire le dévouement et les sacrifices, gage assuré des bienfaits et de la perpétuité des œuvres humaines.

A l'appui de cette vérité, nous emprunterons deux témoignages à des autorités bien différentes.

On lit dans un rapport adressé à la Loge : *Les Héros de l'Humanité*, Orient de Paris, sur un projet de création d'une Société de Secours Mutuels maçonnique (page 108, numéro de mars 1884 du principal journal maçonnique, intitulé : *Chaîne d'Union*) :

« Un de nos frères les plus dévoués, le Frère Aubert, a dit souvent : « Voyez les cléricaux, voyez leurs œuvres humanitaires, leurs orphelinats, etc. Ces gens-là sont pratiques; ils montrent à la masse qu'ils savent donner des secours palpables et matériels. Si, en regard nous examinons ce que nous faisons, à notre grande honte, *il n'y a rien, absolument rien...* »

Le rapport continue en disant que la franc-maçonnerie a seulement fondé une caisse centrale de secours, encore trop jeune pour parler de ce qu'elle pourra faire, et un orphelinat maçonnique. C'est précisément à propos de cet orphelinat, on se le rappelle peut-être, que le *Monde maçonnique,* constatant la somme « *dérisoire* » pour laquelle la Maçonnerie contribue aux dépenses de l'œuvre, subventionnée par le gouvernement républicain et le Conseil municipal de Paris, écrivait ces lignes : « Si nos adversaires les cléricaux pouvaient mesurer l'inanité de nos efforts dans la voie de la bienfaisance pratique, ils trouveraient un beau thème à nous couvrir de ridicule. En comparant la situation du seul établissement créé par nous, comptant à l'heure qu'il est vingt-deux années d'existence, à la foule d'institutions au moyen desquelles l'Église distribue à un peuple de clients des secours de toute nature, nos ennemis pourraient véritablement nous prendre en pitié... »

Nous ne pouvons donner une conclusion plus frappante à l'aveu de la Franc-maçonnerie qu'en reproduisant simplement le premier verset du Psaume 126 de David :

« *Si le Seigneur ne bâtit lui-même la maison, c'est en vain que travaillent ceux qui la construisent* [1]. »

LA CAISSE D'ÉPARGNE ET DE PRÉVOYANCE D'ANGERS

ET

DU DÉPARTEMENT DE MAINE-ET-LOIRE

I

SA FONDATION. — SES INSTALLATIONS. — SON FONCTIONNEMENT PENDANT LES PREMIÈRES ANNÉES. — 1848. — 1870. — LES DIX DERNIÈRES ANNÉES.

Plusieurs Caisses d'Épargne s'étaient déjà fondées en France lorsqu'en 1834, dans une séance de la Société Industrielle d'Angers et du département de Maine-et-

---

[1] Cette notice date de 1883 ; mais comme elle est inédite et de notre main, nous l'avons reproduite sans changer un mot, car il nous semble qu'elle n'a rien perdu de son actualité.

Loire, présidée par M. Guillory aîné[1], se manifesta l'idée généreuse d'en établir une à Angers, pour Angers et pour le département. Elle fut chaleureusement accueillie. Ce n'était pas seulement une amélioration matérielle du sort des classes laborieuses et peu fortunées qui était ainsi préparée ; en inspirant aux ouvriers des désirs d'ordre et d'économie, qui entraînent l'assiduité au travail et la tempérance, les promoteurs de cette idée visaient plus haut ; ils aspiraient à conduire les ouvriers chefs de famille, et les autres après eux, vers l'accomplissement de tous leurs devoirs : les qualités ne sont-elles pas les degrés de la vertu ?

Sous la vive impulsion de leur honorable président, plusieurs membres se formèrent en comité pour élaborer un projet de règlement, et solliciter de tous côtés des subventions officielles, des souscriptions de 25 francs au minimum, et des dons de petites sommes sans limite aucune, qui, grâce à leur zèle et à leur persévérance, devaient atteindre, les premières 8,000 fr., les secondes 4,785 fr., et les derniers dons 1,895 fr. 50.

Sur la liste des souscriptions seules nous relevons

---

[1] M. Guillory, qui se plaisait à joindre à son nom le qualificatif d'*aîné* bien qu'on ne lui ait jamais connu de frère, offrait le trop rare exemple de ce que peut faire une volonté inébranlable unie à l'amour du bien public. Sans instruction générale, la faiblesse de sa santé l'ayant empêché d'achever ses études, non seulement il établit, avec M. Charles Giraud, la *Société industrielle* qu'il présida pendant près de quarante ans, mais il prit la plus grande part à la fondation des Comices agricoles, des Expositions de l'industrie et de l'agriculture, des Concours d'animaux domestiques, etc. Bref, sa vie fut consacrée tout entière à la création et au soutien d'institutions éminemment utiles. Comment n'a-t-on pas rendu encore un hommage public à ce véritable homme de bien ? Certaines de nos rues portent des noms qui ne rappellent pas, à un égal degré, les talents effectifs et le désintéressement de M. Guillory.

(*Note de l'Éditeur*).

les noms de : MM. de Gibot, Collet-Dubignon, Saulnier, Boutton, comte de Serrant, Voisin, de Marcombe, Gaultier-Goupil, Gauja, Richard de la Guyonnière, Desnoyers, Augustin Giraud, donnant chacun 100 francs et plus ; Guillory, Gautier, Farran, E. Lesourd, Talbot, Desvarannes, Leclerc-Guillory, D. Richou, Lardin, Varannes, Launay-Gagnot, Lechalas, Moreau-Maugars, Gallet-Azémar, Alexandre Joûbert-Bonnaire, Mamert, Bertry aîné, Guilhem, Delaunay, Berger père, Moreau-Joûbert, Bazille, Letourneau, Desmazières, Coquebert, Papiau, Montrieux père, de Sevret, Ch. Roux, Gastineau, Mme Joûbert-Raimbault, Besnard, Pachaut, Guérin-Desbrosses, Gaultier, procureur-général, du Rouzay, Roulet, E. de Ruillé, baron de Vezins, de la Grandière, Roujou, donnant chacun plus de 25 francs, et soixante autres, donnant chacun 25 francs. Toutes ces souscriptions sont ce qu'on peut appeler les souscriptions d'origine des associés fondateurs.

Sans attendre qu'elles fussent toutes assurées, les premiers fonds recueillis s'élevant à 8,435 francs, par devant Me Paumard et son collègue, notaires à Angers, un acte de Société anonyme fut dressé définitivement, et signé par les quinze premiers administrateurs et les trois censeurs, ceux-ci désignés réglementairement par M. le Maire d'Angers.

C'étaient :

Administrateurs

MM. Louis-Auguste Gautier, receveur des Hospices ;
Gilles Talbot, négociant ;
Antoine Farran, aîné, négociant ;
Désiré Richou, banquier ;
Jean-René Saulnier, négociant ;
Constant Guillory, aîné, négociant ;
Alexandre Joûbert-Bonnaire, ancien maire ;

MM. Joseph Thomas, ancien notaire ;
Louis-Jacques Breton, curé de Saint-Maurice ;
Théobald Walsh, comte de Serrant ;
Louis-Pierre-Marie Gautier-Goupil, propriétaire ;
Médéric Lechalas, notaire ;
Jean Bazille, négociant ;
François Varannes, serrurier ;
Pierre-François Leclerc-Guillory, négociant.

Censeurs

MM. Aimé Collet-Dubignon, recteur de l'Académie ;
Jean-Baptiste Boutton-Lévêque, propriétaire ;
Gédéon de Marcombe, ancien député.

L'acte enregistré le 1er octobre 1834, sous la signature des Orgeries, fut approuvé par ordonnance royale du 23 octobre 1834.

La durée était de quatre-vingt-dix-neuf ans.

Les sommes données ou déposées à la Caisse d'Épargne devaient être versées par elle, en compte courant, au Trésor public.

L'intérêt était fixé au mois de décembre de chaque année.

Il partait de quinze jours après le versement.

Aucun déposant ne pouvait déposer plus de 300 francs par semaine et, le capital, était arrêté à 2,000 francs ; le surplus, sauf manifestation de volonté contraire, devait être placé en rentes sur l'État.

Un déposant ne pouvait avoir plusieurs livrets en son nom ou sous un nom supposé.

Les dépôts pouvaient être retirés, en prévenant quinze jours à l'avance, l'intérêt cessant de courir le jour de la demande en remboursement.

Les intérêts des fonds de dotation et les bénéfices de la Caisse d'épargne vont être employés, soit à pourvoir à ses frais de bureau, soit à créer et augmenter son fonds de réserve.

Les comptes arrêtés en Assemblée générale devaient être rendus publics.

Il est bon de remarquer en passant que la limite du capital à 2,000 francs, insérée plus haut, au lieu de celle de 3,000 francs arrêtée dans le principe, fut l'effet de la loi du 5 juin 1835, qui s'imposa dès la première année d'exercice. Elle devait, en 1841, être abaissée à 1,000 francs; mais, le 9 avril 1881, elle a été ramenée à 2,000 francs.

Il fallait trouver un local. M. Augustin Giraud, maire d'Angers, mit gracieusement à la disposition des Administrateurs et de la Caisse l'appartement occupé à la Mairie par le Tribunal de police municipale, ne comportant d'autre charge qu'une légère indemnité (de 50 francs par an), au concierge, et il accorda même gratuitement le chauffage. C'était la continuation des bienfaits du Conseil municipal, qui, outre une subvention de 4,000 francs au début, égale à celle du Conseil général, allouait chaque année à la Caisse d'Épargne 400 francs, et même plus tard 600 francs, dont les Administrateurs de cette Caisse ne devaient avoir la facilité de pouvoir demander la suppression qu'au mois de janvier 1843.

Cette première installation devait se maintenir jusqu'en 1839, époque où la Caisse fut transportée dans une maison attenant à la mairie, dont une partie avait été appropriée pour elle par l'Administration municipale, et qu'elle ne quitta qu'en 1853, lorsqu'elle vint occuper le numéro 12 de la rue Saint-Blaise, aujourd'hui le numéro 7 de la rue Grandet, sa fortune particulière lui ayant largement permis, dans cette année 1853, d'acquérir un immeuble, payé seulement 8,000 francs comptant, le surplus, ou 20,000 francs, devant l'être en quatre ans. Certes, l'installation, malgré de grands remaniements intérieurs en 1876, est loin d'être parfaite ; mais l'étude de nouvelles améliorations et même d'acquisition ou de construction d'une autre maison est toujours poursuivie, et son succès, au point de vue pécuniaire, assuré [1].

Sans prétendre suivre, année par année, le fonctionnement de la Caisse d'Épargne pendant le long espace de cinquante-trois ans déjà écoulés, ce qui serait non moins fastidieux qu'inutile, chaque année les journaux et les imprimés distribués en abondance faisant connaître les résultats les plus détaillés de ses opérations, nous nous bornerons à jeter un coup d'œil sur les premières années presque perdues dans le lointain, à signaler les crises surmontées heureusement de 1848 et de 1870, et à grouper dans un tableau, fort expressif à lui seul, les chiffres des sommes de plus en plus fortes, restées déposées, pendant les dix dernières années.

Ce fut avec une légitime satisfaction que le Conseil d'Administration constata à la fin de l'année 1835, que, pendant cette première année, cinq cent soixante-dix déposants avaient apporté à la Caisse 204,545 francs, sur lesquels ils n'avaient retiré que 15,135 fr. 38 : deux cent neuf domestiques, cent treize ouvriers, cent cinquante-six enfants mineurs figuraient dans ce nombre de cinq cent soixante-dix déposants, complété par des gens de professions diverses.

A la fin de 1836, malgré des craintes que des propo-

---

[1] Aujourd'hui, 9 décembre 1889, cet hôtel s'élève rapidement.

sitions législatives, toutes de prévoyance, mais mal comprises, avaient éveillées chez des gens peu éclairés. 395,759 fr. 20 étaient dûs à mille cent quatre-vingt-quatorze déposants. Cette fois les ouvriers étaient passés de la proportion de un sur dix-sept à celle de un sur douze.

A la fin de 1837, 531,520 francs étaient dûs à mille six cent soixante-huit déposants. Dans l'année les ouvriers avaient un peu dépassé en nombre les domestiques. Le nombre des enfants mineurs avait aussi progressé, grâce à une heureuse pensée doublement réalisée : le Conseil municipal avait accordé, lors des fêtes de Juillet, aux cent élèves les plus pauvres et les plus instruits des Écoles primaires, des sommes modiques, placées à la Caisse d'Épargne jusqu'à leur majorité ; et des parents avaient été ainsi entraînés à augmenter les petites sommes déjà inscrites sur les livrets.

A la fin de 1838, 783,837 fr. 54 étaient dûs à deux mille deux cent cinquante-cinq déposants. Et cependant Saumur, Cholet, Segré et Beaufort avaient leurs Caisses d'Épargne.

A la fin de 1839, 915,260 fr. 16 étaient dûs à deux mille six cent quatre-vingt-huit déposants, préparant pour l'année suivante la conquête du million.

La marche progressive ne s'était pas ralentie, lorsque le bouleversement politique de 1848 vint éprouver singulièrement la solidité des établissements financiers et en particulier des Caisses d'Épargne. Dès le 10 mars 1848, parut un décret qui imposait aux remboursements des Caisses d'Épargne :

1° Un maximum en numéraire de 100 francs ;

2° Des bons du Trésor ;

3° Des titres de rente 5 % au pair.

Cette dernière prescription entre autres, alors que les rentes étaient dépréciées au quart de leur valeur nominale, provoqua de très vives protestations de la part du Conseil d'Administration de la Caisse d'Épargne d'Angers. Que n'est-il loisible de reproduire ici *in extenso* cette protestation, rédigée par un magistrat dont le souvenir n'est point encore effacé (M. Lardin), et faisant ressortir : le caractère indépendant de la Caisse d'Épargne d'Angers ; l'atteinte portée aux ressources des ouvriers, des domestiques, des enfants mineurs, des militaires remplaçants ; les frais excessifs des remboursements moindres de 400 francs ; les signes hideux de la banqueroute apparaissant dans cette mesure extrême ! Sans doute la loi du 21 novembre 1848 alloua une certaine compensation aux déposants : sans doute aussi le taux de l'intérêt fut élevé à 5 $^o/_o$; mais cette dernière mesure avait encore un double danger, de dépasser les forces du Trésor, et d'encourager à la spéculation, ce qui n'échappa point à la vigilance de l'Administrateur chargé de vérifier les comptes de cette époque (M. Saulnier).

La prospérité avait reparu dès la fin de 1850. Elle ne fut pas atteinte par la loi du 10 mai 1853, qui réduisit l'intérêt servi par le Trésor à 4 $^o/_o$, complétant la loi de 1851 qui autorisait déjà au profit des Caisses d'Épargne une retenue de 1/2 $^o/_o$. Ce fut cette retenue qu'à l'exemple de cent soixante autres Caisses d'Épargne en France, la Caisse d'Épargne d'Angers pratiqua alors, et ce jusqu'en 1865, où, se renfermant encore dans les bornes légales, mais les atteignant, elle reporta l'intérêt servi par elle à ses déposants de 3 fr. 50 à 3 fr. 75 $^o/_o$, intérêt maximum, qu'elle sert encore malgré les appréhensions, provoquées ouvertement depuis deux ans environ, de voir le Trésor abaisser encore son taux de 4 %, qui seul en permet la continuation provisoire.

L'épreuve de 1870 approchait à son tour : changement de gouvernement comme en 1848, et guerre étrangère en plus. La solidité de la Caisse d'Épargne d'Angers s'affirma de nouveau. Seulement le Trésor ne voulut plus payer que 50 francs par livret, avec option pour le surplus d'un Bon du Trésor, à trois mois, portant intérêt à 5 %, et ses exigences furent acceptées sans murmures de la part des déposants, mais non sans que le président du Conseil d'Administration (M. Farran) multipliât et accentuât sa correspondance, au mieux de leurs intérêts, avec les députés du département et les représentants du pouvoir.

Aux premiers jours de 1871, quand l'ennemi approchait de la limite du département de Maine-et-Loire, la question du transport au loin des registres, des valeurs et des fonds en caisse, s'agita au sein du Conseil d'Administration : les valeurs en sûreté, les fonds à la Recette générale, dès que l'urgence en serait reconnue, telles furent les seules prescriptions adressées au caissier, le déplacement des registres paraissant moins sûr que leur conservation dans la maison portant la plaque indicative de *Caisse d'Épargne* au-dessus de sa porte. Le département fut heureusement préservé de l'invasion prussienne.

Cependant la fortune particulière de la Caisse d'Épargne s'était assez accrue pour que, mise en demeure de distinguer de son fonds de dotation son fonds de réserve, en 1872 elle portât au fonds de dotation 172,734 fr. 19, et au fonds de réserve 15,000 francs, ces derniers chiffres équivalant à sa dépense moyenne par année.

C'était une raison pour elle de conserver avec un soin jaloux son autonomie indépendante, et de résister, après 1875, à des demandes réitérées de l'Administration préfectorale d'user de l'intermédiaire des Percepteurs et des Receveurs des Postes, qui ne pouvaient que lui créer des difficultés, par l'absence de contrôle, et qui pouvaient être plus fructueusement, au moins les derniers, chargés de la gestion de caisses indépendantes. Les Administrateurs de la Caisse d'Épargne se montrèrent vigilants sur ce point, de même qu'ils n'avaient cessé et ne cessèrent plus tard de s'occuper de diverses propositions de lois sur le maximum des dépôts, le taux de l'intérêt, l'admission des femmes mariées et des mineurs, la solidarité des Caisses d'épargne et leur contrôle, sachant toujours concilier les progrès désirables avec la prudence la plus consommée, opposés seulement à toute tendance d'intrusion étrangère et de transformation des Caisses d'Épargne en Banques de dépôts et de spéculations.

Dans l'expansion remarquable des opérations de la Caisse à laquelle la création des versements par bordereaux des élèves des Écoles primaires apporta son tribut en 1875, le Conseil sut faire la part des pauvres, de ceux qui ne pouvaient participer aux bienfaits de l'institution ; et, dès 1867, une allocation au Bureau de bienfaisance, renouvelée depuis, et largement étendue à d'autres œuvres de charité, avait été comme une semence bénie, assurant une fructification merveilleuse, que le simple aspect du tableau suivant rendra saisissante, en dispensant d'autres détails.

Étaient dûs aux déposants :

Au 31 décembre	1877 . . .	6.807.874 fr.	48
—	1878 . . .	7.799.868	»
—	1879 . . .	8.366.747	36
—	1880 . . .	8.888.626	20
—	1881 . . .	10.374.064	19
—	1882 . . .	12.545.478	16

Au 31 décembre 1883 . . . 12.928.004 21
— 1884 . . . 14.232.299 04
— 1885 . . . 15.679.878 11
— 1886 . . . 16.438.665 81

Quarante-deux mille soixante-sept livrets correspondaient aux 16 millions. Et ces résultats étaient atteints alors qu'en 1883, le Gouvernement ayant immobilisé en rentes les fonds des Caisses d'Épargne versés réglementairement à la Caisse des Dépôts et Consignations, et les remboursements partiels par 50 francs ayant été déclarés susceptibles d'être autorisés par décret, des inquiétudes exagérées s'étaient fait jour, et avaient trouvé de l'écho même dans la Presse ! Bien plus, en 1886, le Gouvernement avait manifesté l'intention de faire réduire par une loi l'intérêt servi par le Trésor. Joignez à cela la création et le développement des Caisses d'Épargne postales. Que de causes qui auraient dû, dans ces dernières années, entraver les opérations de la Caisse d'Épargne d'Angers ! A peine cependant se sont-elles ralenties, et l'année 1887 qui vient de s'écouler, dont la vérification n'est pas complète, présente encore une légère augmentation annoncée de 125,884 fr. 22. La fortune particulière de la Caisse est de 457,081 fr. 47, dont 13,000 francs de rentes sur l'État unifiées, à 3 %, représentent les trois quarts.

II.

LE CONSEIL D'ADMINISTRATION ET LE BUREAU. — LES CENSEURS. — LES CAISSIERS ET EMPLOYÉS

L'esquisse qui précède, aperçu presque toujours impersonnel de la vie de la Caisse d'Épargne d'Angers, appelle nécessairement un complément. Il a fallu plus d'une fois parler des Administrateurs, et, en précisant leurs fonctions, il peut être bon de rappeler quelques noms, de ceux qui ont joué un rôle plus actif, dans le bureau élu chaque année.

Statutairement, le Conseil, composé de quinze Administrateurs, gère gratuitement la Caisse ; les fonctions des Administrateurs durent cinq ans ; ils sont renouvelés par cinquième chaque année, au sort d'abord, et ensuite par ancienneté à la majorité absolue des suffrages des Administrateurs restants, d'ailleurs rééligibles ; comme les trois censeurs, nommés pour trois ans, qui se renouvellent par tiers aussi chaque année. Mais ces derniers ne peuvent être nommés que par les associés fondateurs, au nombre minimum de dix, ou, à leur défaut réitéré, par le Maire d'Angers. Le Conseil nomme un président, deux vice-présidents, un secrétaire et deux secrétaires adjoints, indéfiniment rééligibles. Enfin des Administrateurs-adjoints, avec voix consultative, en nombre égal aux Administrateurs, peuvent être nommés par le Conseil. Un règlement particulier du 16 novembre 1834 tranche au surplus les points de détail, et notamment ce qui concerne les employés.

Ce fut en 1841 que, pour la première fois, les Administrateurs firent appel au zèle de cinq Administrateurs adjoints : MM. Paul Avenant, Gougis, Deschères, Montrieux fils et Lardin, ce dernier en remplacement de M. Boutton-Lévêque, promu dans la même séance Administrateur. En 1866, leur nombre dut être doublé, et, en 1872, il fut porté à son maximum de quinze.

La gratuité des fonctions de tous ne reçut d'ailleurs aucune atteinte par le vote, en 1875, de jetons de présence, d'une valeur moindre de 4 francs, simple souvenir à conserver dans la famille de l'Administrateur, qui y a droit pour toute séance en dehors des réunions générales.

Une innovation véritable, mais aussi naturelle que légitime, doit être relevée ici : la création, en 1871, d'Administrateurs honoraires, avec voix consultative ; le premier fut M. Roger ; c'est que la reconnaissance doit s'attacher à ceux qui se sont dépensés, dans la mesure de leurs forces, à procurer aux autres un peu de bien-être matériel et surtout moral.

A ce titre, un premier nom est inséparable de la liste des présidents de la Caisse d'Épargne, bien que deux fois, au début des années 1835 et 1847, il ait refusé, pour cause de santé, d'en accepter les fonctions, et qu'il n'ait joui que de l'honorariat de cette présidence, qui lui fut décerné en 1872 ; c'est le nom de M. Guillory aîné, à qui incomba la direction des premiers efforts tentés avec succès pour la fondation de la Caisse d'Épargne d'Angers, et qui était si cher à tous ses collègues, frappés de son zèle, de son intelligence et de son aménité.

Le président élu à son défaut pour 1835 fut M. Saulnier, non moins zélé que M. Guillory, d'une activité et d'une ponctualité exceptionnelles, ne regardant que l'utilité des services à rendre, si bien qu'après avoir occupé la présidence pendant quatre ans, et s'en être démis en 1839 à raison de la multiplicité de ses occupations, on le voyait se charger, à partir de 1844, de la vérification annuelle des comptes, que M. Leclerc-Guillory avait vaillamment faite jusque là ; et, élu vice-président en 1846, conserver ces doubles fonctions jusqu'à son décès, en 1872.

Son successeur, en 1839, fut M. Collet-Dubignon,

qui apportait le tribut de son savoir et de la dignité de son caractère, préoccupé d'élever les cœurs des ouvriers comme il se préoccupait de l'éducation des enfants, leur proposant ainsi, dans un de ses discours digne de rester dans la mémoire de tous, les exemples de Franklin, de Richard-Lenoir, de Jacquard, ou même simplement la paisible condition de l'ouvrier intelligent, laborieux, économe, jouissant de la conscience des devoirs remplis, et partageant ce bonheur avec sa famille.

En 1847, M. Farran prit la place de M. Collet-Dubignon, après une vice-présidence de deux années. Tout dévoué à cette institution populaire, il ne faiblit pas un instant dans sa tâche, pendant vingt-cinq années, supportant un réel fardeau pendant les grandes crises de 1848 et de 1870, avec quel zèle, on l'a déjà dit, et ne devant abandonner ses fonctions qu'avec la vie, en 1872.

Il fut remplacé par M. Laîné-Laroche, d'une intégrité justement renommée, d'une correction parfaite, non moins dévoué que ses prédécesseurs aux classes laborieuses. Un âge avancé, une santé souvent ébranlée, ne l'empêchaient jamais d'être à son poste : ce ne fut que contraints et forcés par ses instances réitérées que ses collègues se résignèrent à lui donner un successeur en 1887.

M. Batereau, ingénieur en chef des Ponts et Chaussées en retraite, occupe aujourd'hui la présidence qui ne périclitera pas entre ses mains,

Parmi les vice-présidents, offrant aussi des noms chers aux Angevins, qu'il soit permis d'en signaler deux, à raison de leur caractère sacré, et de leur présence, datant des premières années d'exercice de la

Caisse d'Épargne. C'est d'abord M. l'abbé Breton, curé de Saint-Maurice qui, investi de ces fonctions au cours des années 1835 et 1836, se distingua par son zèle en actes et en paroles, à la limite de sa longue existence ; puis M. l'abbé Gourdon, son successeur immédiat à la cure de Saint-Maurice, qui, ayant d'abord dû en 1837 céder la vice-présidence à un doyen d'âge, l'occupa dès l'année suivante, et ne cessa de l'occuper pendant tout le reste de sa vie, terminée au milieu des regrets de tous en 1846. Ils voyaient vraiment dans la Caisse d'Épargne, suivant une heureuse expression employée par l'un d'eux, l'arbre de la Bible qui ne portait que de bons fruits, tant il est vrai que l'Église n'est point ennemie des efforts consciencieux tendant à l'amélioration du sort des travailleurs qu'elle est la première à protéger.

Joignez aux mêmes dates les noms de MM. Alexandre Joûbert-Bonnaire et Talbot ; et depuis, outre ceux déjà cités incidemment, les noms de MM. Bouchet, Drouart, Piquelin, Paul Avenant, Dély, Pelou, Édouard Avenant, Sorin et Mestayer, qui ont ensemble ou successivement occupé les deux vice-présidences. M. E. Oriolle remplace aujourd'hui, à côté de M. Sorin, M. Mestayer, promu, sur sa demande de retraite, à l'honorariat.

Parmi ces noms de vice-présidents, se retrouvent ceux de presque tous les secrétaires, ainsi montés en grade, et sur lesquels nous n'avons plus à insister.

Venant aux censeurs, nous trouvons trois noms en 1873 : MM. Bordier, Richou et Montrieux ; et en 1880, M. Blavier, à la place de son regretté beau-père, M. Montrieux. Tous ont assuré et assurent le bon fonctionnement de la Caisse d'Épargne par l'autorité qui s'attache à leurs noms, et par leurs investigations bien dirigées, appelés qu'ils sont à vérifier chaque année les écritures et les comptes. Un administrateur, M. Lemotheux, de son côté, depuis 1877, justifie le choix fait régulièrement chaque année par le Conseil d'Administration ; seul ou avec un autre, il continue les excellentes traditions de MM. Leclerc-Guillory et Saulnier dans ses rapports sur une vérification approfondie de concert avec les censeurs.

Il ne reste plus que deux mots à dire des caissiers et des employés, ces chevilles ouvrières de la Caisse d'Épargne. Quatre caissiers se sont succédés : MM. Courtin, Lenoble, Duchamp et Gaultier, tous ayant bien mérité ou méritant encore de ceux qui confient leurs fonds à la Caisse d'Épargne comme de ceux qui en surveillent le maniement.

M. Courtin, qui débuta avec un traitement de 400 francs comme caissier, organisa la comptabilité de la Caisse d'Épargne d'Angers, dont il était allé chercher le modèle à Nantes ; et, avec un seul employé, il continua jusqu'en 1848 à satisfaire pleinement aux exigences du service toujours croissant. Quant à M. Lenoble, son nom semble joint à celui de M. le président Farran. Entré comme employé au mois de février 1848, en remplacement de M. Robin, démissionnaire et déclaré par une distinction méritée employé honoraire, M. Lenoble fut nommé caissier en juin 1849. Ce fut lui qui perfectionna la comptabilité, avec ses triples écritures se contrôlant l'une l'autre ; et telle fut l'excellence de ses services qu'en 1867, comme il se retirait, il fut nommé administrateur, et honoré pécuniairement d'une pension annuelle (de 1,000 francs). C'est pendant son exercice que commença à fonctionner la Caisse de Retraite des employés, créée en 1863, caisse alimentée par un prélèvement de 10 % sur leurs traitements, et une adjonction de pareille somme dont l'Administration de la Caisse d'Épargne se réserve seulement la moitié en disponibilité à titre de récompense : l'intérêt sur le tout est calculé à 4 %. C'est la ressource précieuse d'un capital important qui sera ainsi mis à la disposition de l'employé, trop âgé ou trop malade pour continuer ses fonctions, ou de ses héritiers, s'il venait à décéder.

M. Duchamp, admis comme employé adjoint, puis en titre, en 1852 et 1853, devint caissier en 1867. Il mourut subitement dans les premiers mois de 1880 ; et, par reconnaissance de services trop tôt interrompus, une pension annuelle fut votée à sa veuve.

Le Conseil d'Administration fut heureux alors d'accueillir la demande d'un de ses administrateurs adjoints, M. Gaultier, fondé de pouvoirs de la Recette générale, qui vint mettre en entier son dévouement éclairé, son aptitude toute spéciale au service de la Caisse d'Épargne. Il est juste de reconnaître que, pour accomplir sa besogne de plus en plus lourde, par suite de la progression constante des opérations de cette caisse, il est consciencieusement aidé par MM. Marce, Madiot, Renou et Girod, dont il convient de rapporter les noms, M. Maslin, employé depuis 1861, ayant d'ailleurs pris sa retraite en 1886.

Telle a été jusqu'à ce jour la vie de la Caisse d'Épargne d'Angers. Puisse-t-elle continuer longtemps sa carrière bienfaisante !

LES CERCLES D'OUVRIERS [1]

Leur histoire et leur état actuel

Le dimanche 3 juin 1886, la procession du Grand Sacre d'Angers offrait un spectacle qu'on n'avait point encore vu depuis 1791.

Au milieu de l'admirable cortège formé par toutes les œuvres et par le clergé de la ville, s'avançaient, drapeaux déployés, deux cercles catholiques et huit corporations ouvrières. Les deux cercles étaient ceux de la Trinité et de Saint-Serge, et les corporations étaient celles des jardiniers, menuisiers, cordonniers, ouvriers en métaux, tailleurs, épiciers, ouvriers des industries textiles, suivis de la confrérie de Notre-Dame-de-l'Usine. Chaque Association était accompagnée d'un groupe d'hommes considérable, qui attirait l'attention de la

---

[1] Cette fois, nous pouvons manquer à la promesse de garder l'anonyme pour les notices que l'on a bien voulu nous donner. L'auteur de celle-ci n'a pas eu le grand plaisir de voir figurer son beau travail au premier rang d'un recueil dont il désirait ardemment la mise au jour. Nul, mieux que notre cher collaborateur, Hervé-Bazin, ne pouvait traiter le sujet des Cercles d'ouvriers avec plus de compétence. C'était son œuvre de prédilection : aussi dans ces pages, écrites la veille de sa mort, dans ces pages trop courtes et cependant si pleines, a-t-il déployé toute la chaleur de cœur, toute la richesse d'idées si justes et si éloquentes, qui promettaient à la tribune nationale un orateur éminent, comme il en avait déjà mérité le titre dans nos Assemblées d'institutions chrétiennes.

foule. Les étendards multicolores flottaient au vent, et couvraient de leurs plis les brancards corporatifs et les statues des saints protecteurs des métiers, portées sur les épaules des ouvriers. C'était comme une évocation du passé, au grand soleil de la cité angevine. Un siècle ne s'était pas écoulé depuis que la Révolution avait détruit les antiques corporations chrétiennes, et déjà les métiers surgissaient à nouveau de leurs ruines, avec une jeunesse, un éclat et une énergie qui promettaient un long avenir.

Si on ajoute à ces étendards corporatifs, les bannières de l'Union des jeunes filles catholiques, des Dames patronnesses, des Mères de famille ou Association de Sainte-Anne, et aussi le drapeau de la Conférence Saint-Louis, qu'un groupe de jeunes gens portait derrière la bannière de l'Université catholique, on a le tableau complet des institutions nées au souffle du Comité des Cercles catholiques d'ouvriers de la ville d'Angers, dont les membres marchaient à leurs places, revêtus de leurs insignes, c'est-à-dire de la croix entourée de l'inscription Constantinienne : *In hoc signo vinces*.

Autrefois, la procession du Grand-Sacre d'Angers était célèbre par sa beauté et surtout par ses torches corporatives qui formaient autant d'admirables chefs-d'œuvre. On venait de bien loin pour la contempler. Elle est en voie aujourd'hui de retrouver son antique splendeur, grâce à toutes ces corporations nouvelles qui chaque année se multiplient et viennent toutes se ranger devant le Dieu de l'Eucharistie.

C'est l'histoire de l'œuvre qui a donné naissance à toutes ces institutions chrétiennes que nous voulons résumer en quelques pages.

On nous demandera peut-être pourquoi nous parlons

de l'œuvre des Cercles dans un livre consacré à *l'Histoire de la Charité* : l'OEuvre des Cercles fait-elle donc la charité ? Assurément, elle la fait, sous un de ses plus nobles aspects, la *Charité sociale*. Elle va aux affamés de justice, à ceux qui ont soif de paix, de repos, de sécurité morale ; elle se jette à corps perdu dans leurs rangs, et elle leur crie : Revenez à Jésus-Christ, et vous trouverez ce qui vous manque.

Elle fait plus encore : elle ne se borne pas à parler, elle agit, et elle forme des abris sous lesquels l'ouvrier, ce grand pauvre du XIXe siècle, se sent plus fort pour retourner à Dieu, ou pour demeurer fidèle à la foi de son enfance. Les Cercles, les Corporations, les Associations de Sainte-Anne, les Conférences, ne sont que des formes, que des manifestations extérieures et durables de la pensée qui l'anime et l'enflamme.

Son champ d'action est la misère sociale, et chacun sait que cette misère est grande.

L'OEuvre des Cercles est donc bien une œuvre de charité, et si on ajoute que les Dames patronnesses ont organisé la visite à domicile des membres malades des Corporations, on conviendra qu'elle pratique aussi la charité sous sa forme séculaire et traditionnelle dans l'Église.

C'est donc à bon droit que nous la rangeons à côté des œuvres charitables déjà existantes dans la ville d'Angers.

L'histoire de l'œuvre des Cercles à Angers est très simple. Les annales du dévouement sont toujours courtes : il agit plus qu'il n'écrit.

Le 15 janvier 1876, vingt-quatre personnes se réunissaient dans la salle de la Conférence de Saint-Vincent-de-Paul, source de tant d'œuvres, place Saint-Martin, n° 1. Elles étaient dirigées par un homme d'une énergie peu commune et d'une persévérance indomptable, cœur de soldat, âme de chrétien, M. Clerbout. Après la prière, et un rapport de M. Gavouyère, doyen de la Faculté libre de droit, les vingt-quatre chrétiens délibèrent et prennent la résolution suivante que nous transcrivons littéralement sur le registre des procès-verbaux.

« Considérant qu'une très grande partie de la population laborieuse de la ville d'Angers est encore éloignée des pratiques religieuses, et que si elle est exposée à perdre complètement la foi et à grossir le nombre des ennemis de l'Église, c'est qu'on n'a pu jusqu'à présent réunir et grouper les bons éléments qui existent dans la ville, encourager les efforts, venir en aide aux indécis et procurer à ceux qui ne croient plus, les moyens de revenir à Dieu ;

« Attendu que les Cercles catholiques d'ouvriers, fondés dans un grand nombre de villes et à Paris, produisent d'excellents résultats, éloignent leurs membres des cabarets, les arrachent à l'influence des sociétés secrètes et les mettent en rapport avec ceux qui sont leurs véritables amis ;

« Décident :

« Un Comité sera chargé d'étudier quels sont les moyens propres à la formation de Cercles catholiques d'ouvriers dans la ville d'Angers. »

Un bureau fut constitué séance tenante, avec M. Clerbout, pour *président*, et MM. le général Cléret et Victor Pavie, pour *vice-présidents*.

Le Comité des Cercles catholiques se trouvait ainsi formé dans notre ville. Il devait, sans doute, subir, dès l'origine, beaucoup de modifications dans sa composition et dans sa forme ; il devait perdre un grand nombre de ses membres et en acquérir d'autres très précieux, mais déjà ce Comité était en complet accord avec les fondateurs de l'Œuvre à Paris, les Albert et Robert de Mun, les La Tour-du-Pin, les de Perceval, les Ancelin, les Roquefeuil, les Meignen, et tant d'autres vaillants, qui voyant la patrie déchirée à la fois par l'ennemi du dehors et l'ennemi du dedans, par l'Allemand et par la Commune, étaient remontés à la source du mal, à l'indifférence et à l'irréligion des classes dirigeantes ou populaires de la nation, et s'étaient jetés entre les partis, la croix à la main, pour essayer de rétablir en France l'ordre social chrétien, et obtenir par lui la paix et le relèvement du pays.

Mais cette pensée a elle-même son histoire locale, qu'il nous faut dire. Dès son arrivée dans notre diocèse, en 1870, notre grand Évêque avait aperçu clairement le danger que couraient les masses ouvrières abandonnées à elles-mêmes, dans l'individualisme le plus complet, par la Révolution, et il avait supplié son clergé de s'occuper énergiquement des besoins et des intérêts du peuple. En nommant notamment M. Malsou, curé de la Trinité, il lui avait dit : « Dans votre paroisse populeuse et pauvre, fondez une œuvre ouvrière, fondez un cercle, » et chaque fois qu'il le revoyait, il l'interrogeait à nouveau : et votre cercle ? Mais l'abbé Malsou était seul, et sa bonne volonté, ses efforts, ses recherches n'aboutissaient pas. Il lui aurait fallu quelques laïques dévoués pour le seconder. Or, un jour qu'il méditait sur ce sujet, on frappe à sa porte ; un homme se présente, à la tournure militaire, moustache énergique, redingote boutonnée. « M. le Curé, dit-il, on m'a dit que vous vouliez fonder un cercle. Vous serez notre capitaine, et s'il vous manque un soldat, me voilà ! » C'était M. Clerbout. L'Œuvre était fondée.

A peine constitué, le Comité commença ses opérations, se groupa en quatre sections, Propagande, Fondation, Finances et Enseignement, et se mit en rapport avec le Comité central de l'Œuvre, à Paris. Celui-ci répondit aussitôt, salua ses confrères avec enthousiasme et leur dépêcha le secrétaire de la zone de l'Ouest, M. le comte Charles de Vezins, qui accourut à Angers, avec un admirable dévouement, en amenant avec lui M. Roger du Bourg, secrétaire de division. L'Œuvre du Cercle commençait déjà à produire en France le premier de ses bienfaits : elle arrachait à l'inaction sociale, une foule d'hommes appartenant aux hautes classes de la société et leur donnait du travail avec un champ d'action. Le Cercle de la Trinité fut rapidement créé et organisé, au Tertre Saint-Laurent. Le 25 mars 1876, il était définitivement ouvert avec sa petite chapelle, ses jeux et une salle de conférences qui fut agrandie plus tard. L'aumônier et le directeur étaient choisis, et dans une ravissante cérémonie, qui eut lieu à la chapelle, sous la présidence de Mgr Freppel lui-même, un groupe déjà nombreux d'ouvriers, qui tenaient un cierge en main, fit à genoux sa consécration au Sacré-Cœur de Jésus, et promit fidélité à l'Église, au Siège de Pierre et aux règlements de l'Œuvre. Ce spectacle, entièrement nouveau, émut profondément l'assistance. Quelques mois plus tard, M. de Vezins, au nom de l'Œuvre, remettait la première bannière au Cercle catholique.

Dans ces jours d'organisation et de fondation, jours d'enthousiasme qui sont rares dans la vie des hommes et des œuvres, le Comité dirigeait en tous sens son initiative. Il fondait le Comité des Dames patronnesses, chargées de prendre part aux travaux de l'Œuvre, au recrutement des membres, au soutien des institutions, à la recherche des ressources et à l'invention de moyens propres à stimuler la foi chez les mères de famille ouvrières. La première réunion se tenait le 27 décembre 1876 ; le P. Girre en était alors le directeur, et dès le début, une trentaine de dames, appartenant à l'aristocratie angevine, promettaient, au pied des autels, de donner tout leur concours à l'œuvre naissante. Jamais promesse ne fut mieux tenue, car le Comité des Dames patronnesses n'a pas failli un instant à sa mission depuis douze ans : et l'on peut dire qu'en des jours difficiles, il a sauvé l'œuvre à Angers. En même temps, le Comité établissait une société civile pour avoir le droit d'acquérir des immeubles, et il fondait le *Conseil de quartier* du Cercle de la Trinité, qui avait pris le nom de Cercle de Saint-Joseph. Enfin, pour témoigner de leur fidélité au Souverain Pontife, les membres de l'œuvre envoyaient à Pie IX une adresse où ils avaient exprimé à la fois leur amour et leur désir de témoigner de cet amour par des actes de dévouement envers les ouvriers.

A peine le premier cercle était-il fondé, que M. Clerbout songea à en fonder un second. Son rêve était d'en avoir cinq : deux dans la Doutre, trois dans la ville, et s'il eût vécu, nul doute que son plan ne se fût réalisé. Il jeta les yeux sur le groupe ouvrier de la Chalouère où M. le curé Bachelot l'appela dans les derniers mois de l'année 1877. L'affaire fut enlevée comme à la baïonnette, et dès le 14 novembre, le Cercle de l'Immaculée-Conception était inauguré peu après le premier. Le directeur fut M. Brossier, encore un tempérament de soldat, un homme de cœur qui s'était battu comme un lion à la défense héroïque de Châteaudun et avait été décoré de la Légion d'honneur. A l'œuvre des Cercles, il faut des militants, des cœurs chauds, des âmes facilement emportées pour le bien.

Dans les premiers mois de l'année 1878, il y avait déjà cent vingt-neuf ouvriers au cercle de Saint-Joseph et quatre-vingt treize à celui de l'Immaculée-Conception. Des professeurs de l'Université et plusieurs avocats inscrits au Barreau, faisaient l'hiver des conférences tous les quinze jours, et chaque été, les ouvriers s'en allaient en pèlerinage dans quelque sanctuaire célèbre, à Notre-Dame-des-Ardilliers, au Puy-Notre-Dame ou au Marillais, et édifiaient les populations par leur tenue, leur foi et leurs chants.

Il est remarquable que, dès cette époque, le Comité songeait à organiser des Associations professionnelles d'ouvriers, jardiniers ou menuisiers, et même des réunions d'industriels chrétiens, comme on le voit par les procès-verbaux des 10 juillet 1878 et 29 janvier 1879. A cette dernière date, le Comité commençait à recevoir le concours de M. de la Salmonière, secrétaire de division de l'Œuvre, un autre vaillant soldat de Charette, blessé à Castelfidardo, ami de toutes les nobles causes, dont le dévouement ne s'est jamais ralenti, et qui fondait alors un beau cercle à Segré. Mais ce qui occupait surtout M. Clerbout, c'était la fondation d'un troisième asile à la Madeleine. Tout était prêt : le local, le conseil de quartier, le directeur ; l'autorisation venait d'arriver de la Préfecture ; l'aumônier était désigné et agréé par Mgr Freppel, lorsque, tout à coup, M. Clerbout tomba malade et mourut, le 10 juin 1879.

Ce fut un désastre.

Dans les trois années de sa présidence, M. Clerbout avait tout fondé, et tout ce qu'il n'avait pu faire par lui-même, était en germe, cercles et corporations ouvrières. C'était un homme tout d'une pièce, qui n'avait qu'un but : établir solidement à Angers l'œuvre des Cercles catholiques d'ouvriers ; un seul rêve :

gagner par elle les masses ouvrières à la cause du Christ. Les dernières années de sa vie furent exclusivement vouées à ce but et à ce rêve, et l'on peut dire que tout ce qui existe aujourd'hui n'est que le développement de ses projets. Aussi la mémoire de M. Clerbout est-elle chère aux membres de l'OEuvre des Cercles à Angers.

Le Comité se trouva à cette époque dans un grand embarras. La succession de M. Clerbout était lourde. Heureusement un homme se trouva, vénérable entre tous par ses vertus et ses talents, déjà président des Conférences de Saint-Vincent-de-Paul, et jouissant d'une grande autorité morale sur tous ses concitoyens : M. Victor Pavie. Il consentit à accepter la présidence et on lui adjoignit deux vice-présidents, un ancien officier général dont le dévouement et l'admirable abnégation ont permis à l'œuvre de traverser les crises les plus pénibles, M. le général de Place, et un homme de haute intelligence et de grand cœur, Mgr de Kernaëret. Alors commença la seconde période, de conservation et de préparation, qui dura cinq années.

Les chrétiens le savent ; la Providence est mystérieuse et incompréhensible dans sa marche. Telle œuvre qui s'élance et va, à ses débuts de progrès en progrès, rencontre ensuite devant elle d'insurmontables obstacles qui l'arrêtent net, pendant de longues années, jusqu'au jour où après avoir fait provision de patience, de résignation et de foi, elle repart d'un autre côté et retrouve ses anciens succès. L'OEuvre des Cercles fut de celles-là, non seulement à Angers, mais dans presque toutes les villes et nous ne saurions dire à quel point nous étions émus en relisant les procès-verbaux des séances, de voir comment le comité eut à lutter contre mille obstacles venus du dehors ou nés à l'intérieur. Mais sans cesse M. Pavie apaisait tout, pourvoyait à toutes choses; et grâce à lui et au petit groupe d'hommes fidèles qui l'entourait, le Comité put traverser les mauvais jours.

Il fallut d'abord faire la part au feu, et abandonner, faute de ressources, le projet de cercle à la Madeleine. L'œuvre resta avec deux cercles seulement, dont l'entretien fut l'objet de tous les soucis. La place nous manque pour retracer en détail tous les faits de cette période et nous noterons seulement les événements principaux.

En 1880, les temps devinrent difficiles. Le Cercle de Segré fut fermé et ceux d'Angers s'apprêtèrent à subir un coup pareil. A cette époque, l'œuvre en serait morte, mais la Providence, qui avait ses desseins pour l'avenir, écarta ce danger et les Cercles vécurent. Leur vie calme et discrète ne les empêcha pas de rendre de réels services. Ils amenèrent à l'Eglise un grand nombre d'ouvriers qui avaient oublié, depuis leur enfance, la pratique religieuse et qui, à la chapelle du Cercle, apprirent à refouler peu à peu le respect humain, retrouvèrent leurs anciennes prières, les souvenirs de leur première communion, et enfin revinrent spontanément à Dieu. La paroisse les revoyait alors, enfants longtemps pleurés et joyeusement fêtés à leur retour au foyer commun. Le Cercle jouait ainsi le rôle d'une pompe aspirante et foulante : aspirant parmi les ouvriers sans pratique et sans foi, refoulant vers la paroisse. Il faut demander des détails sur ce sujet à MM. les curés et à MM. les vicaires directeurs des Cercles. Ils diront les conquêtes faites depuis douze ans par les Cercles catholiques et l'amélioration des paroisses ouvrières grâce à ce noyau d'hommes chrétiens, qui, à toutes les grandes fêtes escortant leur bannière, remplissent le chœur de l'église et édifient les fidèles.

En même temps, chaque année, le comité local organisait un pèlerinage, et maintenait les conférences. Ces souvenirs sont encore vivants dans toutes les mémoires. Mais ce qui vint, à cette époque, donner un élan extraordinaire à l'œuvre des Cercles, ce fut un double événement qu'on peut qualifier de providentiel. Le 21 mars 1884, fut votée en France la loi des syndicats professionnels qui nous restituait des libertés perdues depuis un siècle, et la même année, le Souverain Pontife dans son encyclique *Humanum genus* exhortait vivement les catholiques à rétablir partout les corporations ouvrières pour « garantir le travail et restaurer les maux des travailleurs. »

Un frémissement courut d'un bout à l'autre de la France. La parole du Saint-Père ne passe jamais en vain sur les peuples. Le Comité d'Angers se mit à l'œuvre, et chercha d'abord à rétablir les anciennes fêtes patronales des corporations. Successivement, les jardiniers, les menuisiers, les couvreurs et les tailleurs de pierres, furent convoqués pour la Saint-Fiacre, la Sainte-Anne ou la Saint-Éloi et ces convocations eurent des succès divers. Tantôt les ouvriers, heureux de se retrouver à l'église comme aux jours d'autrefois, répondaient en masse à l'invitation du Comité ; tantôt ils étaient arrêtés par la Franc-Maçonnerie. On s'aperçut vite qu'il faudrait une organisation sérieuse et durable dont la mise en pratique serait longue.

Plusieurs hommes, alors, entrèrent en campagne avec une patience, une persévérance et une énergie qu'on ne saurait trop admirer. L'un surtout, le R. P. Girre, organisa la confrérie des jardiniers, puis celle des menuisiers. Il devait successivement s'occuper plus tard de toutes les autres, et on commença à l'appeler dès lors le *Père des corporations*, beau titre décerné par les ouvriers eux-mêmes et qui lui restera dans l'avenir, pour l'honneur de la Compagnie de Jésus. A la même époque, un autre membre du Comité, M. Lebreton, aidé de quelques ouvriers et employés des grandes manufactures d'Angers, importait dans notre ville l'archiconfrérie de *Notre-Dame-de-l'Usine* dont le Saint-Père, à la demande de M. Harmel, avait fixé le siège à Reims. M. l'abbé Hublot fut nommé, par Mgr Freppel, directeur de cette association, et il commença dès lors à l'organiser avec un zèle et un dévouement qui ne se sont jamais ralentis.

Dès le mois de juin 1886, M. Pavie pouvait voir à la procession de la Fête-Dieu trois drapeaux corporatifs, suivis d'un bon noyau d'ouvriers : ceux des jardiniers, des menuisiers et des ouvriers d'usines. Restait à organiser ces confréries en corporations, et à en augmenter le nombre. Malheureusement, la santé de M. Pavie était fort ébranlée. Ce grand chrétien, le modèle des catholiques angevins, était déjà d'un âge avancé ; il s'endormit dans la paix du Seigneur à la fin du mois d'août, ayant rempli sa mission auprès de l'OEuvre des Cercles : il avait traversé sans faillir les jours d'épreuve, avait sauvé les deux cercles, et mis le Comité dans la bonne voie, celle de l'organisation et non plus celle de convocations générales et indéterminées.

A sa mort, le Comité ne se hâta pas de modifier son bureau, car il touchait alors à un événement considérable. On annonçait depuis quelques mois une *Assemblée régionale* de l'OEuvre des Cercles à Angers pour le mois d'octobre. Les deux vice-présidents, MM. de Place et Hervé-Bazin, restèrent donc chargés avec la Commission des Fondateurs de la préparation de ce Congrès dont l'intérêt ne demeura point au-dessous des espérances qu'on avait fondées sur lui. On construisit une tente dans la cour de l'Université catholique ; dix mille invitations furent lancées, et le 17 octobre 1885, une foule considérable vint écouter la parole de Mgr Freppel et suivre les travaux de l'Assemblée. Qui ne se souvient de ces belles journées ? Le jeudi, on s'occupa des Cercles ; le vendredi, des Corporations ; le samedi, des Syndicats agricoles et des réunions ouvrières. M. Ancel présidait les séances, ayant près de lui MM. de la Bouillerie, de Marolles, de la Guillonnière, de la Salmonière, d'Aisy, etc., et surtout M. Harmel, qui, arrivé depuis huit jours, communiquait son ardeur à tous, et visita successivement toutes les usines, les collèges et jusqu'au grand séminaire de la ville, semant partout sa parole d'apôtre convaincu et puissant. L'enthousiasme redoubla le dimanche, lorsqu'arriva M. de Mun, et l'on n'est pas prêt d'oublier dans notre ville son toast au banquet, son allocution aux enfants des collèges, et enfin la magnifique conférence, présidée par Mgr Freppel, dans laquelle il sut, en racontant les origines et en indiquant le but de l'œuvre, faire vibrer les cœurs de quatre ou cinq mille auditeurs. De telles assemblées ne font pas que du bruit, elles font aussi du bien, et le Comité d'Angers put bientôt s'en apercevoir et remercier Dieu.

Sitôt après le Congrès, en effet, de nombreuses recrues se présentèrent, et le bureau fut reconstitué sous la présidence de M. Hervé-Bazin. En même temps, le Comité des Dames patronnesses se reforma et le R. P. Gaudicheau lui donna une impulsion toute nouvelle et énergique.

Alors commença la troisième période de l'Œuvre à Angers, celle de la création des Associations professionnelles ou religieuses. Nous ne raconterons pas son histoire parce qu'elle est trop voisine de nous, et nous terminerons notre récit en donnant le tableau des institutions actuelles se rattachant au Comité. Ce résumé suffira à faire juger du travail qui s'est accompli depuis deux ans.

Le Comité comprend aujourd'hui une trentaine de membres assidus aux séances hebdomadaires. Il a fait d'excellentes recrues parmi MM. les étudiants de l'Université. Ceux-ci ont-ils fait plus de bien à l'Œuvre que l'Œuvre ne leur en a fait à eux-mêmes, en leur apprenant à se dévouer pour autrui ? C'est une question qu'il serait oiseux de poser.

Les deux cercles sont combles. Leur vie est calme et bonne, et la piété y règne de plus en plus. Une caisse de famille unit les deux institutions et rend les plus grands services aux sociétaires.

Les corporations, que nous avons désignées au début de ce récit, ne sont plus seulement des confréries. Elles forment aujourd'hui des syndicats professionnels, reconnus légalement à la Mairie, jouissant de tous les droits que leur confère la loi de 1884 et se développant tous les jours. Elles ont chacune une caisse de secours mutuels contre les maladies, un orphelinat et un bureau de placement pour leurs membres sans travail. Elles commencent à s'occuper de cours professionnels et de leçons d'apprentissage. Le chiffre de leurs membres est déjà considérable, car il atteint près de deux mille familles ouvrières, soit par les confréries, soit par les syndicats. Elles ont donc commencé à pénétrer profondément dans les couches ouvrières de la ville ; on ne peut que répéter le mot d'un artisan, spectateur du défilé du 3 juin 1888 : « Il y a trois ans, ce n'était presque rien, mais aujourd'hui *cela devient sérieux.* »

Oui, sans doute, par la grâce de Dieu, cela devient sérieux, et celui qui veut se rendre compte des fruits recueillis par les corporations, n'a qu'à assister à une de leurs fêtes patronales : rien n'est plus touchant, ni plus patriotique que le spectacle de tous ces hommes de métier, groupés sous leur drapeau à côté de la statue de leur saint patron, devant l'autel de l'église paroissiale. La patrie française n'a point de réserve plus forte ni qui soit plus rassurante pour l'avenir.

Les bureaux de ces corporations, élus chaque année, en assemblée générale et au scrutin secret, se réunissent chaque mois à l'hôtel corporatif, place de Lorraine. Leurs délibérations sont d'une gravité et d'un intérêt que nous ne pouvons traduire ; nous en appelons à ceux qui y ont assisté ; on dirait les anciens syndics avisant aux intérêts de leurs métiers et de leur ville. Les siècles peuvent changer, mais l'ouvrier est toujours le même et sitôt qu'il est remis en sa vraie voie, il retrouve aussitôt sa sagesse, son honneur et sa fierté traditionnelle.

Parallèlement aux corporations, le syndicat agricole qui vient de naître, se développe déjà dans les diverses parties du diocèse et rend d'utiles services aux cultivateurs.

Enfin, pour en finir avec le Comité des hommes, nous mentionnerons cette conférence Saint-Louis, formée d'une élite de jeunes gens de l'Université et de la ville, agrégée de l'*Association catholique de la jeunesse française*, rattachée par conséquent à l'Œuvre des Cercles par une foule de liens. Cette conférence, c'est l'avenir. Quand ceux qui travaillent aujourd'hui aux institutions corporatives n'y seront plus, les jeunes gens entreront à leur tour dans la carrière et seront depuis longtemps préparés à leur rôle.

Le Comité des Dames patronnesses n'a pas une importance moindre que celle du Comité des hommes. Il est lui aussi divisé en quatre sections et il se réunit tous les mois sous la direction de son aumônier. Il a fondé nombre d'associations paroissiales de mères de famille appartenant aux classes laborieuses, femmes d'artisans ou de commerçants. Ces associations connues sous le nom d'*Associations de Sainte-Anne*, placées sous la direction de MM. les curés, font le plus grand bien dans les paroisses et secondent utilement le dévouement admirable du clergé séculier Erigées canoniquement par Mgr l'Évêque d'Angers et reliées à la congrégation de *Prima Primaria* à Rome, elles franchissent en ce moment les limites du département et gagnent d'autres diocèses. Dans l'Anjou seul, elles comprennent déjà près de deux mille membres, dont la foi grandit à toute heure. Dieu veuille que ces œuvres bienfaisantes se multiplient encore !

Le Comité des Dames patronnesses ne borne pas son zèle à la fondation des Associations de Sainte-Anne, il seconde activement le Comité local de l'Œuvre, lui procure des ressources, étend son influence et fonde à la campagne des cercles ruraux. Enfin, son œuvre la plus belle, peut-être, et la plus noble est l'organisation des visites aux malades des corporations. De la rencontre de l'ouvrier atteint par la souffrance et de la dame qui vient le visiter et lui apporte une parole amie et réconfortante, naissent les affections chrétiennes où la distance sociale disparaît tout à fait, et jaillissent la paix, l'union et l'ordre social chrétien.

Encore un mot, et nous aurons fini. L'*Association des jeunes filles catholiques* est aussi une émanation du Comité des Dames patronnesses. Des jeunes filles, appartenant toutes à la classe dirigeante et désireuses, elles aussi, de manifester leur dévouement à la classe laborieuse, ont organisé le catéchisme du jeudi, pour les petites filles des écoles laïques. Rien n'est plus saisissant ni plus doux que de voir, tous les jeudis, dans les trois patronages déjà établis sur les paroisses de la Trinité, Saint-Laud et Saint-Serge, les jeunes catéchistes gravement assises devant leurs élèves ou les surveillant pendant la récréation. Le sourire de Dieu doit planer sur de telles scènes et si la France redevient un jour la nation chrétienne par excellence, ce dont nous ne doutons pas, elle le redeviendra par le dévouement à nos chères œuvres.

CONFRÉRIE DE NOTRE-DAME-DE-L'USINE ET DE L'ATELIER

La Confrérie de Notre-Dame-de-l'Usine et de l'Atelier fut fondée à Angers, le 14 mai 1882.

Le but des fondateurs était de réunir, dans une association pieuse, les ouvriers et ouvrières chrétiens, pour fortifier leur foi et les aider à se défendre contre les dangereuses attaques de l'impiété. Elle commença donc par solliciter le concours des faibles et des petits. L'Œuvre, par la grâce divine, a été le résultat des prières, du dévouement et souvent de l'héroïsme de pauvres ouvriers. Pour arriver au but, il fallut bientôt obtenir le bienveillant appui des contre-maîtres, des directeurs et des chefs. L'histoire de l'Œuvre, aujourd'hui prospère, est celle des espérances, des revers, des épreuves et des grâces insignes que Dieu lui a envoyés jusqu'à ce qu'elle parvînt à ce but.

Pour faire partie de la Confrérie de Notre-Dame-de-l'Usine et de l'Atelier, il n'est pas nécessaire d'être ouvrier ; toute personne peut y prendre part ; il suffit pour être à même de gagner toutes les indulgences de l'Œuvre, en remplissant les conditions ordinaires, de demander un billet d'admission au directeur, de favoriser les œuvres établies pour rendre les ouvriers chrétiens et de dire trois fois par jour : « Notre-Dame-de-l'Usine, priez pour nous ! » afin d'attirer par Marie, sur les usines, la protection céleste.

Combien les efforts humains sont impuissants, s'ils ne sont soutenus par la grâce divine, pour rendre chrétiennes, c'est-à-dire, heureuses et pures, ces agglomérations ouvrières, démoralisées, où Satan règne presque toujours en maître ! Qu'il est aisé de comprendre que la protection de Marie, vierge et mère, invoquée par les jeunes filles, les mères et la famille entière, sera l'assurance du salut ! L'apôtre de l'usine, celui que les ouvriers du Val des Bois appellent leur Bon Père nous le dit en ces termes : « Invoquer Marie, c'est combattre avec la certitude de la victoire : l'usine étant le foyer principal de l'action de Satan, et Marie ayant été de tout temps préposée par Dieu comme l'implacable ennemie du serpent, elle est donc, dans toutes les crises et à tous les âges, la garantie d'une victoire permanente ! »

Telle fut la consolante espérance qui entraîna et soutint les propagateurs de l'Œuvre. Confiants dans l'homme qui avait obtenu les plus inespérés résultats dans son usine ; certains que, lorsque la Reine du ciel régnerait dans les ateliers, ces foyers de démoralisation deviendraient les sources de tous les biens et de toutes les grâces, ils poursuivirent leur but, malgré bien des découragements, bien des obstacles inattendus, et, peu après la fondation de l'Œuvre, ils furent frappés des faveurs abondantes qui en découlèrent.

Depuis trois ans déjà, des ouvriers, des contre-maîtres, des employés et quelques patrons, travaillaient, sans pouvoir y parvenir, à fonder cette œuvre ; ils priaient et agissaient, mais les difficultés, sans cesse renaissantes, stérilisaient tous leurs efforts. Enfin, une circonstance imprévue fit renaître les espérances ; la question fut étudiée à l'Évêché et Mgr Freppel adressa la demande d'agrégation à l'archiconfrérie de Reims. Tout étant bien réglé par sa protection et ses soins, Sa Grandeur nomma M. le chanoine Cailleaud, directeur de la Confrérie.

Le 14 mai 1882, comme nous le disions en commençant, jour de la fête du Saint-Cœur de Marie, des ouvriers et ouvrières d'usine, quelques employés et contre-maîtres, des patrons et des membres des Cercles catholiques d'ouvriers, premiers fondateurs de l'Œuvre, assistaient à la messe d'inauguration de la Confrérie, à la crypte de l'évêché...

Seule la presse irréligieuse s'occupa de notre œuvre, pour l'attaquer et l'insulter. Comprenant qu'un certain nombre d'ouvriers allaient être à même de se rapprocher d'amis véritables, elle voulut les en détourner par de ridicules moqueries. Cette tentative ne produisit nullement le résultat cherché ; en aidant à faire connaître l'existence de la nouvelle confrérie, ces attaques et même les persécutions qui en furent la conséquence dans les usines, ne purent arrêter les courageux adhérents : l'œuvre se développa d'une façon inespérée.

Quelques mois seulement après cette première messe, le jour de la fête de la Nativité de la Sainte Vierge, les nouveaux associés furent appelés à témoigner publiquement leur foi. Les chefs d'usine donnèrent les noms et les adresses de leurs ouvriers, que l'on convoqua à une messe solennelle à la Cathédrale, pour la fête patronale de l'œuvre. La vaste enceinte de l'église Saint-Maurice fut trop étroite pour contenir la foule immense qui répondit à cet appel. Une longue procession de toutes les œuvres ouvrières de la ville avec drapeaux, insignes et bannières, précédait les étendards de l'œuvre et la statue de Notre-Dame-de-l'Usine portée par deux patrons et deux ouvriers. Mgr l'Évêque, dans un magnifique langage, parla des bienfaits des corporations ; il montra les grâces que les confréries répandent dans ces associations quand elles sont chrétiennes et combien elles ont raison d'être fières de leur force, de leurs sages et bienfaisantes institutions, comment elles protégeaient les cités en même temps que les intérêts de leurs membres, et de quelles ressources immenses elles étaient dans les moments de souffrance, quand la patrie avait besoin du secours et de l'appui de ses enfants ; quelle dignité et quel honneur rejaillissaient alors sur les travailleurs intelligents, courageux et honnêtes ! L'auditoire, étonné de ces religieuses paroles, dont l'élévation formait le plus frappant des contrastes avec les divagations répétées par les journaux des ateliers, et habituellement entendues dans les cabarets, écoutait attentif et silencieux. L'admirable tenue de ces ouvriers était consolante et saisissante ; les propos qu'ils répétaient en sortant dans leur rude langage, étaient la preuve que la vérité se réveillait dans leur esprit et l'on pouvait justement concevoir l'espérance qu'elle arriverait à pénétrer les cœurs pour sauver les âmes.

Le 7 janvier suivant, notre infatigable Évêque,

toujours sur la brèche, venait à la messe capitulaire de l'Épiphanie, bénir la nouvelle statue de l'œuvre. Il continuait à évangéliser ces ouvriers trompés et poussés à la haine, en leur prêchant l'amour de Dieu, l'amour de leurs chefs, l'amour de leurs frères, et ces esprits égarés avaient maintenant des éléments pour réfléchir. Encore retenus par la passion ou la mauvaise habitude à leurs anciens errements, ils commençaient à voir une lueur de vérité à travers l'épais nuage d'erreurs dont ils étaient entourés. L'image de leur protectrice qui avait parcouru les rangs, portée par quelques-uns de leurs frères, témoignait qu'ils avaient au ciel une nouvelle patronne. Ils savaient maintenant que dans les douleurs et les peines ils pourraient élever vers elle leurs cœurs. A l'entrée de la cathédrale, dans le modeste sanctuaire que M. le curé de Saint-Maurice avait ouvert si charitablement à leur dévotion, ils allaient maintenant pouvoir l'invoquer à toute heure et ils virent aussi qu'aux fêtes de l'œuvre, ils trouveraient des amis. Le dévouement à Notre-Dame-de-l'Usine, c'est-à-dire à Marie, à Jésus et à l'amour des ouvriers, ne tarda pas à être une source de grâces abondantes et si l'épreuve ne fut parfois pas épargnée à nos associés, ils surent la supporter et la vaincre, car ils trouvèrent dans cette association soutien, consolation et bonheur.

Les progrès de l'œuvre se firent sans bruit, mais furent rapides. Notre dévoué directeur, dont le cœur chaud et ardent voulait provoquer partout le zèle, se décida, à la fête de la Purification, à consacrer publiquement à Marie quelques associés de toutes les classes sociales, qui acceptaient le titre de zélateurs. Cette messe, la première qui eut lieu dans le petit sanctuaire de l'œuvre, en présence de la statue nouvellement

leur en parlèrent et la réunion des chefs d'usine venant de se constituer sous la présidence du directeur de notre confrérie, nous fûmes soutenus par nos patrons qui nous donnèrent aide et encouragement. Les *Annales de la Confrérie*, répandues avec soin, produisirent un excellent effet. Une femme s'opposait à ce que son mari se rendît à nos messes ; après la lecture des *Annales*, elle a complètement changé d'avis et trouve maintenant que nos œuvres sont très bonnes...

Comme nous l'avons déjà dit, il était depuis longtemps question dans nos réunions de zélateurs, de fonder une Société religieuse et économique où les patrons et les ouvriers unis ensemble, assureraient des secours aux malades, aux orphelins, aux veuves, aux vieillards. Les associés de la Confrérie devenant très nombreux, le moment semblait venu de réaliser ce projet. Nous nous proposions en outre d'établir une maison de famille pour les ouvrières de fabrique, tenue par des religieuses et d'organiser des sociétés de consommation pour la vie à bon marché. Travaillant à établir dans l'usine le règne de Dieu, le reste ne devait-il pas être donné par surcroît ?

Depuis deux années, un employé rempli de zèle et d'ardeur, se procurait tous les documents nécessaires et travaillait à établir les statuts d'une Société de Secours Mutuels. Notre nouveau directeur, aidé d'un membre dévoué des cercles, très au courant des questions d'économie politique et des œuvres corporatives, obtint l'adhésion d'un certain nombre de chefs d'usine, et le 30 mai 1886, le syndicat des industries textiles était fondé avec cent quarante membres participants ; quelques mois après nous avions deux cent trente adhérents. Cette œuvre économique, dans laquelle on n'admet que les membres de la Confrérie de Notre-Dame-de-l'Usine, est cependant toute différente de cette dernière : la Confrérie ayant pour but la conversion des ouvriers et pour moyen le dévouement et la prière, tandis que le syndicat s'occupe de procurer des secours matériels par l'association des ouvriers et des patrons chrétiens. Nous ne nous étendrons donc pas sur cette société dont l'histoire doit former un chapitre spécial.

Peu après la fondation de ce syndicat, avait lieu la procession de la Fête-Dieu. Nous vîmes alors combien nos ouvriers d'usine aimaient leur œuvre. Malgré le peu de temps qui leur restait, quelques membres du syndicat proposèrent d'avoir un brancard monumental pour la procession. Ce brancard fut uniquement composé des produits des industries textiles d'Angers ; toutes les manufactures en fournirent quelques parties : les draperies étaient en toile à voiles ; des vases en cordage contenaient de magnifiques bouquets en laine ; au milieu flottait un vaisseau sur une mer argentée ; la patronne de nos ouvriers, Notre-Dame-de-l'Usine, dominait sur un trône élevé tous ces produits du travail. La veille de la fête, un groupe nombreux d'ouvriers, de divers ateliers de la ville, venait chercher dans un lointain faubourg ce lourd brancard pour le porter à la cathédrale. C'était après leur rude journée de labeur et dans leurs vêtements d'atelier qu'ils traversèrent le faubourg et la ville. Puis, fiers de ce qui était fait pour eux et méprisant tous les qu'en dira-t-on, plus de quarante s'offrirent pour le porter à la procession, et montèrent la garde à la cathédrale auprès de ce chef d'œuvre de leur industrie pour le préserver de l'indiscrétion des curieux. La confrérie de Notre-Dame-de-l'Usine se trouvait maintenant magnifiquement représentée, et sa phalange de maîtres et

bénie, se termina par une touchante cérémonie. A côté de quelques patrons, contre-maîtres et employés se trouvaient des ouvriers et ouvrières de fabrique ; tous à genoux, devant l'autel, un cierge en main, promettaient à Marie leur dévouement pour la faire connaître et aimer dans leurs ateliers. Cet acte de foi répandit de très grandes grâces sur l'œuvre et sur ses associés...

C'est à l'ombre de ce drapeau, à la procession de la Fête-Dieu, que nos ouvriers d'usine, chaque année plus nombreux, se rallient pour accompagner le Saint-Sacrement et perdre tout respect humain. Bien peu d'abord, car les sarcasmes et les injures ne leur étaient pas épargnés à leur retour dans les ateliers, leur nombre s'est accru de telle sorte, qu'ils forment maintenant une phalange imposante ; la majorité des chefs d'usine vient soutenir leur courage en se joignant à ces humbles travailleurs pour honorer le Dieu de l'Eucharistie ; une retraite pascale de quelques jours fortifie ces braves cœurs, que leurs camarades laissent aujourd'hui en paix.

A la fin de 1884, notre œuvre faisait une perte cruelle ; son fondateur, M. le chanoine Cailleaud, épuisé de fatigues, nous quittait pour un monde meilleur, après avoir développé l'œuvre et vu s'élever le chiffre de ses membres à quatre cents, dont cent d'une seule manufacture ; il recevait la récompense de sa persévérante ardeur et de son charitable zèle pour l'ouvrier.

Ce fut après bien des démarches inutiles et après avoir frappé à bien des portes que Dieu, qui protégeait visiblement notre œuvre, nous fit trouver un nouveau directeur. M. l'abbé Hublot, qui fut nommé depuis curé de Sainte-Thérèse, se trouvait libre alors : il rendit à l'œuvre le plus signalé des services en lui donnant un nouvel et rapide essor...

Notre directeur développa d'une façon inattendue les réunions industrielles. La sympathie qu'il sut inspirer aux chefs d'usine attira dans ces réunions, dont on comprend la grande importance pour l'œuvre, de nouveaux membres. Plusieurs chefs de maisons, des plus importantes de la ville et des environs, s'empressèrent d'y prendre part.

Au mois d'octobre 1886 eut lieu à Angers, l'Assemblée régionale des Cercles catholiques d'ouvriers et par une bonne fortune pour nos œuvres, M. Harmel vint la préparer et la diriger. Nous ne relaterons pas les admirables et fructueux efforts de sa charité vraiment évangélique ; du matin au soir, au service des œuvres de Dieu, dans les pensions, les séminaires, les cercles, les patronages ; parlant à tous, aux prêtres, aux religieuses, aux enfants, aux hommes, aux femmes, aux patrons, aux ouvriers, ce langage qui frappait les âmes et touchait les cœurs. Son passage fut pour notre ville une véritable bénédiction.

Nos associés, avides de ses paroles consolantes et fortifiantes, voulurent suivre ses conseils et, vivement sollicités par lui, s'occupèrent de réunir des délégués d'usine. Il entendait par là des ouvriers consentant à s'efforcer de répandre le règne de Dieu dans les ateliers, par le bon exemple, les services rendus, les bons conseils et acceptant de se réunir régulièrement pour s'aider, s'encourager et rendre compte du résultat de leurs efforts.

Quelques zélateurs de la confrérie de Notre-Dame-de-l'Usine commençaient le 29 octobre 1886 à suivre ce conseil. Ils n'étaient que six tout d'abord, mais bientôt leur nombre s'augmenta et trois réunions se formèrent chez trois employés supérieurs. Pour éviter que cette action chrétienne ne fût mal vue des directeurs, ces employés

d'ouvriers ayant Marie pour patronne, fut remarquée de la ville entière. Le respect humain était complètement foulé aux pieds.

Mais ce n'était pas tout : il fallait frapper un grand coup et tenter de ramener en masse ces âmes à la foi. C'est dans ce but, que notre infatigable directeur obtint de Monseigneur l'autorisation de faire une grande mission ouvrière à la cathédrale. Au congrès d'octobre 1886, un prêtre s'était fait remarquer par sa parole entraînante et puissante, par son amour sans borne pour les ouvriers. Quand la France agonisante appelait à sa défense tous ses enfants, autorisé de son Évêque, il quitta le séminaire et prit rang dans les zouaves de Charette ; il combattit l'ennemi extérieur et eut aussi le courage plus méritoire encore de revenir à l'appel de son général pour défendre la patrie menacée, bientôt après à l'intérieur, par la plus coupable des insurrections. Une fois la paix assurée, M. l'abbé Garnier, de Caen, reprit la soutane pour ne plus la quitter : il employa alors son énergique dévouement à ramener à Dieu les ouvriers. Ses succès en rapport avec sa vaillance, lui attirèrent l'inimitié de tous ceux qui flétrissent les âmes pour les dominer ; car il combattait le bon combat et avec la Reine qui assure la victoire. On ne parvint pas à l'intimider malgré les menées les plus révolutionnaires. Ce fut lui que notre directeur appela à Angers, à la fin de janvier 1887 et pendant une semaine chaque soir, dans des conférences sur les objections les plus répandues dans le peuple contre la religion, les deux controversistes firent une profonde impression sur leur auditoire, qui remplissait à flots notre immense cathédrale. Le succès fut complet et les ouvriers d'usine vinrent en nombre si grand, après leur journée, que les retardataires n'avaient plus de place. Le samedi soir, les confessions furent nombreuses et plusieurs centaines d'ouvriers revinrent au Dieu de leurs premières années. Le lendemain, aux vêpres, notre nouvel apôtre nous parla de la dévotion au Sacré-Cœur, en montrant combien Dieu aimait la France, si remplie des témoignages de sa particulière prédilection. Nos ouvriers entouraient les drapeaux de leurs corporations, qui flottaient des deux côtés de l'autel brillamment illuminé. En entendant ces milliers de voix chantant au salut le *Te Deum*, les âmes étaient transportées d'allégresse par ces mâles accents, et les cœurs émus louaient le Seigneur qui permettait de si grandes bénédictions.

Avant de terminer nous voudrions dire un mot de nos vœux et de nos espérances. Notre œuvre n'est encore que dans son enfance; six années seulement se sont écoulées depuis sa naissance et bien des projets pour la conversion des usines n'ont encore pu se réaliser. Qu'avons-nous donc à implorer de la Reine toute-puissante, en lui rendant grâce de ses immenses bienfaits? D'une façon générale, nous n'avons qu'à lui demander le règne de Dieu sur les usines, pour que le reste nous soit donné par surcroît si, à nos prières chaque jour plus ferventes, nous joignons l'action persévérante. Mais si l'on veut savoir ce que nous désirerions voir germer autour de notre œuvre réparatrice, nous le dirons en quelques mots : Marie, Notre-Dame-de-l'Usine, devrait d'abord être placée et honorée dans tous les ateliers, pour arrêter les blasphèmes, qui attirent la malédiction de Dieu et qui cesseraient en sa présence. Des aumôniers d'usine devraient être mis en rapport avec le personnel, par l'établissement d'oratoires ou de chapelles. Les membres de Notre-Dame-de-l'Usine devraient recevoir régulièrement des instructions religieuses sur leurs devoirs sociaux et professionnels. Par la réunion industrielle les cœurs des patrons devraient se remplir de l'amour de ces mêmes devoirs. Les enfants, les jeunes filles, les femmes, les hommes, les jeunes gens, devraient recevoir dans des associations spéciales, l'instruction et les conseils sans lesquels ils ne peuvent être bons chrétiens. De l'harmonie et de l'entente entre ouvriers et patrons, qui résulteraient de ces œuvres diverses tendant toutes au même but, naîtraient les œuvres économiques qui compléteraient ce que le syndicat a si bien commencé : secours aux malades, aux orphelins, aux veuves, aux vieillards ; soutien contre les souffrances du chômage, protection pour les jeunes filles par des maisons de famille, enfin vie à bon marché par des sociétés de consommation et de production. Quels bienfaits la Reine du ciel pourra multiplier dans les usines, en y répandant par la foi le bonheur et en développant dans tous les cœurs ce véritable amour. source de tout bien, la charité [1] !

---

[1] Edifié par cette touchante notice, le lecteur demandera, s'il est un peu au courant de Notre-Dame de-l'Usine, pourquoi le nom de celui à qui en revient le principal honneur, n'est pas cité. On le devinera facilement, malgré le voile dont sa modestie cherche à s'envelopper, quand nous dirons qu'il a bien voulu céder à nos instances, en écrivant une notice complète dont, à notre vif regret, nous n'avons pu reproduire que des extraits.

LA MAISON SAINT-RENÉ, AU POULIGUEN

La charité est ingénieuse. Parmi les œuvres de bienfaisance qui signalèrent l'arrivée de Mgr Freppel dans le diocèse d'Angers, aucune, peut-être, ne montra mieux la charité du grand Évêque, sa bienveillance pour ses prêtres, son désir de leur être agréable, que la fondation de cette Maison Saint-René ouverte pour eux, au bord de la mer, pendant la belle saison.

L'histoire en est simple. Un vieux prêtre angevin, M. l'abbé Hurtault, ancien curé de Pruniers, qui s'était retiré au Pouliguen depuis une quinzaine d'années, avait bâti, là, une maisonnette où il recevait quelques amis pendant l'été. Il eut la pensée de l'offrir à Mgr Freppel pour les prêtres du diocèse d'Angers. L'acte de donation fut signé le 23 juillet 1872. Dès le mois de septembre, à la retraite ecclésiastique, Monseigneur s'empressa d'annoncer à son clergé cette bonne nouvelle. M. l'abbé Grimault, secrétaire à l'évêché, fut nommé supérieur du nouvel établissement et chargé de l'organiser. Les Sœurs de Sainte-Marie d'Angers, qui venaient d'être appelées au Pouliguen pour diriger une école libre, se trouvèrent désignées pour desservir également la *Maison Saint-René*. Tel fut le nom, très angevin, qu'on donna à la fondation charitable de M. Hurtault.

Une parole avait fait germer l'œuvre ; mais pour la développer il fallait du temps et de la patience. La maison donnée par M. Hurtault ne pouvait guère recevoir plus de cinq ou six personnes à la fois. De plus, elle était assez éloignée de la mer. De nouvelles constructions étaient nécessaires. Comment se résoudre à bâtir dans de telles conditions? Pour l'agrément de la vue, pour la commodité des baigneurs surtout, l'installation devait se faire sur la côte, au bord même de la baie.

On était au printemps de 1873. Il devenait urgent de prendre un parti et d'organiser quelque chose de provisoire, dans la simple habitation de M. Hurtault, lorsqu'une maison plus vaste se trouva à louer dans le voisinage. C'était la propriété d'un Nantais, M. Alexandre Clémenceau, parent, pour le dire en passant, du célèbre député actuel. La maison offrait cet avantage tant souhaité d'être située sur le bord de la mer, avec un jardin et une terrasse bien en face de l'Océan. Ce fut là que s'ouvrit la *Maison Saint-René*, au mois de juin 1873 [1].

Soixante-huit hôtes séjournèrent dans la maison, du 23 juin au 9 septembre, cette première année-là. Pendant quelques jours, vingt personnes occupèrent, à la fois, les sept ou huit chambres disponibles. Si ce campement laissait à désirer, il ne fut pas sans charmes. La bonne humeur des hôtes s'amusait des lacunes de l'installation, comme elle battait des mains aux améliorations successives qu'on introduisait dans les chambrées.

Les hôtes de la première année n'étaient pas tous angevins. Une vingtaine appartenaient au diocèse de Nantes et à diverses autres régions. On n'avait pas même songé à leur fermer la porte quand ils s'étaient

---

[1] Les deux premiers hôtes furent M. l'abbé Toublanc, curé actuel de Segré, et M. l'abbé Vezin, aujourd'hui curé de Saint-Aubin-de-Luigné, arrivés ensemble le 23 juin.

présentés. C'eût été, d'ailleurs, méconnaître la fraternité qui unit tous les membres du clergé, à quelque diocèse qu'ils appartiennent. Dès le principe, il fut donc admis que la Maison Saint-René, principalement fondée pour les Angevins, demeurerait ouverte, s'il y avait place, à tous les ecclésiastiques qui se présenteraient. De plus, comme on venait d'en faire l'expérience, on recevrait également les élèves des petits-séminaires et les parents qui accompagneraient les ecclésiastiques. Il eût été cruel de priver un prêtre malade, par exemple, de la présence de son père, de son frère, d'un intime ami. Aucune dame ne serait admise.

Ainsi comprise, la maison présente les grands avantages qu'on a voulu y attacher. Les ecclésiastiques s'y trouvent entre eux, chez eux, comme en famille. Nulle contrainte au contact d'étrangers, nul souci des observations malveillantes qui, dans l'hôtel ordinaire, atteignent si facilement le prêtre en villégiature ; nul ennui d'un voisinage suspect. Aussi bien, l'établissement n'a-t-il attiré autour de lui que d'excellentes familles. C'est l'une des meilleures remarques que l'on puisse faire après quelque temps de séjour à Saint-René. Toute la côte, depuis le Pouliguen jusqu'à l'extrémité de la baie, n'est peuplée que de maisons chrétiennes. Les soutanes de Saint-René ont écarté pour longtemps, du village de Penchâteau, les toilettes mondaines et les sociétés légères.

C'est le lieu de parler de la vieille chapelle où les hôtes de Saint-René disent leurs messes, et où se réunit, chaque matin, la colonie qui les entoure.

L'un des premiers soins de Mgr Freppel, avant même d'accepter la donation de M. Hurtault, avait été de solliciter l'agrément de Mgr Fournier, évêque de Nantes.

Le prélat s'était hâté de répondre que la fondation angevine lui ferait plaisir et qu'il autorisait volontiers les prêtres de *Saint-René* à célébrer leurs messes dans la chapelle voisine de la maison. On comprendra l'importance de cette faveur quand on saura que l'établissement est assez éloigné de l'église paroissiale.

La vieille église de Saint-Julien, au village de Penchâteau, est un monument assez ancien, dans le style du xve siècle [1]. Elle se compose d'une nef élevée, d'environ vingt mètres de long sur huit de large, avec une chapelle en bas-côté, à gauche du sanctuaire. La voûte, en planches, à la façon des vieilles églises du pays, est portée par des tirants qui donnent à l'édifice un cachet particulier. Une jolie et large baie ogivale, au-dessus du maître-autel, éclaire l'intérieur. Elle a été ornée, récemment, ainsi que deux autres fenêtres, de vitraux d'un bel effet.

C'est là, dans le demi-jour de ce vieux monument, à quelques pas de la mer, que les prêtres offrent le saint sacrifice, chaque matin, devant une assistance recueillie. Ils y retournent, dans la journée, pour faire visite au Saint-Sacrement. Quand le ciel s'assombrit, que le tonnerre gronde, que les rafales du vent ébranlent l'édifice, il fait bon prier dans cette humble chapelle, en compagnie de la petite lampe qui brûle nuit et jour devant le tabernacle. La tempête, qui mugit, semble vouloir emporter la toiture, mais tout est calme à l'intérieur, l'édifice tient bon, vivant symbole

---

[1] « Le Pouliguen a des origines toutes modernes. Point de souvenirs antiques dans cette charmante station d'été; *l'archéologue doit aller au village de Penchâteau pour faire revivre le passé.* » (Guide du Baigneur dans la presqu'île Guérandaise, par H. du Frêne, p. 106.)

de la paix chrétienne au milieu des orages et des agitations du monde.

La chapelle de Penchâteau n'est pas toujours solitaire. La fête de sainte Anne, qui arrive le 26 juillet, en pleine saison balnéaire, convoque tout le pays. Ce jour-là, le clergé de la paroisse vient à Penchâteau ; on chante une grand'messe. Un prédicateur en renom, choisi quelquefois parmi les hôtes de Saint-René, donne l'enseignement de la fête. Des abbés musiciens exécutent de beaux chants, accompagnés des instrumentistes qui se trouvent dans la maison. On a un violon, des flûtes, un saxophone, un harmonium, sans compter certain hautbois du voisinage, hautbois tout angevin, celui-là même qu'un artiste a appelé « le Doyen des hautbois de France », M. E. Lachèse, l'excellent ami et voisin de *Saint-René*.

Mais reprenons l'histoire de l'établissement.

La première année de bail n'était pas écoulée lorsque, le propriétaire étant mort, la maison fut mise en vente. Monseigneur n'hésita pas à l'acheter au nom du diocèse, et le Gouvernement autorisa cette acquisition.

Un premier décret, en date du 28 novembre 1873, avait autorisé l'acceptation de la donation faite par M. Hurtault. Le second décret, du 5 juin 1874, visé, comme le premier, l'œuvre spéciale voulue par Mgr Freppel. C'est « afin de procurer aux ecclésiastiques du diocèse « d'Angers une maison de repos et de délassement au « bord de la mer » que le Gouvernement d'alors a autorisé les transactions dont on vient de parler.

Devenu propriétaire, Monseigneur fut à l'aise pour transformer la maison et la rendre plus apte à sa destination. Une nouvelle distribution des appartements, la construction d'un second étage, l'agrandissement de la terrasse, furent les principales améliorations de la seconde année. On était toujours à l'étroit, mais bientôt, grâce à la générosité d'une noble Angevine, dont on ne saurait plus énumérer les bienfaits [1], Saint-René s'agrandit à souhait [2]. Il arrive pourtant, encore, que la maison ne peut loger tous ses hôtes. Mais grâce au dédoublement de certaines chambres, cinquante personnes trouvent place à la fois. S'il en vient un plus grand nombre, on ne renvoie personne ! N'y a-t-i pas des voisins complaisants pour venir en aide à Saint-René dans les coups de feu ? Il y a aussi la maison de M. Hurtault [3].

Qui peindra M. Hurtault ? Déjà une plume filiale a redit, avec vérité, ce que fut l'ancien professeur de seconde et de rhétorique au collège de Combrée [4] ; mais ce qu'il était devenu au Pouliguen, dans les quinze ou vingt dernières années de sa vie, après avoir quitté sa cure de Pruniers, qui le racontera ? Cette étrange solitude qu'il s'était faite, ce mutisme absolu pendant quinze années, cette impressionnabilité morbide qui l'a torturé, ces élans sans cesse retenus d'un cœur toujours chaud, malgré la vieillesse, cette impuissance de parler, alors que l'âme débordait de pensées et d'affections, qui pourra les décrire ? Chez M. Hurtault le

---

[1] Mme la vicomtesse des Cars avait déjà fondé au Pouliguen, une école libre de filles et un asile confiés, dès l'origine, aux soins des religieuses de Sainte-Marie d'Angers.

[2] Sans entrer dans de fastidieux détails, il suffira de dire que la Maison Saint-René comprend aujourd'hui une quarantaine de chambres sans compter toutes les pièces de service : deux salles à manger, cuisine, salle de billard, parloir, etc.

[3] Depuis la mort de ce dernier, la maison a pris le nom de *Saint-Maurille*, l'évêque angevin auquel nous devons *Saint-René*.

[4] *Semaine religieuse* d'Angers, 4 juillet 1886.

sentiment avait grandi « comme ces graines tombées
« dans une cave profonde et qui germent au milieu des
« espaces vides, et rampent, et s'élèvent démesurément,
« et atteignent enfin la lumière : ce qu'il en paraît au
« dehors est bien peu, un bourgeon, une fleur pâle,
« mais l'ombre est remplie de leur végétation prodi-
« gieuse[1]. » Cette comparaison, que nous avons le double
charme d'emprunter à un ami et à un écrivain distingué, peut donner une idée générale du tempérament de
M. Hurtault. Ceux qui l'ont connu se rappellent que,
pendant plus de quinze ans, par suite d'une atonie des
cordes vocales, il ne prononça pas une parole, même à
voix basse. Il s'exprimait par signes ou avec un crayon.
De plus, une sensibilité maladive lui rendait intolé-
rable le moindre bruit. On ne l'abordait qu'en ouvrant
doucement la porte, en assourdissant la marche, en
modérant la voix. Mais si, la plupart du temps, il
fuyait toute compagnie, combien il aimait à converser,
à ses heures ! Avec quel bonheur il recevait des nouvelles
du pays, de l'Anjou, de ses anciens élèves ou de ses
vieux condisciples ! On eût dit que son intelligence
s'était affinée en même temps que sa sensibilité. Avec
une âpre curiosité, il s'informait des nouvelles cou-
rantes, de la politique, des questions du jour. Peu à
peu, il s'oubliait, s'illuminait, applaudissait aux belles
actions, s'indignait contre les mauvaises, éclatait des
yeux, de la main, du pied... sans parler. Malheureusement, l'interlocuteur s'oubliait aussi, mais à pleine
voix, et... c'était fini, de la conversation ! M. Hurtault
se bouchait subitement les oreilles, se levait et décam-
pait au plus vite pour fuir ce causeur trop bruyant.

---

[1] M. René Bazin, *Les Noellet*.

Seule, sa vieille domestique, la « dame Jeanne », comme l'appelaient les espiègles, avait le privilège de l'aborder à toute heure et sans craindre de le brusquer.

On comprend ce que pouvait être la cohabitation avec une telle nature. Aussi, en donnant sa maison, M. Hurtault avait-il compris la nécessité de l'abandonner tout entière à l'œuvre qu'il venait de fonder. Au mois de mai 1873, il vint demeurer à Angers, à Saint-Martin-de-la-Forêt ; mais, bientôt, le bruit de la vie commune et la nostalgie de la mer le ramenèrent au Pouliguen. Il y resta jusqu'en 1885, époque à laquelle il revint à Angers pour y mourir, l'année suivante, à l'âge de soixante-quinze ans. C'est seulement depuis cette époque que *Saint-Maurille*, la maison de M. Hurtault, rend de vrais services à *Saint-René*.

M. Hurtault apparaissait rarement à l'établissement, bien que son cœur y fût très attaché. Dans les loisirs de sa solitude, se souvenant de son talent poétique, il avait composé, sous le titre de *Soirs de Saint-René*, des pièces lyriques que devront chanter un jour les hôtes. Nous avons admiré celle qui débute ainsi :

> O mer, berceau de la nature,
> Dans tes langes le monde est né.

Il y a du souffle, une inspiration large et puissante, dans toute cette ode sortie du cœur.

On devine ce que peuvent être les récréations de *Saint-René*. Des excursions pittoresques à travers les rochers de la *grande côte* et les marais salants, la facilité de se livrer à la pêche ou de faire des promenades en mer, le voisinage du Bourg de Batz, de Guérande, du Croisic, de Saillé, de Piriac, de la Bôle et de Pornichet, la proximité de beaux ombrages, tout contribue à rendre agréable un séjour dans la maison.

Chaque année, l'établissement s'efforce de procurer de nouveaux agréments à ses hôtes. Un jardin, dans lequel sont installées des cabines pour les bains, une terrasse d'où l'on jouit pleinement de la vue de la mer, des jeux divers (boules, billard, etc.), un piano, un harmonium, quelques livres, leur assurent toutes les récréations qu'ils peuvent souhaiter.

Il en est qui passent leurs journées dans la mer ou sur la grève, en costume de baigneurs, occupés à pêcher, professeurs ou vicaires fatigués, humant à pleins poumons l'air et le soleil; d'autres courent en barque dans une île, aux *Evens*, au phare de *la Banche*, sans avoir à redouter d'autre accident qu'un léger mal de mer [1] ! Mais la plupart sont épargnés. Beau sujet de fierté pour ceux qui n'ont pas perdu, dans l'Océan, le bénéfice de leur dîner! A terre, on cause, on chante, on dort. Les musiciens improvisent quelque chose ; on fait bon accueil aux *Pifferari* qui se présentent pour donner un concert pendant le repas : pauvres gens, qu'attend la double aumône de la bourse et du cœur. Celui qui écrit ces lignes se souvient d'avoir pris part à une pêche à la

---

[1] On n'a eu, grâce à Dieu, aucun accident à déplorer, depuis dix-sept ans que la maison existe. Une seule fois, la baie de la *Grande Gauvelle* faillit être fatale aux baigneurs. On trouvera dans la *Vie de Léon Bellanger*, par M. l'abbé Crosnier, le récit de cette journée qui faillit coûter la vie au futur Doyen de la Faculté des Lettres d'Angers, M. l'abbé Pasquier. C'est bien aujourd'hui que nous avons sujet de remercier la Providence, en voyant à quelles œuvres elle destinait l'aimable et savant professeur.

seine, avec accompagnement de deux violons et d'une harpe qui attendaient, sur le rivage, le retour des pêcheurs et du filet. Si le coup avait été mauvais, on jouait en mineur avec bémols ; s'il avait été bon, le morceau éclatait comme une fanfare, en majeur, avec trois dièzes à la clef !

Cependant on entendait au loin ceux qui revenaient en barque et qui chantaient l'*Ave Maris Stella !* Le soir, quand l'ombre rend l'Océan plus mystérieux, les hôtes, réunis sur la terrasse, redisent quelque hymne à l'Étoile des flots. Puis, la scène s'anime, de gais refrains pétillent comme un feu d'artifice, pendant que de vraies fusées s'élèvent vers les étoiles et retombent en pluie de feu dans la mer.

C'est surtout à l'occasion de fêtes solennelles, par exemple de l'Assomption, de la visite de Monseigneur, que la pyrotechnie et l'art musical se donnent carrière à Saint-René. Sauf dans ces dernières années, où les travaux de la Chambre et des invitations multiples n'ont pas laissé à Sa Grandeur le loisir de se rendre aux bords de la mer, tous les ans la colonie a la joie de le recevoir. A peine s'est-il annoncé qu'on surseoit aux départs ; les étrangers, surtout, ne veulent pas perdre l'occasion de passer quelques jours avec l'illustre évêque d'Angers, de l'accompagner dans les rochers ou sur la grève, afin de pouvoir dire qu'ils ont vécu de sa vie pendant quelques instants.

Ce serait le moment de dresser la liste des hôtes de Saint-René. Mais comment nommer les DEUX MILLE SEPT-CENT SOIXANTE personnes qui, jusqu'au mois de septembre 1889, ont passé dans la maison ? Nous croyons savoir que cette liste sera imprimée, et ce ne sera pas le moindre agrément des hôtes que de la parcourir. Dans ce long défilé, où figurent trois évêques [1], dix à quinze vicaires généraux, un grand nombre de chanoines, d'archiprêtres, de curés-doyens, de desservants, d'aumôniers, de professeurs, de religieux, venus, on peut le dire, de tous les points de la France, ils rencontreront plus d'un compatriote et d'un visage ami.

Pour donner une idée de la diversité des diocèses représentés dans la maison, prenons une année au hasard :

En 1885, sur les deux cent soixante-sept hôtes reçus à Saint-René, Angers en a envoyé cent vingt-sept, Nantes trente-quatre, Tours quatorze, Le Mans quatorze, Versailles neuf, Paris neuf, Blois huit, Laval huit, Poitiers huit, Angoulême sept, Séez quatre, Tarbes quatre, Luçon quatre, Dijon trois, Lyon trois, Moulins deux, Melun deux, Vannes deux, Rennes deux, Nice un, Nevers un, Sens un.

Le registre compte des représentants de la plupart des ordres religieux : Capucins, Dominicains, Jésuites, Sulpiciens, Lazaristes, Oblats, Religieux du Saint-Sacrement, Missionnaires du Sacré-Cœur, de l'Immaculée Conception, de Paray-le-Monial, du Saint-Esprit, des Missions Africaines, etc. On voit quels peuvent être les éléments variés de la conversation.

LE LIVRE D'OR DE SAINT-RENÉ

Outre le registre de ses deux mille sept cents hôtes,

---

[1] Mgr Freppel, Mgr Trégaro, évêque de Séez et Mgr Ordonez, évêque de l'Amérique du Sud. Dès la première année, son Excellence le Nonce apostolique, Mgr Chigi, depuis cardinal, était venu bénir l'œuvre. C'était le temps où Mgr l'Evêque d'Angers rencontrait, au Pouliguen, Louis Veuillot et les hôtes habituels de M. le comte d'Esgrigny. (Voir, dans ce volume, la *Notice sur l'Œuvre de Saint-François-de-Sales*.)

Saint-René possède un « Livre d'or » qui fait la joie des malins. Sur un cahier relié en chagrin rouge, de belles pages blanches s'offrent à la signature de ceux qui passent dans la maison. Il est rare que le signataire se contente d'apposer son nom ; le plus souvent il y joint un mot gracieux, un souvenir du cœur, quelque trait littéraire propre à récréer le lecteur.

On nous a communiqué ce charmant recueil. En citer quelques pages, c'est montrer vivante la maison *Saint-René*.

Le volume s'ouvre par une citation biblique de l'éminent et charitable fondateur :

VENITE AD AQUAS, ET QUI NON HABETIS ARGENTUM, PROPERATE, COMEDITE BONUM ET DELECTABITUR IN CRASSITUDINE ANIMA VESTRA (Isaïe, LV)[1].

† CH.-ÉMILE, évêque d'Angers.

Au dessous, on lit :

VENI, VIDI ET DELECTATA EST ANIMA MEA.

J. BOMPOIS, vicaire général.

Un abbé plaisant ayant mal lu l'invitation précédente, refusa de payer sa note. Le directeur de Saint-René lui écrit :

Vous honorez bien peu votre *mémoire ;*
Le directeur est encore indigent.
Après avoir bu son vin, sans argent,
Vous lui laissez... la mer à boire !

E. GRIMAULT, directeur de la Maison.

---

[1] Venez aux eaux, et vous, qui n'avez pas d'argent, hâtez-vous, mangez notre bien, et votre âme se délectera dans l'abondance.

Plus loin, c'est M. l'abbé Pasquier, directeur de l'École des Hautes-Études, qui, pris au débotté, s'annonce en ces termes :

> Voici que Saint-Aubin
> Bain
> A Saint-René veut avoir ;
> Voir
> Le joli port du Pouliguen ;
> Gain
> Honnête vous rapportera ;
> Rat
> D'Église n'est pas fortuné
> Né.
>
>   H. Pasquier, directeur de Saint-Aubin.

A son arrivée, le 27 juin 1874.

M. Hurtault s'écrie :

Digitus Dei est hic... non major in illis, nec minor in istis.

   J.-J. Hurtault, prêtre.

Il y a de l'anglais, de l'allemand, du breton, de l'arabe. Obligé de nous borner, donnons seulement les pièces suivantes :

KENAVEZO ! War don : « Iezuz pegen bras e... »

> O *Poullik* dudiuz !
> Gand hon tadou nerzuz
> Te zo bet *guen* kavet
> Ha *guen* out bet chomet
>
> Glaz ann env, glaz ann dour
> Enn aod yeot glaz ha flour
> *Guen*-kann ar Sklerijen
> Evel kern ar wagen

Ar c'horf a gav aman
Ann diskuiz ar zioulan :
Aman eo brav gortoz
Diskuiz ar Baradoz.

Cl. GUITTEREL, kelenner e Plouguernevez.

Er Pouliguen, ann 20 a viz Eost 1876.

TRADUCTION (PAR L'AUTEUR)

Adieu ! sur l'air du *Cantique du Paradis*

Poulik-guen. — Petite baie blanche

O petite baie charmante
Par nos vaillants aïeux
Tu fus blanche trouvée
Et blanche nous es restée !

D'azur le ciel, d'azur l'onde,
Sur la rive doux et vert gazon
Blanche-éclatante la lumière,
Comme les crêtes des vagues.

Le corps trouve ici
Le repos le plus tranquille
Ici, il fait bon attendre
Le repos du Paradis !

Cl. GUITTEREL, professeur à Plouguernevez.

De cet asile heureux quelle est donc l'influence !
Le vieillard y reprend comme un nouvel essor,
Et ne quitte ces lieux qu'en gardant l'espérance
De vivre assez de jours pour les revoir encor...

L. LEVOYER, ch. théol. d'Angers.

A Dieu !

La vie, hélas ! n'est qu'une chaîne
De souvenirs, de regrets et d'adieux !
Mais l'espérance adoucit toute peine :
A Dieu... c'est *au revoir*, sur terre et dans les cieux !

L.-S., d'Orléans.

Usque vigil Præsul nobis hæc otia fecit.

A.-J. HAMARD, professeur à Mongazon.

(17 août 1877).

Aux Bretons

Quand, pour Rome, César subjuguant ce rivage
Célébrait la valeur des Vénètes vaincus,
Son glaive triomphant y joignait l'héritage
    Et le peuple de Dumnacus.

Plus tard, on vit les murs de l'antique Guérandes
A l'Anjou pour pasteur envoyer saint Aubin :
Aujourd'hui, saint René, de la race des Andes,
S'est fait une demeure aux bords du Pouliguen.

    O forte terre d'Armorique,
O doux pays d'Anjou, rapprochant vos destins,
Que de fois la patrie et la foi catholique
Ont uni dans l'amour vos héros et vos saints !

Affirmez, de nouveau, cette union fidèle,
Pour bâtir, de concert, votre Université,
Qui naît au sein d'Angers, puissante citadelle
Contre l'erreur, le vice et l'incrédulité.

Partout on attaque l'Église,
On croit déjà compter le nombre de ses jours.
Unissez vos efforts : en sa noble entreprise
Un évêque énergique attend votre concours.

Accourez, ô Bretons, aidez de vos largesses
Le Prélat élevé sur le siège d'Aubin !
Apportez-lui vos cœurs, offrez-lui vos richesses
Pour fêter son séjour aux bords du Pouliguen.

Yves de Kersabiec.

(10 août 1878).

Mon règlement à Saint-René

Je veux ici, plein d'allégresse,
Me lever tôt, me coucher tard,
Et ne montrer de la tristesse
Qu'au départ !

J. Marbœuf.

Voilà bientôt dix jours qu'en nous couchant nous nous répétons tous les soirs : « Nous partirons demain ? »

Cte et B[r].

Le Chapeau de Saint-René [1]

Air du biniou

1. Arrivant sur cette plage
Je m'achetai, pour six sous,
Un chapeau d'un bon usage
Et qui n'avait que dix trous !

---

[1] On trouve, à Saint-René, des chapeaux de paille inusables, achetés par les hôtes, et revendus à ceux qui arrivent par ceux qui s'en vont. Au troisième ou quatrième propriétaire, la forme en devient un peu fantaisiste.

Peut-on, pour couvrir sa tête,
Faire une moins chère emplette ?
Non, rien n'est meilleur marché
Qu'un chapeau de Saint-René.

REFRAIN :

O précieuse emplette !
Où trouver un sort plus doux et plus beau,
Que de couronner ma tête ?
O mon cher chapeau, mon cher chapeau !

2. Vous décrirai-je la forme
De ce chapeau précieux ?
Au-dessus d'un bord énorme
Se dresse contre les cieux
Une pyramide immense
Qui, comme un clocher s'élance...
Non rien n'est plus dégagé
Qu'un chapeau de Saint-René.

3. Il me rend de bons offices,
Le soir, contre la fraîcheur.
Il redouble ses services,
Le jour, contre la chaleur.
Impunément on traverse
Même une terrible averse,
Quand on s'est précautionné
D'un chapeau de Saint-René.

4. Mon caprice au moindre signe,
A tout l'a vu se plier ;
Quand je pêche, il se résigne
A me servir de panier.
Quelle admirable souplesse !
Pour emploi de toute espèce
Rien n'est mieux conditionné
Qu'un chapeau de Saint-René.

5. Grand ami de la soutane
Il s'est toujours respecté.
Jamais le chef d'un profane
Par lui ne fut abrité.
Il ne couvre que des moines,
Des curés ou des chanoines...
Non, rien n'est moins profané
Qu'un chapeau de Saint-René.

6. Ses bords servirent d'ombrelle
A des gens d'un grand crédit.
Il protégea la cervelle
De plus d'un homme d'esprit.
Si tous ceux qui le possèdent
Dans leurs talents leur succèdent,
Rien ne sera mieux porté
Qu'un chapeau de Saint-René.

7. Moi je n'ai fait qu'apparaître
Dans cette aimable maison :
Lui, plus heureux que son maître,
Continuera sa saison.
Il reste sur cette plage,
Est-il un plus doux partage ?
Non rien n'est plus fortuné
Qu'un chapeau de Saint-René.

8. Puisses-tu, cher couvre-tête,
Procurer, encor longtemps,
De l'ombre à qui te rachète,
Des sous à qui te revend.
Prodigue, aux uns, des services,
Aux autres, des bénéfices ;
Et chacun sera charmé
Du chapeau de Saint-René.

Georges DURVILLE.

(Août 1882).

LE MONT-DE-PIÉTÉ

> L'unique vue qu'on a eue dans cet établissement est d'y faire trouver aux pauvres artisans de la ville et des faubourgs, des secours dans leur pressant besoin, en leur prêtant quelque argent, sans nul intérêt.
>
> Henry ARNAULD.

A quelques pas du pont central, rue Beaurepaire, se trouve un vieux logis, ou plutôt une cour, entourée de vieux logis, dans laquelle on pénètre par un porche. Cet ancien hôtel, ignoré de nos concitoyens favorisés par la fortune, est bien connu de ceux qui souffrent d'une détresse plus ou moins prolongée : c'est le Mont-de-Piété.

Malgré son état de dégradation, ouvrage du temps et des hommes, ce vestige de notre histoire, d'aspect à la fois respectable et pittoresque, a souvent séduit les dessinateurs. On croit qu'il fut occupé, à l'origine, par les Filles-Dieu de l'Ordre de Fontevrault.

« Dès 1392, cette cour fut désignée sous le nom de *Cour des Tourelles*. A mi-façade, sur la rue, deux gracieuses tourelles sculptées encadrent un avant-corps, dont la courtine porte un écusson, au-dessous duquel est écrit : *Cour des Tourelles*.

« Des deux côtés du passage y attenant, qui conduit au *Rideau*, s'allongent de vieux bâtiments antérieurs au XVIe siècle. Derrière, dans une petite maison datant de la Renaissance, et détruite depuis peu, assista le roi Louis XIII, le 10 août 1614, à la représentation d'un combat naval, donné sur la rivière, en son honneur [1]. »

Parmi les institutions que la France doit à l'Italie, celle des Monts-de-Piété n'est pas une des moins remarquables et des moins fructueuses. C'est à Pérouse, en 1462, que fut fondé, par l'abbé Barnabé, de Terni, le premier établissement de ce genre [2]. L'idée de ce moine *récollet* de soulager la misère publique, au moyen d'une maison où l'on prêterait sur nantissement, à très bas intérêt, et même, si on le pouvait, gratuitement, procédait d'un sentiment éminemment religieux, la charité ; de là le nom de Mont-de-Piété, *Mons Pietatis*. Plusieurs siècles s'écoulèrent avant que la France suivit l'exemple de l'Italie, et les lettres patentes, signées Louis, contresignées Amelot et portant établissement d'un Mont-de-Piété à Paris, sont datées seulement du 9 décembre 1777.

Diverses tentatives avaient été faites, sous les règnes de Louis XIII et de Louis XIV pour doter la capitale de cette utile institution. Ce fut Louis XVI qui eut l'honneur de l'établir. C'est toujours avec bonheur que nous trouvons le nom du meilleur des rois, à la naissance des œuvres populaires les plus vantées de nos jours.

« Angers cependant avait devancé Paris. En 1684, un de ses illustres évêques, Henry Arnauld, également renommé par sa science et ses vertus, entreprit de

---

[1] M. Célestin Port, dans sa précieuse édition de la *Description de la ville d'Angers*, par Péan de la Tuillerie. Un volume in-18, de 600 pages. Eugène Barassé, 1863.
[2] M. Maxime Du Camp, *Le Mont-de-Piété de Paris*.

combattre les ravages désastreux de l'usure dans les rangs de la population indigente de la cité angevine [1]. Il résolut donc de créer un Mont-de-Piété vraiment digne de ce nom : *mons pietatis, œdificatus caritate*, telles furent ses propres paroles. Pour aiguillonner le zèle de ses diocésains, l'évêque d'Angers annonça par une lettre pastorale qu'une mission serait prêchée, en faveur de l'œuvre nouvelle, par le Révérend Père Clément, l'un des prédicateurs les plus célèbres de cette époque, si féconde en orateurs sacrés. D'autre part, l'infatigable prélat adressait aux fidèles une éloquente allocution, dans laquelle il faisait appel à la charité de tous en faveur « des vrais pauvres qui ne sont près de tomber dans la nécessité que parce qu'ils ne peuvent arrêter les poursuites d'un créancier ou

---

[1] Avec l'agrément de l'auteur, les pages indiquées par des guillemets sont empruntées à la remarquable étude de M. André Joûbert, dans la *Revue de l'Anjou*, 1874. Cette courtoisie nous a été agréable sous deux rapports particulièrement : elle nous a mis à même de puiser, ne pouvant la reproduire en entier, dans une notice substantielle et concise ; de plus, elle nous a dispensé d'analyser un travail important, conduit à bonne fin de 1684 à 1869, date du décès de l'auteur. C'était M. Cottereau, d'abord garde-magasin, puis caissier du Mont-de-Piété. Avant de remplir ces fonctions il avait travaillé près de huit ans à l'imprimerie dont nous étions un des patrons. C'était un compositeur consciencieux, instruit et fort avantageux ; mais, quel que fût son mérite, je ne le croyais pas capable de coordonner tous les incidents, jusqu'aux plus minces, de l'histoire de notre Mont-de-Piété, en six gros cahiers formant 400 pages in-folio, orthographe respectée jusqu'au scrupule, écriture élégante et très lisible.

Ce monument, dû à un simple ouvrier, qui mérita de s'élever à un poste de haute confiance, est d'un tel intérêt que nous osons soumettre un conseil à MM. les Administrateurs, ce serait de faire hommage à la Ville de cette œuvre de leur ancien employé, pour la déposer à la Bibliothèque publique, dans une place d'honneur.

acheter les outils nécessaires à gagner leur vie par le travail de leurs mains. » Car, ajoutait-il, à juste raison, « le vrai pauvre n'est pas toujours celui qui est couvert d'habits déchirés et qui porte sur son visage et sur son corps les marques de la nécessité. » Il demandait, en terminant, que ceux qui ne pouvaient ou ne voulaient pas donner leurs fonds, consentissent à prêter au Mont-de-Piété sans intérêt l'argent dont ils n'avaient pas besoin, sauf à le réclamer quand ils le jugeraient indispensable. Les Angevins ne restèrent pas sourds à ces généreuses invocations.

« Le Mont-de-Piété d'Angers, fondé le 17 juin 1684, reçut en dot la somme de 4,000 livres, et l'établissement de Sainte-Magdeleine des Pénitentes fut choisi pour être le berceau de cette institution naissante. Un acte dressé par devant Maître Pierre Bory, notaire royal à Angers, énumère les « nobles et discrets personnages » choisis par l'évêque pour diriger le Mont-de-Piété. C'étaient Maître Guillaume Chesneau, prêtre chanoine à l'église collégiale de Saint-Maurille, René Ravart, seigneur de la Belotière, prêtre aussi, Jacques Goureau, conseiller du roi honoraire au siège présidial, et noble homme Charles Bazourdy, ancien échevin de la ville d'Angers. Par le même acte, l'évêque confiait aux directeurs du Mont-de-Piété une somme de 1,000 fr. en louis d'argent et de monnaie, « pour être
« mise sûrement à constitution, et la rente d'icelle
« employée à l'accommodement de ceux des habitants
« et artisans qui voudront passer par leur avis pour
« régler leurs contestations. » Enfin une somme de
« 600 livres était affectée aux plus urgentes nécessités
« du refuge. » Le Mont-de-Piété d'Angers était fondé. Le 1er juillet, l'œuvre était complétée par la publication du règlement encore en vigueur aujourd'hui.

« Il établissait d'abord que l'on prêterait sur gages, et

que tous les prêts seraient faits sans nul intérêt. Les directeurs s'engageaient à ne jamais solliciter « un sol de rétribution. » Le bureau s'ouvrirait le mercredi de chaque semaine, à une heure de l'après-midi, pour les opérations : deux registres chiffrés et signés de Monseigneur l'évêque et de ses successeurs, contiendraient, l'un, les noms et demeures des emprunteurs, la somme prêtée et la qualité des gages déposés ; l'autre, les paiements des débiteurs et l'indication de la restitution de leurs meubles. Défense fut faite de recevoir en gages des objets difficiles à transporter et à garder, ainsi que les outils et instruments nécessaires à la profession des artisans. Puis venaient des observations de détail : « L'on ne prêtera à une seule personne que la somme de 30 ou 40 livres et au-dessous, et l'on prendra garde qu'un même ne fasse pas emprunter, par des personnes interposées, diverses sommes.

« Nul ne sera reçu à emprunter sur gages qu'il n'apporte un certificat de son curé, comme c'est une personne de bonnes mœurs, qui emprunte pour son besoin, afin d'empêcher que les vicieux n'engagent et ne vendent leurs meubles pour en employer le prix à la débauche.

« Lors du prêt, les directeurs donneront leur écrit signé d'eux, qui contiendra les conditions dudit prêt, qui sont que ceux qui ont besoin d'argent vendent aux directeurs leurs meubles pour le prix dont on conviendra, avec faculté de les retirer dans six mois, en remboursant la somme prêtée : faisant lequel remboursement, les meubles seront rendus par les directeurs au débiteur, qui de sa part leur rendra aussi leur écrit ; et cela lui tiendra lieu de quittance, dont sera fait mention sur le registre.

« Les meubles de ceux qui ne se seront pas acquittés

dans les six mois, seront vendus publiquement, et la vente en demeurera indiquée pour toujours au premier jour de chaque mois, ou au lendemain s'il y a fête. Le débiteur y pourra être présent. L'on y recevra les enchères, et ce qui du prix des dits meubles excèdera le prêt, sera rendu au débiteur, sans intérêt ni frais.

« Celui qui aura emprunté pourra s'acquitter par divers paiements non moindres de 3 fr., dont sera tenu registre ; et si le terme du prêt étant passé il n'est dû qu'une légère somme, on ne vendra du gage qu'à proportion de ce qu'il faudra pour achever d'acquitter le prêt. Les débiteurs qui retireront leurs meubles ne pourront payer en deniers doubles ou sols que jusqu'à concurrence de 8 livres, comme on ne pourra pas par le prêt leur en donner davantage.

« Quand le débiteur aura acquitté sa dette et remis ses meubles, il ne sera pas reçu à faire par lui, ou personnes interposées, un nouvel emprunt sur les mêmes meubles ou autres, si ce n'est après six mois. D'autant que par ce moyen, une même personne pourrait retenir la somme prêtée tant qu'elle voudrait, et serait cause qu'on ne pourrait secourir la nécessité des autres.

« Si quelqu'un d'honnête condition se présente qu'on sache être dans un besoin qui ne puisse être autrement soulagé, on lui prêtera aux conditions susdites.

« A mesure que le Mont-de-Piété s'augmentera, on augmentera aussi les prêts.

« A la fin de chaque bureau, on fera le calcul des sommes que l'on aura prêtées et des paiements que les débiteurs auront faits, et sur ce calcul et celui du bureau précédent l'on arrêtera ce qui restera dans la caisse, afin de savoir toujours quels fonds on a.

« MM. les Directeurs sont tenus de faire voir tous les ans, à Monseigneur l'évêque et à ses successeurs, en présence de MM. le lieutenant général et procureur du roi du présidial, de MM. le juge et procureur du roi de la prévôté, de M. le maire, l'ancien échevin, l'ancien conseiller et le procureur de la ville, en quoi consiste le Mont-de-Piété, si le fonds est augmenté ou diminué, et quels ont été les soins de leur administration, dont sera tenu registre... »

« Nous avons tenu à reproduire textuellement ces articles du règlement pour plusieurs raisons. D'abord, parce qu'ils contiennent en maint endroit des considérations morales de l'ordre le plus élevé ; ensuite, parce que cette rédaction est un chef-d'œuvre de précision. Tous les cas sont prévus : rien n'est omis. Si plus tard on a apporté à ce règlement quelques modifications de détail nécessitées par la différence des temps, on a eu soin de conserver intacte l'œuvre des premiers directeurs du Mont-de-Piété. C'est aussi un utile exemple à citer à ceux qui répètent tous les jours, sur tous les tons, dans la presse comme dans les salons, que la France ne date que de la Révolution, et que jusque-là tout n'était que ténèbres et désordres. Longtemps avant les philanthropes, l'Église avait songé à sauvegarder les intérêts des classes laborieuses, et s'occupait de soulager, par d'utiles fondations, les misères du peuple. En prenant sous sa haute protection cette institution naissante, l'évêque d'Angers montrait encore une fois que la charité n'a pas de meilleur auxiliaire que la religion, et que sans son appui elle risque fort de demeurer stérile.

« Le mercredi 12 juillet 1684, on procéda à l'ouverture du bureau du Mont-de-Piété. L'établissement prospéra, et le premier compte financier fut rendu le 9 avril 1686, dans la salle épiscopale, en présence de Monseigneur l'évêque, de MM. du présidial, de la prévôté, de la

« Article premier. — Tous les objets d'habillement, linges, chaussures, couvertures et lits déposés en nantissement au Mont-de-Piété et autres établissements semblables dans toute la République et sur lesquels il aurait été prêté une somme de 100 livres et au-dessous, seront rendus à ceux à qui ils appartiennent.

« Article 2. — La République se charge de rembourser aux administrations du Mont-de-Piété et autres établissements semblables la valeur desdits prêts. »

. . . .

« La détresse du Bureau devenant chaque jour plus grande, les directeurs adressèrent, le 21 ventôse an V, une pétition à la municipalité, dans laquelle ils demandaient qu'on les autorisât à placer le papier-monnaie qu'ils possédaient, représentant une valeur de 36,539 livres et 10 sols, de la manière la plus avantageuse possible. La municipalité émit à son tour le vœu que ces sommes en assignats et en mandats, qui restaient au bureau, fussent versées au receveur du département avant le 10 germinal, sauf ensuite à demander une indemnité en faveur du Mont-de-Piété. C'était tout ce qu'il y avait de mieux à faire. L'administration centrale autorisa le versement, qui monta au chiffre de 15,285 livres. Ce versement fait, les directeurs en avisèrent le ministre des finances. Ils profitèrent de l'occasion pour réclamer le paiement en espèces de la somme versée en assignats, afin de compenser la perte de 37,035 livres causée par la dépréciation du papier-monnaie. C'était, ajoutaient-ils, le seul moyen d'empêcher la ruine du Mont-de-Piété d'Angers. D'autres lettres furent adressées à notre représentant Talot et à la Trésorerie nationale. Les directeurs terminaient en invoquant la sensibilité du ministre des finances, Du Ramel.

« Celui-ci répondit, le 12 floréal, par un billet laconique, dans lequel il disait que le ministre de l'Intérieur examinerait s'il y avait lieu d'accorder des secours publics au Mont-de-Piété d'Angers : quant à la conversion des assignats en espèces métalliques, elle était irréalisable. L'affaire traîna pendant plusieurs années ; les directeurs avaient beau multiplier les lettres, les pétitions, les rapports et les mémoires, ils n'obtenaient aucune réponse décisive. Le bureau continuait cependant à fonctionner. Le 8 fructidor an VIII le total des fonds disponibles était de 8,530 fr., ce qui faisait sur le compte du 3 ventôse an IV, montant à 7,201 fr., une augmentation de 1,329 fr. Les directeurs, voulant faire profiter les pauvres de cette plus-value, élevèrent le maximum des prêts et établirent en même temps une retenue sur les paquets reçus pour subvenir aux frais de l'administration du bureau.

« Cependant de graves abus s'étaient glissés dans les opérations du Mont-de-Piété malgré la surveillance des administrateurs. Les ressources étaient tellement affaiblies, qu'on ne pouvait prêter que 6 livres par chaque paquet. Les personnes qui se trouvaient avoir besoin d'une plus grosse somme, étaient obligées de déposer deux, trois et quelquefois un plus grand nombre de gages. Si on refusait de recevoir plus d'un objet d'une seule personne, les intéressés présentaient des paquets sous des noms supposés, et les commissionnaires, complices de la fraude, bénéficiaient d'un dixième sur ceux qui les employaient. Souvent les billets étaient falsifiés, et on courait le risque de prendre en gage des objets volés. Enfin la maison était dans un tel état de délabrement que les croisées ne tenaient plus, et que les toitures menaçaient de s'effondrer. Les directeurs imploraient un prompt secours.

maison de ville et de MM. les administrateurs du Mont-de-Piété. Il fut approuvé par tous les assistants, qui félicitèrent chaleureusement les directeurs de leur dévouement. Cependant le Mont-de-Piété d'Angers n'avait pas encore de local fixe, et le lieu de réunion du bureau variait souvent. On acheta, le 18 février 1699, pour la somme de 2,000 livres, au sieur Martineau, la maison de la Haye, située rue Lyonnaise. Ainsi, au moment où se fermait cette grande époque de notre histoire, qu'on appelle le siècle de Louis XIV, la ville d'Angers était en possession d'un Mont-de-Piété florissant. Une autre maison, rue Bourgeoise, acquise en 1700, puis une autre, en 1702, place de la Laiterie, et enfin, en 1723, une troisième, sise cour des Tourelles, servirent à l'agrandissement de l'institution, qui ne cessa de prospérer pendant le cours du xviiie siècle. »

Nous arrivons à la Révolution, à cette époque funeste qui détruisant tout sans rien fonder, confisqua ou ruina toutes les œuvres en faveur des pauvres. Notre Mont-de-Piété, si florissant naguère, ne put échapper au sort commun.

Le premier document relatif à la seconde période de l'histoire du Mont-de-Piété d'Angers porte la date significative du 15 avril 1793.

« En ce jour, le Conseil général de la Commune désigna les citoyens Maugars, Planchenault, de la Chevallerie, Cordelely et Gilly jeune, pour diriger le bureau du Mont-de-Piété, ainsi que Fleuriot, ancien administrateur. Les nouveaux élus prêtèrent le serment civique. Le citoyen Huvelin fut nommé également directeur le 29 du même mois, ce qui porta le nombre à sept. Il ne se passa rien de remarquable jusqu'au quatrième jour de pluviôse an II, époque à laquelle parut un décret de la Convention, qui menaçait, s'il était appliqué, de ruiner totalement le Mont-de-Piété d'Angers.

« La Convention décrétait que « les linges, les vête-
« ments, nippes, habillements, hardes, ustensiles de
« ménage, et généralement tous les autres effets de
« première nécessité, déposés en nantissement, ou mis
« en gage au Mont-de-Piété, tant à Paris que dans les
« autres communes de la République, seraient remis
« sans aucun reçu de l'argent prêté au porteur de la
« reconnaissance, et sans qu'il soit tenu à payer aucuns
« droits ni intérêts... »

« Émus des conséquences lamentables qu'amènerait l'application de ce fatal décret, les directeurs du Mont-de-Piété d'Angers adressèrent une lettre au président de la Convention nationale, pour plaider la cause de l'utile institution qu'ils dirigeaient. Ils écrivirent également au citoyen Francastel, représentant du peuple, alors résidant à Angers. Celui-ci leur répondit qu'il fallait attendre la décision de l'autorité supérieure.

« Des commissaires nommés par la municipalité se transportèrent au lieu ordinaire des séances, prirent connaissance des registres et copièrent la note rédigée par les directeurs sur l'état des fonds qui constituaient l'établissement et s'élevaient à 49,227 fr. 03 c. Le disponible montait à 39,905 fr.

« En exécution de la loi du 4 pluviôse, cette somme devait être réduite de moitié par aperçu. Le bureau s'ouvrirait tous les primidis, et le 10 messidor était fixé pour la restitution des paquets. La municipalité intervint alors auprès du district par une lettre très pressante, dans laquelle elle plaidait chaleureusement la cause des pauvres.

« Le 1er pluviôse an III, la loi suivante fut promulguée sur la proposition de Barras :

devait espérer que cette légitime réclamation serait accueillie sans hésitation, d'autant plus qu'il a toujours été admis en droit que les immeubles des établissements de bienfaisance devaient être dégrevés d'impôts le plus possible. Le gouvernement ne voulut pas admettre les excellentes raisons proposées par les directeurs, et répondit à leur demande par un simple refus.

« A la fin de 1854, l'avoir net du bureau s'élevait à 252,909 fr. 28. Dans la séance du 19 novembre 1855, le maximum des prêts fut porté de 70 à 100 fr. Le 25 avril 1857, le Conseil de préfecture autorisa le Mont-de-Piété à acheter la maison Levoyer, située cour des Tourelles, 15, joignant les bâtiments de l'établissement. Le 13 septembre 1858, on acheta la maison Myionnet, située rue Mauvaise et cour des Tourelles.

« La guerre de 1870 et les désastres qui en furent la suite, portèrent un rude coup à tous les établissements de bienfaisance de France. Notre Mont-de-Piété continua ses opérations, mais il fut contraint plusieurs fois de réduire le maximum des prêts de 50 à 20 fr., dans la crainte de ne pouvoir retirer de fonds du Trésor public. Aujourd'hui [1], grâce aux efforts conservateurs de

---

[1] A l'époque où M. André Joubert publia cette notice, 1873.
La Commission du Mont-de-Piété se compose aujourd'hui de : MM. le Maire d'Angers, président ;
    Mestayer, notaire honoraire, vice-président ;
    Daburon, notaire honoraire, secrétaire ;
    Foucault, ancien négociant ;
    Estève, commandant en retraite ;
    Mesnard, négociant ;
    Porché, ancien commissaire-priseur ;
    Veger, ancien professeur à l'École des Arts-et-Métiers ;
    Cocard, ancien négociant.
Le directeur actuel est M. Savette qui a succédé l'année dernière, à M. Bernier, lequel a occupé ce poste de la manière la plus honorable, ainsi que son prédécesseur, M. Myionnet aîné ; M. Boumier a remplacé comme caissier M. Savette, promu directeur.

l'Assemblée nationale et du gouvernement du maréchal de Mac-Mahon, la situation du Mont-de-Piété s'est améliorée, en même temps que la confiance et le crédit commencent à renaître.

« La municipalité angevine nommée par le maréchal, le 15 février 1874, a inauguré son entrée en fonctions par une souscription publique qui a dépassé 53,000 fr. Sur cette somme, 15,175 fr. 50 ont été versés au Mont-de-Piété et ont permis de rendre gratuitement trois mille deux cent vingt articles.

« Le Mont-de-Piété d'Angers est un des établissements de ce genre les plus florissants qui existent en France. Fondée en 1684 par le dévouement admirable d'Henry Arnauld, et dotée d'une modique somme de 4,000 livres, cette grande institution a toujours tendu à se développer. Elle a échappé à la tourmente révolutionnaire, plus heureuse que beaucoup d'autres créations de l'ancienne France, qui auraient mérité de survivre. Elle possède un actif considérable en marchandises, des rentes et des propriétés foncières. Ce qui la distingue des autres maisons similaires, c'est ce caractère de gratuité absolue que son fondateur lui a si noblement imprimé, et que les administrations successives qui l'ont dirigée ont tenu à honneur de lui conserver, comme un glorieux privilège.

« Nous terminerons cette étude historique, qui, nous l'espérons, ne sera pas sans intérêt pour les Angevins, en nous félicitant de n'avoir pas rencontré pendant près de deux siècles, dans cette longue suite de citoyens intègres et dévoués aux intérêts des indigents, qui composèrent tour à tour les diverses administrations du Mont-de-Piété, un seul homme indigne du respect et de l'admiration que la postérité reconnaissante sait dispenser si largement aux âmes d'élite. Tous les directeurs ont su faire leur devoir, tous ont

« Par une lettre datée du 11 messidor an X, M. Joûbert-Bonnaire, maire d'Angers, félicitait les directeurs de leur zèle et de leurs soins assidus. Il leur conseillait de ne plus rien prêter à l'avenir que sur un certificat des membres du Bureau de Bienfaisance, constatant que l'individu qui en serait porteur avait droit à des secours. Un accord intervint entre les directeurs du Mont-de-Piété et les membres du Bureau de Bienfaisance. Il fut convenu que les indigents présenteraient des billets portant leurs noms, prénoms, demeures, la condition des effets mobiliers qu'ils voulaient mettre au dépôt. On écartait impitoyablement les courtiers, « ces véritables sangsues du pauvre. » Les dernières années du premier Empire s'écoulèrent sans incident pour le bureau de Mont-de-Piété d'Angers. « La Restauration rendit à la France, après de longues années de guerre et de despotisme révolutionnaire ou militaire, deux grands bienfaits de la civilisation, la paix et les institutions libres [1]. »

« Le 8 avril 1821, à l'occasion du baptême du duc de Bordeaux, le Conseil municipal, réuni sous la présidence de M. de Villemorge, prit l'arrêté suivant : « Sur les dépenses faites par la Ville à l'occasion de la fête, il est voté une somme de 1,200 francs pour remise d'effets déposés jusqu'à ce jour au Mont-de-Piété. L'arrêté est signé de MM. Gautier, Du Rouzay, Brossard, Esnault, Verdier, Chedevergne, Lechat de Tessecourt, Brichet, Lelarge, Papiau, de la Chauvellière, Retailleau, Gaudais, Letourneur de la Borde, Ollivier, Chevreul, de Gohin et de Terves, adjoint. »

« De nombreux dons enrichirent le Mont-de-Piété, et le 27 décembre 1824, l'actif montait à 46,454 fr. 11. Le

---

[1] Guizot, *Revue des Deux-Mondes*, 1er mars 1874.

2 septembre 1829, il s'élevait à 50,614 fr. 50. Un legs considérable fut fait, le 25 juin 1830 au bureau du Mont-de-Piété, par M. Daburon de Mantelon, chanoine de la cathédrale. Les directeurs, désireux d'en profiter, demandèrent à M. Alexandre Joûbert-Bonnaire de les aider à obtenir un règlement nouveau qui rendît leur établissement apte à recevoir des legs et donations. Le roi Louis-Philippe signa, le 24 décembre 1831, une ordonnance d'après laquelle le Mont-de-Piété d'Angers était légalement constitué. On réglait l'administration du bureau, les opérations, les conditions du prêt, les renouvellements, les retraits, les ventes des nantissements, l'excédent, la police et le contentieux. Cette ordonnance comptait soixante articles. Justice était rendue aux administrateurs, dont le roi louait, comme ils le méritaient, le dévouement et le zèle à défendre les intérêts de la classe indigente. Le 7 novembre 1832, une nouvelle ordonnance royale autorisait le Mont-de-Piété à accepter le legs de M. Daburon de Mantelon, estimé en immeubles et valeurs mobilières à 155,000 fr. »

« Le 10 juin 1837, le Conseil municipal décide qu'à l'occasion du mariage du duc d'Orléans avec la princesse Hélène de Mecklembourg, sur les 6,000 fr. votés, 1,000 seront employés pour le retrait d'un grand nombre d'objets déposés au Mont-de-Piété.

« La maison Lecacheur fut achetée le 13 avril 1840 pour agrandir l'établissement.

« A la révolution de février, le Mont-de-Piété d'Angers, gravement atteint dans ses biens ruraux par le nouvel impôt des 45 centimes, demanda bientôt à en être dégrevé. Les directeurs écrivirent au commissaire du gouvernement, disant que cette charge s'établirait au détriment des pauvres, puisqu'elle diminuerait d'autant le fonds de roulement destiné à les soulager. On

pas loin de la vérité en évaluant à trois mille, par an, le nombre des visiteurs, et à 12 francs, en moyenne, l'avance faite à chacun sur un ou plusieurs objets.

Quant à la condition des personnes qui viennent puiser à cette source généreuse, la connaissance en est encore plus difficile ; beaucoup de dépôts se font par l'entremise de tiers, et souvent l'intermédiaire est chargé de plusieurs commissions, émanant d'autant de personnes différentes. On conçoit que les pauvres honteux, qui forment une notable partie de la clientèle, éprouvent une grande répugnance à se découvrir.

On nous demandera sans doute dans quelle proportion s'est accru le nombre des clients de l'œuvre secourable. On sait que depuis 1830 le chiffre de notre population a doublé. Le chiffre des dépôts n'a pas suivi cette progression. Il s'élevait il y a soixante ans à 25,000. En le comparant à celui d'aujourd'hui, 33,000, on voit qu'il s'accroît d'un quart seulement. Il faut dire qu'à la première époque, la *Loterie* de l'État qui existait alors, était une cause bien séduisante d'emprunts à la caisse populaire. Il n'y a plus de loterie de l'État, mais les sujets de désordre et d'imprévoyance ne manquent pas ; ainsi le bruit a couru que beaucoup de gens avaient eu recours au Mont-de-Piété pour aller visiter l'Exposition. Le fait est incontestable, mais le nombre de ces imprudents et de ces dissipateurs ne forme qu'une *minorité*, et n'a guère influé sur le chiffre des déposants un peu inférieur à celui de l'année précédente. Il faut observer aussi que l'accroissement de la misère diminue le nombre des personnes pouvant fournir des gages ou nantissement.

Si les emprunteurs au Mont-de-Piété sont, d'après les probabilités, au nombre de trois mille, il faut en conclure que les intéressés à cette assistance, en comprenant femmes et enfants, atteignent au moins le total de six mille.

En poursuivant nos investigations, nous avons voulu savoir si ce personnel était le même que celui du Bureau de Bienfaisance, et nous nous sommes assuré qu'il en était distinct, pour la majeure partie. Les clients de l'œuvre municipale sont des familles nombreuses, absolument dénuées de ressources, tandis que les déposants au Mont-de-Piété sont, pour la plupart, des gens possédant quelque chose, mais subissant une gêne plus ou moins prolongée.

Toutefois, comme il est positif qu'un certain nombre de ces derniers figurent également sur les listes de la charité officielle, ne prenons que la moitié des six mille intéressés au Mont-de-Piété, trois mille, en les ajoutant aux cinq mille du Bureau de Bienfaisance, voilà huit mille indigents si pauvres, qu'ils ne sont pas assurés du pain du lendemain.

N'est-ce pas effrayant de penser que le paupérisme a fait de tels progrès que le huitième de la population de notre ville, qui passe pour être riche, est réduite à la dernière détresse?

Si vos calculs sont justes, me dira-t-on, comment tous ces pauvres gens font-ils pour ne pas mourir de faim? — Ah! voilà le mystère que nous avons souvent cherché à découvrir, mais en vain, et qu'il est impossible d'expliquer sans une intervention surnaturelle; mais ce n'est pas une raison pour s'en remettre à l'assistance divine, c'est au contraire un motif pour la seconder de tout notre pouvoir.

Nous tous qui avons le bonheur de posséder l'essentiel, c'est-à-dire le foyer, le vêtement et la table, pensons souvent à ceux qui en sont privés. Lazare est toujours à notre porte, et Lazare c'est Notre-Seigneur

combattu en faveur de l'établissement confié à leurs soins, tous sont également chers à notre mémoire [1].

« Souhaitons que rien ne vienne troubler la prospérité du Mont-de-Piété d'Angers, souhaitons que les esprits déjà trop divisés sur les questions religieuses et politiques, continuent du moins à s'unir, dans un effort commun, sur un terrain neutre, celui de la charité.

« Sur la proposition de M. Achille Joûbert, maire d'Angers, le Conseil municipal a voté, à l'occasion de la visite du maréchal de Mac-Mahon, le 27 août 1874, une somme de 15,000 francs, dont 3,000 ont été mis à la disposition des administrateurs du Mont-de-Piété pour favoriser certains dépôts, au nombre de six cent vingt. »

Mouvement des Magasins pendant l'année 1888

	ARTICLES	SOMMES
Le 1er janvier 1888, il existait en magasin......	13.254	148.113 f. 05
Engagements de 1888 :		
Pendant l'année 1888, il a été engagé..........	17.672	171.498 »
— — il a été renouvelé........	2.941	30.407 50
Totaux........	33.867	350.019 »
Dégagements de 1888 :		
Pendant l'année 1888, il a été dégagé par retraits.	15.820	147.717 50
— — — par renouvellements.....	2.941	36.845 »
— — — par ventes....	1.130	10.914 50
A déduire des totaux ci-dessus..	19.891	195.477 »
Reste en magasin au 1er janvier 1889...	13.976	154.542 »

[1] M. André Joûbert, page 10 de sa notice.

Les 1130 articles vendus ont produit 16.187 f. 95, qui se décomposent comme suit :

Remboursement de contrôle sur les objets mis en vente.	171 f. 70
Droit 2 % sur le montant des ventes.................	321 11
Bonis revenant aux emprunteurs.....................	4.780 64
	5.273 45
Sommes prêtées.....................	10.914 50
Total.................	16.187 95

Il a été versé par les emprunteurs pour acomptes sur 2.941 articles renouvelés, la somme de 6.437 f. 50.

En jetant les yeux sur le tableau ci-dessus, on est d'abord frappé par l'importance des chiffres ; plus de trente-trois mille articles déposés, sur 350,000 francs prêtés, dans une seule année ! Quelles conséquences morales doit-on tirer de ces quantités considérables ? Sans doute, ainsi que pour toutes les institutions humaines, il y a un côté faible dans celle dont nous nous occupons ! La facilité de se procurer de l'argent pour en faire un triste usage ; mais en regard de cet abus, plus restreint qu'on ne pense, que de services rendus à la classe nécessiteuse ! C'est surtout à l'époque des termes de loyer, fardeau si lourd pour les petits ménages et qui tend à s'aggraver encore, que le recours au Mont-de-Piété devient précieux, et préserve de l'insolvabilité des personnes même honnêtes.

Nous avons cherché à connaître le nombre des clients de cette banque gratuite, mais on ne peut l'indiquer que par approximation. Il y a les habitués qui viennent jusqu'à trente fois dans le cours d'une année, soit pour apporter de nouveaux gages, soit pour donner quelques acomptes sur les anciens : ce qui s'appelle *rafraîchir* ou renouveler ; il en est d'autres qui ne viennent qu'une fois dans la même période. Nous ne serons peut-être

Jésus-Christ ! « Quand je songe aux pauvres, disait le
« cardinal Guibert, qui couchait sur la dure, et se
« réduisait à l'ordinaire le plus frugal, la moindre
« bouchée de pain me semble amère. »

Comment remédier à tant de misères? Par notre
sollicitude d'abord, ensuite par nos chères œuvres.
Soutenons-les ; propageons-les ; ne les laissons pas
péricliter. Ce sont elles principalement qui assistent
une foule de pauvres êtres innocents, enfants et
femmes... Ah ! sans doute, elles ne peuvent leur donner
le bien-être, mais elles les empêchent de succomber au
besoin, et par de douces paroles, les encouragent à la
résignation et à l'espérance.

Il est bien rare que l'on entende parler d'infortunés
mourant d'inanition ; mais à notre époque où la confiance manquant, la prospérité publique ne peut revenir,
quelle foule de malheureux n'ont pas le nécessaire et
dépérissent peu à peu, par défaut de nourriture ou de
vêtements indispensables ? Assurément le Bureau de
Bienfaisance et le Mont-de-Piété sont d'un grand
secours, mais nous verrons que le premier ne peut donner
à chacun de ses obligés en bons de diverses sortes que
10 fr. par an et que le second ne peut prêter qu'à ceux
qui possèdent quelque chose.

Heureusement il y a une quatrième source de bienfaisance à laquelle on ne rend peut-être pas assez justice, parce qu'elle est peu connue : c'est la charité faite
par les pauvres entre eux. Nous lisons dans la *Vie* de
notre cher et saint ami, M. Léon Le Prévost, le fondateur des Frères de Saint-Vincent-de-Paul [1] :

« Plus M. Le Prévost voyait les pauvres dans l'inti-

---

[1] Cette belle *Vie* vient de paraître en un volume in-8º. Paris, Poussielgue.

« mité, plus il constatait leur délicatesse et souvent
« même leur générosité. Il avait parfois révélation
« d'actes admirables de charité que ces pauvres gens
« réhabilités, consolés, ramenés à l'espérance comme à
« la foi, accomplissaient à l'égard les uns des autres.
« Que l'on nous permette la citation d'une belle parole,
« confirmée par l'expérience de ceux qui voient de
« près les pauvres : « On peut calculer par la statis-
« tique, dit M. de Lamartine, les sommes que les riches
« donnent aux pauvres ; mais le budget complet de la
« charité est impossible, parce que les secours que les
« pauvres se donnent entre eux, sont incalculables. »
« S'il en est ainsi pour le commun des indigents, que
« doit-on penser de la charité des pauvres chrétiens les
« uns envers les autres ? Elle est souvent vraiment
« héroïque, et M. Le Prévost racontait quelquefois à *la*
« *Sainte-Famille* de ces traits de charité fraternelle qui
« tiraient des larmes de tous les yeux... »

La parole citée est digne du grand poète qui l'a prononcée ; nous oserons cependant la contester sur un
point : il nous semble aussi difficile de dresser la statis
tique des bienfaits des riches que celle des services des
pauvres ; les uns et les autres ne peuvent être comptés
qu'au ciel.

NOMS DES PRINCIPAUX DONATEURS

Mgr Henry Arnauld, évêque d'Angers, fondateur (1684).
M. d'Autichamp, lieutenant du Roi (1684).
M. Subleau de la Mauvoisinière, secrétaire du Roi (1684).
R. P. Prieur de l'Esvière, pour un inconnu (1691).
M. de la Hamardière-Nepveu (1692).
M. Paulmier, curé de Soulaines (1704).
M. Le Voyer, sieur de la Foncheraye (1704).

Mlle Anne Bourdin (1707).
M. Dupont, conseiller au Présidial (1709).
Mlle Louise Chotard (1709).
M. Le Roy, sieur de la Grand-Maison (1711).
Mlle Guilbauld de la Grand-Maison (1714).
M. Burolleau, sieur des Guiteloires (1714).
Mlle Louise Chatelain (1714).
M. Deniau, prêtre (1714).
M. Maumussard, prêtre)1716).
Mlle de la Grenaudière (1716).
M. Chollet, prêtre, directeur du Petit-Séminaire (1718).
M. Bellière (1723).
Mgr Poncet de la Rivière, évêque d'Angers (1727).
Mlle de la Roussellière (1729).
M. Pannetier, prêtre à Mirebeau (1732).
M. Du Solay-Boislève (1732).
M. de Beaumont (1733).
Mlle de Grasigny (1735).
M. Mabit, directeur (1738).
Mgr de Vaugirauld, évêque d'Angers (1741).
M. Dumarais-Hameau (1744).
M. Galard (1745).
Mlle Marguerite Gautereau (1755).
M. Bouchard, directeur (1762).
M. Herard-Biquier, sieur des Tourelles (1766).
M. Huard, vicaire de Saint-Michel-du-Tertre (1767).
Mme de la Douinière (1775).
Mme de Pignerolle (1777).
Mlle Martineau (1785).
M. Courtillé, curé de Saint-Denis d'Angers (1790).
M. Guillory, ancien négociant (1820).
M. Montalant, grand vicaire du diocèse (1822).
M. Hucheloup-Desroches, curé de Saint-Joseph (1823).
M. Breton, curé de Saint-Maurice (1823).
M. Genneteau, curé de Saint-Joseph (1826).
M. Guilbault, administrateur (1830).
M. Daburon de Mantelon, chanoine de Saint-Maurice (1830).

M. Michel Meslet, administrateur (1862).
M. Mordret, vice-président du Conseil d'administration (1872).

Cette liste de donateurs qui ne contient que les principaux est une nouvelle preuve que notre Mont-de-Piété, ainsi que presque toutes nos institutions de bienfaisance, doit sa création à la générosité des fidèles et particulièrement du clergé. C'est un évêque qui l'a établi avec un don de 4,000 livres, valant aujourd'hui le quadruple, et c'est un chanoine qui l'a enrichi. Les vaines déclamations des révolutionnaires ne sont intervenues que pour lui faire perdre 30,000 fr. de rente et c'est M. l'abbé de Mantelon qui lui a rendu sa prospérité première en 1830, par un magnifique legs de 155,000 fr. qui en valent bien aujourd'hui 300,000 !

LE TRAVAIL CHRÉTIEN

Le but de l'Œuvre du Travail chrétien est de soutenir les pauvres ouvriers qui ont une nombreuse famille et sont dans la détresse. L'Œuvre leur vient en aide en prenant leurs filles à la sortie des classes pour leur faire apprendre, dans des ateliers chrétiens, l'état qu'elles désirent, avec un secours de 5 francs par mois, pendant l'espace de deux ans. Les enfants de veuves sont de préférence nourries dans les maisons d'éducation et les couvents, qui consentent volontiers à les accueillir : cette assistance donnée à ces chères petites filles suffit pour empêcher les parents de les envoyer mendier ou de les mettre en fabrique.

Toutes les ouvrières, de bonne conduite, peuvent faire partie de cette Œuvre et pour les encourager à s'y présenter, elles ont droit, si elles sont malades, à des secours pour une somme variable de 5 à 90 francs dans le courant de l'année, avec les visites gratuites du médecin et une remise de 30 à 35 % chez le pharmacien. Cinq médecins et deux pharmaciens veulent bien prêter charitablement leur concours.

Une Dame du Conseil doit visiter deux fois par mois les ateliers de son quartier, pour montrer de l'intérêt aux maîtresses et encourager les petites apprenties à bien travailler ; elle doit également visiter les malades pour les consoler et leur donner quelques douceurs : ces visites sont le véritable moyen de pénétrer dans les pauvres familles et de leur faire moralement du bien.

Des récompenses en vêtements de toutes sortes sont distribuées dans le mois de décembre à toutes les petites apprenties, pour les récompenser de leur travail et de leur assiduité aux réunions du quatrième dimanche de chaque mois, chez les Sœurs de la Miséricorde ; là, elles assistent à la bénédiction du Saint Sacrement et à une instruction faite par un R. P. Capucin. Dans cette chapelle est érigée la Confrérie de Notre-Dame-de-Nazareth, et l'on voit un très joli tableau représentant la Sainte Famille : des neuvaines dirigées par une maîtresse ouvrière se succèdent pendant toute l'année.

Depuis sa création, le 1er octobre 1875, jusqu'au 30 juin 1889, l'Œuvre a dépensé pour ses apprenties et ses malades la somme de 32,086 fr. 90.

La présidente du *Travail chrétien* est Mme Benjamin Brulé qui joint à ce mérite, si je ne me trompe, celui d'avoir créé l'excellente Œuvre.

NOTRE-DAME-DE-SALUT

Notre-Dame-de-Salut est une œuvre de prières, de pèlerinages pour la France ; c'est elle qui entraîne les foules et porte les malades à la grotte de Lourdes ; c'est elle qui obtient les guérisons miraculeuses dont l'une de nos bien-aimées Servantes des malades a été récemment l'objet ; c'est l'œuvre de Notre-Dame-de-Salut qui organise les pèlerinages de pénitence à Jérusalem, et sollicite des prières par toute la France. Les cotisations qu'elle réclame à ses associés sont destinées à secourir les patronages de la province. Elle nous vient de Paris qui reçoit de nous des œuvres telles que *les Servantes des pauvres malades, les Adoratrices du Saint-Sacrement*, et d'autres encore !... L'esprit de charité souffle où il veut, s'arrête ici et là pour mieux parcourir et pénétrer le monde des âmes.

C'était en l'année même de nos douloureux désastres, quelques femmes chrétiennes, chez les *Dames de l'Assomption*, à Auteuil, se réunirent dans une même pensée de prières et de supplications. — En sortant de la salle où l'on choisit, pour divine présidente, Notre-Dame-de-Salut, les premières associées passèrent devant une statue de la Vierge dont le sourire céleste rayonnait encore malgré les mutilations que les soldats de la Commune venaient de lui faire subir. Par un respect religieux et filial, on restitua les traits de l'image de Marie qui devint le cachet d'agrégation, dessiné par M. Imlé.

Une Œuvre ouvrière connaissant cette image voulut absolument avoir l'objet représenté. — Un moulage artistique répondit à ce désir, et c'est ainsi qu'un cercle ouvrier a, le premier, érigé dans la salle des séances une statue de Notre-Dame-de-Salut.

Or voici la tradition : Cette madone du moyen âge, tombée, pendant la tourmente révolutionnaire, d'un porche de Notre-Dame de Paris, fut extraite des débris accumulés chez un marchand d'antiquités. — La statue qui regarde en souriant tandis que l'enfant divin donne une de ses premières bénédictions, fut érigée au milieu de la cour de récréation d'un collège catholique. Cette royauté maternelle n'était qu'un acheminement ménagé par la Providence. Un boulevard de M. Haussmann traversa la cour du collège et l'antique madone se réfugia dans le cloître du couvent des Dames de l'Assomption à Auteuil. Ce fut là que l'Œuvre qui prie pour le salut de notre France et secourt les patronages, vint lui demander sa protection.

Aux pieds de cette madone, disent de vieux écrits, six lampes brûlaient toujours. Les malades passaient la nuit pour lui demander guérison, et de pieux médecins donnaient des consultations aux pauvres pour l'amour de Notre-Dame. — O Marie, encouragez et protégez les médecins des âmes !

Ces documents nous viennent d'un compte rendu de l'une des premières assemblées générales de l'Œuvre, présidées par Mgr de Ségur.

L'Œuvre, à peine fondée à Paris, s'étendit promptement en province. Mme Dumont-Sauzet, secrétaire, s'adressa, avec une respectueuse insistance, à notre illustre évêque qui daigna accueillir avec bienveillance l'œuvre nouvelle. Quelques-unes de nos meilleures familles, Mmes de Gargilesse, de Danne, d'Espinay, de la

Villebiot, etc., s'y intéressaient déjà. Monseigneur choisit comme directeur un prêtre aussi zélé que charitable, auquel nous pourrions donner le titre de fondateur des patronages à Angers, si le souvenir vénéré de M. l'abbé Le Boucher, de M. l'abbé Darbois, ne s'élevait de Notre-Dame-des-Champs, le modèle et le premier de nos patronages. Mais il appartenait certainement au directeur du patronage de Saint-Vincent-de-Paul, à l'aumônier des Dames du Calvaire, dès les premiers jours si dévouées à l'Œuvre, de diriger une Association de prières qui destinait ses ressources au soutien des patronages. Semblable en cela aux ordres religieux plus particulièrement consacrés à la prière, à laquelle s'unit toujours quelque charité effective et secrète, l'Œuvre distribue des secours aux patronages.

Ainsi pourvu d'un directeur éclairé, le Conseil se constitua, et se réunit chaque mois, à date fixe, chez la présidente qui n'avait d'autre mérite qu'un grand amour pour Dieu et pour la France.

Mme la marquise de Villoutreys ne voulut accepter, malgré de respectueuses instances, que le titre de vice-présidente ; mais jusqu'à sa sainte mort, elle donna à l'Œuvre les témoignages de sa sollicitude et de son dévouement.

Mme Dumont-Sauzet, secrétaire très active du Comité de Paris, ne cessait, par des lettres empreintes du plus grand zèle et de la plus chaleureuse sympathie, d'entretenir le bon vouloir du Comité d'Angers, et répondait aux demandes de secours avec une promptitude vraiment généreuse. Nous pouvons citer ce fait que, pendant l'une des premières années, le Comité d'Angers n'ayant pu faire parvenir à Paris que 450 fr. n'en reçut pas moins 2,100 fr. pour nos différents patronages.

A notre honneur, nous nous empressons d'affirmer que ces proportions se sont un peu modifiées. Il est du reste très touchant de recevoir ainsi des secours de la France entière, les Comités de province envoyant leurs cotisations à Paris qui les répartit suivant les demandes motivées de chacun.

Bientôt, dans notre Angers, de nouvelles listes d'associées se forment, s'étendent et produisent un plus grand nombre de cotisations. Le cher petit Comité du Calvaire apporte toujours son offrande par l'entremise d'une bonne chrétienne, aussi zélée que modeste. Mme Dumont-Sauzet lui envoie des félicitations. Aux cotisations se joignent les *Ave Maria* avec l'invocation : Notre-Dame-de-Salut, priez pour la France! aumônes spirituelles et pieuses, précieuses entre toutes. Les messes pour la France se fondent. Les dates successives, les jours du mois sont choisis et désignés dans chaque paroisse, avec une vive foi, une ferme espérance, par nos familles chrétiennes qui nous remercient de les unir ainsi à cette communion de prières pour la France, dans un même élan d'âme vers le bon Dieu.

Dès les premières années, afin de faire dire une messe solennelle et de réclamer plus directement la protection des amis de Dieu et de la France, chaque membre du Conseil choisit un saint français pour célébrer sa fête et l'implorer. Comme le nombre des saints de notre France est grand, il fut possible de satisfaire d'illustres parentés et de religieuses prédilections. Songeant à la bienfaisante efficacité des pèlerinages, l'Œuvre célébrait et célèbre encore les messes de chaque mois, dans les différents sanctuaires où les saints désignés étaient le plus en vénération.

Les messes quotidiennes continuaient et continuent l'offrande perpétuelle du saint Sacrifice. Les procès-verbaux du Comité de Paris nous félicitaient, et il nous semble aussi juste qu'agréable de citer quelques-uns des passages qui nous concernent :

« Toujours grande édification nous est donnée dans « le diocèse d'Angers.

« Mgr Freppel veut bien nous garder sa bienveillante « sympathie.

« On n'a pas oublié que de tous nos diocèses, c'est « celui d'Angers, dans lequel se célèbrent le plus de « messes du Salut.

« Le saint Sacrifice est offert chaque mois en « l'honneur d'un saint français. En outre, une messe « pour la France est célébrée tous les vendredis dans « une des paroisses du diocèse, tous les dimanches et « chaque jour dans plusieurs communautés.

« Le jour de la fête de saint Vincent-de-Paul, la « messe revêtait une solennité particulière. Elle fut « dite dans le vénéré sanctuaire où le saint a implanté « l'Ordre admirable de ses chères Filles. Une nombreuse « assistance, composée des membres de Saint-Vincent-« de-Paul, des Dames de Notre-Dame-de-Salut et de « la Miséricorde de Saint-Vincent-de-Paul priait, émue « et recueillie, et s'unissait au saint Sacrifice offert par « le zélé directeur.

« La messe du jour de la Saint-Louis a laissé dans « le cœur des assistants un souvenir qui ne s'effacera « jamais. Elle fut célébrée, par M. le directeur « de l'Œuvre, au Champ-des-Martyrs, endroit con-« sacré depuis longtemps par la confiance de la classe « ouvrière, et choisi comme but de pèlerinages isolés.

« La Providence a déposé dans le cœur du peuple « angevin une vénération inexprimable pour ce lieu « d'ineffables sacrifices !... Il s'y rend avec recueil-« lement et prie avec ferveur.

« Notre-Dame-de-Salut y fait dire des messes le jour
« de la Saint-Louis. Sous le vocable de ce puissant et
« vénéré protecteur de la France, s'est élevée une
« chapelle où se disaient quelques messes. Depuis que
« l'œuvre du Salut est fondée dans le diocèse d'Angers,
« ces messes se succèdent et sont plus nombreuses que
« jamais, le jour de la fête du saint roi. La première
« année, l'assistance était si considérable qu'il a fallu
« donner l'exhortation et la bénédiction sur les marches
« de la chapelle. »

L'année suivante nous relevons ces encouragements :

« Le comité d'Angers se fait toujours remarquer par
« son exactitude dans l'envoi des procès-verbaux qui
« sont très intéressants. Quant à la prière, nous nous
« répétons en disant que le côté principal de notre
« association est admirablement compris. Tous nos
« remerciements aux membres d'un Comité si exem-
« plaire. »

Une autre fois on disait encore de nous à Paris :

« Nous avons les meilleures nouvelles du diocèse
« d'Angers. L'œuvre des messes quotidiennes pour la
« France y réussit au delà de toute espérance. Messieurs
« les Curés s'y prêtent avec une parfaite bonté et les
« personnes pieuses donnent avec empressement l'hono-
« raire de ces messes. Les saints du mois sont fêtés
« avec régularité. Pour donner à ces pieuses réunions
« une plus grande solennité, plusieurs jeunes filles de
« la ville veulent bien prêter le concours de leur talent,
« en chantant aux messes et aux saluts du Très Saint-
« Sacrement. Monseigneur d'Angers nous continue sa
« précieuse sympathie. »

. . . .

Nous voudrions reproduire les charmantes lettres
des secrétaires du Comité de Paris, préciser les envois

d'argent si promptement et si largement distribués aux patronages de Saint-Vincent-de-Paul, de Saint-Serge, de la Trinité, de Notre-Dame-des-Champs, de la Madeleine du Sacré-Cœur, de Saint-Florent, de Saumur, de Turquant, Montsoreau, La Tourlandry, la Ménitré, Saint-Mathurin, Villevêque, Distré, La Bohalle, Cheffes, Coudray-Macouard, Saint-Crespin, Notre-Dame-des-Mines, etc., etc. Les remerciements empressés, parfois empreints d'une gaîté, d'un entrain aimable, dénotaient la joie toute spirituelle de ces apôtres, de ces directeurs zélés de patronages, dont le dévouement au salut de l'âme des jeunes gens est souvent ignoré. L'un nous remercie de la possibilité de location d'un coin de terre transformé en jeu de boules, d'une chambre pour conférences ou paisibles travaux, de la réparation d'un vieux billard, de l'achat d'une table, d'un échiquier, d'un damier, de quilles, etc., etc. Hélas! avec les remerciements, les demandes affluent suppliantes, et si bien motivées qu'il est pénible, douloureux, de ne pouvoir toujours y répondre.

L'Œuvre de Notre-Dame-de-Salut a été fidèle et confiante en la puissance de la prière; Dieu ne l'abandonnera pas. Notre-Dame-Auxiliatrice, sainte Geneviève, patronne de notre France, semblent répondre à son appel, à ses invocations ferventes, en se plaçant sur nos autels.

Au moment où de stupides ingrats, aveuglés par l'impiété brutale, expulsèrent l'image de sainte Geneviève de la grande église de Paris, qui lui avait été dédiée, la pensée de renouveler le culte ancien et populaire que lui vouait notre Anjou fut comprise. Déjà, dans ses pénétrantes instructions, Monseigneur nous avait appris à connaître, à aimer de plus en plus cette vénérable protectrice.

Bientôt la plus solennelle, la plus splendide érection vint consacrer de nouveau ce culte de nos pères ; Monseigneur bénit lui-même sa pieuse statue [1], et dans le plus éloquent des discours rendit hommage à sainte Geneviève :

« Est-il en effet, parmi les saintes protectrices de la
« France, une figure comparable à celle de sainte
« Geneviève ? Elle apparaît au berceau de la nation,
« sauvant par ses prières des fureurs d'Attila et des
« Huns, la future capitale de la France, inspirant et
« encourageant sainte Clotilde dans l'œuvre de la
« conversion du premier de nos vieux rois... »

La statue de sainte Geneviève fut érigée dans l'église Saint-Laud, et Monseigneur en exposa les raisons avec l'éloquence de la science, de la piété, de la foi.

« Après l'acte à jamais regrettable qui enlevait à la
« patronne de Paris et de la France, le temple
« qu'avaient élevé en son honneur la magnificence des
« rois et la piété des peuples, le premier mouvement
« de ma pensée fut de protester contre cette profanation
« par tous les moyens en mon pouvoir. Comment ne
« pas me rappeler que, en qualité de doyen de Sainte-
« Geneviève, la garde de son monument et l'honneur
« de son culte m'avaient été confiés pendant plusieurs
« années ? Aussi tout le monde comprit l'accent de
« tristesse avec lequel je déplorai cette mesure sacri-
« lège, soit à la tribune nationale, soit dans ma lettre
« publique au vénérable archevêque de Paris. Mais il
« ne faut jamais se borner à des paroles, quelque
« justifiées qu'elles puissent être ; ce sont des actes que

---

[1] Due au ciseau religieux de notre statuaire, M. Bouriché.

« les saints demandent de nous, en retour de la protec-
« tion dont ils nous couvrent ; je résolus donc, dès lors,
« de donner au culte de sainte Geneviève, dans mon
« diocèse, un éclat particulier, et, accédant à ma
« demande, la sacrée Congrégation des Rites voulut
« bien nous autoriser à célébrer chaque année, le
« 3 janvier, la fête de l'illustre vierge, sous le même
« rite que celui des patrons secondaires du diocèse
« d'Angers, grande faveur qui perpétuera, d'année en
« année, le souvenir de sainte Geneviève, parmi le
« clergé et les fidèles de l'Anjou.

« Mais une fête annuelle ne pouvait suffire à satisfaire
« notre dévotion envers la patronne de Paris et de la
« France. Il fallait, de plus, que son culte devînt per-
« manent dans une église de notre ville épiscopale. Et
« quelle autre église que celle de Saint-Laud eût été
« mieux désignée pour un tel culte ? N'est-ce pas sur le
« territoire de cette paroisse, dont les ruines imposantes
« rappellent de longs siècles de notre histoire, dans
« l'antique château féodal, que les comtes d'Anjou
« avaient dédié leur chapelle à sainte Geneviève ?
« N'est-ce pas dans cette chapelle du château, élevée
« en l'honneur de sainte Geneviève, que furent dépo-
« sées, tout d'abord, les reliques de saint Laud, l'illustre
« évêque de Coutances, et qu'un chapitre spécial fut
« institué pour la garde et la vénération de ces reliques ?
« Et quand Saint-Laud forma, plus tard, une église,
« n'est-ce pas dans cette église, qu'on érigea dès le
« premier moment un autel à sainte Geneviève ? N'est-ce
« pas agenouillé devant cet autel, au pied duquel son
« humilité l'avait fait se réfugier, que l'une des gloires
« de l'église d'Angers, le bienheureux Jean Michel, fut
« surpris par le choix du clergé et les acclamations du

« peuple, pour être élevé, de là, sur la chaire épiscopale ?
« Et enfin n'est-ce pas tout près d'ici que les ruines
« de l'abbaye de Toussaint, desservie par des chanoines
« génovéfains, attestent encore, par leur air de grandeur
« et de magnificence, combien le culte de sainte
« Geneviève avait jeté de racines au cœur de nos
« populations ?...

Nous désirons vivement que les vœux de notre évêque s'accomplissent bientôt. M. le curé de Saint-Laud, comme autrefois, a donné asile à sainte Geneviève. Elle a sa chapelle particulière. La possibilité se laisse entrevoir d'ériger un autel, où le saint sacrifice puisse être célébré en l'honneur de la vénérable sainte.

Il est touchant de voir ainsi l'œuvre de Notre-Dame-de-Salut rendre hommage à la Mère de Dieu sous un vocable différent, mais ayant la plus ineffable relation puisque la bienheureuse vierge Marie fut l'auxiliaire de Dieu pour le salut du monde.

Que l'Œuvre sous ce patronage béni se propage de plus en plus par la prière et la charité ! Tels sont les vœux que Mgr Chesneau a bien voulu exprimer. Nous les recueillons avec reconnaissance dans l'espoir que la grâce de Dieu, la divine protection de la bienheureuse vierge Marie, la piété des fidèles, viendront les réaliser.

LA PETITE PENSION

D'où vient ce nom jadis si populaire ? Nos recherches et nos interrogations ne nous l'ont point appris. Qu'importe ! nous dira-t-on. La maison qui portait ce titre et même les rues qui la bordaient, ont disparu ; à quoi peut servir son histoire ? Ce n'est pas notre avis, ni celui de nos rares contemporains qui ont vu si souvent les pauvres gens affluer dans cet asile de bénédiction et en sortir guéris et rassasiés, au moins en espérance, par conséquent consolés et résignés.

Il y a trente ans, la Petite Pension occupait à l'angle de la rue Haute-du-Figuier et de la rue de l'Hospice, un charmant logis de la Renaissance, avec croisées à meneaux, petites vitres en losanges, enchâssées dans des lames de plomb ; pignons pointus, escalier en spirale dans une tour ; des clématites touffues tapissaient les murs et, encadraient les baies à plein cintre. Trois portes intérieures s'ouvraient sur la cour, celle qui conduisait à la communauté, celle de la chapelle et celle de la pharmacie.

Mlle Anne Jallot acquit cet hôtel de M. Simon de la Lussière, le 24 juin 1714 et, par testament du 15 mars 1725, en fit don à la paroisse Saint-Maurille dont l'église était proche. En 1780, Mlle Touchaleaume en était directrice depuis cinquante années [1], avec trois

---

[1] *Description de la ville d'Angers*, par Péan de la Tuillerie, augmentée de notes par M. Célestin Port.

demoiselles et trois pensionnaires. Ne serait-ce point cette coutume de recevoir, en nombre restreint, des personnes désireuses de se retirer du monde dans un pieux asile, qui fut l'origine du nom de *Petite Pension* ?

L'acte de fondation de la *Maison de Charité* de la paroisse Saint-Maurille, passé devant Me Jauneau, notaire royal, est publié, suivant l'usage du temps, au prône de la messe paroissiale, puis il est terminé par cette formule :

Il est mandé et permis aux paroissiens de Saint-Maurille de cette ville de s'assembler à l'issue de leur grand'messe de ce jour, pour délibérer s'ils accepteront le fond et don de la charité que leur propose la demoiselle Jallot pour unir à leur fabrique. De ce faire leur donnons pouvoir.

Donné à Angers, par nous, Charles Baudry, conseiller du Roy, lieutenant général en la sénéchaussée d'Anjou et siège présidial d'Angers.

Voici le préambule de cette donation, dictée aux notaires par la demoiselle Anne Jallot :

« ... Étant persuadée qu'il n'y a rien de plus agréable à Dieu et de plus avantageux au public que de soulager les *pauvres honteux*, principalement dans leurs maladies, par des remèdes et des aliments ; ayant connu par expérience que la honte les empêche souvent de se faire porter dans les hôpitaux et que la misère et le défaut des choses nécessaires rendent souvent incurables et mortelles des maladies qu'on pourrait guérir aisément avec un peu de secours ; et qu'il n'y a pas moins d'utilité à élever des maîtresses d'école pour les envoyer à la campagne *instruire les jeunes filles* dans les principes de la religion, et y pratiquer les mêmes exercices de charité à l'égard des malades ; elle s'est appliquée, pendant sa vie, à procurer le soulagement aux pauvres de la ville et de la campagne ; et il a plu à Dieu de bénir de telle sorte son entreprise, que plusieurs personnes charitables lui ont confié, dans divers temps, des sommes considérables pour les employer aux mêmes usages... »

En exprimant sa pensée avec toute la bonté de son cœur, la pieuse demoiselle ne se doutait pas que par quelques mots de son simple langage, elle constatait la supériorité, dans les campagnes surtout, des Sœurs sur les institutrices laïques ; celles-ci sont renfermées dans leur spécialité de l'enseignement, tandis que les premières y joignent les visites aux malades, et le dimanche, la garde des jeunes filles qu'elles savent en même temps édifier et amuser. Les laïcisations pourront opprimer un certain temps ; mais il faut être aveugle pour croire à leur durée. Ce n'est dans la nature, ni des choses, ni des esprits.

L'exemple de Mlle Jallot trouva bientôt des imitateurs ; de diverses paroisses, on lui demandait ses élèves à mesure qu'elle les formait à la vie religieuse. Des essaims partirent de sa petite ruche, pour fonder des *Écoles de charité*, notamment :

Le 15 novembre 1716, à Mûrs, à l'appel généreux de messire Baltazar de Raphaëli, chevalier, seigneur baron de Claye, y demeurant.

A la Daguenière, le 20 août 1726, par la libéralité de dame Marguerite Pichard, veuve de Simon Cupif, écuyer, conseiller du Roi, grenetier au grenier à sel d'Angers, demeurant à la communauté de Saint-Joseph de cette ville.

A la paroisse de Mont-Jan (*sic*), le 16 août 1729, par damoiselle Marie Hiron, fille majeure, demeurant en cette ville (Angers), paroisse de la Trinité, laquelle mue de pitié et de charité, connaissant que les filles pauvres de la paroisse de

Montjean ont besoin d'éducation et d'être instruites et cultivées dans les principes de la religion catholique, comme aussi que les pauvres malades de ladite paroisse languissent et sont souvent en danger de mourir, faute d'être soulagés par des remèdes ou autres besoins qui leur manquent presque toujours ; pour ces considérations et autres à cela mouvant, ladite damoiselle Hiron a, par ces présentes, fondé et fonde une école de charité en ladite paroisse de Montjean, pour les jeunes filles pauvres de ladite paroisse, la maîtresse de laquelle sera tirée et choisie à l'avenir, après celles que ladite damoiselle se réserve de choisir pendant sa vie, par les sieurs curés de ladite paroisse, successivement entre celles qui seront élevées et instruites dans la maison et école de charité de la paroisse de Saint-Maurille d'Angers, et actuellement dirigée par la dame Jallot, laquelle maîtresse sera approuvée par monseigneur l'illustrissime et révérendissime Évêque d'Angers, et attendu que Sa Grandeur a bien voulu, à la réquisition de ladite damoiselle Hiron, approuver Anne Dousset, fille majeure, présentement dans ladite maison et école de charité de ladite paroisse de Saint-Maurille, que ladite damoiselle lui a nommée et présentée pour première maîtresse de ladite école, elle veut que ladite Dousset soit pendant sa vie maîtresse de ladite école, sans pouvoir être révoquée, à moins que ce ne soit par Monseigneur, toutes fois et quantes au cas qu'elle ne se comporte pas d'une manière convenable à son état.....

Durant la moitié du XVIIIe siècle jusqu'à la Révolution, la petite communauté de Saint-Charles continua sans bruit à s'acquitter de sa bienfaisante mission. En 1789, nous la trouvons gouvernée par Mlle Boussinot ; mais bientôt son innocent troupeau est dispersé ou emprisonné. La supérieure elle-même n'obtient grâce qu'en raison de son service indispensable de distribution de remèdes et de visites des malades ; toutefois, elle dut prendre un habit séculier et changer son nom en celui de *la citoyenne Manette* [1].

Cette apparente condescendance n'empêchait pas la digne religieuse de courir les plus grands dangers, en donnant asile à de nombreux proscrits, au premier de tous, à Notre-Seigneur Jésus-Christ. C'était en effet dans une chambre retirée de la Petite Pension que la messe était ordinairement célébrée. J'ai entendu affirmer par des personnes dignes de foi que jamais, même au plus fort de la Terreur, elles n'avaient manqué le dimanche au saint office. On s'y rendait dès trois ou quatre heures du matin et l'on y assistait dans le silence avec la ferveur des chrétiens aux catacombes. L'officiant ordinaire était M. Saillant [2], depuis chanoine à la cathé-

---

[1] Les dons naturels de Mlle Boussinot augmentaient ses périls. Sa beauté et jusqu'à sa taille avantageuse la faisaient remarquer plus que d'autres. Parmi les épisodes de sa vie sous la Terreur qu'elle racontait avec grand charme, on en a retenu deux qu'elle attribuait à une protection surnaturelle.

Avertie d'un ordre d'arrestation immédiate, elle se rendit un soir aux Ponts-de-Cé pour passer dans la Vendée ; mais à peine arrivée, on annonce l'approche d'une troupe républicaine. Elle court au bord de la Loire pour trouver un bateau ; il n'y en avait que de l'autre côté ; apercevant une botte de paille qui flottait, elle se lança dessus, et entraînée par le courant, elle aborda à l'autre rive, avec le même bonheur que le petit Moïse sur la plage du Nil.

A Saint-Lambert qui lui offre un refuge, elle apprend qu'une de ses parentes habitant Chemillé, est en danger de mort ; aussitôt elle part, malgré l'obscurité de la nuit et les périls qu'offre la lisière du pays insurgé. Aux dernières maisons du bourg, se présente soudain un jeune Vendéen muni d'un *falot*, et qui lui propose de l'accompagner ; elle accepte non sans trouble, mais se rassure à l'entretien fort honnête de son guide. Il la conduit jusqu'à la porte du logis de sa parente, et quand elle se retourne pour le saluer, il avait disparu. Alors remerciant Dieu de ces faveurs insignes, la vaillante femme se rappela l'évangile des *disciples d'Emmaüs*.

[2] Parfois il était relevé par l'héroïque abbé Gruget ou par M. Meilhoc, fondé de pouvoirs de l'évêque, Mgr Couet du Vivier de Lorry.

drale, et qui se cachait sous le nom de M. Deschamps. Souvent des rumeurs du dehors causaient de vives alarmes ; alors on éteignait les lumières, et si l'inquiétude continuait, on se retirait de logis en logis qui se communiquaient jusqu'à l'hôtel de Cumont, au bas de la rue de l'Hôpital.

Cette association de catholiques ne se composait presque que de femmes, car à cette époque de proscription, elles montraient plus de courage que les hommes. Souvent dénoncées, on les recherchait avec un emportement qui approchait de la rage ; mais toutes les tentatives pour les surprendre au milieu de la célébration des offices étaient déjouées par les avertissements d'affidés, obéissant soit à une identité de foi, soit à de simples motifs d'humanité. Parmi les braves gens qui se dévouèrent à cette périlleuse intervention, il n'y avait pas que des royalistes. C'étaient surtout des patriotes modérés qui exposaient leur vie pour sauver des personnes hostiles à leurs opinions ; nous sommes heureux de citer entre autres les capitaines de garde nationale Trotouin Joseph, prédécesseur de M. Laumonier, porte Chapelière, Mortier, marbrier, Boquet, commandant de place, Savaton, adjudant, Leterme-Saulnier, depuis conseiller de Préfecture et préfet intérimaire au lendemain de toutes les révolutions, depuis le Consulat jusqu'en 1830.

Sans doute, à côté de ces braves cœurs, nous oublions ou nous n'avons jamais vu une foule d'hommes et de femmes d'autant plus méritants que leur dévouement à la sainte cause est resté ignoré ; mais si notre mémoire n'a pas conservé le souvenir des individus, nous devons une mention spéciale à une corporation, d'une grande importance à cette époque, c'était celle des *Femmes du port* : on appelait ainsi les habitantes du port Ligny

— le quai n'existait pas encore. — Leur commerce de sardines et d'huîtres les appelait incessamment dans tous les quartiers de la cité ; les événements ayant mis fin à leur prospérité, elles étaient franchement réactionnaires, et avides de nuire, selon leur influence, à un régime détesté. Connaissant tous les hôtes, les habitudes de chaque maison, au fait de tous les bruits de la rue et même des conciliabules de l'intérieur, nul n'était mieux renseigné que ces honnêtes espionnes pour informer les persécutés de l'intention des persécuteurs.

Mais ce qui rendait plus efficace la courageuse assistance de nos écaillères, c'est qu'elles obéissaient comme... pourquoi ne pas dire comme une seule femme puisqu'on dit bien comme un seul homme ? c'est qu'elles obéissaient à une directrice digne de les commander par son intelligence, sa bonne grâce et surtout l'élan de son intrépidité.

Ce n'est point nous éloigner de la Petite Pension que nous arrêter devant la figure originale et attrayante de la *Reine des halles angevines*, ainsi que l'appelle galamment un de ses admirateurs [1]. Elle ne se doutait guère, la chère femme, qu'après sa mort elle serait parée d'un titre si pompeux, car de son vivant, elle ne rougissait point d'être appelée *la Catin*, surnom qui lui avait été donné à sa naissance, parce qu'elle était si menue que sa marraine s'écria : « Ah ! la jolie petite *catin* », synonyme populaire de poupée.

Tout le monde se rappelle la gracieuse anecdote si bien racontée par la baronne d'Oberkirk sur la petite servante de la Boule-d'Or, dotée par le futur empereur

---

[1] Lisez ou plutôt relisez la charmante chronique de M. El. Lachèse, sur la *Véritable gardienne de la porte Girard*. (Revue de l'Anjou, tome III, 1854.)

de Russie, à son passage à Angers, en 1786, mais tout le monde ne sait pas que *Javotte* devenue l'heureuse compagne du brave maçon Bastien Raulé, s'éleva bientôt après au premier rang des écaillères du port ; puis les jours sombres venus, ne gagnant plus avec ses anciens clients, devenus pauvres comme elle, dans son désir de leur prouver sa reconnaissance, elle leur trouvait des asiles et les avertissait des dangers. Sachant combien la *Petite Pension* était souvent dénoncée et menacée, elle s'appliqua surtout à la préserver, ainsi que les prêtres et les fidèles qui s'y réunissaient. A cette époque étrange où toutes les positions étaient bouleversées, il ne faut pas croire que la protection d'une femme du peuple comme *Javotte* fût à dédaigner ; il n'y en avait peut-être pas de plus puissante. Douée d'une éloquence naturelle, aussi séduisante par sa parole que par le charme de son visage, elle osait attaquer en face Francastel ou Goupil et leur reprocher leurs crimes en termes aussi mordants qu'ils étaient justifiés. Toutefois si son libre langage avait pu être toléré à cause de son esprit, de sa belle humeur et de la crainte de révolter la population, elle brava si audacieusement leur vengeance, qu'elle fut saisie un matin à l'improviste et conduite en prison. Heureusement c'était peu de jours avant la chute de Robespierre ; elle n'avait plus à sauver de victimes.

Un des doux souvenirs de notre enfance est la spirituelle figure de *la Catin*, sur son estrade, adossée au pignon du logis de la porte Girard, flanquée de paniers d'huitres et précédée de pyramides d'oranges. La délicatesse de ses traits sous sa caline de finette blanche en hiver et de son haut bonnet à dentelles, l'été, donnait l'idée de son ancienne renommée ; mais ce que l'on remarquait davantage, c'était la calme expression de son visage et la croix d'or sur sa poitrine qui révélaient, après tant de bienfaits, la persévérance de sa foi et la sérénité de sa conscience.

La reine des halles angevines ne montait pas dès le matin sur son trône de la porte Girard, elle se livrait d'abord sans vaine honte, le panier au bras, à une tournée chez ses clients de prédilection.

Les relations de la bienfaitrice avec ses protégées ne cessèrent pas avec le retour de l'ordre. C'étaient alors les années de la Restauration, les plus belles du siècle. Que de fois j'ai vu notre amie *Javotte* causer le matin avec Mlle Boussinot ou ses deux assistantes, sœur Modeste et sœur Céleste, sur le seuil de leur petit monastère !

Ces trois personnes formaient comme une petite trinité. Leur ensemble était si parfait qu'on ne pouvait les détacher l'une des autres. La supérieure par sa taille et son air grave et bienveillant, dominait ses deux compagnes dont la figure ronde, le teint rosé et l'œil souriant sous le traditionnel capot (la cornette des Sœurs de Saint-Charles) se ressemblaient tellement qu'on les prenait pour sœurs jumelles. Je ne sais pas si à cette époque l'Ordre [1] contenait beaucoup de religieuses, mais l'on ne connaissait que ces trois aimables et charitables femmes qui avaient rendu si populaire le renom de la *Petite Pension*.

Cette réunion de tant de vertus ne pouvait pas toujours durer. Selon l'ordre de la nature, Mlle Boussinot succomba la première. Sœur Modeste, bien contre son gré, fut élue supérieure de la Congrégation, et sœur Céleste alla diriger une des principales obédiences de la maison-mère, dans le Poitou.

---

[1] Il en contient près de mille aujourd'hui.

le grand art de la charité que date la floraison de l'humble arbuste planté par la *Damoiselle Anne Jallot*, et ce qui fait la gloire de ses héritières, c'est qu'elles se sont toujours montrées fidèles au double but de son institution : Instruire les enfants et soigner les pauvres.

M. l'abbé Bompois repose aujourd'hui dans une petite chapelle au milieu des religieuses qu'il gouverna paternellement, pendant plus de vingt ans. C'est M. l'abbé Sécher qui lui a succédé. La Communauté a célébré dernièrement les noces d'or de son supérieur chez qui le progrès de l'âge ne semble paraître que comme un reverdissement de sa haute intelligence et de ses vertus. L'éloge des deux chefs de la congrégation serait un hors d'œuvre de notre part, car il est répété déjà par la voix de tous.

Le dispensaire transporté de la rue du Figuier à la rue Montauban, a été dédoublé ; un second a été établi rue du Silence, dans un bâtiment de la communauté de Saint-Charles. Huit Sœurs desservent ces deux pharmacies, et deux autres sont préposées à la visite des malades. C'était cet humble emploi que remplissait si admirablement l'angélique sœur Saint-Martinien. Maintenant qu'elle est allée rejoindre ses compagnes, les prédestinées, on peut en dire tout le bien possible, on n'en dira jamais assez. Nous sommes contraint d'être plus discret à l'égard de l'émule de sœur Saint-Martinien, de la Sœur que la reconnaissance populaire a nommée *Notre-Dame-des-Rues*, mais grâce à Dieu, nous la possédons encore, et de plus... mais je ne puis en dire davantage, car je vois d'ici son œil noir me lancer un éclair et j'ai peur du reproche spirituel que je lis sur ses lèvres.

Comme dans un régiment bien organisé, où la sagacité du commandement a su découvrir, au besoin, toutes sortes d'aptitudes et de professions, la communauté de Saint-Charles contient toutes les capacités du ressort des femmes, pour subvenir aux besoins et aux misères de la société chrétienne. C'est ainsi qu'elle observe fidèlement le précepte cher aux religieuses françaises : *Faire beaucoup avec peu et ne s'embarrasser jamais de rien.*

LE BUREAU DE BIENFAISANCE

En recherchant les origines du Bureau de Bienfaisance, nous nous sommes confirmé dans l'idée, souvent combattue, que l'ancien temps n'avait rien à envier au nouveau pour la compassion des misères publiques et privées.

Il est évident qu'autrefois, il y avait beaucoup moins de gens dénués de toute ressource. En outre des hôpitaux et hospices, fondés de toutes parts et généreusement dotés, les monastères et les couvents faisaient des distributions continuelles de vivres et de vêtements. Leurs tenanciers ne payaient que des fermages si modérés qu'il leur était aisé de faire fortune, et leurs locataires, sous le moindre prétexte, ne payaient rien du tout.

Sans doute, cette facilité de vivre avait son revers : la mendicité n'était point interdite, comme à présent, dans les villes ; elle y était tolérée : mais il y avait beaucoup moins de mendiants, surtout dans les campagnes où, depuis quelques années, leur progression

On sait que Mgr Angebault s'appliquait particulièrement à développer tous les germes de perfection dans les communautés de femmes ; aussi prirent-elles une grande extension sous son épiscopat. Tout en rendant justice aux vertus de sœur Modeste, se défiant un peu de son extrême bonté, le prélat lui donna pour supérieur, son premier vicaire général, un des membres éminents du clergé angevin au xviiie siècle. M. l'abbé Bernier joignait à une vaste science un caractère élevé, et bien que très sensible et même tendre de cœur, il possédait une fermeté de principes qui se reflétait sur son visage.

La candeur ingénue de la bonne sœur Modeste qui n'a jamais su dire non, même à un enfant, avait laissé s'introduire quelques abus dans la communauté. Des vocations n'avaient pas été suffisamment étudiées ; les connaissances de quelques autres manquaient d'étendue pour diriger même les classes élémentaires. M. Bernier entreprit courageusement de remédier à ces imperfections et de mettre tout le personnel de l'Ordre qui lui avait été confié, à la hauteur des autres communautés angevines, par le savoir, comme elle l'était par les vertus. Le pieux et docte directeur réussit dans cette tâche délicate, mais en dépit de toutes ses précautions, ce ne fut pas sans faire verser quelques larmes à la bonne supérieure dont le cœur ne pouvait se résigner à certains sacrifices, bien que sa raison les jugeât nécessaires.

Enfin au bout de douze ans M. Bernier estimant que les choses étaient sur le meilleur pied, et ne voulant exposer ni la supérieure, ni lui-même, à de nouveaux dissentiments, pria l'Évêque de le relever de ses fonctions. Cette mesure causa une telle peine aux deux amis qui s'estimaient profondément, que la séparation laissa dans ces âmes délicates une teinte de tristesse qui ne s'effaça jamais.

L'hospice Saint-Charles, après avoir été, il y a près de deux siècles, le berceau de la Congrégation, continua d'en être la maison-mère jusqu'en 1846, époque où le développement de ses œuvres et de son personnel réclama une nouvelle installation qui se trouva parfaitement appropriée, dans le bel enclos du boulevard de Laval.

Le petit hôtel de la rue du Figuier, en perdant sa haute destination, continua d'être le dispensaire, subventionné par le Bureau de Bienfaisance, pour tous les pauvres de la ville, jusqu'au moment où le projet de la rue Lenepveu ouvrit une large tranchée de la place du Ralliement à la rue Milton. Ce ne fut pas sans un vif chagrin que les Sœurs quittèrent le pieux asile consacré par tant de souvenirs et de bienfaits. Ces regrets furent partagés par tous les amis du vieil Angers qui avaient souvent admiré ce vénérable sanctuaire de la charité. Dans tous les édifices occupés par des religieuses, on respire un air de calme et de bien-être moral dont semblent empreints tous les objets qui vous entourent. Ce goût, cette simplicité d'arrangement, plaisent encore davantage dans les anciens logis que dans les bâtiments neufs, comme si les vieux murs retraçaient à nos souvenirs toutes les scènes édifiantes dont ils furent témoins. C'est ce sentiment naturel qui a tant fait regretter aux Sœurs de Saint-Vincent leur cher hôpital Saint-Jean.

M. l'abbé Bernier eut pour successeur M. l'abbé Bompois et la sœur Modeste la mère Saint-Louis de Gonzague : c'est de l'alliance de ces deux supériorités dans

Tertre, Saint-Jacques, L'Esvière, à propos desquelles les titres n'ont pas été retrouvés.

L'original de cet acte est terminé par ces mots : Certifié conforme par nous, membres du Bureau de Bienfaisance.

Angers, 18 germinal, an X de la République.

Lefaure, Lelarge, Fr.-J. Grille,
J. Cormeray, Constantin.

On ne voit figurer dans cette pièce aucuns produits de quêtes, de recettes extraordinaires, de subventions municipales, d'impôts sur les théâtres et spectacles forains. En dehors des revenus fonciers ou des arrérages de rentes, on ne remarque qu'une somme de 1,000 fr., provenant d'amendes pour délits correctionnels.

Quel est l'équivalent, en espèces, aujourd'hui, de ce budget de 30,000 fr. ? Est-ce trop de l'évaluer au triple, c'est-à-dire à 90,000 fr. ? De plus, il faut observer que la population formait, à cette époque, la moitié, à peine, de ce qu'elle est aujourd'hui. Nous ne trouvons, dans les anciennes archives, aucune trace de demande d'allocations à l'Hôtel-de-Ville ; on doit donc en conclure, qu'avant 89, les ressources ordinaires du Bureau de Bienfaisance suffisaient aux besoins de la classe nécessiteuse.

Mais ce n'est pas tout : par une prévision d'humanité que l'on dirait empruntée à Vincent-de-Paul et qui n'a point d'analogue, de nos jours, il y avait une seconde caisse de prévoyance, confiée aux administrateurs de la première, et qui était affectée à une catégorie de malheureux dont personne, à l'exception de l'aumônier et des Sœurs, ne s'occupe aujourd'hui. C'était l'œuvre des *Pauvres prisonniers*.

Elle remonte très haut dans l'histoire de la bienfaisance, car un édit du mois de mars 1619 (régence de Louis XIII) vient la régulariser avec cette mention en tête du texte officiel :

« *Le Roy devoit aux povres prisonniers comme propriétaire engagiste des prisons de cette ville* » (suit le détail des biens dont les prisonniers jouissaient par engagement).

En exécution de l'article 4, de l'arrêté préfectoral, en date du 21 vendémiaire an X, la Commission du Bureau de Bienfaisance dressa un premier état de ces revenus dûs par le Gouvernement, conformément aux titres déposés aux Archives de la commune.

Ces titres sont formés de seize actes de la Trésorerie ou passés devant notaires, dûment enregistrés, depuis le 6 juillet 1622, jusqu'au mois d'août 1720.

Le principal de ces titres comporte un total de 14,074 livres, 16 deniers, qui, à l'époque où cet état fut dressé, représente une somme d'au moins 40,000 fr.

Un second état, dressé dans les mêmes termes, énumère les titres de propriété et obligations au profit des prisonniers, formant ensemble un revenu de 848 fr. 40 centimes.

D'après une requête adressée à la Mairie par l'administration du Bureau de Bienfaisance, en date du 14 prairial an XII, *les pauvres prisonniers, par l'effet de la Révolution* (textuel) ont perdu un revenu annuel de 2,671 fr., dont le remplacement a été sollicité en vain dès le 18 germinal an X. Il ne restait plus à cette époque qu'une somme de 850 livres dont plusieurs rentes sont encore sujettes à la réduction de l'impôt.

Les réclamations des administrateurs étaient accueil-

est devenue un véritable fléau. On ne connaissait point les misères actuelles provenant du chômage et de la désertion des champs. Les ouvriers n'étant point relégués en masse dans les faubourgs, trouvaient assistance dans les quartiers du centre où ils habitaient près des riches; enfin on n'entendait point parler de malheureux, mourant de faim, comme aujourd'hui, il arrive souvent d'en rencontrer aux visiteurs des pauvres.

Ah! je sais que l'on m'objectera les famines, les pestes, qui affligeaient les siècles passés ; mais en fait de calamités, le choléra, *l'influenza* et les maladies des plantes nécessaires à l'alimentation, n'égalent-ils pas au moins ces avertissements de la justice divine?

Il en est de même pour les misères souvent citées qui suivirent les guerres de religion et les revers du règne de Louis XIV. Pierre de l'Estoile et La Bruyère en ont fait des tableaux navrants; mais elles furent passagères. *La poule au pot* promise par Henri IV devint une réalité. Tous les étrangers qui ont laissé des récits de voyage en France, à la veille de 1789, Arthur Young en particulier, sont unanimes pour vanter l'aisance et le bien-être relatif dont jouissaient toutes les classes de la population. Le premier tort de la Révolution, a dit avec raison le libéral M. Laboulaye[1], est d'avoir été inutile. Louis XVI et plusieurs de ses ministres avaient préparé presque toutes les améliorations désirables. L'opinion générale réclamait des réformes mais non des bouleversements.

On peut en dire autant des révolutions de 1830, 1848 et 1870; toutes ont été funestes au pauvre peuple,

---

[1] A son cours de législation comparée, au collège de France, en 1867.

parce qu'elles ont eu pour conséquences, l'arrêt de la prospérité, l'aggravation des charges et la diminution des ressources.

Il n'est que trop facile de donner la preuve de ces assertions en revenant à la question locale de notre Bureau de Bienfaisance. Ainsi que toutes les institutions qui témoignaient de l'esprit de charité de nos pères, ainsi que tous les hôpitaux et hospices, il avait été victime de l'iniquité de la Convention ; sous le prétexte dérisoire que c'était à l'État de nourrir les indigents, les trésors des pauvres furent dispersés comme les cendres des rois ; toutes les propriétés, tous les revenus, accumulés avec tant de sollicitude pendant des siècles, furent confisqués ou mis en vente, sans profit pour la nation, puisqu'ils étaient achetés par des spéculateurs, au moyen d'assignats sans valeur.

Nous avons sous les yeux l'état des revenus dont jouissaient avant 90, *les indigents à domicile de la commune d'Angers*. Ce furent les administrateurs du Bureau qui dressèrent cet état des anciens revenus de leur institution pour en réclamer le remplacement, en vertu de l'arrêté des Consuls, en date du 9 fructidor, an IX.

Or ces revenus dont le détail remplit onze pages infolio se composaient des fermages de grasses métairies et closeries, de locations de nombreuses maisons, de rentes foncières et hypothécaires sur particuliers, ainsi que sur le *ci-devant* clergé de la ville et du diocèse, enfin du produit de la Manufacture de draps de la rue Saint-Nicolas qui avait le double avantage de rapporter de beaux bénéfices, et d'employer les bras inoccupés.

Le total de ces revenus s'élevait à 29,160 livres 5 sols.

Il existait, en outre, plusieurs rentes dues aux pauvres des paroisses Saint-Samson, Saint-Michel-du-

lies avec bienveillance, mais le résultat s'en faisait attendre. Nous lisons dans une supplique dont l'en-tête formé par le cachet du Bureau est flanqué des mots : *humanité, impartialité*, remplaçant les mots démodés de *liberté, égalité*, nous lisons que les doléances de la Commission sont renvoyées des mains du maire au préfet, et du préfet au ministre, mais nous ne trouvons trace de réponse du dernier que beaucoup plus tard.

On ne se pressait pas non plus de rétablir le culte dans la prison. A la date de cette lettre, 14 prairial an XII (24 juin 1804), la chapelle toute délabrée ne contenait que des débris d'objets conservés. D'autres avaient été recueillis par de pieuses personnes qui offrirent de les rendre, mais il en manquait un nombre considérable dont Mlle Briand [1], brave femme, toujours fidèle à son rôle d'infirmière, avait dressé la liste. La somme indispensable pour remettre le sanctuaire dans un état digne, bien que des plus modestes, ne montait, selon le devis, qu'à la somme de 100 fr. Cependant elle ne fut pas accordée, sous la raison que les prisonniers devaient prochainement être transférés de la place des Halles au Château. La translation se fit attendre deux ou trois ans.

Durant cette période, ce n'était pas seulement la chapelle qui était dans un état lamentable, les détenus comme leurs réduits manquaient de l'absolu nécessaire. La détresse était au comble. Rien n'en donnera mieux l'idée que la supplique suivante :

Aux citoyens Maire et Adjoints de la municipalité d'Angers

Citoyens,

« D'après les demandes qui m'ont été faites par le citoyen

---

[1] Mlle Briand était, je crois, la tante des Fricard, dont l'honnête dynastie s'est continuée à la garde de la prison, presque jusqu'à nos jours.

Ollivier, officier municipal, et les citoyens du Bureau de bienfaisance, pour savoir les besoins urgents des détenus de la maison de justice, je vous observe que l'infirmerie est dans un entier dénuement, n'ayant pas de linge pour changer les malades. Les lits sont sans paillasses ; les matelas ne peuvent presque plus servir ; les couvertures sont toutes en lambeaux ; enfin tout ne ressent que la plus affreuse misère, si vous n'y apportez le plus pressant secours.

« J'avais autrefois trois cent-quarante chemises, je suis réduite à n'en n'avoir pas douze bonnes. De plus il y avait des ballières et des couvertures et toutes autres choses nécessaires à des malades, et je suis réduite à ne pouvoir presque plus les soulager, vu que le plus indispensable manque. De plus, je réclame les réparations de la maison que j'occupe (le logis dit de *La Pie*, attenant à la prison). Les toits sont près de tomber ; les lattes ne peuvent pas tenir les ardoises, depuis onze ans qu'il n'y a pas eu de réparations que celles que j'ai fait faire à mes frais.

« Voici les besoins en argent, nécessaires :

Savoir :

1. Les réparations de la maison	
2. De la toile pour les paillasses à 25 sous l'aune, fait..	53 fr.
3. De la paille pour...	15
4. Deux douzaines de chemises à 4 fr. la pièce...	96
5. Pour dix couvertures, raccommoder les vieilles	100
6. De la toile pour raccommoder les matelas et les faire refaire................................	80
7. Pour cinq traversins pour les lits..............	24
8. Pour des sabots...	40
9. Pour habiller vingt-cinq prisonniers, quatre aunes d'étoffe pour chaque homme, à 2 fr. 50 l'aune, fait..	250
10. Pour faire des culottes et gilets................	53
Total..................	711 fr.

« Citoyens, voilà les besoins les plus urgents que je crois devoir vous faire observer. Je vous prie de les prendre en considération ; ce que faisant, vous soulagerez des malheureux souffrants.

« Angers, ce 2 vendémiaire de l'an XI.

Catherine BRIEN *(sic)*, infirmière de la Maison de justice. »

La Commission ne crut mieux faire qu'en envoyant la pièce susdite à l'autorité supérieure en l'annotant comme suit :

« Vu la pétition ci-dessus, nous estimons qu'il est très urgent de faire faire les réparations de la maison qu'occupe la pétitionnaire, qui est dans le plus triste état, quant aux terrasses et couvertures ; certifions en outre que les pauvres prisonniers sont dépourvus totalement d'habillements, de couvertures de lits, etc., etc., etc., dénuement qui ne pouvait manquer d'arriver, cette administration ayant été négligée depuis 1791.

« Angers, ce 3 vendémiaire, an XI.

LEFAUR, LELARGE. »

La tâche ingrate de pourvoir aux besoins d'une maison de détention, presque sans ressources, n'avait été confiée à des administrateurs, que dans l'année 1801, et depuis 1791, une grande part de la charge d'entretenir les prisonniers était retombée sur la femme Briand, ainsi qu'il résulte d'un procès-verbal de l'Administration.

« Catherine Briand accepta, le 17 février 1791, la commission de *servante* des prisonniers, après le décès de Catherine Aubert, veuve Briand, sa mère, aux conditions qu'elle jouirait de la maison dite de La Pie (loyer estimé 200 l.), et qu'elle aurait pour gratification, une somme annuelle de 150 fr., payable à la Saint-Jean, à la condition par elle de faire toutes les dépenses *pour la lessive et de fournir les fagots de gros bois...*

« Le nombre des prisonniers étant moins considérable qu'en 91, les charges sont moindres aujourd'hui.

« La citoyenne Briand peut vous donner des renseignements sur ce que peut lui payer le gouvernement. Le citoyen Gazeau qui a l'administration intérieure de la prison, vous en donnera aussi de certains.

« Salut et Fraternité.

J. Cormeray (oncle), Le Faur, Lelarge, Constantin. »

Voilà nos *pauvres* prisonniers en belle situation, n'ayant pour protectrice qu'une brave fille aussi riche de dévouement que dépourvue de ressources, et cet état misérable ne dura pas moins de dix ans ! Quant à la subvention du gouvernement, dont les caisses étaient aussi vides que la bourse de la servante des pauvres prisonniers, nous n'en trouvons nulle trace, et nous craignons bien que les informations prises près de la citoyenne Briand et du citoyen Gazeau, n'aient produit aucune lumière, car la bonne demoiselle en eût parlé dans sa supplique et n'eût pas laissé sa lingerie réduite à douze chemises.

Pendant que l'annexe du Bureau de Bienfaisance se trouvait dans un dénuement lamentable, l'institution principale subissait de rudes épreuves. Ce n'était qu'à force de moyens extraordinaires, tels que redoutes [1], représentations théâtrales, quêtes, pétitions de secours

---

[1] On appelait *redoutes* des bals publics et payants, dans la salle de spectacle près des Halles.

à l'Hôtel-de-Ville ou au Directoire du département, que l'on formait un capital aussi précaire qu'insuffisant.

La loi de 1797 avait bien rétabli régulièrement les Bureaux de bienfaisance, mais ne leur avait pas rendu les propriétés confisquées ou vendues. Tout au plus, réussissait-on à retrouver quelques titres de rentes, épaves échappées au naufrage. Plusieurs personnes scrupuleuses venaient d'elles-mêmes se déclarer débitrices de rentes dont les titres n'existaient plus. C'était assurément très bien, mais cela ne suffisait pas pour combler le vide causé par l'imprévoyance révolutionnaire.

Quant aux quêtes nous trouvons une liste des personnes qui ont contribué à l'une d'elles, et nous la donnons entière, dans la pensée qu'elle sera étudiée curieusement par le lecteur autant qu'elle l'a été par nous-même.

11 pluviose an VII

État de la quête faite pour les pauvres par les citoyennes ci-après nommées, et des dons faits par les Sociétés :

Savoir :

	livres	sols	den.
Des citoyennes Lair et de la Potterie, la somme de	187	3	6
Des citoyennes Hébert et Gueffier.........	36	»	»
Des citoyennes Garnier et Peltier.........	41	»	»
Des citoyennes Lepage et Thubert.........	40	8	9
Des citoyennes du Bignon et Maugars.....	96	1	»
Des citoyennes Maupoint et Deville........	83	»	»
Des citoyennes Delaage mère et Allain....	135	18	»
Des citoyennes Gohin et Desmarie.........	217	11	»
Des citoyennes Sibille et Gaultier.........	72	1	6
Des citoyennes Lachèse et Mabille.........	88	3	3
A reporter.........	995	47	4

	livres	sols	den.
Report........... ..	995	47	4
Des citoyennes Bariller et Papiau.........	164	1	6
Des citoyennes Bourgeois et Garanger....	396	19	6
Des citoyennes Farran et Joubert.........	335	7	6
Des citoyennes Giraud et Maugars........	57	1	3
Des citoyennes Martin et Fabre	63	17	6
Des citoyennes Lesourd et Dureau........	50	10	»
	2.061	02	31

Sociétés

	livres	sols
De la Société séante *(sic)* à la Fidélité, la somme de.	10	17
De la Société séante au faubourg Michel	24	»
De la Société séante à la Promenade	150	»
De la Société séante au clos des Marchands.....	100	3
De la Société séante aux Deux-Pavillons, rue Hanneloup...............................	30	»
De la Société des Tilleuls, séante rue Centrale..	48	»
De la Société séante rue de la Roë.............	150	»
De la Société séante aux cy-devans Cordeliers ..	200	»
De la Société Pinson, séante faubourg Michel...	14	18
De la Société des Bouchers....................	13	2
De la Société de Montfroux	9	»
De la Société de Jacques Le Roy, faubourg Michel	2	10
	750	50

Résultat :

Des citoyennes, la somme de............	2.061	02	31
Des Sociétés, la somme de..............	750	50	»
	2.811	52	31

« Je, soussigné, trésorier du Bureau de Bienfaisance, certifie l'état ci-dessus, et des autres parts, sincère et véritable.

« A Angers, 11 pluviôse an VII de la République

COULLION. »

Voici la formule usitée pour préparer une *redoute* :

« Humanité, République Française, Impartialité

« Angers, 4 pluviôse an XI de la République française.

« *La Commission de Bienfaisance au citoyen Maire d'Angers*

« La Commission de bienfaisance se propose, d'après votre agrément et celui du Préfet, de donner le 13 du courant, une redoute, au bénéfice des pauvres, dans la salle, place de la Commune. Comme il ne nous reste que le temps nécessaire pour faire nos visites et placer les cartes d'entrée, nous espérons que vous voudrez bien répondre à notre demande.

« Nous sommes avec respect vos concitoyens,

Lefaur, Fr.-J. Grille, Et. Thouin. »

En dépit des redoutes, concerts, quêtes et autres procédés ingénieux pour venir au secours des indigents, leur caisse était presque toujours vide ; ce fut pour lui donner un peu de lest que parut la loi du 7 frimaire an V, qui établit un droit sur les spectacles en faveur des pauvres. Toutefois cette ressource n'était établie que pour un an. Il fallait en solliciter le renouvellement provisoire, contre lequel les administrateurs du Bureau de Bienfaisance ne cessaient de protester, ainsi qu'on peut le voir par la pétition suivante, adressée au Maire, le 1er thermidor an X :

« Citoyen,

« La loi du 7 frimaire an V qui accorde aux indigents à domicile le droit de percevoir un décime par franc, en plus du prix de chaque billet d'entrée dans tous les spectacles, n'a été prorogée par arrêté des Consuls, en date du 9 fructidor an IX, que pendant le cours de la présente année, an X.

« La prolongation de cette loi n'a jamais été plus nécessaire que dans le moment présent. Nous ne pouvons nous dissimuler que les denrées de première nécessité seront l'an prochain d'une cherté excessive. Leur prix actuel, joint à la mauvaise récolte, confirme cette affligeante vérité.

« Votre sollicitude paternelle, instruite que la seule ressource des indigents, ne consisterait plus que dans la rente de 413 francs hypothéquée sur le Trésor public, va prendre des moyens pour obtenir du gouvernement la prolongation de cette loi si bienfaisante qui a été, depuis son établissement, le plus fort soutien des malheureux.

« Nous vous y invitons, citoyen Maire, nous reposant entièrement sur votre zèle qui nous donne l'espoir le plus flatteur.

« Salut et respect.

J. CORMERAY (oncle), LELARGE, Fr.-J. GRILLE, CONSTANTIN, LEFAUR. »

Le maire d'Angers était alors M. Joûbert-Bonnaire ; il s'empressa de transmettre la demande du Bureau au Gouvernement ; c'était le régime réparateur du Consulat ; mais il avait tant à réparer les désordres de la République qu'il ne pouvait rétablir l'état prospère des choses avant la Révolution. L'Empire, à son début, continua les efforts généreux du Consulat pour relever les institutions de bienfaisance, et le 19 fructidor an XII, le préfet de Maine-et-Loire, M. Nardon, transmet au Maire le décret impérial dont suit la teneur :

Au quartier général du Pont-de-Briques,
camp de Boulogne.

NAPOLÉON, par la grâce de Dieu et les Constitutions de la République, Empereur des Français,

Vu le rapport du Ministre de l'Intérieur,
Le Conseil d'État entendu,
Vu l'article 102 de la loi du 5 ventôse an XII, qui proroge pour l'an XIII, les Contributions indirectes, décrète :

Article premier

Les droits établis par les lois et arrêtés du Gouvernement, en faveur des pauvres et des Hospices sur les spectacles, bals, concerts, feux d'artifice, courses, exercices des chevaux, et autres fêtes publiques, recevront leur exécution pour l'an XIII.

Article 2

Le Ministre de l'Intérieur et celui des Finances, sont chargés de l'exécution du présent décret.

Signé : NAPOLÉON.

Le Secrétaire d'État.

Signé : Hugues MARET.

Pour ampliation, le Ministre de l'Intérieur, par intérim.

Signé : PORTALIS.

Pour copie conforme, le Secrétaire général de la Préfecture de Maine-et-Loire.

MAMERT-COULLION.

(Dont la magnifique écriture est en harmonie avec le ton superbe du décret.)

En même temps que l'on réclamait de l'État des lois protectrices, on invitait à venir en aide au rétablissement de la caisse des pauvres, et ce n'est pas sans émotion, ce qui prouve la misère du temps, que l'on voit les premiers bienfaiteurs apporter des dons en nature, tels qu'un setier de froment, qui représentait douze boisseaux environ.

Quoique chaque année de nouveaux dons et legs viennent accroître les revenus du Bureau de Bienfaisance, il est aisé de voir qu'ils sont encore loin d'être en rapport efficace avec le nombre et les besoins croissants des indigents de la Ville. On ne saurait donc trop encourager les personnes généreuses à favoriser, de leur vivant ou par testament, le petit trésor commun, en suivant le noble exemple de nos devanciers dont l'honorable liste sera lue avec intérêt.

Toutefois nous avons cru devoir faire un choix dans le relevé du Livre d'Or de l'institution, la place nous manquant pour en transcrire tous les feuillets :

Aubin, André, 4 setiers de froment pendant dix ans, 17 nivôse an V.
D^{me} Riotteau, Marie, veuve Michel, argent, 750 francs, an VIII.
D^{lle} Adam, Monique, 1 setier de froment, 12 mars 1791.
D^{lle} Chave, Rose, 6 setiers de froment, 5 floréal an XI.
Navarre, André, mobilier estimé 187 francs, 17 vendémiaire an XII.
D^{lle} de Mauny, Provença-Madeleine, argent, 200 francs, 25 frimaire an XII.
Chervot, Jean-Baptiste, 200 livres de pain à distribuer, 3 ventôse an IX.
D^{lle} Mouillera, Marie, 150 francs, 16 thermidor an IX.
D^{lle} Jouin, Madeleine, garde-robe et 1,200 francs, 8 fructidor an X.
D^{lle} Allain-Brière, maison vendue 7,000 fr., 28 août 1807.
Avril-Desmonceaux, 2,000 fr., 1er frimaire an XII.
Bertry, François-Louis, 600 décalitres de seigle, 2 novembre 1807.
D^{lle} Coquereau de Bois-Bernier, biens meubles évalués 6,847 francs, 23 juin 1814.
Époux Louis-François Mesnard, une maison vendue 3,450 fr., 13 décembre 1814.

Epoux René-Jacques Montrieux, 60 boisseaux de froment ; un franc à chaque pauvre ; un habillement complet à chaque pauvre ; 1,500 francs à distribuer, 25 février 1819.

D{ll}e Claudine Berger, 2,400 francs, 23 mars 1819.

Vicomte de Lusignan de Bessay, 20 boisseaux de froment, et 1,000 francs, 26 mai 1819.

Jean Monard, 3,000 francs, 8 octobre 1826.

M. Muguet, 4,000 francs, 26 février 1823.

D{ll}e Louise Dubois de Vaujoys, 1,000 francs, 16 juillet 1816.

D{ll}e Pellerin, Marie-Louise, 8,807 francs, 28 décembre 1833.

D{ll}e Colin, Anne, 1,000 francs, 18 novembre 1841.

D{ll}e Guérin-Desbrosses, objets mobiliers évalués 1,263 fr., 12 avril 1834.

D{ll}e Jeanne Avril de Boutigny, 1,200 fr., 2 septembre 1840.

M. Claveau de la Gransière, 3,000 francs, 13 février 1844.

M. Naurays de la Davière, 3,000 francs, 15 octobre 1851.

Mme Marie Luciot, veuve Aubert, 5,000 fr., 8 mars 1852.

D{me} Marie Boussinot, supérieure de Saint-Charles, une maison, rue Haute-du-Figuier, 7 décembre 1824.

D{me} Rosalie-Renée Béguyer, maison rue Haute-du-Figuier, 9 juin 1819.

L'abbé Noyers, 1,000 francs, 26 janvier 1852.

M. René-Pierre Neveux, 3,000 francs, 17 septembre 1855.

D{me} veuve Poulet, née Montrieux, 1,854 fr., 6 avril 1837.

D{me} Flavie Abraham, veuve Herbault, 3,000 fr., 19 mars 1855.

M. Augustin Guillon, D.-M., 50,000 francs, 29 janvier 1858.

D{me} veuve Sorin, née Raffray, rente perpétuelle de 100 fr., 3 juillet 1857.

M. Joseph Desnoyers, argent, 2,000 francs, pain, 900 kil., 4 juin 1848.

M. Touchais, curé de Saint-Serge, 3,000 fr., 14 juin 1859.

M. Allard, major retraité, 1,000 francs, 20 juillet 1854.

D{ll}e de Maquillé, 1,500 francs, 19 juillet 1859.

M. Charles Lebis, 46,631 francs, 1er mai 1854.

Mme Merlet, née Houdebert, 4,000 francs, 5 novembre 1858.

M. René Gibert, 40,000 francs, 22 juin 1857.

M. Lesourd-Delisle, Antoine, 7,091 fr. 60, 9 mars 1863.

D^lle Aimée Lesourd-Delisle, 10,000 fr., plus 300 kil. de pain, 10 février 1860.

M. Lasne, curé de Saint-Joseph, 8,400 fr., 7 février 1865.

D^lle Rose Lesourd-Delisle, 15,000 fr., plus 500 kil. de pain, 30 décembre 1863.

M. Garnier, 1,800 francs, 15 mars 1863.

D^lle Marie Arnoul, 5,000 francs, 19 septembre 1864.

Le général d'Angell de Kleinfeld, 4,172 fr., 11 juillet 1864.

M. Emile Prevost, 1,000 francs, 10 décembre 1861.

D^lle Boguais de la Boissière, 36,000 fr., 5 juin 1862.

D^lle Louise Guilbault, 1,000 francs, 28 novembre 1866.

Mme veuve Guépin, 2,000 francs, 13 mai 1867.

D^lle Caroline Lointier, 2,000 fr., 8 mai 1840.

Mme la baronne Liégeard, 1,000 francs, 18 avril 1863.

Mme veuve Guittière, 3,000 francs, 9 décembre 1868.

Mme veuve Béclard, 20,000 francs, 25 avril 1863.

M. Félix Pinel, 10,000 francs, 25 septembre 1865.

M. Claude Canon, 2,500 francs, 27 août 1862.

M. Lenoir, architecte, 1,000 francs, 21 septembre 1867.

M. François Delaunay, 15,000 francs, 24 juin 1871.

M. Chauvin, Charles-Elie, 1,000 francs, 26 décembre 1871.

Mme la comtesse Janvier de la Motte, 1,000 francs de rente, 7 février 1872.

M. Vallée, Charles-Michel, 6,000 francs, 14 juin 1872.

M. Bouchet, Jean, 2,000 francs, 6 juin 1867.

M. Farran, Hippolyte, 5,000 francs, 18 mars 1874.

M. Avenant, Paul, 10,000 francs, 18 octobre 1869.

Mme veuve Bodinier 1,000 francs, 14 janvier 1874.

Mme veuve Prevost, 1,205 francs, 17 décembre 1867.

M. Adolphe Terrien, 2,000 francs, 1877.

D^lle Guilbert, 250 francs de rente et 500 francs de rente au profit d'une jeune fille orpheline et pauvre, 17 janvier 1877.

M. François Hoyeau, 1,000 francs, 29 juin 1874.

M. Edouard Moll, 3,000 francs, 18 juin 1875.

M. Ragaru-Duboulay, 1,366 francs, 25 août 1876.

Mᵐᵉ veuve Thomas, 1,000 francs, 16 mai 1878.
Mᵐᵉ Pitre Merlaud, 47,307 francs, 17 novembre 1855.
Mᵐᵉ veuve Rivière, titre de rente de 4,725 fr., 3 mars 1873.
Mᵐᵉ Clotilde Desjardins, veuve Julien, 1,000 fr., 8 mai 1877.
Mᵐᵉ Julien était fille du général Desjardins.
M. Pitre Merlaud, rente perpétuelle des deux tiers du revenu de sa succession, 25 juillet 1879.
M. Barret, ancien commissaire de marine, 4,981 francs de rente, dont 3,000 sont grevés d'usufruit, 22 décembre 1874.
Mᵐᵉ Charbonnier-Pananceau, 3,422 francs de rente, à charge d'une rente viagère de 600 francs, 4 avril 1879.
Dˡˡᵉ Jeanne Escot, 2,000 francs, 1ᵉʳ avril 1879.
M. Charles Héron, 1,000 francs, 21 mars 1881.
Dˡˡᵉ Caroline Guerlin, 4,000 francs, 14 octobre 1880.
Mᵐᵉ Raveneau-Terrien, 9,500 francs, 15 août 1884.
M. Isidore Guinoyseau, 3,000 francs, 1ᵉʳ novembre 1870.
M. Jean Huet, 6,000 francs, 20 septembre 1878.
Le général Goury, 2,000 francs, 17 janvier 1884.
Dˡˡᵉ Anne-Marie Devallois, 10,000 francs, 11 février 1876.

Enfin pour clore dignement cette précieuse liste de tant de bienfaits, Mᵐᵉ Bordillon, par son testament en date du 1ᵉʳ juillet 1885, a gratifié la caisse des pauvres de 500,000 francs qui, après déduction des legs et des droits de succession, accroîtront le revenu annuel de 18 à 20,000 francs.

Nous n'avons relevé que les dons de 1,000 francs et au-dessus, bien que les sommes moins importantes aient occasionné sans doute des sacrifices aussi méritoires, car en fait de charité ce n'est pas le chiffre qui a le plus de droit à l'éloge, c'est la privation qu'on s'impose. Aucune somme ne rapportera plus d'intérêt que le denier de la veuve.

Après le sentiment de reconnaissance inspiré par la lecture de tous ces noms dont l'honneur rejaillit sur les familles, une remarque frappe tout d'abord, c'est que le plus grand nombre de ces bienfaiteurs, ou pour mieux dire presque tous, ont été inspirés, dans leurs dispositions généreuses, par des sentiments de piété. Comment est-il donc advenu que l'on ait transformé, à certains égards, une institution essentiellement chrétienne en un établissement laïque, et même un peu politique ? C'est la question que nous étudierons plus loin avec toute la modération et l'impartialité inhérentes à ce sujet et conformes à notre habitude.

Le Bureau de Bienfaisance doit secourir à domicile et sans distinction les pauvres de la Ville. Les secours fixés chaque mois par la Commission administrative, et représentés par des bons de pain, de viande et de bois, sont délivrés et doivent être portés aux pauvres par les dames de charité.

En dehors de ces secours mensuels tous les indigents malades ou blessés reçoivent gratuitement du Bureau, mais sur la présentation d'une ordonnance de médecin, certifiée par la dame de charité du quartier qu'habite le solliciteur, tous les remèdes pharmaceutiques, pansements et soins nécessaires.

Ces remèdes sont délivrés dans deux dispensaires ouverts tous les jours, le premier, rue Montauban, à l'hospice Saint-Charles, et le second, chemin du Silence, à la maison-mère de cette communauté.

Les infirmes reçoivent en outre et aussi d'après une ordonnance certifiée de la dame de charité, mais présentée directement au Bureau de Bienfaisance, des bons pour bains, bandages, bas lacés, etc.

De plus, dans les années malheureuses et à l'aide de quêtes extraordinaires, de subventions et de dons généreux, le Bureau distribue gratuitement des soupes aux pauvres et aux enfants des Salles d'asile et vend, à prix réduit, des portions alimentaires pour venir en aide à la classe nécessiteuse.

Grâce à l'obligeance de l'Administration, nous avons eu en communication tous les documents qui concernent le Bureau de Bienfaisance et l'on voit que nous en avons largement usé.

Voici le résumé du compte moral de 1888 :

TITRE PREMIER

Population

Le nombre des indigents inscrits sur les listes de charité, pour les secours de toute nature, s'est élevé en 1888, à 5,620, représentant mille neuf cent quinze familles.

En 1887, ce nombre n'était que de 5,325, représentant mille huit cent trente-deux familles.

Augmentation en 1888, 295 indigents.

Le nombre des personnes ne recevant que les secours médicaux et pharmaceutiques s'est élevé en 1888, à 6,150, représentant deux mille quatre-vingt-six familles.

En 1887, ce nombre n'était que de 5,850, représentant mille neuf cent cinquante-huit familles.

Augmentation en 1888, 300.

TITRE II

Régie des biens

Le fermage des biens ruraux s'est élevé à.....	3,130 f.	»
Rentes sur l'État.................................	58,175	»
Rentes sur particuliers...........................	129	62
Subvention de la Ville............................	16,969	80
Produit de la quête des mariages.................	3,030	20
Droits sur les spectacles, bals et concerts......	8,878	75

Dons, aumônes, quêtes et collectes........ ..   5,277   85
Concessions dans les cimetières.......... ...   11,232   32
Recettes accidentelles......   1,014   »

TITRE III

Distribution de secours

Les divers secours fournis aux indigents, inscrits sur la liste permanente, ont été, comme les années précédentes, distribués par quatre-vingt-deux dames de charité auxquelles ils avaient été répartis par douze dames présidentes de quartier qui, elles-mêmes, les avaient reçus du Bureau, proportionnellement au nombre de familles inscrites dans chacun de leurs quartiers.

En plus des bons de pain, viande, bouillon et combustible, les dames de charité ont distribué des vêtements en flanelle, des chemises confectionnées et des sabots, pour une somme de 5,044 fr. 13, et des secours en argent, s'élevant à la somme de 164 fr.

TITRE IV

Service médical et pharmaceutique

Le service médical se compose de six médecins, nommés par M. le Préfet, et de douze sages-femmes nommées par la Commission administrative.

Les médecins doivent donner des consultations tous les jours non fériés, à dix heures du matin, dans les deux dispensaires du Bureau, situés rue Saint-Blaise et boulevard de Laval, à toutes les personnes qui s'y présentent.

Ils visitent, à domicile, tous les malades inscrits sur les listes du Bureau qui ne peuvent se rendre à la consultation.

Les sages-femmes sont chargées d'accoucher les femmes inscrites sur la liste du Bureau et de leur donner des soins pendant huit jours.

Pendant l'année 1888, les médecins ont donné huit mille quatre cent cinquante consultations et fait quatre mille trois cent quarante-quatre visites.

Pendant la même année les sages-femmes ont fait deux cent dix-huit accouchements.

Le service pharmaceutique est dirigé par un pharmacien nommé par M. le Préfet.

Huit Sœurs de la congrégation de Saint-Charles sont chargées, sous le contrôle du pharmacien, de la préparation des remèdes qu'elles délivrent aux indigents, dans les deux dispensaires du Bureau.

Les indigents malades et blessés sont visités et soignés sous la direction des médecins du Bureau :

1º Par la Sœur chargée de ce service dans chaque dispensaire ;

2º Par deux Sœurs attachées spécialement à la paroisse Saint-Serge (donation de M. le curé Touchais). Trois mille neuf cent quatorze pansements ont été faits par elles, pendant l'année 1888 ;

3º Par deux Sœurs attachées spécialement aux paroisses Saint-Joseph et de la Madeleine (donation de M. le curé Lasne). Deux mille trois cent soixante-sept pansements ont été faits par elles, pendant la dite année.

Le nombre des ordonnances de médecin remplies, au cours de l'année 1888, dans les deux dispensaires, a été de vingt-trois mille cinq cent quatre-vingt-treize.

En 1887, il n'y en avait eu que vingt mille huit cent cinquante.

En plus, pour 1888, deux mille sept cent quarante-trois.

Outre les remèdes délivrés dans les deux dispensaires, le Bureau a accordé des bons pour bains chauds, bandages, bas à varices, lunettes, béquilles, etc., sur le vu d'une ordonnance de médecin, aux personnes inscrites sur les listes permanentes ou temporaires.

TITRE V

Bâtiments affectés aux services du Bureau

Le siège administratif du Bureau de Bienfaisance est établi devant l'Hôtel de la Mairie, dans un local que la Ville met à sa disposition.

Le Bureau a deux dispensaires : un, boulevard de Laval, dans une dépendance de la communauté de Saint-Charles, où sont installés la pharmacie et le cabinet de consultations du canton Nord-Ouest.

Le deuxième, connu sous le nom de l'Hospice Saint-Charles, est situé rue Saint-Blaise, dans une maison appartenant à l'Administration. Là sont installés le cabinet de consultations et la pharmacie des cantons Sud-Est et Nord-Est.

Les deux pharmacies du Bureau sont, ainsi que celles de la Ville, inspectées par un jury médical.

TITRE VI

Dépenses en secours

D'après les détails ci-dessous, les secours de toute nature se sont élevés, pendant l'année 1884, à la somme de 109,383 fr. 68.

Savoir :

Pain	46,383 f.	50
Viande et bouillon	9,628	20
Combustible	8,870	30
Bains, bandages, lunettes, etc.	1,722	95
Vêtements, jupons, tailles, chemises, sabots.	5,044	13
Secours en argent	3,880	»
Secours en pain aux pauvres de la Trinité (Legs Lebis)	2,039	»
Secours aux familles des prisonniers indigents	1,647	»
Secours en médicaments et soins médicaux..	24,257	»
A reporter	103,472	08

Report	103,472	08
Aliments aux enfants des Salles d'asile......	3,868	30
Vêtements aux enfants des Écoles communales	1,500	»
Somme versée à une jeune fille pauvre, le jour de son mariage (legs Guilbert)............	500	»
Achat de livres aux enfants des Écoles des Frères (legs Meslet).......................	43	»
Somme égale............	109,383 f.	38

TITRE VII

Mode de fournitures diverses

Le pain, la viande et le bouillon sont fournis aux pauvres par tous les boulangers et tous les bouchers de la Ville.

Le combustible (bois, coke ou charbon) est fourni par tous les marchands de bois et de charbon, ainsi que par l'usine à gaz.

Ces diverses fournitures sont faites sur la remise de bons du Bureau délivrés aux pauvres par les dames de charité, et qui sont d'une valeur fixe : 50 centimes pour le pain, 20 centimes pour le bouillon et 90 centimes pour la viande et le combustible.

En ce qui concerne les médicaments, la Commission administrative adresse aux principales maisons de produits pharmaceutiques d'Angers et de Paris, une liste des produits jugés nécessaires pendant l'année, avec demande de prix, et accorde la fourniture à la maison qui offre les conditions les plus avantageuses.

La fourniture de vêtements a également lieu à l'amiable.

Toutes ces fournitures sont, au préalable, autorisées, dans ces conditions, par M. le Préfet, mais pour une année seulement.

Nous avons transcrit presque en entier le compte moral du dernier exercice, d'abord parce que le sujet est fort intéressant, ensuite parce que ce travail est rédigé avec beaucoup d'ordre et de clarté. Quant à l'emploi des fonds, ils sont répartis avec sagacité et nous n'en doutons pas, avec un désir sincère d'équité. Nous ne relevons qu'un article pouvant donner lieu à réclamation ; c'est à propos des 1,500 francs de vêtements donnés aux enfants des Écoles laïques. Pourquoi ne pas partager cette allocation avec les écoliers congréganistes? Ne sont-ils pas tous enfants de la même cité? Si l'on pouvait consulter les pieux donateurs, il n'est pas douteux qu'ils recommanderaient l'égalité de la distribution.

L'exactitude du compte moral prouve en outre que les écritures du Bureau sont tenues avec une régularité, à laquelle chaque année le Conseil municipal et les autres autorités inspectrices se plaisent à rendre hommage. Cette régularité est indispensable dans une administration qui touche à tant d'intérêts et dont le budget est bien loin de suffire à tous les besoins.

En y comprenant le legs de Mme Bordillon, les recettes s'élèveront pour l'année prochaine à 130,000 francs environ. Assurément c'est un beau chiffre, mais le découragement vous saisit à la réflexion que divisé entre cinq mille mains prenantes, cela ne fait pour chacune que 25 francs au cours de l'année, à peine sept centimes par jour. Que d'esprit de justice il faut déployer, que d'ingénieuses combinaisons il faut inventer pour qu'avec de si faibles moyens, on parvienne, sinon à nourrir une foule de malheureux, du moins à les empêcher de mourir!

Après avoir rendu justice à l'ordre qui règne dans la comptabilité du Bureau de Bienfaisance ainsi qu'à la grandeur des services, relativement à la faiblesse de ses ressources, il est de notre devoir d'historien sincère de déplorer l'envahissement de la politique dans une institution de nature essentiellement bienveillante et n'admettant point d'esprit de parti. D'abord pourquoi en 1880 a-t-on changé l'administration du Bureau ? Elle se composait de MM. Courtigné, vicomte de Ruillé, Max-Richard, Pelou et Mestayer. Pouvait-on réunir un groupe d'hommes plus capables et plus dévoués au bien public? N'était-ce pas un bonheur pour l'autorité municipale, sous le gouvernement qui d'après son principe, doit être ouvert à tous les honnêtes gens, n'était-ce pas une fortune d'avoir près des personnes généreuses des délégués aussi justement considérés ? Ce n'est pas tout ; après avoir révoqué les hommes, on s'attaqua aux femmes. De là cette mesure si généralement blâmée et si préjudiciable aux intérêts des pauvres, la substitution de mandataires laïques aux Sœurs de charité, pour la distribution des secours du Bureau de Bienfaisance. Afin de faire apprécier l'injustice de ce changement, il nous semble utile de remonter un peu dans l'histoire de cette distribution.

Autrefois, il y a quarante ans environ, elle était faite par des dames pieuses, ayant la pratique du commerce avec les pauvres. Elles s'acquittaient parfaitement de cette mission, pendant la saison la plus rigoureuse, il est vrai, mais lorsque venaient les beaux jours et surtout les vacances, les devoirs et les plaisirs de la famille les entraînaient au loin et leurs clients, qui n'avaient ni châteaux ni même de chaumières, restaient sans protection. Cet abandon involontaire était si général qu'une de ces excellentes messagères de la bonne œuvre étant restée, par dévouement, à la ville, pour suppléer plusieurs de ses compagnes, contracta une maladie si grave qu'elle faillit en mourir[1]. Il arriva ce qui advint à Vincent-de-Paul lors de la

---

[1] La bien respectable Mme Pinson-Retailleau qui, heureusement, survit encore aux extrêmes fatigues de son dévouement.

formation de sa célèbre congrégation : les grandes dames qui s'étaient empressées de s'enrôler dans la sainte légion, se dispersèrent au premier soleil du printemps et il serait resté seul avec *Messeigneurs les povres*, comme il se plaisait à les appeler, s'il n'eût trouvé en Bourgogne de pieuses et robustes filles qui furent heureuses de seconder leur cher maître en partageant sa vie de sacrifices, sans relâche et sans repos.

Je ne sais si ce fut cet exemple qui engagea nos administrateurs à modifier le personnel de la distribution ; tant il y a que plus heureux que Vincent-de-Paul, on ne fut point obligé d'aller chercher des aides en Bourgogne, puisqu'on les avait sous la main. A la dame de chaque quartier on adjoignit une Sœur de l'un des différents ordres, dont le nombre est la gloire de notre cité. Cette association produisit une foule d'avantages, tous au profit des familles nécessiteuses. La dame, ordinairement riche, se faisait un plaisir, à la vue d'une femme malade ou de petits enfants, ayant froid et faim, d'ajouter quelque chose aux bons officiels ; la Sœur veillait à la propreté, au bien-être relatif des visités, pansait leurs petits maux, leur remettait les produits de quêtes incessantes, tantôt pour les vêtements de première communion, tantôt pour les habits d'un mariage retardé par défaut de mise décente. Enfin, pour tous ceux qui connaissent l'esprit inventif des Sœurs de charité, il est superflu de détailler tous les moyens ingénieux dont elles se servaient pour que leur entrée dans les pauvres mansardes fût saluée avec joie par tous ceux qui les habitaient.

Aujourd'hui ce sont des mains laïques, seules, qui distribuent les secours. Loin de nous l'idée de jeter le moindre blâme sur les personnes honorables qui ont consenti à se charger de cette tâche. En raison du peu d'empressement pour remplacer les Sœurs, on a dû s'adresser à des dames de fonctionnaires, notamment à des directrices d'asiles ou à des institutrices. Quel que soit leur zèle, après de longues heures de classes et de surveillance, ces dames ont-elles le temps et les aptitudes indispensables pour visiter les pauvres ? Nous sommes persuadé qu'elles accomplissent en conscience leur mission, mais elles sont les premières à déclarer qu'elles ne peuvent égaler les services que rendait l'ancienne organisation.

Pour caractériser la différence entre une personne exerçant la charité par goût, ou une autre qui s'en occupe par obligation, nous demandons la permission de citer trois anecdotes, choisies parmi bien d'autres que l'on nous a racontées.

Dans les premiers temps de la substitution, une pauvresse sonne à la porte de la dame de son quartier ; la fenêtre du premier étage s'entr'ouvre : apparaît à demi une dame en toilette du matin ! Que demandez-vous ? — Madame, ce sont mes bons ! — Je ne puis descendre ; d'ailleurs ils sont égarés. — La bonne femme insiste. Après quelques instants la dame reparaît et jette les bons dans la rue, en disant : les voilà ! Par bonheur le pavé était sec.

Dans un autre logis, précédé d'une boutique, la patronne était assise à son comptoir. Une de ses clientes se présente ! — Ah dame, j'en suis bien fâchée, mais j'ai donné vos bons à une autre. — Ça ne fait point mon affaire, reprit la pauvre femme, il n'y a rien dans la huche, et les enfants crient la faim. — A l'instant, un Monsieur sort de l'arrière-boutique, prend la quemandeuse par le bras en disant : — Qui m'a fichu cette insolente, décampez et vivement ! Nous aimons à croire que l'expulsée, à peine rentrée chez elle, recevait ses bons, peut-être même autre chose avec.

Troisième scène : une dame suivie d'une femme portant un monceau de hardes s'arrête devant un chétif logis. — Hé, la mère, crie-t-elle ; au troisième s'ouvre une lucarne encadrant une tête à cheveux gris : — descendez promptement, car je suis pressée! On entend la bonne femme dégringoler l'escalier ; quand elle est arrivée au bas, la dame lui jette un vêtement, en disant : — Tenez, c'est une culotte pour votre gars. — Je croyais, madame, qu'on y joindrait un veston. — Ah! vous n'êtes jamais contente, je vais vous reprendre ma culotte — et la pauvre femme s'enfuit de peur que l'acte ne suivît la menace. Assurément ces faits ne sont pas bien graves, et ne prouvent qu'une chose, c'est que si la grande majorité des nouvelles distributrices de secours remplissaient dignement leur tâche, quelques-unes n'y avaient pas été préparées par leur éducation. Pour toutes choses il faut un apprentissage, surtout dans les relations avec les inférieurs. C'est un grand art, plus difficile qu'on ne pense, de savoir visiter les pauvres. Il ne faut leur montrer ni hauteur, ni familiarité, car ils sont en général très susceptibles. C'est pour cela que la distinction de nos anciennes Dames de charité, combinée avec l'affabilité des Sœurs, réussissait si bien à leur inspirer le respect et à captiver leur confiance.

Deux autres conséquences de l'exclusion des Dames patronnesses qui représentaient la majeure partie de la classe aisée, c'est que les quêtes aux églises ne rapportent presque rien, et qu'il est devenu difficile d'ouvrir des souscriptions extraordinaires dans la saison rigoureuse, mode volontaire de secours qui parait si puissamment à l'insuffisance du Bureau municipal.

Espérons donc que bientôt éclairé par l'expérience, n'ayant pour les misères du peuple que des pensées de bienfaisance, sans préventions d'esprit de parti qui gâte tout ce qu'il touche, on s'adressera aux plus méritantes pour servir de médiatrices entre les familles indigentes et le petit trésor, essentiellement populaire, formé par la contribution de tous les groupes de la société angevine. Nous sommes heureux de signaler un progrès en ce sens : grâce au retour des esprits vers les idées justes, grâce à l'influence bienveillante de M. le Maire, un de nos amis vient d'être élu membre du Bureau de Bienfaisance par le Conseil municipal, et plusieurs vacances dans la liste des quatre-vingts dames déléguées ont été offertes, sans idée exclusive, et acceptées avec autant de bonne grâce que de générosité.

La Commission du Bureau de Bienfaisance est actuellement composée de Messieurs :

Le Maire d'Angers, président, Chudeau Arthur, De la Noue, Jallot, Laboulais Anatole et Tulasne.

Receveur-trésorier, M. Maucin.

CE QUI MANQUE AU BUDGET DES PAUVRES

Nous venons de tracer l'historique du Bureau de Bienfaisance, c'est l'officiel ; mais il y en a un autre, provenant, pour une grande part, de la charité privée et qui a été singulièrement réduit, non par le fait des particuliers, mais par la passion antireligieuse de nos gouvernants ; il est facile de le démontrer.

D'abord l'indemnité due aux évêques, en vertu du Concordat, ayant été abaissée de 15,000 à 10,000 francs, les pauvres ont perdu 5,000 francs. De plus, une loi a été votée exprès pour assimiler les évêques aux fonctionnaires, qui ne peuvent cumuler les émoluments de deux emplois. En conséquence, Monseigneur ne touche plus que 1,000 francs de l'indemnité épiscopale ; ce qui, joint aux 9,000 francs de traitement de député, constitue une économie de 14,000 francs pour le fisc, et une perte d'autant pour les pauvres gens, ses victimes.

Or, ce n'est pas chez nos évêques l'habitude de thésauriser. N. N. S. S. Montault et Angebault ont donné jusqu'à leurs biens propres, et nul ne peut reprocher à Mgr Freppel d'agir autrement.

Cinquante-deux demi-bourses pour les séminaristes sans fortune ont été supprimées : à 250 francs l'une, voilà encore 12,000 francs de moins, auxquels on supplée par des quêtes prélevées sur la réserve que les fidèles consacrent à la charité. Un crédit de 9,200 fr. était inscrit au budget de la Ville pour le culte catholique, dont faisait partie le modeste traitement de MM. les Vicaires — 400 fr. pour chacun — ; maintenant ce sont les conseils de fabrique qui en sont chargés.

Les Sœurs de Saint-Vincent, de la Sagesse et de Saint-Charles recevaient pour leurs écoles et leurs asiles, de modestes allocations montant à 5,550 francs. Dans le nouveau budget il n'en est pas mention.

Les Frères touchaient 9,900 francs, plus un supplément pour les cours d'adultes. Aujourd'hui bien que leur nombre soit augmenté, ils ne touchent que 10,950 francs, ce qui est vraiment dérisoire à côté de l'énorme accroissement du crédit des écoles laïques.

Les Dames de la Miséricorde, les Demoiselles de la Providence, les Dames patronnesses des Cercles, des Crèches, la Société de Saint-Vincent-de-Paul, organi saient, tous les ans, des loteries qui produisaient, chacune, en moyenne, de 4 à 5,000 francs. On les a interdites, ou plutôt, ce qui revient au même, et ce qui est plus blessant encore, on les a permises à la condition de verser la moitié du produit au Bureau de Bienfaisance, comme s'il était acceptable de ne conserver que la moitié des collectes, recueillies avec tant de soins et de fatigues [1].

Nous avons dit déjà que la substitution de nouvelles Dames aux anciennes Dames de charité qui accompagnaient les Sœurs pour la distribution des secours du Bureau de Bienfaisance, avait causé un préjudice considérable aux pauvres. En effet, ces Dames, étant presque toutes riches, ne se contentaient pas de la remise des bons de pain, elles y ajoutaient un supplément au moins d'une égale valeur. De leur côté les Sœurs, en face de misères de tous genres, n'avaient pas de bourses à ouvrir, mais elles y suppléaient par les moyens ingénieux que suggère l'esprit de charité.

Comment estimer ce déficit qui s'élève à une somme considérable, bien plus importante qu'on ne l'imagine au premier abord? Je crois qu'en l'évaluant à 1,000 fr., pour chaque paroisse, les unes rapportant aux autres, on restera au-dessous de la vérité.

On sait que le produit de la quête dans les églises au profit du Bureau de Bienfaisance est bien inférieur à ce qu'elle rapportait avant 1870.

Le premier résultat de l'expulsion des religieux a été de priver de secours essentiels une foule de malheureux : Les Pères Capucins, les Dominicains, les Oblats, faisaient aux pauvres des distributions fré-

---

[1] On nous assure que ces quasi-interdictions ne proviennent pas des autorités de la Ville, mais qu'elles sont imposées par le pouvoir central de Paris.

quentes de soupes et d'autres aliments. Les Pères de la Compagnie de Jésus étaient en position de répandre bien d'autres libéralités. Leur maison contenait ordinairement vingt Pères, en retraite pour la plupart, soixante scolastiques et trente coadjuteurs. Chacun d'eux ne dépensait pas moins de 1,000 francs par année, dont profitait surtout le faubourg Saint-Michel. En cotant au cinquième de cette somme la dîme réservée aux indigents, on voit quel vide a causé dans leur budget l'exécution des cruels *décrets*.

Maintenant nous arrivons à une mesure d'une injustice criante dont le résultat, tout en frappant les Communautés religieuses, retombe d'un poids plus lourd encore sur la population nécessiteuse. Dans leur passion d'égalité impossible, nos législateurs ne se sont pas contentés de l'impôt de mainmorte, qui était le régime particulier et fort équitable des Congrégations. En établissant les droits de succession au décès des supérieurs de Communautés, il équivalait au moins, à l'impôt ordinaire, assurent les autorités compétentes [1];

---

[1] C'était entre autres, l'opinion de M. Renou, chef de la division des Etablissements de bienfaisance à la Préfecture et digne successeur de ces employés modèles qui se nommaient MM. de Presle, Roger, Hiron, Blanchard, Gardereau ..

A propos de M. Renou, qu'il nous soit permis d'atténuer, sinon de rectifier l'impression que l'un de nos préfets républicains a laissée dans notre pays. M. Assiot a eu le malheur de présider à l'exécution de l'abominable décret d'expulsion des Communautés : c'est sans doute la cause de la réprobation qui poursuit sa mémoire : il a payé pour tous les péchés d'Israël. La vérité est qu'il a tâché d'adoucir les effets de la violence à Belle-Fontaine, en prenant sur lui, au risque d'être désavoué par son ministre — nous tenons ce détail de M. de Civrac — d'insister près du R. P. Abbé pour qu'il restât à son monastère, avec vingt religieux, dans l'impossibilité pour l'instant d'en laisser davantage ; et pourtant, au retour à la gare Saint-Laud, pendant que s'esquivaient prudemment le Procureur général et le

Nous avons sous les yeux le budget de la Ville en 1869, l'année qui précéda la République, et le projet de budget de 1890. En les comparant, une foule d'observations se présente à l'esprit ; en voici quelques-unes.

D'abord on est frappé par les gros chiffres inscrits sur la couverture de ces deux documents officiels :

Principal des contributions en 1868, 647,075 fr.
— — en 1890, 1,014,223.

Puis en ouvrant les deux cahiers, et commençant par la plus respectable des dépenses, celle qui concerne le culte, nous trouvons, en 1869, la proposition de crédits, de 10,000 francs pour la restauration de l'église de la Trinité ; 10,000 francs, premier acompte dans les frais de restauration de l'église Saint-Laud ; 6,500 francs, acquisition d'une maison pour servir de presbytère à la paroisse de Notre-Dame ; 35,000 francs, reconstruction du presbytère Saint-Serge ; 9,200 francs, culte catholique ; 800 francs, culte protestant. Sous le régime monarchique, les dépenses pour l'entretien des bâtiments consacrés au culte ne montaient pas toujours à ces sommes, mais elles ne cessaient de former un chapitre important du budget ; les bâtiments appartenant à la Ville, il est juste qu'elle les entretienne avec soin, et d'ailleurs, ce sont les ouvriers qui profitent le plus de ces travaux de première nécessité.

Dans le projet de budget de 1890, le chapitre intitulé Culte ne se compose que des deux articles suivants :

Indemnité de logement à M. le Curé de Saint-Léonard. . . . . 350 fr.
Indemnité de logement à M. le Pasteur protestant 1,000
                                                                                   _____
                                                                                   1,350 fr.

Maintenant passons à l'instruction primaire. — Le

budget de 1869 comprend les allocations suivantes :

École primaire supérieure	1,500 fr.
Deux bourses à l'École normale primaire.	800
Subvention pour les classes d'adultes .	1,500
Subvention aux Écoles primaires mutuelles	20,150
	23,950 fr.

Voilà le montant de la somme que les Écoles mutuelles coûtaient à la Ville sous l'ancien régime, et les maîtres n'étaient ni moins habiles, les élèves ni moins disciplinés qu'aujourd'hui.

Maintenant que nous avons le bonheur de posséder les *dix-huit-z-écoles* si ardemment désirées par l'honorable M. le conseiller N..., voyons quelle est la différence des frais scolaires entre les deux époques ; nous en avons fait le relevé, et nous le reproduisons, sauf erreur involontaire, toujours d'après le projet du budget :

L'allocation proposée pour l'École normale primaire et l'École primaire de M. Chevrollier, s'élève à	15,450 fr.
L'allocation pour les Écoles de garçons à	75,850
Écoles de filles.	51,800
Écoles maternelles.	22,900
Indemnités aux instituteurs et institutrices pour surveillance des études . . .	14,000
Indemnité à M. l'Inspecteur primaire pour la surveillance du mobilier scolaire et de fournitures classiques.	600
Traitement du professeur de gymnastique.	1,200
Femmes de service attachées aux neuf Écoles maternelles, à 600 francs chacune.	5,400

on s'est livré à un travail excessif de surcharge, et d'après les rapports d'un directeur des Domaines, M. Boulanger, le fisc, en 1880, a plus que doublé les impôts primitifs, en créant de nouvelles cotes personnelles, mobilières et immobilières.

On a bien voulu nous communiquer l'état comparatif des impôts que payaient plusieurs de nos Communautés avant 1870, mis en regard des nouvelles cotes; un motif de discrétion facile à concevoir nous empêche de divulguer ces chiffres; qu'il nous suffise d'avancer qu'ils ont été plus que doublés, aggravation qui, pour l'ensemble des pieux établissements, accroît les charges de plus de 20,000 francs.

Ce qui est le plus révoltant, c'est de compter parmi les victimes de l'iniquité, les Petites Sœurs des Pauvres, qui non seulement ne devraient pas subir la *taxe d'accroissement*, mais qui ont droit à l'exemption de l'impôt ordinaire, de même que les hospices et les hôpitaux. C'est cette violation des lois de l'humanité qui faisait dire à M. Buffet, en plein Sénat, au rapporteur de la loi inique : — L'argent que vous prenez aux Petites Sœurs, c'est le pain des pauvres que vous *extorquez !*...

Ce n'est pas tout encore ! Dans leur manie de spolia-

Commissaire central, ce fut le Préfet qu'on salua par un charivari resté légendaire.

M. Assiot ne se contenta pas de défendre ses employés, en particulier, M. Renou, contre des dénonciations qui remontèrent jusqu'à Paris, il donna plus d'une fois, à notre connaissance, des preuves d'un cœur compatissant. La vénérée Mère Sainte-Hélène (Mlle de Saint-Ouen) de la maison de la Retraite, aimait à citer de M. Assiot, des traits dignes d'éloges. Nous ne l'avons jamais vu qu'une fois, à une réception du premier de l'an ; il se montra plein de courtoisie pour notre délégation de la Société d'Agriculture, et s'empressa, sur la demande de MM. Pavie et Godard, de donner des ordres pour qu'on respectât la chapelle Saint-Jean, de Saumur, menacée de *désaffectation* par la municipalité.

tion nos persécuteurs viennent d'obtenir de la Cour de Cassation un arrêt qui modifie l'impôt de mainmorte, en ce sens que le droit de succession serait dorénavant prélevé au décès de chaque religieuse d'une maison et pas seulement à la mort de la Supérieure ! Ainsi fussent-elles par exemple douze religieuses dans l'association, le fisc exigera pour chacune d'elles, à leur mort, des droits sur le douzième de la propriété, sans tenir compte ni des dettes de la maison, ni du manque de dot de la défunte.

La partialité de nos édiles en faveur des Écoles municipales oblige les catholiques à venir en aide aux instituteurs congréganistes, et l'on peut juger de leurs sacrifices quand nous dirons que seulement pour soutenir les Écoles des Frères, à Angers, il faut recueillir 26,000 fr. par an ; qu'on juge du reste ! C'est donc là une somme considérable dont profiteraient les pauvres, si le Conseil établissait une balance équitable entre les deux modes d'enseignement.

La diminution des revenus, causée surtout par le défaut de confiance dans les institutions actuelles, diminution éprouvée par toutes les fortunes, grandes et petites, presque sans exception, a singulièrement restreint la part que chacun se plaisait à réserver pour le soulagement du prochain malheureux.

La plupart des notables de chaque cité, tenus en dehors des emplois publics, n'habitent plus la ville qu'une partie de l'hiver ; beaucoup même l'abandonnent pour la campagne, par mesure d'économie : autant de secours enlevés aux nécessiteux. Ce qui, en conséquence, est non moins regrettable que la privation des aumônes pour les indigents, c'est la diminution du travail pour les ouvriers et ouvrières honnêtes et laborieux qui n'attendent leurs moyens de vivre que du salaire de chaque jour.

des écolières congréganistes est supérieur à celui des laïques.

Un jour de 1873, je rencontrai mon ami Cubain dans la rue Baudrière ; son abord fut cordial, mais sans le bon sourire habituel. — Qu'avez-vous donc, lui dis-je, souffrez-vous ? — non, reprit-il, mais l'abbé Bodaire [1] vient de me dire une chose dure. — Cela m'étonne, ce n'est pas son habitude ; à quelle occasion vous a-t-il parlé ainsi ? — Nous discutions sur le vote du Conseil qui a supprimé la subvention de 600 francs à la Supérieure de la Sagesse ; je lui apprenais que j'en avais demandé le maintien, à la condition que la classe payante et la classe gratuite fussent confondues. — C'est impossible, répliqua M. Bodaire, vous savez bien que les parents retireraient, en ce cas, leurs enfants pour qu'elles ne prennent pas le langage des petites filles du port — et comme je soutenais la nécessité actuelle d'une éducation égalitaire, il se retira en me disant : — *Tenez ! vous me faites l'effet d'éperviers qui plument des colombes* : que pensez-vous de ce jugement ? — Il est un peu sévère, d'accord, mais il est juste, répondis-je. Sans ajouter un mot, Cubain me serra la main et s'éloigna tristement. Peu de jours après, j'eus occasion d'aller le voir ; il m'accueillit avec sa bonhomie ordinaire, et il ne fut pas question de l'emprunt aux personnages de La Fontaine.

Tout ceci n'est qu'une esquisse des calamités qu'un régime égoïste, hostile aux supériorités, a répandues dans notre pauvre pays. Par l'excès des passions démocratiques, presque tout le monde est en état de souffrance, au moins d'inquiétude. Les personnes qui ont conservé quelque aisance peuvent attendre des

---

[1] Alors curé de la Cathédrale.

temps meilleurs ; mais ceux qui n'ont rien, et pas de travail, comment faire ? Plus on descend dans les dernières couches du peuple, et plus on s'aperçoit qu'elles sont les souffre-douleurs du régime actuel. Toutes les lois, toutes les prétendues réformes que l'on vante comme des progrès tournent au détriment des pauvres. Telle la loi militaire qui prend toute la jeunesse, les fils de veuves comme les indispensables soutiens ; telle encore la loi d'instruction primaire qui force les familles indigentes à envoyer leurs enfants aux écoles sans Dieu, tandis que les riches peuvent jouir chez eux du plus précieux des bienfaits : une instruction religieuse.

En s'efforçant de tarir les sources ouvertes par l'inspiration chrétienne et entretenues par la persévérance des catholiques, nos petits parlements de province ont suivi, parfois à leur insu, les traditions jacobines : toujours détruire et ne rien fonder à la place des ruines ; promettre beaucoup, avoir toujours à la bouche les grands mots de fraternité, liberté, etc. ; s'en remettre souvent à la protection de l'État, moyen commode de se dispenser de sacrifices personnels, comme si la caisse publique était inépuisable : voilà ce que nous voyons, spectacle de plus en plus inquiétant pour le pauvre peuple, et pour tous ceux qui vivent en communication avec ses misères et ses besoins. On croit remédier à ce triste état de choses en substituant au mot de charité, d'essence toute française, parce qu'elle est toute chrétienne, le terme de solidarité, abstraction empruntée aux Sociétés secrètes ; il répugne trop à notre franchise nationale pour qu'il puisse être adopté par l'opinion publique.

L'hostilité envers les institutions de bienfaisance privée, la réduction et même la suppression des secours

Ensuite vient une longue série de subventions supplémentaires, comprises sous le titre général de dépenses matérielles et ne contenant pas moins de dix-sept articles. La place nous manque pour en copier le détail. Nous en citerons seulement quelques-uns, pour donner l'idée du reste :

Achat de fournitures des livres (bien entendu pour les Écoles laïques exclusivement). . . . 13,000 f.
Prix et récompenses. 4,200
Chauffage et éclairage des dites Écoles . 6,000
— des Écoles maternelles 3,200
Service du balayage des classes . . . 5,000
Entretien des bâtiments et du mobilier des Écoles primaires. 12,000
— des Écoles maternelles, etc., etc. . 4,000

Le total de cette série ne montant qu'à 74,100 francs, il est trop raisonnable pour que l'on puisse s'en plaindre. Bien au contraire, des esprits exacts pourront regretter que l'on ait oublié un article emprunté aux comptes des médecins de Molière, et conçu à peu près en ces termes :

Pour avoir réfléchi, la nuit, à la discipline des écoliers. . . . . 3,000 fr.
A la surveillance des balayeuses. . . 2,000

Bref, sans y comprendre cet article indispensable, l'addition des crédits proposés pour l'instruction primaire laïque s'élève à 250,450 francs !

Toutefois, au sujet des honorables fonctionnaires du balai, je ne peux m'empêcher de faire un rapprochement. On lit à la page 30 du projet, au chapitre de l'Orphelinat de garçons : Traitement de cinq

Sœurs à 200 francs chacune : 1,000 francs, et Dieu sait quel est leur travail, pour entretenir un personnel de près de cent pensionnaires! Il est vrai qu'on peut m'objecter qu'elles sont nourries ; eh bien ! soit ; nous ajouterons pour chacune les 250 francs attribués dans cette intention à leurs compagnes du Dépôt de mendicité ; mais cela ne fait en tout que 2,250 francs ; somme qui n'atteint pas la moitié de l'allocation des balayeuses ; ne semble-t-il pas qu'il y a dans cette différence une certaine disproportion ?

Qu'on veuille bien nous pardonner une autre remarque. Les Frères ne craignent point de balayer leurs classes. On ne peut exiger le même service des instituteurs, mais ne pourraient-ils pas en charger leurs élèves, les plus sages, comme une marque de confiance ? Les Sœurs, inspirées par cet admirable esprit chrétien, qui transforme les peines en plaisirs, font considérer le balayage par leurs écolières, comme une récréation, et tout en donnant l'exemple, leur apprennent à prendre un soin qui, plus tard, dans leur ménage, sera de première utilité.

Avant de comparer les deux budgets, je me dis :

Puisque l'on est si généreux pour les Instituteurs laïques, sans doute on ne l'aura pas été moins pour les Congréganistes, dont la clientèle se compose également d'enfants du peuple, ayant droit à la même protection.

Après avoir feuilleté avec soin le budget de 1890, je trouve à la page 26, trois chiffres pour les Écoles congréganistes, de Saint-Maurice, du Tertre et de Saint-Joseph, montant, le tout, à 10,950 francs. Quant aux Écoles de Sœurs qui recevaient autrefois une demi-douzaine de mille francs comme encouragement, j'eus beau chercher, je ne trouvai rien, et cependant le nombre

alloués autrefois par le budget municipal qui, formé par tous les contribuables, devrait être accessible à toutes leurs bonnes œuvres, la politique qui se glisse partout : ces diverses causes réunies entraînent un autre grave inconvénient, la crainte que l'on ne fasse servir dans des intérêts de parti les pensionnaires des Hospices et les ressources du Bureau de Bienfaisance. Des personnes disposées à leur faire des dons, soit de leur vivant, soit par testament, sont arrêtées par des considérations qui tiennent à leurs croyances, si injustement froissées depuis treize longues années.

Nous avions eu d'abord le dessein de faire une addition de tous les secours dont l'intolérance de nos gouvernants a privé nos concitoyens nécessiteux, mais il est difficile d'arriver à un total exact. Nous laissons donc à nos lecteurs le soin de faire ce calcul, et quand ils l'auront médité, nous sommes convaincu que le total du Bureau de Bienfaisance *existant* sera dépassé par le montant des libéralités du Bureau qui n'existe plus.

LES DISPENSAIRES

En dehors des deux maisons de secours, aux frais de la Ville et desservies par les Sœurs de Saint-Charles, il existe d'autres dispensaires dont le plus important est celui des Sociétés de secours mutuels.

C'est encore une création due à l'initiative de M. Vignais, en 1866, je crois. Après en avoir proposé et fait adopter l'idée par le *Comité consultatif des Sociétés* dont il était le président, l'excellent homme se mit en quête chez les notables de la cité. A la tête de la liste s'empressèrent de s'inscrire MM. Montrieux, maire, Poriquet, préfet, Métivier, premier président, Méry de Contades, de Quatrebarbes, Segris, Joûbert, Fr. Besnard, Parage, Giraud, de la Villeboisnet, Bordillon, de Marcombe, etc. La première collecte produisit près de 2,000 francs, avec lesquels on acheta les objets les plus usuels pour le soin des malades.

Quant au linge, cette partie si essentielle des secours à donner aux pauvres et dont ils sont toujours dépourvus, M. Vignais, escorté d'un ami, alla frapper aux portes qu'il connaissait pour s'ouvrir à deux battants au nom de la charité. On s'adressa d'abord à l'École des Arts et au Lycée, et nous nous souvenons de l'accueil bienveillant que nous reçûmes du directeur, M. Favier, dans le premier de ces établissements et du proviseur, M. Lomon, dans le second.

Satisfait du succès obtenu, M. Vignais ne demanda à la mairie qu'un local pour y déposer son butin; M. Montrieux s'empressa de l'accorder, vis-à-vis du Musée. Arriva 1870 : sous la menace de l'invasion prussienne, on crut prudent de transporter le précieux dépôt dans un lieu sûr, et l'on n'en trouva pas de plus convenable que la sauvegarde de Saint-Nicolas. Les Sœurs y veillèrent avec leur sollicitude ordinaire, et quand le calme revint, on le réinstalla dans l'asile primitif.

A cette occasion survint un incident qui démontre jusqu'où peut aller la passion dans les périodes révolutionnaires. Après le retour des effets émigrés, on en conféra le nombre avec l'inventaire dressé au départ, et l'on crut qu'il manquait une douzaine de chemises. De là une discussion des plus violentes s'éleva au Comité consultatif ; M. P..., un excellent contre-maître d'une des premières maisons d'Angers, qui s'était plus particulièrement chargé du transport, fut accusé de détournement, au moins de négligence, et bien peu s'en fallut que M. Vignais et moi ne fussions déclarés ses complices !

Mais en voilà assez sur ce souvenir qui ne nous a laissé au cœur nulle amertume ; nous l'avons rappelé seulement comme nouvelle preuve que la justice parfaite ne règne pas toujours ici-bas, surtout en temps de République. Depuis cette époque d'agitation, le Dispensaire des Sociétés de secours mutuels a repris son cours paisible, en continuant de rendre de grands services à sa clientèle de travailleurs. La surveillance en a été confiée à M. Bodet, ancien typographe émérite, comme M. Cottereau, de la maison Lachèse, et qui s'acquitte de cette utile fonction avec autant d'intelligence que de zèle ; voici la note qu'il a bien voulu rédiger sur notre demande :

« Il suffit, pour faire partie du Dispensaire, d'appartenir à une Société de secours mutuels de la ville.

« On verse une mise d'entrée de 1 fr. 50, puis une cotisation annuelle de 1 franc pour les hommes, de 60 centimes pour les femmes, et de 30 centimes pour les enfants au-dessous de quinze ans.

« Ce Dispensaire met à la disposition de ses nombreux sociétaires, et, pour *un mois*, tous les objets de literie et de lingerie dont ils peuvent avoir besoin pendant leur maladie. Il contient aussi une quantité d'appareils divers, tels que : baignoires, bains de siège, bains de bras, bains de jambes, voitures pour convalescents, fauteuils divers ; appareils électriques, vaporisateurs, pulvérisateurs, pour fractures, pour bains de vapeur ; béquilles, irrigateurs, pliants, injecteurs, paravents, veilleuses, bouillottes, lunettes teintées, presses pour jus de viande, coquetiers, tasses pour malades, draps caoutchouc, coussins à air, camisole de force, ouate, charpie, linge phéniqué et bien d'autres objets dont le nom nous échappe.

« Si les sociétaires ont besoin des objets pour plus d'un mois, on leur accorde chaque mois une nouvelle prolongation.

« Le Dispensaire des Sociétés donne gratuitement les bandages, bas à varices, ceintures et pessaires ; mais ces objets, étant généralement d'un prix assez élevé, ne peuvent être renouvelés qu'au bout d'un an.

« Il délivre aussi gratuitement des gilets de flanelle ; mais il faut, pour les obtenir, que le médecin constate que le malade est dans une position tout à fait précaire et que ces objets lui sont absolument indispensables.

« Tous les objets prêtés doivent être rendus propres et en bon état. Dans le cas contraire, ils sont lavés et raccommodés aux frais de l'emprunteur.

« Une bibliothèque d'environ six cent cinquante volumes sert à récréer aussi bien les sociétaires en bonne santé que ceux qui sont malades [1].

« Tous les jours, un membre de la Commission vient au siège de la Société, de huit à neuf heures du soir dans la semaine, de huit à dix heures du matin le dimanche, signer sur le livre de présence et délivrer ou

---

[1] Une bibliothèque est plus difficile à composer qu'une collection d'articles de malades ; nous nous plaisons à croire qu'à l'égard de ceux-ci les livres du Dispensaire ne peuvent faire que du bien.

recevoir les objets. Ce service, qui se fait sans aucune rétribution, est cependant très consciencieusement rempli et fait honneur à ces ouvriers qui ne craignent pas, après avoir rempli leur journée de travail, de venir consacrer une heure à rendre service à leurs co-sociétaires malades. »

Le Conseil municipal accorde une subvention de 500 fr. au Dispensaire, de même que 2,000 fr. aux Sociétés de secours mutuels qui ont établi une caisse spéciale pour les orphelins. Loin de nous l'idée de blâmer ces libéralités ; toutefois nous préférons pour les œuvres le mode d'initiative privée au recours à l'assistance publique. Il y a plus de peines, mais aussi plus de mérites ; c'est pourquoi nous applaudissons de tout notre cœur aux dispensaires paroissiaux, établis par MM. les Curés. Bien loin de nuire aux établissements plus considérables, ils les secondent fructueusement en installant de petits centres d'où rayonnent non seulement des secours en objets matériels, mais des soins corporels et hygiéniques pour les pauvres honteux, que souvent les Sœurs des quartiers sont seules à connaître.

Enfin ces petites chirurgies et pharmacies ambulantes, si on peut les appeler ainsi, ont pour nous un grand charme ; elles nous rappellent les relations si touchantes de nos Sœurs de charité vouées aux Missions étrangères. Dans le Levant, c'est au son d'une clochette que leur approche est annoncée aux habitants des campagnes qui entourent leur résidence ; aussitôt les cris s'élèvent de toutes parts : « Voilà les grands médecins ! » Bientôt elles sont entourées de foules si empressées de blessés, d'infirmes, de femmes et d'enfants, qu'elles peuvent à peine avancer.

Aux Indes et en Chine, c'est le bruit retentissant des *gongs* qui annonce l'arrivée des Sœurs. La poétique imagination des Orientaux leur donne le nom d'*Oiseaux blancs*, à cause des ailes de leurs cornettes et de la croyance qu'elles descendent du ciel.

Pour un Français, témoin de ce spectacle, est-il rien de plus émouvant que de voir nos vaillantes compatriotes entourées de tant de sympathies ? Ces excursions charitables dans le rayon de leurs communautés rappellent les cortèges d'affligés de toutes sortes, lépreux, aveugles, paralytiques entourant Jésus-Christ dans les campagnes de la Judée.

Bref, que ce soit au son des clochettes ou des gongs que nos religieuses attirent sur leurs pas les populations souffrantes, ce ne sont pas seulement les corps qu'elles guérissent, c'est avant tout les âmes qu'elles sauvent, en répandant, de plus, l'amour de la France par la propagande la plus douce et la plus infaillible.

LES VIEUX PAPIERS

Cette œuvre, humble par le titre, mais féconde par le résultat, a été fondée à Langres, dans la Haute-Marne. De zélés catholiques, en quête d'ajouter au denier de Saint-Pierre, eurent l'idée d'employer un moyen ne coûtant rien et débarrassant les maisons bien ordonnées d'encombrements inutiles.

Telle fut l'origine d'une innovation qui commença modestement et qui maintenant est répandue dans toutes les localités un peu considérables. C'est à une demoiselle que nous devons l'importation dans notre ville de cette œuvre ingénieuse. Elle y était inconnue, bien qu'elle eût réussi à Nantes depuis quelque temps. Il y a une quinzaine d'années, une jeune personne qui tenait à l'une de nos premières familles par les liens les plus intimes, Mlle Sarah Lebreton, vint chez sa grand'mère, Mme Alexandre Joubert. Passionnée pour les actes de charité auxquels elle avait voué sa vie, elle demanda si l'on connaissait l'œuvre nouvelle. Sur la réponse négative de son frère M. Louis, elle le pria de lui indiquer un agent, un metteur en train de la pieuse entreprise. M. Lebreton, animé du même feu sacré que sa sœur, eût bien désiré remplir ce rôle, mais son emploi à la manufacture de ses oncles l'en empêchait. Il recommanda pour le représenter un autre lui-même, son confrère à la Société de Saint-Vincent-de-Paul, M. René Deniau.

Qui, dans le monde religieux, et même ailleurs, ne connaît ce bon vieillard, appelé familièrement *le père Deniau*? C'est tout simplement un apôtre à sa manière. Ancien marchand de bois et de charbon, possesseur d'une modeste aisance acquise à force de travail et d'économie, veuf et sans enfants, il se demanda comment il pourrait employer la fin de sa vie de la façon la plus agréable à Dieu, et par conséquent la plus utile à ses semblables. Affligé de voir le débordement des mauvais livres et des mauvais journaux, il entreprit de lutter contre le fléau, à l'aide des *Petites Lectures*, recueil de faits choisis avec goût et discernement par une commission de la conférence de Paris. Garni de ces munitions pacifiques auxquelles s'adjoignaient *Le Bon Grain*, *l'Ouvrier*, la *Semaine religieuse*, la *Croix*, les journaux conservateurs à cinq centimes. M. Deniau parcourt depuis près de vingt ans les faubourgs et les campagnes, répandant de tous côtés la bonne semence, sans crainte et sans reproche.

Ce qui est curieux, c'est que, dans ses pèlerinages incessants, dans ses visites aux auberges, aux cafés, aux cabarets et pas toujours des mieux famés, M. Deniau n'a presque jamais reçu d'injures. Sa bonhomie, son visage souriant, désarment de suite les gens surpris de voir un tel commerce en action. Quand nous disons commerce, il n'est pas question d'échange d'argent. Le pieux colporteur donne ce qu'on lui donne ; tout est gratuit, jamais il n'accepte d'aubaine ; un verre d'eau à peine, quand la chaleur est extrême. Une remarque encore à noter, c'est qu'ordinairement on fait attention à ses présents, on en prend connaissance et on lui demande instamment de les renouveler, de même que des estomacs blasés prennent souvent goût à des mets sains et fortifiants.

M. Deniau était donc l'homme que cherchait Mlle Lebreton. La diffusion des bons livres est la correspondance de la destruction des mauvais. Au premier mot, les deux âmes chrétiennes s'entendirent. N'est-ce pas une pensée admirable que de mettre au pilori les imprimés dangereux ou au moins inutiles, et d'en consacrer le produit au dénuement du vicaire de Jésus-Christ ?

Mais ce n'était pas tout de s'accorder sur les bienfaits de l'idée, il fallait la mettre en marche. Les deux ou plutôt les trois associés, car M. Louis Lebreton secondait sa sœur autant que ses devoirs d'état le permettaient, cherchèrent d'abord un local gratuit pour y déposer les fruits de leurs conquêtes ; ce n'était pas facile, car nul ne se soucie des allées et venues, ainsi que des embarras suscités par un pareil commerce. M. Groleau fut le premier qui voulut bien s'y exposer. Ensuite on alla frapper aux portes de connaissances pour acquérir de la marchandise ; elle ne tarda pas à affluer ; mais sur les entrefaites, M. Groleau ayant loué une partie de sa maison, on fut contraint de chercher un autre abri. N'en découvrant point de convenable, M. et Mlle Lebreton prièrent leur vénérable aïeule, Mme Alexandre Joûbert de leur céder une ou deux pièces de son hôtel, rue d'Orléans ; la bonne dame fit quelques objections, mais enfin, cédant aux instances de son petit-fils et de sa petite-fille, elle les laissa faire, et même prit tant d'intérêt à leur entreprise, qu'elle se chargea du port des ballots jusqu'à Langres.

Outre la gratuité d'un local parfait, l'ingénieuse association y trouvait un précieux collaborateur dans la personne de Joseph Richou, le fidèle serviteur de Mme Joubert. Intelligent et actif, uni de sentiment avec les initiateurs de l'œuvre, c'était lui qui faisait les balles et qui en surveillait l'expédition.

Le moyen de transport à la gare Saint-Laud était des plus simples et des moins coûteux. Mlle Sarah avait obtenu de la supérieure de Nazareth de mettre à sa disposition dans l'après-midi, l'âne et la carriole qui, sous la direction de la brave négresse Ourika, allait distribuer le lait du couvent dans les divers quartiers de la ville. Les chargements se multiplièrent au point qu'on en faisait trois par soirée.

Quand la digne fondatrice de l'œuvre des *vieux papiers* la vit aussi bien lancée dans notre ville, elle cessa de s'en occuper pour s'adonner aux autres missions qu'elle avait commencées à Nantes. Héritière de la bonté compatissante d'une mère dont l'exquise distinction et les aimables vertus ont laissé dans notre ville de touchants souvenirs, M{jle} Sarah consacrait tout son temps et toutes ses ressources au service des pauvres. Entre ses différentes entreprises, celle qui avait sa prédilection, sans doute à cause de son extrême difficulté, était la réhabilitation des pauvres filles repenties. Leur vaillante bienfaitrice est morte, jeune encore, il y a deux ans, on peut dire consumée par l'ardeur de sa foi et de son infatigable prosélytisme.

M. Deniau, livré à lui-même, continue bravement d'accomplir ses engagements. Pendant dix années au moins, il s'enquit de maison en maison où et comment il pourait faire quelque récolte. Menant de front ses deux tâches, propager le bien, anéantir le mal, il n'était tout à fait heureux que sous le poids d'une poche remplie de journaux ou de livres pernicieux. Un des exploits qu'il aime à raconter fut la conquête d'une bibliothèque de cinq à six cents ouvrages immoraux du XVIIIe siècle, cachés dans une armoire, et qu'une dame lui livra après le décès de son mari.

Mais il y a un terme à toutes choses, même aux meilleures. A force d'user ses forces pour la bonne cause, de courir la ville et la campagne et de ne se reposer souvent qu'aux veilles de l'*Adoration nocturne*, le zélé vieillard y perdit la santé, la vue et l'agilité des jambes. Il ne marche plus que d'un pas chancelant, et continue néanmoins gaillardement son colportage des *Petites Lectures*. Cheminant ainsi, ou plutôt, trottinant de chute en chute, l'excellent homme contusionné est bien contraint parfois de garder la chambre, mais il s'en échappe, dès que ses pieds ne refusent plus de suivre l'élan de son cœur.

Le décès de Mme Joûbert, de Mme Auguste Retailleau,

qui lui avait succédé comme dépositaire, et l'affaiblissement de M. Deniau, ont dû modifier le service des *Petits papiers* ; il a été réorganisé dernièrement par les soins des Pères capucins, qui ont disposé un local à cette intention près de leur couvent. Les personnes qui désirent concourir à l'œuvre en se débarrassant de livres, journaux, registres, feuilles de toutes sortes, hors d'usage, sont priées d'en prévenir, par un billet, le R. P. Julien, cour Saint-Laud, qui enverra chercher les objets par un commissionnaire de confiance, sans frais pour les donateurs.

Un second dépôt est établi, pour l'autre partie de la ville, chez les Pères dominicains, nouvelle route des Ponts-de-Cé, et un troisième, dans la Doutre, aux ateliers de MM. Moisseron et André, quai des Carmes.

L'excellente œuvre a trois buts principaux : adresser des offrandes au Souverain Pontife, former de petites bibliothèques, détruire les ouvrages corrupteurs : en conséquence, à l'arrivée des envois dans une pièce spéciale, un triage est fait par un expert compétent. Les livres honnêtes sont mis à part ; tout le reste est livré à un négociant fort considéré qui achète le papier propre 4 francs les 100 kilos, et 3 francs le papier maculé. La moitié de la somme provenant de cette vente est affectée au denier de Saint-Pierre, et l'autre moitié, à la création ou à l'accroissement de bibliothèques populaires.

D'après les précédents et les probabilités de l'avenir, on estime que le revenu du bienfaisant commerce pourra s'élever, dès la première année, à 1,200 francs. Cet espoir étant fort raisonnable, on ne court pas le risque de perdre de riantes illusions, comme la pauvre Perrette, dans *La Laitière et le Pot au lait*.

LES TABERNACLES

L'Œuvre des Tabernacles d'Angers doit sa naissance à l'âme d'un apôtre ; le R. P. Richard, de la Compagnie de Jésus, a été son fondateur : prêtre zélé, il fut tour à tour professeur en Belgique, en France, à Constantinople, mais surtout missionnaire. Sa parole lumineuse et pénétrante captivait son auditoire ; il savait faire partager l'amour divin qui dévorait son cœur ; digne fils de saint Ignace, partout et toujours il avait faim et soif de la plus grande gloire de Dieu.

Au cours de ses missions, il avait souvent été navré du dénuement des autels et de l'abandon qui régnait autour de Notre-Seigneur dans le sacrement d'amour.

Profitant de son influence dans notre ville, il groupa, autour de lui, un certain nombre de dames et de demoiselles ; il sut leur faire comprendre sa pensée, les pénétra de son esprit de foi, et leur traça un règlement plein de sagesse.

La semence était jetée ; elle ne tarda pas, on peut le dire, à rapporter une abondante moisson. d'autant mieux que Mgr Angebault, alors évêque d'Angers, prit cette association sous sa haute protection et lui accorda ses meilleurs encouragements. Le but de l'Œuvre nouvelle était bien défini : il s'agissait de fournir gratuitement les ornements sacerdotaux et les linges sacrés nécessaires à la célébration des saints Mystères, aux églises du diocèse qui ne sont pas en mesure de pouvoir s'en procurer.

Plus tard un des successeurs du Père Richard sollicita les secours de l'Œuvre pour nos chers prêtres angevins qui vont évangéliser les infidèles.

Ce but si grand d'ailleurs, le fondateur voulait qu'il fût relevé encore par ce qu'il appelait l'âme de l'œuvre, c'est-à-dire une charité active et généreuse.

Les associées devaient faire acte de haute convenance, de piété et de réparation envers Notre-Seigneur Jésus-Christ, réduit dans ses églises et ses tabernacles à un triste abandon, à une humiliante pauvreté, par amour pour nous. Depuis son établissement jusqu'à l'heure présente, l'œuvre a conservé le même esprit, car si elle a vu souvent changer ses directeurs, elle peut se féliciter d'avoir toujours reçu la même impulsion. Elle est dirigée par un Père de la Compagnie de Jésus, par une Présidente et un Conseil, choisi parmi les personnes pieuses de la société angevine.

Le règlement porte que toutes les dépenses seront soumises au Conseil, que la distribution des ornements confectionnés par l'œuvre sera faite par ce même Conseil, après que la liste des demandes de Messieurs les Curés aura reçu l'approbation de l'évêché. Monseigneur l'Évêque en effet reste juge des besoins de chaque église du diocèse.

L'œuvre se compose de deux sections : les dames patronnesses qui la soutiennent par leurs prières et leur cotisation annuelle de 5 fr., et les dames zélatrices qui joignent à la cotisation le travail de leurs mains chez elles ou à l'atelier.

Tous les vendredis la salle est ouverte pour les travailleuses d'une heure et demie à quatre heures ; le deuxième et le quatrième vendredi de chaque mois le directeur fait, à trois heures, une instruction à la chapelle, suivie du Salut du Saint-Sacrement.

Il fallait un lieu de réunion pour cette œuvre naissante ; après avoir frappé à plus d'une porte, la Providence permit que l'Ouvroir des Sœurs de Saint-Charles, récemment établi dans la rue Saint-Michel, devînt son berceau. Les associées furent accueillies avec grande bienveillance le 1er janvier 1858 ; pendant plus de quinze mois elles reçurent, dans cette modeste maison, la plus généreuse hospitalité ; on leur abandonnait une grande salle pour travailler, et on leur permettait de se réunir à la chapelle pour écouter les instructions du R. P. Richard.

L'œuvre se développant d'une manière bien consolante, il fallut songer à trouver un autre local. Le R. P. Gautier, de sainte mémoire, alors recteur de la résidence d'Angers, se prêta à un arrangement qui permit à l'association de s'installer définitivement dans un immeuble de la rue Joûbert. Avec son rare esprit d'organisation, le P. Richard créa, au rez-de-chaussée, un atelier très convenable, et le fournit de l'ameublement nécessaire pour le travail des zélatrices. En ces premières années les réunions étaient nombreuses ; on se faisait gloire et honneur de travailler pour les églises pauvres ; les jeunes filles apportaient leur entrain, leur gaieté ; parfois les francs éclats de rire et les paroles joyeuses troublaient un peu les vénérables anciennes dont la table était plus silencieuse et où peut-être se faisait plus d'ouvrage : n'importe, l'union était grande dans cette chère salle et toutes, chaque semaine, se retrouvaient avec un vif plaisir. Les traditions se sont conservées ; si les réunions sont moins nombreuses, elles sont toujours agréables ; les jeunes filles d'alors sont devenues grand'mères, d'autres les ont remplacées, aussi dévouées, aussi aimables et reçues avec autant de sympathie par les ancêtres, les ouvrières de la première heure.

Au-dessus de cet atelier on trouva moyen, malgré de grandes difficultés, d'installer une chapelle ; de jolies peintures embellirent les murailles et l'autel ; Mme T. de Soland mit ses pinceaux à contribution et offrit un Chemin de croix, très artistique, qui est encore la |plus belle parure du cher sanctuaire. De beaux vases sacrés furent donnés par Mlle Juteau et autres généreuses associées ; peu à peu l'installation fut complète.

Les joies de ce monde sont toujours mêlées de tristesse ; tous ces arrangements n'étaient pas encore terminés que le R. P. Richard était appelé au collège de Vaugirard, à Paris. Ce fut une désolation ; l'OEuvre naissante résisterait-elle au départ de son fondateur ? L'inquiétude était légitime, mais la confiance en Dieu ne fit pas défaut et cette confiance ne fut pas trompée. Le R. P. Pouplard fut nommé directeur ; tout le monde connaît l'ardeur de son zèle ; il nous arrivait avec le vif désir de continuer et d'achever l'œuvre de son prédécesseur ; la terre était bien préparée, il rencontrait autour de lui des âmes d'élite.

Mme Pitre Giraud était présidente ; on se souvient encore de cette femme aimable par excellence, artiste de grand talent, dame du monde spirituelle et gracieuse, par-dessus tout fervente chrétienne. Indulgente pour autrui, sévère pour elle-même, mortifiée au dernier point, tout le monde l'aimait et l'estimait. Elle se donna corps et âme à cette œuvre qui répondait aux aspirations élevées de son cœur ; aidée par la vice-présidente, la bonne Mlle Juteau, elle fit merveille ; l'une et l'autre surent trouver des associées dans toutes les classes de la société. Grâce à leur actif concours l'association prit son essor définitif et obtint une place marquante au milieu de tant d'autres œuvres qui font la gloire de notre ville.

Ce ne fut cependant pas sans peine qu'on put organiser les travaux pour les chères églises pauvres. Mlle Bucquet, envoyée par la Providence, vint de Laval, fort à propos, s'installer aux Augustines. Pendant de longues années, aidée de sa fidèle Marie Tourtellier (qui est encore sacristaine et toute dévouée à l'Œuvre), elle tailla et prépara chapes et chasubles avec beaucoup d'adresse. Mlle Ferron la secondait habilement, et bientôt la somme d'ouvrage fut considérable ; l'activité de ces dames ne se ralentit plus.

Quand l'excellente Mme Giraud vit que tout marchait convenablement, elle se retira ; aucune instance ne put la retenir ; elle renonça à son attrait et à ses goûts pour se donner complètement à son mari, dont elle voulait sauver l'âme à tout prix. Aucun sacrifice ne lui coûta, la femme fidèle sanctifia l'époux hésitant, elle eut la consolation de voir mourir en bon chrétien celui dont elle portait le nom. Elle avait vécu des années dans l'ombre et le silence, demandant cette grâce de conversion avec toute la ferveur de son âme ; aussi quand la mort de M. Giraud eût brisé le dernier lien qui l'attachait à la terre, elle fixa sa demeure près du Tabernacle qu'elle avait tant aimé et revêtit la blanche robe des servantes du Saint-Sacrement.

Vint la fatale année 1870-1871, les travaux furent suspendus ; le Dieu de l'Eucharistie céda la place à ses membres souffrants, aux soldats blessés sur les champs de bataille. La salle fut changée en ambulance ; les novices de la Compagnie de Jésus se firent les frères servants de ces victimes de la guerre qui ne les quittaient qu'avec les sentiments de la plus sincère reconnaissance. Combien de nos pauvres soldats ont dû leur réconciliation avec Dieu aux soins touchants de ces jeunes religieux !

En 1872, les pieuses ouvrières du Tabernacle rentrèrent dans leur atelier et l'Œuvre reprit un nouvel élan. Le R. P. Cornuau, toujours directeur, Mᵐᵉ la comtesse Félix de Romain, présidente, firent les honneurs de l'Exposition à Mᵍʳ Freppel qui venait, pour la première fois, bénir les travaux des zélatrices. Sa Grandeur écouta avec bienveillance et la plus vive attention le compte rendu du Père directeur. Comprenant parfaitement l'importance de l'Œuvre et les besoins auxquels elle répondait, Monseigneur ne ménagea pas ses encouragements. Ce fut une force de plus ; depuis les travaux augmentèrent encore en quantité et en qualité.

Mˡˡᵉ de Lozé, nommée présidente, égala le dévouement de celles qui l'avaient précédée ; toute l'année elle travaillait pour les autels, et sa générosité ne se lassait jamais de donner. Elle avait trouvé dans la personne de Mˡˡᵉ Camille d'Armaillé, de douce mémoire, une pieuse et active auxiliaire qui, comme vice-présidente, la secondait admirablement. Hélas ! la mort, en quelques mois, enleva ces deux excellentes bienfaitrices, mais Dieu n'abandonne pas les siens. Mᵐᵉ la comtesse Raymond de la Selle, sur les vives instances du R. P. Kervennic, voulut bien accepter la présidence de cette œuvre éprouvée ; elle en est toujours à la tête ; chacun connaît cette infatigable quêteuse qui ne craint pas d'aller frapper à toutes les portes, pour les pauvres églises de notre cher Anjou. Grâce à ses quêtes fructueuses, le budget se soutient et permet de secourir chaque année bon nombre de paroisses. Les dames du Conseil actuel sont comme leurs devancières pleines de dévouement ; voici leurs noms : présidente, comtesse de la Selle ; vice-présidente, baronne de Romans ; trésorière, Mᵐᵉ Genest-Launay ; secrétaire, Mˡˡᵉ L. Massonneau ; directrice des travaux, Mˡˡᵉ V.

Clouard ; conseillères : Mlle Belloüis, Mmes Boutrais, comtesse de Contades, Delorme, A. de Soland, vicomtesse de Contades, du Landreau. Les associées dans la ville et le diocèse d'Angers ne dépassent pas le chiffre de quatre cents. La cotisation annuelle est de 5 francs seulement ; si l'aumône ne venait grossir ce modeste budget, le Conseil ne pourrait faire face à ses nombreuses dépenses. Plus d'une fois des actes généreux ont édifié ces dames.

Une associée venait de mourir, c'était une cotisation de moins ; sa servante ne l'ignorait pas ; elle vint trouver une zélatrice et lui présentant une pièce de 5 fr. : « C'est si beau, Madame, lui dit-elle, de travailler pour Notre-Seigneur que, malgré ma pauvreté, je désire tenir la place de ma défunte maîtresse », et la bonne fille était toute heureuse de sacrifier 5 fr. pour l'œuvre des Tabernacles. Une autre disait : « Je ne sais rien faire que la cuisine, mais je sais que vous donnez à mon curé, je veux vous aider à faire le bien, je ne suis pas riche, prenez mes 5 fr... » Ces modestes offrandes sont inscrites au livre d'or de la charité, livre divin où l'obole a d'autant plus de valeur que l'intention est plus pure.

Du reste plusieurs associées ont voulu après leur mort, témoigner de leur fidélité à l'œuvre des Tabernacles, en lui laissant un don généreux ; qu'elles soient bénies !... Leurs noms sont connus des Saints Anges et le Divin Juge en tient bon compte pour l'éternité.

Après vingt-un ans d'absence, le R. P. Pouplard a été renommé directeur, en 1881. Depuis huit ans il communique à l'Association l'activité bienfaisante qui le distingue.

Le Dieu du Tabernacle a continué de bénir l'OEuvre qui lui est consacrée.

Tous les ans, au quatrième dimanche de carême, le

public est admis à visiter les travaux. Un article, publié en 1883 dans la *Semaine religieuse*, et dont nous reproduisons quelques lignes, donnera une idée des résultats obtenus : « On sait que chaque année, les Dames de l'œuvre des Tabernacles exposent, rue Joubert, 3, à Angers, les produits de leur zèle, avant de les distribuer aux églises pauvres. Il faut avoir vu ces chapes, ces chasubles, ces étoles, ces écharpes, ces linges d'autel se presser avec art le long du modeste atelier, transformé en salle d'exposition, pour apprécier les bienfaits toujours plus nombreux que cette œuvre bénie répand dans notre diocèse. La multitude des travaux proclame la pieuse activité des ouvrières; le bon goût et la finesse de l'exécution révèlent leur talent. Il est telle et telle broderie qui figureraient avec honneur dans nos temples les plus riches... »

Les chiffres ayant aussi leur éloquence, voici la nomenclature des ouvrages confectionnés pour la distribution de 1889 : dix-huit chapes, trente-deux chasubles, deux dais, dix écharpes, douze étoles pastorales, trois pavillons, deux bourses pour salut, quarante-huit pales, cinquante-six corporaux, quatre-vingt-dix purificatoires, soixante-dix amicts, soixante manuterges, quatre-vingts tours d'étole, douze nappes et tours d'autel, deux nappes de communion, vingt aubes, vingt-quatre surplis de prêtre, trente rochets d'enfant de chœur, dont seize garnis de dentelles, deux garnitures de fleurs[1]. Chaque année, soixante-dix à quatre-vingts paroisses du diocèse sont secourues.

---

[1] On observera que cette liste ne concerne qu'une année. Or, pareille distribution étant faite depuis 1858, date de la naissance de l'OEuvre, on peut avoir une idée de l'énorme somme représentée par la pieuse libéralité, répétée pendant trente années.

Et nos chers missionnaires, que de lettres charmantes ils écrivent, que d'appels touchants ils formulent ! Un jeune religieux s'écriait du fond de la Chine : « Je rêve ici aux splendeurs du Sacre d'Angers ; je me dis que les bonnes Dames des Tabernacles devraient me venir en aide ; je connais leurs travaux et leur charité »... et il était exaucé. D'autres prêtres, enfants de l'Anjou, missionnaires à l'étranger, tournent les regards vers la mère-patrie, l'Œuvre entend leurs voix et un humble secours traverse les mers. Les associées ont envoyé leurs dons dans toutes les parties du monde et voudraient pouvoir donner davantage encore.

On s'étonne parfois de voir chaque année un aussi grand nombre d'ornements et de linges sacrés distribués si libéralement à nos pauvres paroisses ; l'Œuvre est pourtant loin de pouvoir répondre à toutes les demandes.

Il est une ressource sur laquelle il est bon d'attirer l'attention, c'est l'offrande des étoffes, soieries, velours, toiles, dentelles ; tout est accepté avec reconnaissance et utilisé par l'Association. Pendant quelques années, la source des dons parut tarie ; grâce au ciel il n'en est plus ainsi ; malgré les difficultés de l'époque, on fait encore, comme autrefois, la part au Dieu du Tabernacle. A ce sujet, nous pourrions citer plus d'un fait édifiant. On a vu de bonnes filles, auxquelles des objets de prix avaient été donnés, s'empresser avec joie de venir les offrir à l'Œuvre. Puis de jeunes mariées, ne voulant pas que leur parure nuptiale fût profanée, ont tenu à honneur d'en faire hommage à Notre-Seigneur caché dans son Eucharistie. Lorsqu'un deuil cruel frappe une famille l'esprit de foi se réveille ; au milieu des tristesses de la mort on éprouve une pieuse consolation à donner les robes précieuses de celle qui n'est plus, afin que ces vêtements, transformés en ornements sacrés, attirent favorablement les regards du Souverain Juge et obtiennent, par l'intercession des prières des prêtres auxquels ils sont offerts, paix et miséricorde pour les chères âmes du Purgatoire. Touchante pensée qui unit plus intimement les âmes, et qui montre la puissance consolante qu'apporte avec elle la foi à la communion des saints!... Ajoutons tout bas que la vanité elle-même trouve moyen de se faire pardonner; parfois dans un moment de générosité, on sacrifie sans regret des toilettes riches et élégantes, espérant que la sainte œuvre des Tabernacles purifiera ces mondanités et que leur métamorphose fera oublier un passé qui pourrait, peut-être, peser lourdement dans la balance de la Justice éternelle.

L'Association, sous la généreuse inspiration des bons Pères jésuites, a donc conservé toute sa vitalité, grâce à leur direction aussi intelligente qu'apostolique; les zélatrices ne se lassent jamais et travaillent encore avec une persévérance infatigable. Tapisserie, broderie, ou humble couture, peu importe, chacune accepte, avec une aimable simplicité, la part d'ouvrage qui lui est offerte. Si la mort, l'âge ou la maladie enlèvent quelques membres actifs, d'autres s'empressent de les remplacer, heureux aussi de se dépenser au service du Dieu d'amour. Toutes ces dames savent bien que le divin Maître ne se laisse pas vaincre en générosité. Si Notre-Seigneur récompense un verre d'eau donné en son nom, il ne saurait oublier ces ornements, ces linges sacrés, ces fleurs, parures de l'autel, du prêtre et du Tabernacle, si généreusement offerts à sa divine et volontaire pauvreté.

LES SŒURS DE L'ESPÉRANCE

Les tristesses du temps actuel sont grandes assurément, et nous ne cherchons pas à les dissimuler. Cependant, si les sujets d'affliction ne manquent pas, quelles admirables pages de dévouement et de foi offrira l'histoire du xix⁰ siècle ! L'action providentielle qui, de nos jours, entraîne les femmes vers les communautés religieuses dans notre chère France, rappelle l'époque où les âmes pieuses se réfugiaient à l'ombre des autels pour fuir les invasions des barbares et les corruptions des païens ; toutefois jadis, les vierges du Seigneur, à l'abri des cloîtres, n'opposaient que la prière au génie du mal, tandis qu'aujourd'hui, bravant les dangers du dehors, tout en restant fidèles au sanctuaire, elles pénètrent dans les rangs de la société, sous toutes les formes de la charité, puisant leur force dans leur faiblesse, sans autre assistance, après la grâce divine, que les armes invincibles de la douceur et du sacrifice.

Ce grand mouvement ne se fait pas sentir seulement à l'intérieur, le besoin d'expansion se généralise, et nos vaillantes compatriotes, franchissant les frontières de l'Est et du Midi, traversant les mers à l'Orient et à l'Occident, vont jusqu'aux plages les plus lointaines, propager les paroles de vérité, et en sauvant les âmes, guérissant les corps, répandent partout le charme de leur nature et l'amour de leur pays.

C'est dans les années trop courtes de la Restauration,

où le règne du droit et de la paix faisait éclore toutes les idées généreuses, c'est à cette époque de la vraie gloire, de celle qui, en élevant les cœurs, ne fait point verser de larmes, que surgirent de tous côtés des Ordres nouveaux de femmes.

Parmi les fondateurs, nul ne dépassa la noble ambition d'un jeune prêtre qui ne tendit pas moins qu'à soulager tous les maux de l'humanité, au moyen d'une vaste Association sous le vocable de la Sainte Famille. Ce qui ne serait pas croyable, si l'on n'admet pas la grâce divine dans les pieuses entreprises, c'est que cette pensée, éclose dans la tête et le cœur d'un vicaire de Bordeaux, à peine âgé de vingt-six ans, M. l'abbé Noailles, réalisée selon ses plans primitifs, est en pleine prospérité. Aujourd'hui l'œuvre de la Sainte Famille, cet arbre immense, couvre de ses sept branches une foule de maisons et d'institutions, dans le Nouveau comme dans l'Ancien Monde.

Le vénérable fondateur de la Sainte Famille donna le nom de Sœurs de l'Espérance à la cinquième classe de son institut, celle que nous possédons à Angers ; Leur spécialité est de s'occuper du soin des malades à domicile. Depuis que leur congrégation existe, on les demande avec instance, particulièrement dans les grandes villes. Heureuses de se dévouer au soulagement des pauvres, comme elles le font dans beaucoup de localités, soit par elles-mêmes, soit par des personnes associées à leur œuvre, les Sœurs de l'Espérance, il faut bien le remarquer, ont été instituées pour les familles aisées. En voici la raison très bonne et très édifiante : tandis que les malades pauvres trouvent dans d'autres congrégations ou dans la charité des âmes pieuses, tous les secours nécessaires à leur âme et à leur corps, les riches, au contraire, ne pouvant pas toujours recevoir de leur famille ou de leurs amis les soulagements dont ils ont besoin, sont contraints de se livrer à des mains étrangères. Or, quelle différence, en pareil cas, pour un pauvre malade, surtout au point de vue spirituel, entre des services où le salaire est souvent le seul mobile, et les soins dévoués et pieux d'une religieuse ; celle-ci, tout en s'appliquant à calmer les souffrances corporelles, tend surtout à procurer à l'âme de ses malades les secours et les consolations que la religion offre à ses enfants. Les Sœurs de l'Espérance répondent à ce besoin vivement senti des classes aisées. Dès 1876, elles avaient plus de soixante établissements dans les différents diocèses de France ; elles ont également des maisons en Belgique, en Espagne, en Italie et en Allemagne.

Il y a une quarantaine d'années, avant l'arrivée des Sœurs de l'Espérance dans notre ville, les malades, qui ne pouvaient trouver une assistance nécessaire dans leur famille, étaient livrés aux soins mercenaires de personnes d'un certain âge dont c'était la profession. Parmi elles, il y en avait de très bonnes et de très intelligentes, mais la plupart, soit par manque d'éducation, soit par routine, laissaient beaucoup à désirer sous le rapport de la vigilance et même de la propreté. Si encore on ne pouvait leur reprocher que le parfum du tabac et du vin ! mais trop souvent, entraînées par le besoin de sommeil, elles oubliaient les prescriptions des médecins ou les exécutaient de travers ; bref c'étaient les dignes devancières des infirmières laïques de nos jours. Enfin, insuffisantes pour les soins corporels, elles étaient nulles en fait d'exhortations spirituelles, si nécessaires pour inspirer le courage et donner l'espoir de la couronne que méritent les souffrances chrétiennement supportées.

Ce fut au mois de mars 1843, que l'avant-garde de la Sainte Famille arriva dans nos murs. Les premières Sœurs de l'Espérance, au nombre de quatre, s'installèrent dans une vieille maison de la rue de l'Académie. Quelques mois après, un autre local est pris rue Saint-Aignan. A son début, l'Œuvre rencontre de sérieuses difficultés. Mgr Angebault et le clergé se montraient pleins de bienveillance, mais une partie de la population ne paraissait pas aussi bien disposée. L'opposition était suscitée par une ancienne religieuse qui, après avoir quitté sa communauté, s'était établie dans la ville comme garde-malade et cherchait à détourner pour son entreprise les postulantes de la Sainte Famille.

Mgr Angebault, informé de ces menées, prit la petite colonie de Bordeaux sous sa protection, et lui donna comme supérieur ecclésiastique le plus intime de ses conseillers, M. l'abbé Chesnet. Sous la conduite d'un tel directeur, éminent surtout par le sentiment de l'ordre, la droiture de l'esprit et le talent d'organisation, l'Œuvre nouvelle se développa rapidement, et vint s'installer dans un vaste local, parfaitement situé au centre de la ville et occupé autrefois par les hôtels d'Anthenaise et de Villoutreys. C'est là que fut érigée l'élégante chapelle qui, en dehors du service de la communauté, a vu célébrer tant de fêtes édifiantes devant une assistance aussi pieuse que sympathique.

Dès lors, l'Œuvre allant toujours en grandissant, le nombre des Sœurs fut augmenté d'année en année, et aujourd'hui la communauté possède un personnel de quarante Sœurs, lequel encore n'est pas suffisant, si bien que parfois il arrive que la Supérieure, obligée de suivre ses compagnes, laisse l'hospitalière maison à la garde d'une seule Sœur impotente.

Il faut dire sans diminuer la grande part qui revient à M. l'abbé Chesnet dans la prospérité de l'Œuvre, qu'il fut admirablement secondé par la Révérende Mère *du Carmel*. Pendant les quinze années que vécut parmi nous cette religieuse accomplie, presque toutes les familles ont eu le bonheur de la connaître, et en ont conservé un doux souvenir. Son aménité, sa distinction si simple et si naturelle, sa bonne grâce, ses chants qu'elle modulait avec tant de goût et de sentiment, tout, jusqu'à son accent méridional, charmaient tous les cœurs. L'aimable femme ressentait profondément le contre-coup de cette popularité sympathique, car à son départ, en 1865, pour occuper le poste plus important de supérieure de la maison de Toulouse, que de larmes elle a versées et fait répandre par ses amies sans nombre ! Aussi quand elle en revoyait quelques-unes, c'était un bonheur, comme si elle se retrouvait dans la chère cité qu'elle aimait autant que sa première patrie.

C'est le 21 août dernier, que la bonne Mère du Carmel a été enlevée par une mort soudaine, à Luchon, où elle se rendait chaque année, pendant la saison thermale, pour y diriger une succursale de sa communauté. Dans ce pieux asile, le vénérable archevêque de Toulouse, le cardinal Desprez, recevait depuis quelques jours une filiale hospitalité.

Quoique la santé de la Révérende Mère eût décliné sensiblement, on ne pouvait prévoir une fin aussi instantanée. Elle venait d'accompagner un visiteur jusqu'à la porte du couvent lorsqu'elle s'affaissa tout à coup ; M. le chanoine Rouzaud, accouru en toute hâte,

ou bien elle travaillait pour les pauvres. Souvent même, tout occupée de l'amour de Dieu, elle passait une partie de la nuit en prière, dans le froid grenier qui lui servait de chambre. « On nous a raconté, sur cette époque de sa vie, les traits les plus touchants. Un jour, Louise Renaud rencontre une pauvre femme, à moitié morte de froid et de fièvre ; elle la prend, l'emmène chez elle, la couche dans son lit, et passe toute la nuit à ses côtés, assise sur une chaise. Une autre fois, c'est auprès d'un malade hostile aux sentiments religieux, qu'elle exerce son zèle. Elle fait si bien, par sa charité, par ses prières, qu'elle touche le cœur de l'impie, et le gagne à Dieu. Enfin, telle fut la vie de Louise Renaud qu'on l'appelait communément, à Brissarthe, « la petite sainte [1] ».

Tant de travaux, joints aux mortifications qu'elle s'imposait et à la mauvaise nourriture, déterminèrent une infirmité qui la conduisit à l'hôpital d'Angers. Au bout de trois mois, les médecins déclarèrent son mal incurable et voulurent la congédier ; mais les Sœurs de Saint-Vincent-de-Paul, qui avaient été témoins de sa patience dans la maladie, et qui avaient remarqué en elle une rare habileté pour les travaux manuels, la retinrent comme servante à gages et lui confièrent les enfants de l'Hôtel-Dieu. Elle resta de longues années dans cette charge. La vénérable Mère Samouilhan, dont elle tâchait d'imiter les aimables vertus, l'avait prise en vive affection. Plus tard, on la nomma sous-maîtresse de l'Ouvroir Saint-Vincent. Bientôt après, elle fut élue présidente du Tiers-Ordre séculier de Saint-François, établi récemment à Angers. Cependant, son désir de se donner à Dieu, aux malades et aux

---

[1] *La Semaine religieuse*, 27 janvier 1889, notice signée A. C.

elles ne pouvaient donner leur assistance à tous les membres de la société angevine, le besoin se faisait sentir d'une congrégation destinée principalement aux classes moyennes, sans repousser bien entendu l'appel des riches ou les prières des pauvres.

A l'exemple des plus belles œuvres de la religion, la communauté de Saint-François eut un début très modeste. L'humble fille des champs qui la fonda ne lisait pas avec une rapidité extrême ses livres de piété, et les lignes de son écriture n'affectaient pas une rectitude mathématique ; elle plaisantait la première sur les lacunes de son instruction, en disant que *la prière et le soin des malades ne lui avaient jamais laissé le temps de devenir savante ;* mais, en revanche, comme elle savait y suppléer par la sûreté de sa mémoire et la droiture de son esprit !

L'histoire de la bonne Mère Joséphine étant celle de sa communauté, nous allons en esquisser les principaux traits :

Louise Renaud naquit à Morannes, le 20 mars 1849, de pauvres cultivateurs ; mais sa jeunesse se passa à Brissarthe où ses parents avaient été contraints de se retirer. « Dieu, qui dispose toutes choses avec force et suavité, » la prépara doucement, dès ses premières années, aux desseins qu'il avait sur elle. Il mit au cœur de cette jeune fille une piété angélique, l'amour de la pénitence, avec le dessein arrêté de se consacrer au soin des malades et des pauvres. Chaque jour, de grand matin, elle se rendait à l'église pour y suivre le *chemin de la Croix* et y entendre la sainte messe ; après quoi, la pauvre couturière, obligée de peiner pour gagner sa vie et venir en aide à ses parents, allait *faire sa journée* chez ceux qui voulaient bien l'employer.

Le soir, malgré la fatigue, elle visitait les malades,

La charitable communauté a donc cru faire une œuvre essentiellement utile en créant et en mettant au service des médecins et des malades, un établissement répondant aux nombreuses instructions de la méthode. Un habile constructeur de Paris a été chargé de mener à bonne fin ce projet, en installant les appareils les plus complets et les plus perfectionnés, à pression et à température graduées.

La supérieure actuelle des Sœurs de l'Espérance est la Révérende Mère Saint-Augustin et l'aumônier M. l'abbé Thibault. On peut être sûr qu'en de pareilles mains les traditions de la Mère du Carmel et de M. l'abbé Chesnet sont fidèlement suivies.

LES SŒURS DE SAINT-FRANÇOIS

La nécessité de religieuses garde-malades une fois démontrée, divers ordres se fondèrent pour répondre au désir général. Nous avons vu, récemment, plusieurs communautés hospitalières s'établir dans notre ville, ayant pour but de soulager à domicile les maux de la pauvre humanité. C'est un des grands bienfaits, peu répandus jusqu'à nos jours, du dévouement chrétien.

Nous venons d'observer que les Sœurs de l'Espérance, sans négliger les indigents, sont plus spécialement préposées au service des familles aisées. Comme

eut tout juste le temps de lui donner une dernière absolution et de lui dire : « Mère du Carmel, ayez bon courage, vous allez au Ciel. » Elle leva les yeux avec un sourire, et expira sous la bénédiction du vénérable archevêque.

« La chère Mère du Carmel, née au pays basque, « avait porté dans le monde le nom de Marie Etche-« barne. Elle était âgée de soixante-cinq ans. Entrée de « bonne heure en religion, elle y apporta des qualités « pieuses et fut supérieure à vingt-deux ans. Marseille « d'abord, et plus tard Angers, dont elle ne perdit « jamais le souvenir, furent les premiers théâtres de « sa charitable activité [1]... »

En outre des services inappréciables que les Sœurs de l'Espérance rendent à notre ville, elles ont pris à leur compte, en conservant toute leur liberté d'action, un *Établissement d'hydrothérapie*, fondé par des médecins, selon les prescriptions de la science, mais qui ne pouvait marcher, faute d'une direction et de soins que les religieuses, seules, peuvent donner dans certaines circonstances.

A cet établissement est annexée une maison de santé (dans l'ancien hôtel de Mme la marquise de Jousselin). On y reçoit des pensionnaires des deux sexes. Cette maison est placée sous le vocable de la Sainte Famille.

Trois places y sont réservées aux indigents, sur la demande de médecins qui s'engagent à leur donner des soins.

Pour produire tout ce que l'hydrothérapie peut donner, il est nécessaire d'avoir une installation qui satisfasse toutes les exigences.

---

[1] *Semaine religieuse* de Toulouse.

pauvres allait toujours grandissant. Pour obtenir cette grâce insigne et toucher le cœur de Jésus, elle redoublait de ferveur dans la prière et pratiquait les mortifications les plus dures au corps. Une volonté si persévérante devait obtenir bientôt sa récompense ; c'est alors, vers 1865, que se fit entendre à Louise Renaud, d'une façon plus précise, l'appel de Dieu.

Trois ouvrières, dont deux sont encore vivantes [1], se sentant pressées de se vouer aux soins des malades, tentèrent une dernière fois, après plusieurs essais infructueux, de se réunir pour cette œuvre de charité. Elles s'adressèrent au Révérend Père Louis, gardien du couvent des Capucins d'Angers, et le supplièrent de les diriger dans cette voie. Après mûre réflexion, le Père Louis accepta la charge et leur conseilla de mettre à leur tête Louise Renaud, sous-maîtresse à l'Ouvroir Saint-Vincent. Toutes joyeuses de cette décision, les voilà qui viennent prier Sœur Joséphine — c'était son nom de Tertiaire — de se joindre à elles en qualité de directrice. Mais Sœur Joséphine, effrayée tout d'abord des difficultés de l'entreprise, et n'écoutant que la voix timide de la raison, se disait que ces quatre pauvres filles, sans fortune, sans instruction, âgées déjà — la plus jeune avait quarante-quatre ans — ne pourraient, sinon par miracle, rien faire qui fût capable de procurer la gloire de Dieu et le salut du prochain. Elle hésita donc quelque temps ; et souvent depuis, elle se reprocha cette indécision comme un manque d'humilité. Enfin, sur l'avis de son directeur et les conseils du Père Louis, elle accepta.

La petite communauté s'installa très pauvrement, dans quelques chambres de la rue Haute-Mule, au pre-

---

[1] Sœur Saint-Louis-de-Gonzague et Sœur Marie-Louise.

mier étage de la maison occupée aujourd'hui par
M. l'abbé Yves de Kersabiec. L'appartement fut arrangé
tant bien que mal, pour les malades et pour leurs gardiennes ; on y disposa même un petit oratoire qui fut
bénit par le Père Louis. Tel fut l'humble berceau de
la communauté des *Petites Sœurs de Saint-François*.
L'année suivante, les quatre tertiaires se transportèrent
dans une maison de la rue du Vollier, plus convenable
et plus commode, où elles demeurèrent deux ans. Elles
allaient ainsi gaiement et simplement, sans autres ressources que leur courage et leur confiance en la Providence, obéissant à la vocation divine. D'autres Sœurs,
aussi pauvres et aussi vaillantes, vinrent apporter leur
concours. Les occasions de rendre service ne manquaient pas : les Tertiaires recevaient des pensionnaires chez elles, et allaient de jour et de nuit soigner des malades à domicile. Parfois la vie était bien
rude. Les privations qu'elles eurent à endurer, les
fatigues et les veilles qu'il fallut subir, les sacrifices
souvent bien lourds qui leur furent imposés, Dieu seul
les connaît, et celles qui survécurent à ces années douloureuses. La raillerie même, moins facile à supporter
que toutes les fatigues du corps, se prit à elles. Des
personnes estimables se moquaient de leur entreprise et
de leurs faibles débuts ! « Pauvres folles, disait-on ; à
quoi veulent-elles aboutir ? Elles ne réussiront qu'à
discréditer les Pères Capucins qui les dirigent. »

Ce fut le coup le plus cruel pour le cœur de Sœur
Joséphine. Sans en rien dire à ses compagnes, elle alla
trouver M. l'abbé Bompois, vicaire général, et lui confia sa peine et ses craintes. Ce prêtre vénérable l'accueillit avec sa douceur habituelle ; il écouta patiemment tout ce qu'elle avait à lui dire ; puis, en homme
prudent et sage, croyant reconnaître en elle les signes

d'une vocation extraordinaire, il l'encouragea fortement à suivre sa voie, sans souci du qu'en dira-t-on. Sœur Joséphine se remit à l'œuvre avec plus d'ardeur encore que par le passé, sûre qu'elle était de travailler à la gloire de Dieu.

En 1869, les bonnes filles, comptant sur les secours de la charité, qui ne leur fit pas défaut, achetèrent 30,000 francs, une maison, plus vaste, rue Saint-Aignan, où elles se sont définitivement fixées. Leur nombre s'était accru ; elles purent donner libre cours à leurs dévouements. Il est vrai que leurs épreuves étaient toujours très grandes et leur isolement complet. Toutefois, elles ne perdirent pas courage. Elles avaient au cœur un grand désir de la vie religieuse. Aussi, peu de temps après l'arrivée de Mgr Freppel, s'adressèrent-elles à lui « pour obtenir l'établissement régulier de la communauté, la faveur de faire des vœux, d'avoir un nom et des constitutions. » Monseigneur accueillit cette demande avec bonté, mais il crut devoir ajourner sa décision. Ce ne fut qu'après deux années qu'il se rendit à leurs désirs.

Il y eut grande joie à l'humble maison de la rue Saint-Aignan lorsque, le 8 décembre 1873, Monseigneur autorisa la petite associaation à vivre désormais en communauté, sous la règle du séraphique Père saint François. M. Bodaire, curé de la cathédrale, fut nommé supérieur de la nouvelle congrégation. Le même jour, Sa Grandeur recevait dans l'humble chapelle de la communauté, la profession de douze Sœurs, entourées déjà de sept ou huit novices. Comment dépeindre la joie de tous les cœurs ?

Nous avons dit que les Sœurs de Saint-François sont plus spécialement préposées aux malades de condition moyenne ; bien que pour la plupart de naissance modeste, quand il le faut, elles ne sont pas moins bien placées que d'autres, près des personnes de rang supérieur. Nous avons été témoin de leur assistance au chevet de mourants, et nous avons admiré la distinction de leurs paroles non moins que l'élévation de leurs pensées. La grâce donne à ces âmes, toujours en présence du grand Inspirateur, l'intelligence de l'Évangile dont elles savent appliquer à propos les consolations et les encouragements. Est-il un langage en même temps plus simple et plus sublime ?

Chez la bonne Mère Joséphine particulièrement, de remarquables dons naturels venaient compléter le travail de la grâce : une douceur inaltérable, un rare bon sens, un accueil toujours attrayant et aimable, un regard lumineux et comme caressant, une conversation ne recherchant point l'élégance, mais ne manquant ni de finesse ni d'enjouement et toute semée des pensées pieuses qui occupaient ses journées. Une anecdote, qui nous est personnelle, donnera l'idée de son désintéressement.

Durant le rigoureux hiver de 1880, une souscription fut ouverte pour en alléger les souffrances. Chargé de distribuer quelques secours, je me rendis rue Saint-Aignan, et je présentai à la Supérieure, au nom du Comité, un billet de 100 francs. — Veuillez, me répondit-elle, remercier ces Messieurs, de leur générosité, mais il y a une foule de malheureux qui ont plus besoin que nous. — J'insistai pour qu'elle acceptât, et comme elle résistait toujours, je posai le billet sur une table, et je me retirai pour courir à d'autres portes, en me disant : « Bienheureux les pauvres, surtout ceux qui pensent plus aux autres qu'à eux-mêmes ! »

La petite communauté, dès lors, s'accrut et prospéra vite ; elle a compté jusqu'à cent cinquante-six religieuses, parmi lesquelles dix-huit ou vingt, mortes avant la Supérieure générale, sont allées l'attendre au ciel. On s'aggrégea deux maisons fondées par M. Hortode, à Cholet et à Saumur ; puis des essaims de Petites Sœurs partirent successivement pour Précigné, Morannes, Malicorne, Beaupréau, Candé, Parcé (Sarthe), Saint-Florent-le-Vieil, en dernier lieu pour Évron (Mayenne). D'autres propositions furent écartées faute de sujets. En 1878, M. Bodaire mourut. Ce fut un grand deuil pour la Supérieure, et pour les Sœurs qu'il dirigeait avec une cordiale sollicitude. Mgr Freppel lui donna pour successeur, M. l'abbé Goupil, qui continue son œuvre, avec le même zèle et la même intelligence des besoins de la congrégation. Aujourd'hui, 12 février 1890, celle-ci possède cent vingt-six religieuses professes et vingt-trois novices.

Après une vie dépensée constamment au service de Dieu et des malades, la Mère Joséphine attendait la mort avec un calme et une sérénité parfaite, qui lui faisaient dire : « Que la volonté de Dieu soit accomplie en toutes choses ! Si tel est son désir, je suis prête à travailler encore pour son amour. » Mais la congestion pulmonaire qui devait l'emporter fit des progrès rapides. Le 12 janvier, souriante, elle reçut le Viatique et l'Extrême-Onction. Le lendemain, au matin, la crise finale se déclara. On manda en hâte le Père Julien, qui lui donna une dernière absolution et lui fit faire, en pleine connaissance, le sacrifice de sa vie ; puis d'une voix mourante, elle demanda pardon aux *Petites Sœurs*, qui se pressaient en pleurant autour de son lit. On l'entendit encore qui disait : « Emmenez-moi, mon Dieu !... Mon Dieu, emmenez-moi dans votre saint Paradis ! » Ce furent ses dernières paroles. Elle s'éteignit doucement, sans agonie. La Révérende Mère Joséphine était dans la soixante-dixième année de son âge et la seizième de sa profession religieuse.

LES SŒURS DE SAINTE-ANNE DE LA PROVIDENCE

Parmi les communautés hospitalières ou enseignantes qui entourent notre ville d'une précieuse couronne, un vide se faisait sentir : l'absence de l'Ordre cher aux Saumurois suscitait des regrets d'autant plus vifs, qu'il avait droit de figurer dans le premier rang, au chef-lieu du diocèse, et pour sa naissance angevine et pour son ancienneté.

Aujourd'hui l'on instruit en cour de Rome, la cause de béatification de la vénérable Jeanne de la Noue ; il eût été bien regrettable que notre cité ne possédât pas une succursale de cette congrégation qui sanctifie, depuis près de deux siècles, la seconde ville de l'Anjou et qui a fondé près de cent établissements, disséminés dans quinze diocèses, et jusqu'en Belgique.

On sait que Jeanne de la Noue avait commencé par remplir sa maison de pauvres et de malades : c'est pourquoi le peuple qui finit toujours par trouver le mot juste pour exprimer sa gratitude l'avait nommée *la maison de la Providence*. Alors la pieuse femme, tout entière à ses humbles hôtes, ne songeait point à former une congrégation, pour étendre le cercle de son apostolat. Jusqu'en 1703, elle n'eut que sa nièce pour aide auprès d'elle ; mais en 1704, ayant admis trois compagnes, résolues à la suivre dans sa vie de sacrifice, elle prit l'habit de religion le 26 juillet, jour de la fête de sainte Anne. En conséquence on choisit l'aïeule du Sauveur pour patronne de la communauté, en lui donnant le titre de *Sœurs de Sainte-Anne, servantes des pauvres de la Providence de Saumur* [1].

La première approbation épiscopale fut donnée à la congrégation naissante par Mgr Ponçet de la Rivière, évêque d'Angers, le 9 mai 1709. Jeanne de la Noue mourut en odeur de sainteté, le 21 août 1736, à l'âge de soixante-douze ans, après avoir vu son ordre prospérer, non seulement dans la maison-mère, mais déjà dans neuf succursales.

L'œuvre hospitalière eut d'abord pour berceau une de ces substructions creusées dans le tuf, qui sont une des curiosités de Saumur ; mais on fut obligé d'en sortir, à la suite d'un éboulement du coteau supérieur.

Par une grâce insigne, on eut la joie de retirer saines et sauves, des décombres, douze petites orphelines auxquelles la bonne Jeanne servait de mère.

La congrégation, repoussée des écuries de l'Oratoire et de plusieurs autres abris improvisés, s'installa d'abord dans le logis de la Fontaine, moyennant un loyer exorbitant ; puis en 1716, elle se transporta dans le vaste hôtel des Trois Anges, donné par le chevalier de Vallière, mais qui devait bientôt devenir insuffisant [2]. Aujourd'hui la maison-mère de la Congrégation occupe, à deux kilomètres de Saumur, l'emplacement de l'ancienne abbaye de Saint-Florent-le-Jeune, dont les vestiges matériels et le monastique caractère ont été conservés par l'architecte, M. Joly, avec autant de goût que de respect.

Les Sœurs de Sainte Anne, comme toutes les institu-

---

[1] F. Hervé-Bazin : *Les grands Ordres et Congrégations de femmes*.
[2] M. Célestin Port. *Dictionnaire historique de Maine-et-Loire*, 3ᵉ volume, page 15.

tions chrétiennes, souffrirent cruellement des épreuves de la Révolution, mais de même que les plantes à profondes racines retrouvent la verdure et les fleurs au premier souffle du printemps, la pieuse communauté reprit bientôt, après l'avènement réparateur du Consulat, les traditions de sa féconde vitalité. Ce fut surtout durant les vingt-cinq ans du mairat de M. Louvet que l'Ordre de Sainte-Anne prit tout son développement. En possession déjà de plusieurs établissements de charité et d'instruction primaire, on lui en confia de nouveaux, tant l'administration bienfaisante se plaisait à reconnaître, dans les filles de Jeanne de la Noue, les qualités de l'institutrice comme les vertus de la garde-malade. Hôpital, écoles, bureau de bienfaisance, salles d'asile, on leur remit la direction de toutes ces œuvres bénies, mais non sans leur prêter une assistance aussi efficace que bienveillante. Ce n'étaient pas seulement M. et Mme Louvet qui aimaient à visiter et à protéger les dignes religieuses ; mais c'était leur beau-frère, M. Trouillard, qui prévenait, par son généreux empressement, leur désir de soulager de touchantes infortunes ; enfin, c'était l'aimable et charmante Mme Toché qui ne se contentait pas de mettre sa bourse à la disposition de ses pieuses amies ; elle les remplaçait au besoin près de leurs malades, ne craignant pas de panser les plaies et de veiller la nuit au chevet des plus souffrantes.

Les dignes femmes en possession d'un passé si honorable et qui inspirait de telles affections devaient être représentées dans notre ville, si près de leur berceau et du principal théâtre de leurs belles actions.

Dans certaines circonstances, le dévouement des Sœurs de l'Espérance et de Saint-François ne suffisant pas pour satisfaire les nombreux besoins, M. le curé

Pineau, toujours préoccupé du bien-être de ses paroissiens, pria son ami, M. Lecacheur, qui avait succédé à M. Coutant comme supérieur de la communauté, de faire venir quelques Sœurs de Sainte-Anne. C'est le 5 mai 1884, que ce désir fut exaucé. La petite colonie vint s'installer simplement, sans s'annoncer ni faire parler d'elle, dans une riante habitation, chemin de Saint-Léonard, en air pur et s'ouvrant sur un beau jardin. Les Sœurs sont aujourd'hui au nombre de onze. Elles reçoivent de grandes pensionnaires, et se mettent au service des souffrances de la pauvre humanité dans les conditions de leurs dignes émules, les Sœurs de l'Espérance et de Saint-François. Toutes travaillent à la vigne du Seigneur avec le même succès. Le champ est si vaste, qu'il n'y a jamais assez d'ouvrières, et les dernières venues sont aussi méritantes que les premières. L'installation des Sœurs de Sainte-Anne était à peine commencée, lorsqu'on leur amena d'un pensionnat de la ville une jeune personne atteinte d'une angine couenneuse des plus graves. Il n'y avait qu'une chambre prête ; on la lui donna et on entoura la pauvre malade de tant de soins, on invoqua le secours de la Sainte Vierge avec tant de ferveur, que l'on obtint la grâce de sa guérison. Ce début presque inespéré, selon les inquiétudes de la science humaine, accrut la confiance dans l'avenir de la petite communauté. Quand on a si bien commencé, il est impossible de ne pas réussir.

LES SERVANTES DES PAUVRES

Les œuvres de l'Église ont toutes un caractère providentiel qui manifeste leur origine et leur but. Elles naissent à l'heure marquée par la Providence ; elles grandissent sous l'action de la Providence, et travaillent pour la Providence. C'est ainsi que dans notre siècle, beaucoup d'œuvres se sont établies pour répondre à l'appel de Dieu et au besoin de la Société. De nombreuses Congrégations ont surgi dans tous les Diocèses pour se livrer à l'enseignement de la jeunesse ; aujourd'hui elles se trouvent prêtes et aguerries pour soutenir la lutte contre l'erreur, et défendre la vérité et la foi. Nos Universités catholiques ne sont que le couronnement de ce riche ensemble de congrégations enseignantes. D'autres institutions ont été appelées à se dévouer aux œuvres de la charité ; mais comme les premières elles ont paru à leur temps, et toujours pour satisfaire quelque souffrance ou matérielle ou morale. Il suffit de citer les Crèches et les Salles d'Asile, les Patronages et les Cercles d'ouvriers, ainsi que les Corporations catholiques qui tendent à se rétablir dans la plupart de nos grandes villes.

A côté de ces œuvres si utiles et si chrétiennes, il en est une autre qui semble également inspirée par la charité et soutenue par la Providence. C'est l'assistance des malades pauvres. Cette assistance a reçu une double forme dans l'Église. En effet, les malades peuvent être soignés, où dans les hôpitaux, ou à domicile. L'une et l'autre formes ont toujours subsisté dans l'Église. Aussi, dès les premiers siècles, des hospices ou hôpitaux ont été ouverts pour recevoir les malades indigents et leur prodiguer les soins les plus généreux et les plus empressés. Ce mode d'assistance a obtenu tout son développement aux âges de foi et de charité où les hospices portaient le nom si touchant d'Hôtel-Dieu. Plus tard, ces établissements se sont multipliés en face de la sécheresse du protestantisme et manifestaient le cœur de l'Église pour ses enfants. C'est à partir de cette époque que de nouveaux instituts comme ceux de Saint-Jean de Dieu, de Saint-Thomas de Villeneuve, de Saint-Camille de Lellis, de Saint-Vincent de Paul, et de tant d'autres, sont venus ajouter leurs efforts au dévoûment déjà séculaire des Augustines, des Basiliennes et des anciens ordres religieux.

Il suffit de rappeler ces noms glorieux dans les Annales de la charité, pour montrer l'utilité des hôpitaux, et rappeler les services rendus dans les Congrégations hospitalières dont nous avons déjà publié les notices dans le cours de cet ouvrage.

Mais à côté de cette assistance pratiquée dans les hôpitaux, il y a une autre forme, qui n'est pas moins utile que la première. C'est le service des malades pauvres à domicile. Si l'on voulait remonter à l'origine de cette forme de la charité chrétienne, il faudrait en rechercher les premières traces dans les pages mêmes de l'Évangile. Le Sauveur, modèle de toutes les vertus, comme de tous les dévoûments, n'a-t-il pas daigné guérir les malades et descendre jusque sous leur toit pour leur porter la santé et le salut ? A son exemple, l'Église n'a jamais cessé de visiter les malades pauvres sur leur lit de douleur et de les assister jusqu'à la mort. Nous ne pouvons en retracer l'histoire détaillée ; il nous suffira de dire ce qui s'est passé de nos jours.

Depuis le milieu de notre siècle et sur différents points, il s'est établi des Associations religieuses pour assurer aux malades indigents un service régulier de jour et de nuit à domicile et toujours gratuit. Le développement de l'assistance à domicile est en effet devenu indispensable à notre époque : elle est réclamée par les conditions de la Société actuelle et par le genre de travail imposé aux ouvriers.

Autrefois, la famille chrétienne vivait réunie et ses membres étaient reliés entre eux comme les membres d'un même corps. Aujourd'hui l'esprit de famille est affaibli. Les parents et les enfants se trouvent souvent divisés par leur genre de travail et la diversité des sentiments. Le fils ne fait plus son apprentissage dans l'atelier de son père, et souvent la mère séduite par l'appât du gain est la première à placer sa fille au loin et dans des conditions bien différentes. Si, autrefois, il était possible aux parents de soigner leurs enfants, et aux enfants d'assister leurs parents malades, ce devoir d'affection et de dévoûment est devenu impossible à remplir dans la plupart des familles.

Les différences sont accrues par la nature et l'organisation actuelle du travail. L'industrie a presque tout envahi et a couvert notre sol de nombreuses usines et d'immenses manufactures. C'est dans ces vastes ateliers que les ouvriers sont désormais réduits à travailler. Les heures de travail sont fixées depuis la pointe du jour jusqu'à la fin de la soirée. C'est à la hâte que l'ouvrier quitte le matin sa demeure pour n'y rentrer que le soir harassé de fatigue, et cherchant dans le repos de la nuit un peu de force pour reprendre le pénible labeur du lendemain. Ainsi s'écoule la journée de la plupart des ouvriers. Ils vivent complètement en dehors de leur habitation. Les parents sont séparés de leurs enfants ; tout échange d'intimité et les douces relations du foyer domestique ne tardent pas à disparaître. Si l'un des membres de cette famille vient à tomber sous le poids de la misère ou du travail, qui restera pour le soigner pendant sa maladie ? Les autres membres ne sont-ils pas obligés de retourner à l'atelier pour remplir leur tâche et gagner le pain de la journée ? Le pauvre malade reste complètement abandonné ; il ne lui reste plus qu'une ressource, c'est d'aller à l'hôpital. Mais les hôpitaux ne sont plus des Hôtels-Dieu. Pour la plupart, ils sont laïcisés. Les Sœurs sont remplacées par des infirmières laïques ; les aumôniers ont été éloignés et ne peuvent donner aux malades les secours de la religion qu'en se soumettant à des formalités lentes et pénibles ; le nombre des lits disponibles a diminué par suite du défaut des ressources ; le désordre et quelquefois l'immoralité ont pris la place de la paix et de la charité.

Faut-il s'étonner si les malades pauvres éprouvent plus que jamais de la répugnance pour l'hôpital ? Ils préfèrent languir, privés de secours, et mourir dans leur triste réduit.

A tant de misères, l'Église seule pouvait apporter quelque remède, et la Providence y a pourvu en inspirant des Œuvres spécialement chargées du soin gratuit des malades pauvres à domicile. C'est donc sous l'action de la Providence et avec la direction de l'Église que le service des malades pauvres à domicile a reçu une organisation plus complète et plus appropriée aux besoins de notre époque. Cette forme nouvelle est éclose comme une floraison de la charité chrétienne, et s'est manifestée dans plusieurs pays à la fois. Sous différents noms, sous différentes règles, de pieuses Associations se sont formées presque simultanément en Italie, en France, en Belgique, en Suisse, en Allemagne et en Angleterre. Rome, Plaisance, Naples et Palerme voient leurs malades pauvres assistés par les Filles de Sainte-Anne. La Suisse et l'Alsace comptent les Sœurs de Saint-Sauveur. A Lyon et Avignon, les pauvres sont soignés par les Sœurs Franciscaines. A Paris les Petites Sœurs de l'Assomption sont établies dans plusieurs arrondissements et ont fondé des maisons dans quelques autres diocèses de France et jusqu'en Angleterre. La ville d'Angers, si riche en établissements de charité, comme le prouvent nos deux volumes, possède deux Congrégations vouées au soin des malades pauvres, les Petites Sœurs de Saint-François dont nous avons fait connaître le dévoûment dans une notice précédente et les Servantes des Pauvres dont nous allons maintenant rappeler l'origine et les services. A Angers, cette œuvre commença au lendemain des désastres de la France, causés par l'invasion allemande. Dès son origine elle fut accueillie et protégée par Mgr Freppel.

C'est un honneur pour les Servantes des Pauvres d'avoir été une des premières Œuvres bénies par Sa Grandeur et fondées au commencement de son glorieux épiscopat. La Providence veillait sur le nouvel établissement et prenait soin de lui tracer la voie à suivre.

L'installation eut lieu le 10 février 1872 en la fête de sainte Scolastique ; la direction fut confiée à un Bénédictin de Solesmes, et la première maison fut établie sur une terre longtemps bénédictine, dépendant autrefois du prieuré de l'Esvière, et occupée par l'ancien cimetière des pauvres. Après avoir assisté à la messe célébrée par Mgr Freppel et avoir reçu sa bénédiction, les Sœurs entreprirent le service des malades pauvres sur les différentes paroisses de la ville.

L'année suivante, un noviciat était ajouté au premier établissement, et s'ouvrait dans des circonstances tout à fait providentielles. Un vaste enclos situé sur les plaines de Saint-Léonard semble avoir été le lieu préparé par la Providence. Il avait été sanctifié par la présence et les prières de plusieurs prêtres vénérables, qui s'y étaient retirés pendant les jours de la persécution religieuse à la fin du siècle dernier. Le noviciat était à peine ouvert que de jeunes postulantes frappaient à la porte, accourues de différents côtés, les unes de la Bretagne, les autres de la Vendée, du Maine et de l'Anjou. C'est ainsi que par cet envoi de vocations préparées à l'insu des hommes, Dieu venait consacrer les prémices de l'Œuvre.

A partir du jour de la première installation, la ville d'Angers se trouvait dotée d'une œuvre nouvelle, c'est-à-dire d'un service régulier, gratuit et à domicile. Sans doute, les indigents et les infirmes n'étaient point restés jusque-là sans ressources et sans assistance. Parmi les nombreuses Communautés de notre ville, les unes étaient chargées du soin des hôpitaux, les autres portaient des secours et faisaient des pansements à domicile ; d'autres enfin alternaient le service des malades riches avec le soin des malades pauvres, mais aucune ne se consacrait uniquement au service des malades indigents. La gratuité la plus absolue et l'assistance exclusive des pauvres malades étaient les conditions expresses de la nouvelle fondation, et devenaient les caractères essentiels de l'Œuvre naissante. Il faut ajouter un autre caractère qui la distingue des autres

Œuvres du même genre. L'assistance rendue aux malades par les Sœurs n'est pas un service particulier, mais elle a lieu dans chaque paroisse sous la direction du Curé et du Clergé, et devient ainsi un service paroissial. Ces différents motifs engagèrent Mgr Freppel à réunir les Sœurs dans une pieuse Association et par Ordonnance Épiscopale, en date du 8 mai 1874, Sa Grandeur érigea la Congrégation des Servantes des Pauvres, affiliée à l'Ordre de Saint-Benoît en qualité d'Oblates Régulières et placée sous le patronage de sainte Françoise Romaine.

Les Servantes des Pauvres ne faisaient qu'imiter l'exemple des Oblates de Sainte-Françoise-Romaine, fondées à Rome au milieu du xve siècle, et les Sœurs de la Charité de Nevers établies au xviie siècle par Dom Jean-Baptiste de Laveyne, prieur bénédictin, et répandues dans le Midi et l'Ouest de la France.

A mesure que le nombre des Sœurs allait croissant, le service des malades s'organisait d'une manière plus complète. L'expérience venait en aide aux Sœurs et leur indiquait ce qu'elles avaient à faire de plus avantageux pour le soin des pauvres. Au fond, rien de plus simple que cette organisation. L'assistance des malades se divise en deux parties : il y a le service du jour et le service de la nuit. La journée, à son tour, se partage en deux : le service du matin et le service de l'après-midi. Après avoir achevé leurs exercices de piété, les Sœurs se rendent chez leurs malades et restent près d'eux pendant quatre ou cinq heures. Elles rentrent vers midi pour prendre leur repas à la communauté, et retournent ensuite près de leurs malades qu'elles ne quittent que dans la soirée pour souper et achever la journée, comme elles l'ont commencée, par des exercices de piété et au service de Dieu. Le service de nuit est fait par les Sœurs qui doivent veiller depuis le soir jusqu'aux premières heures du jour.

Tout en soignant leurs malades, les Sœurs ne restent pas inactives. Elles se livrent aux soins du ménage, préparent les repas à l'ouvrier occupé à la fabrique. S'il y a des enfants, elles en prennent soin pour les habiller ; elles leur apprennent la prière et le catéchisme, et même les conduisent à l'école ou à la salle d'asile. Elles deviennent ainsi de véritables femmes de ménage, et dans les intervalles libres elles s'empressent de manier l'aiguille et de raccommoder le pauvre linge de la famille.

Rude est ce travail journalier des Sœurs, surtout quand il est prolongé pendant plusieurs années. Le dévouement peut soutenir les forces, mais la santé ne tarde pas à se ressentir de cette double fatigue du jour et de la nuit.

Cependant les consolations ne manquent pas. Sous l'action de la charité, la misère diminue ; l'espérance rentre dans le cœur et la paix dans l'intérieur des ménages. Des guérisons inattendues rendent le malade à son travail et ramènent la joie dans toute la famille.

Si le mal augmente, si la mort approche, c'est alors que la Sœur redouble de soins et de charité. Ce n'est plus un corps souffrant qu'il s'agit de soulager, c'est une âme à sauver. Il faut la préparer à recevoir les sacrements et à paraître devant Dieu. A cette âme qui va quitter la terre, la Sœur prodigue les secours de la religion et n'abandonne le mourant qu'après avoir reçu son dernier soupir, et lui avoir fermé les yeux.

Même après la mort elle ne délaisse par ce corps inanimé ; elle l'entoure de son respect et de soins religieux ; elle l'ensevelit pieusement et le dépose sur son lit funèbre. C'est un chrétien qui a rendu son âme au

Créateur, il faut que des objets de piété attestent la religion du défunt et adoucissent la douleur des survivants.

Un crucifix, un chapelet, sont placés entre les mains du mort comme des gages de salut, et une lampe allumée atteste la foi dans l'immortalité de l'âme. L'heure du convoi est arrivée. Le corps est déposé par la Sœur dans le cercueil, elle se dirigera vers l'église avec le cortège funèbre, s'unira aux dernières prières, et ne se séparera du mort qu'après l'avoir conduit à sa dernière demeure.

Le noviciat ne tarda pas à s'enrichir d'un nouvel accroissement. A l'imitation de saint Benoît, les religieuses déjà affiliées en qualité d'oblates à l'Ordre du glorieux patriarche, s'empressèrent d'ouvrir un alumnat au mois d'août 1876. Sous le nom d'*alumnat*, les Bénédictines ont l'usage de recueillir dans leurs maisons de jeunes enfants qu'elles élèvent dans la crainte du Seigneur, et qu'elles préparent à l'état religieux. Ainsi formées dès leur enfance à toutes les habitudes de la famille religieuse, ces jeunes filles sont en quelque sorte nourries de l'esprit de la religion et pour ce motif reçoivent le nom d'*alumnies*. L'alumnat devient ainsi une pépinière de vocations. Une jeune orpheline, dont la mère était soignée par les Sœurs, fut la première alumnie des Servantes des Pauvres ; la Providence leur donnait ainsi un nouvel indice de la voie qu'elles devaient suivre pour multiplier leurs novices.

Pour mieux faire connaître l'esprit de l'Œuvre nouvelle, il ne sera pas inutile d'indiquer l'ordre établi dans le noviciat et constamment suivi pour former les jeunes Sœurs, appelées par leur profession à devenir tout à la fois religieuses et infirmières. Les méditations du matin, les conférences spirituelles, la récitation quotidienne du rosaire; le chant des offices et la psalmodie pour les jours de dimanches et de fêtes, forment le service que les Sœurs s'empressent de rendre à Dieu en suivant la liturgie romaine. Des exercices religieux les habituent à la pratique des vertus chrétiennes et religieuses. Des classes journalières sont destinées à leur procurer l'instruction nécessaire pour convertir les âmes, préparer les mourants à la réception des sacrements, et exercer une sorte d'apostolat parmi les pauvres. Cet enseignement religieux a pour base la Règle de saint Benoît et les Constitutions approuvées par le Saint-Siège. Enfin des leçons pratiques apprennent aux Sœurs les différents genres de traitements, et leur inspirent les soins les plus dévoués pour leurs malades.

C'est pour compléter cette organisation du noviciat que fut établi un dispensaire libre et gratuit. Ce dispensaire a un double but : d'abord, il assure à la population si nombreuse du quartier des Plaines, de Saint-Léonard, et surtout aux ouvriers des ardoisières, des secours prompts et des médicaments gratuits. Ensuite, il est devenu pour les Sœurs une école de pansements et de pharmacie usuelle qui les prépare à l'assistance des malades pauvres à domicile. Les travaux nécessaires à l'installation furent commencés au mois de décembre 1882, et le 4 janvier suivant furent données les premières consultations à une quinzaine de malades. Depuis cette époque, le Dispensaire n'a cessé de fonctionner. Les consultations sont données par des médecins habiles et catholiques. Les soins sont fournis par les Sœurs aux malades indigents. Le tout est absolument gratuit.

Des opérations importantes ont eu lieu dans ce modeste Dispensaire et quelques guérisons remarquables ont été signalées dans les Revues médicales en France et à l'étranger.

Mais pour soutenir l'Œuvre naissante, et déjà si surchargée de personnes et de dépenses, quelles étaient les ressources de la communauté ? la Providence, qui est la grande pourvoyeuse du monde, mais surtout des pauvres. C'est elle qui prévoit tout et pourvoit à tout. Sans la Providence on ne peut s'expliquer comment les œuvres de Dieu naissent, grandissent et prospèrent dans des circonstances où se ruineraient toutes les entreprises humaines. C'est donc à la Providence divine que les Sœurs se sont confiées dès le commencement, et jamais la Providence ne leur a manqué.

Cependant, pour faire vivre les œuvres de la charité, la Providence ne fait pas sans cesse de nouveaux miracles, comme le Sauveur multipliant les pains dans le désert. Elle se sert ordinairement de moyens naturels, de même que le Créateur renouvelle chaque année les productions de la terre pour nourrir les hommes répandus à la surface de l'univers. Les créatures deviennent ainsi les instruments dociles et les anges visibles de l'invisible Providence.

Comme les Petites Sœurs des Pauvres et tant d'autres communautés religieuses, les Servantes des Pauvres vivent d'aumônes et de charité. Dès le commencement, il se forma une association de dames pieuses et charitables pour subvenir à l'entretien des Sœurs, et leur procurer des secours à distribuer aux malades. La première présidente du nouveau Comité fut Mme la marquise de Villoutreys, dont le nom se rattache à toutes les Œuvres de bienfaisance, établies à Angers depuis le milieu du XIXe siècle.

Parmi les membres de ce Comité, nous voulons rappeler les noms des dames patronnesses dont la mort est toujours regrettée par les Sœurs et les pauvres : Mme la marquise de Villoutreys, Mme la marquise de Maillé, Mme la comtesse de Beaurepos, Mme Hippolyte de Lozé, Mme Doussault, Mme la comtesse Paul de Dannes, Mme la comtesse Théodore de Quatrebarbes, Mme de Langottière, Mme Boutros, Mlle d'Armaillé, Mlle Laurence de Lozé, Mme Jules Le Motheux.

Outre les souscriptions versées par les dames patronnesses, des quêtes annuelles et des dons éventuels permettent aux Sœurs de soutenir leur maison et de distribuer des secours à leurs malades.

Dès le commencement de leur mission, les Sœurs d'Angers furent récompensées de leurs soins par des guérisons nombreuses, des morts édifiantes et des conversions inespérées. Sans doute, les guérisons doivent être pour la plupart attribuées à l'habileté des médecins et à l'efficacité des remèdes ; mais tout en suivant fidèlement les ordonnances des docteurs, les bonnes Sœurs n'omettaient pas d'engager leurs malades à recourir à la prière et aux moyens surnaturels. C'est ainsi qu'en 1873, une femme réduite à la dernière extrémité par une perte de sang fut guérie instantanément par l'huile de la Sainte-Face. Plusieurs autres guérisons du même genre ont été depuis obtenues, par l'emploi de l'huile de la lampe allumée devant la face du Sauveur.

C'est grâce à cette huile de la Sainte-Face qu'une autre femme a été guérie successivement de douleurs articulaires qui la privaient de l'usage de tous ses membres ; et ensuite d'une maladie des yeux, qui, pendant quelques mois, lui avait enlevé la vue.

Dans plusieurs circonstances, la médaille de saint Benoît fut employée avec foi et avec succès. Ainsi une jeune fille qui ne pouvait plus travailler par suite d'une tumeur au pied fut délivrée de son mal par l'application de la médaille de saint Benoît, et vint à pied jusqu'au noviciat des Sœurs, pour remercier son céleste bienfaiteur.

Nous pourrions multiplier les heureux résultats obtenus par la prière et l'intervention des saints. Les conversions ne sont pas moins frappantes. Une jeune fille, enlevée à ses parents dès l'âge de quinze ans par un infâme ravisseur, mourait dans sa vingt-quatrième année. Dans les derniers jours de sa maladie elle fut assistée par les Sœurs. Touchée par la grâce et déplorant ses désordres, elle coupa ses cheveux, renvoya son complice, remit ses parures au curé de la paroisse le priant d'en faire une couronne à la Sainte Vierge. Quelques années plus tard, sur la même paroisse, une jeune protestante faisait son abjuration, recevait le Saint Baptême, la première Communion, et s'envolait au ciel, après avoir été confirmée par Monseigneur l'Évêque d'Angers. Ce qu'il y a de remarquable, c'est que le père, protestant lui-même, embrassait la religion catholique, et après une douloureuse maladie, supportée héroïquement, mourait dans des sentiments dignes d'un chrétien et d'un martyr de la souffrance.

Nous pourrions ajouter d'autres actes semblables de patience et de résignation, mais pour abréger, nous citerons un seul fait qui montre la miséricorde de Dieu et la puissance de la Sainte Vierge. Sur une des paroisses de la ville d'Angers, une femme affiliée à la secte des Solidaires, travaillait activement à détourner les malades d'appeler le prêtre et de recevoir les Sacrements de l'Église; elle se faisait gloire de multiplier et de présider les enterrements civils. Cette femme était devenue la terreur du quartier et avait mérité le surnom de *Louise Michel*. Mais elle fut frappée à son tour d'une maladie mortelle. Il n'était pas facile d'approcher de son lit surtout à cause du mari qui partageait les mêmes sentiments. Cependant une Sœur, introduite par une voisine, réussit à pénétrer dans la chambre de la malade. Une première, une seconde visite furent sans résultat. La malheureuse sans parler faisait signe d'éloigner la Sœur, et se tournait du côté de la ruelle. Mais au milieu de son agitation, la malade laissa apercevoir un chapelet enroulé autour de son bras. Ce fut un trait de lumière pour la petite Sœur qui se hasarda à parler de la Sainte Vierge. Le doux nom de Marie toucha le cœur de l'infortunée et elle finit par avouer qu'elle avait l'habitude de réciter chaque jour un *Souvenez-vous* à la Mère de Dieu. Cette première ouverture ne tarda pas les jours suivants à être suivie d'autres marques de confiance et de repentir. Elle demanda pour se confesser le curé de la paroisse, voulut faire une réparation publique de ses scandales, et reçut avec une grande piété le Saint Viatique et l'Extrême-Onction. Elle mourut ainsi dans la paix du Seigneur, et demanda à être enterrée à l'église. La nouvelle convertie avait à peine rendu le dernier soupir, qu'un chef des *Solidaires* se présenta pour réclamer le cadavre et préparer un enterrement civil. Le mari, changé à son tour par l'exemple de la mourante, répondit que sa femme avait demandé publiquement à être enterrée à l'église, et qu'il ne voulait pas s'opposer à sa dernière volonté. Grandes furent la surprise et la rage du solidaire qui se retira à la hâte et en menaçant.

A mesure que les Sœurs multipliaient leurs soins et leur dévoûment, le nombre des malades et des demandes allait toujours augmentant et nécessitait une organisation plus complète de l'assistance des malades pauvres à domicile. C'est dans ce but que furent établies deux succursales dans les quartiers populeux de la Doutre et de Saint-Serge. La ville se trouvait ainsi partagée en quatre grandes sections et les Sœurs avaient plus de temps et de facilité pour soigner les malades pauvres de chaque paroisse. Des Dames pieuses et charitables s'empressèrent de fonder des Associations pour venir en aide aux Sœurs, soit en visitant les malades, soit en portant des secours aux pauvres. Nous devons citer l'Association des Dames de la Trinité et les Dames Veilleuses de Saint-Serge. Il est à désirer que ces Associations se multiplient pour rapprocher les riches et les pauvres par le lien de la charité fraternelle, pour seconder les communautés religieuses dans leur pénible mission auprès des malades, et pour faciliter au clergé l'exercice du saint ministère.

Depuis une douzaine d'années, les Servantes des Pauvres avaient fait leurs preuves à Angers, et l'utilité de leur œuvre ne pouvait plus être contestée. La Providence ménageait un nouveau champ à leur zèle et à leur dévoûment. C'était le diocèse de Paris avec ses misères sans nombre, et ses merveilles de charité. En 1883, les Sœurs furent appelées à Joinville-le-Pont, par M. l'abbé Ernest Jouin, alors curé de cette paroisse. Cette fondation fut autorisée par S. E. le cardinal Guibert, archevêque de Paris, et l'installation des Sœurs eut lieu le 21 novembre, en la fête de la Présentation de la Sainte Vierge. La nouvelle maison fut placée sous le vocable de sainte Geneviève. Mme Jouin se chargeait avec ses fils de pourvoir à l'entretien de la communauté.

L'arrivée des Sœurs ne tarda pas à opérer un heureux changement dans la paroisse. Jusque-là les habitants de Joinville laissaient bien à désirer sous le rapport de la religion. Malgré son zèle et ses aumônes, le curé exerçait peu d'influence sur la population. Les ouvriers ne demandaient presque jamais le prêtre, et mouraient sans sacrements ; mais à peine les Sœurs eurent-elles commencé à visiter les pauvres et à leur apporter des secours, à soigner les malades et à les assister toujours gratuitement, que les habitants furent touchés par tant de charité et de désintéressement. Aujourd'hui cette petite ville offre un contraste frappant. Les offices de la paroisse sont fréquentés, les sacrements sont reçus par les malades, les Sœurs sont accueillies avec empressement, et une Association de jeunes filles est placée sous leur direction.

Grâce au dévoûment des Sœurs, les enfants mourants ont reçu le baptême ; des mariages civils ont été bénis à l'église ; des conversions éclatantes, et même des abjurations de protestants et de juifs sont venues consoler le cœur du pasteur. De nombreuses guérisons ont récompensé les soins assidus des Sœurs et pour elles la plus grande consolation est de n'avoir perdu aucun de leurs malades, sans lui avoir procuré les secours de la religion.

Quelques jours après leur installation à Joinville, les Sœurs assistaient une vieille femme, âgée de soixante-dix-sept ans, qui ne s'était pas confessée depuis une cinquantaine d'années. Elle se convertit et mourut pieusement. Ce furent les prémices de la moisson que devaient recueillir les Sœurs sur une terre jusque-là rebelle et stérile. Cette première conversion fut en effet suivie de beaucoup d'autres, parmi lesquelles il nous suffira de citer deux faits, capables de montrer l'action de la Providence, et sur les âmes, l'influence de la charité.

Un homme jeune encore, mais atteint de phtisie, habitait Joinville. Il était marié civilement et faisait partie de la secte des francs-maçons. Réduit à la détresse par le défaut de travail et par la maladie, il avait consenti à recevoir la visite des Sœurs. Si leurs soins ne lui rendirent pas la santé, du moins, ils servirent à sauver son âme. Une neuvaine faite en l'honneur de la Sainte-Face acheva de toucher le cœur du malade, et de réveiller les sentiments chrétiens de son enfance. Il accueillit avec joie la visite du curé, voulut se confesser et recevoir les derniers sacrements. Après avoir protesté publiquement de sa foi, il mourut dans des dispositions admirables de piété et de résignation.

En 1888, une famille juive était retirée à Joinville, depuis plusieurs années, à la suite des malheurs qu'elle avait éprouvés. Elle se composait du père, de la mère et de cinq enfants. Ils vivaient pauvres et avaient été abandonnés par leurs coreligionnaires. En apprenant leur misère les Sœurs s'empressèrent de venir à leur secours. De même que sur les champs de bataille les Filles de Saint-Vincent-de-Paul soignent tous les blessés, sans distinguer entre amis et ennemis, de même les Servantes des Pauvres sur le champ de la charité, se font un devoir de soulager tous les malheureux, quelle que soit leur religion. Ce désintéressement fit impression sur le père et la mère. Ils se firent instruire de la religion chrétienne et résolurent de renoncer au judaïsme. La cérémonie eut lieu dans la chapelle des Sœurs le 22 septembre 1888. Après l'abjuration publique, les parents se firent baptiser avec leurs enfants, et assistèrent au saint sacrifice de la messe où ils reçurent la sainte communion avec l'aîné de leurs fils. Le Seigneur a béni cet acte de religion et a récompensé cette famille en faisant trouver au père un poste avantageux à Paris. Nous espérons que Dieu continuera aussi de bénir les Sœurs de Joinville, et multipliera les conversions et les morts édifiantes. Ce sont autant de fleurs cueillies pour le Ciel.

L'établissement de la maison de Joinville ne tarda pas à être suivi d'une autre fondation à Paris même, dans l'un des quartiers les plus populeux de la capitale et sur la paroisse Saint-Laurent. Une riche et généreuse bienfaitrice se chargea de tous les frais de première installation. Elle s'empressa d'offrir aux Sœurs un logement dans son hôtel, en attendant que la Providence leur ait procuré un local plus spacieux, dans le faubourg Saint-Martin, et auprès de l'église de Saint-Laurent. Le vénérable curé de la paroisse fit lui-même la bénédiction de la nouvelle maison. Ce fut une grande consolation pour les Servantes des Pauvres de s'établir sur la paroisse même où saint Vincent-de-Paul avait réuni les premières Filles de la charité, et dans le voisinage de cette église Saint-Lazare qui avait été le cénacle des premiers missionnaires rassemblés par le saint, et appelés pour ce motif du nom de Lazaristes. Les nouvelles arrivantes s'estiment heureuses de suivre de loin les traces des Sœurs de Saint-Vincent-de-Paul qu'elles regardent comme leurs devancières et leurs maîtresses. Dans ce champ des bonnes œuvres, il ne leur restait à glaner que de rares épis, après la riche moisson récoltée par les Filles de la Charité. La fondation de Saint-Laurent avait d'abord été approuvée par le cardinal Guibert; depuis, elle a été confirmée par S. E. le cardinal Richard, actuellement archevêque de Paris. La chapelle de la nouvelle maison fut placée sous le patronage de sainte Françoise Romaine ; et c'est le premier autel dédié en France à cette grande sainte, si populaire à Rome et dans toute l'Italie depuis le XVe siècle. La nouvelle fondation commençait donc sous des auspices favorables, et cependant, il restait quelques difficultés à prévoir, quelques appréhensions à redouter. Comment les Servantes des Pauvres, accoutumées à soigner les malades dans nos provinces religieuses de l'Ouest, pourront-elles librement exercer leur mission au milieu de la population si mélangée de la capitale? Quel accueil leur sera fait par les ouvriers de Paris, à ces religieuses, sorties pour la plupart de la campagne?

Heureusement l'ouvrier est partout le même. S'il a des défauts, il a aussi de grandes qualités. Il sait apprécier le dévoûment, et est sensible à la reconnaissance. Les bonnes Sœurs furent accueillies avec joie, et se retrouvaient comme en famille au milieu des pauvres de Paris. Leurs premiers pas furent bénis d'une manière visible par la Providence. Dès le jour de leur installation, les Sœurs firent à Paris ce qu'elles avaient fait à Angers et à Joinville. Elles se mirent à la recherche des malades pauvres du quartier, et ne tardèrent pas à découvrir une nombreuse clientèle. Le lendemain matin, les Sœurs se remettent en marche pour retrouver les malades de la veille; mais ignorantes des rues de ce quartier de Paris, elles se perdent dans ce dédale de carrefours, de places et de passages. Elles se trompent d'adresse, de numéro et d'étage. Les heures s'écoulent dans cette recherche infructueuse. Enfin, elles arrivent dans une rue étroite, devant une maison de pauvre apparence qu'elles croient reconnaître pour la demeure d'une de leurs clientes. Elles s'adressent au concierge, et demandent timidement s'il n'y a pas de malades dans la maison. On leur répond avec brusquerie qu'il n'y a pas de malades. Mais, reprend une des Sœurs, nous sommes chargées de soigner les malades pauvres, à domicile et sans leur demander aucune rétribution. — Ah! réplique le portier, vous êtes donc des Sœurs non payées? Alors vous pouvez monter, et vous trouverez plusieurs malades aux étages supérieurs. Les Sœurs se hâtent de gravir l'étroit et obscur escalier. Elles montent jusqu'à un huitième étage, aperçoivent sur le palier une porte entre-bâillée et la poussent sans bruit. Qu'aperçoivent-elles dans ce galetas? Un pauvre vieillard couché à terre sur un peu de paille, ayant à ses côtés une tasse vide. Le malheureux était là étendu depuis quelques jours, sans forces, sans ressources et sans consolation. Les Sœurs s'agenouillent près du malade qui était dévoré par la fièvre, et l'une d'elles va chercher un peu d'eau fraîche pour étancher sa soif. On prévient le clergé de la paroisse, un prêtre vient visiter le pauvre moribond qui expire en paix, après avoir reçu les derniers secours de la religion, en bénissant ses infirmières. Tel fut le premier apprentissage des Sœurs à leur arrivée à Paris.

Combien d'autres traits du même genre pourrions-nous ajouter où se manifeste la Providence divine dont les Sœurs ne sont que les faibles instruments! Une de leurs premières converties fut une jeune femme de vingt-cinq ans, mère de cinq petits enfants. Menacée de mourir d'épuisement elle consentit à recevoir un prêtre, mais elle n'avait reçu aucun sacrement, pas même le baptême. Il fallait l'instruire de la religion et les Sœurs s'offrirent à lui apprendre son catéchisme. Au bout de six semaines elle était en état d'être baptisée et de faire sa première communion. Dieu daigna lui prolonger la vie trois autres années, durant lesquelles elle a continué de remplir exactement ses devoirs religieux. Elle eut soin de faire baptiser ses petits enfants avant sa mort.

Quelque temps après les Sœurs sont appelées auprès

d'un jeune homme mourant et désespéré. Il voulait se tirer un coup de revolver. La Sœur qui l'assiste implore la Vierge, refuge des pécheurs ; elle adresse quelques paroles d'encouragement au jeune malade et lui propose de recevoir un prêtre. Il consent, se confesse et accepte un crucifix qu'il garde dans ses mains jusqu'à son dernier soupir en s'écriant : Voilà ce qui a remplacé mon revolver !

Une laveuse est prise de douleurs articulaires qui l'étendent sur son lit et la privent de tout mouvement. Pour la soigner on choisit une petite Sœur qui propose à la malade de commencer une neuvaine, en l'honneur de saint Joseph, pour obtenir sa guérison, mais à la condition de se confesser à la fin de la neuvaine si elle est guérie. La condition est acceptée, et à la fin de la neuvaine la malade est complètement guérie ; mais oublieuse de sa promesse, notre laveuse retourne à son bateau pour laver, au jour et à l'heure convenus pour se confesser. Mais, à l'instant même où elle reprend son travail, elle est subitement frappée de violentes douleurs, et l'on est obligé de la transporter du bateau à son domicile. Le lendemain, la petite Sœur retourne chez sa cliente pour s'assurer si elle a été fidèle à sa promesse Quelle n'est pas sa surprise de trouver la pauvre femme étendue de nouveau sur son lit et en proie à de vives souffrances ! En apprenant les détails de la veille la Sœur dit à la malade : — Vous n'avez pas été fidèle à votre promesse et saint Joseph vous a de nouveau laissée à votre mal. Voulez-vous recommencer une autre neuvaine ? et, si vous tenez cette fois votre promesse, saint Joseph vous guérira complètement. A la fin de la seconde neuvaine, la malade est de nouveau guérie, et s'empresse de se confesser. Depuis, elle n'a ressenti aucune douleur, a repris son travail, et continue de vivre chrétiennement, en remplissant ses devoirs religieux et surtout en sanctifiant le dimanche.

Dans l'une des rues du faubourg Saint-Martin languissait une femme pauvre et âgée ; elle était assistée depuis plusieurs mois par les Sœurs, et si leurs soins affectueux ne réussirent pas à la guérir, ils lui procurèrent une guérison plus précieuse, la santé de l'âme. Depuis une cinquantaine d'années, cette pauvre vieille avait abandonné toute pratique religieuse. Mais, à l'approche de la mort, elle voulut se réconcilier avec Dieu, et recevoir les Sacrements de l'Église. Elle espérait donc terminer sa vie en paix, quand un événement inattendu vint plonger son âme dans l'inquiétude et la tristesse. Elle avait un fils unique, honnête ouvrier, qui était le soutien et la consolation de sa vieille mère. Mais, depuis plusieurs semaines, il se trouvait sans travail, sans ressources, dans l'impossibilité de payer son loyer et de continuer à soutenir sa mère mourante. Ses tristes pensées lui firent prendre une funeste détermination. Il résolut de se suicider pour ne pas survivre à sa mère.

Trois fois il se jeta dans le canal Saint-Martin, et trois fois il fut ramené sur la berge par une main invisible. Frappé de cette assistance mystérieuse et revenu de son égarement, le jeune ouvrier se hâta de regagner son logis. Pendant ce temps la pauvre mère était dans des angoisses inexprimables. Un billet avait été écrit par son fils et apporté par un enfant. Il était ainsi conçu : — Quand ce billet vous sera remis, votre fils sera noyé. A cette annonce, la pauvre mère tomba dans une sorte d'agonie. Pour la rappeler à la vie et la consoler, la Sœur lui proposa de recommander son fils à Notre-Dame des Victoires. Une fervente prière est adressée à la Consolatrice des affligés ; quelque temps après, le fils rentrait tout ruisselant d'eau et s'agenouillait près du lit de la malade, en lui demandant pardon. Le lendemain la mère expirait résignée et rendant grâce à Dieu. Une généreuse bienfaitrice, apprenant la cause du désespoir du jeune ouvrier, fit payer le terme du loyer, et peu de temps après la Providence acheva son œuvre en procurant à ce jeune homme du travail et un emploi lucratif.

Chaque année voit se multiplier des faits aussi consolants qui montrent l'action de la Providence et la sollicitude des Sœurs. Tout en assistant leurs malades, elles réussissent à faire baptiser les enfants, à préparer aux premières Communions, à revalider des mariages et à obtenir des abjurations de juifs et de protestants.

L'année 1887 restera à jamais mémorable dans les annales des Sœurs. A la fin de l'année 1886, le R. P. Supérieur avait profité d'un voyage à Rome pour soumettre à l'examen du Saint-Siège les Constitutions des Sœurs. La demande d'approbation avait été appuyée par deux lettres très élogieuses de l'Archevêque de Paris et de l'Évêque d'Angers. Après un sérieux examen, le Préfet de la Congrégation des Évêques et Réguliers daignait accorder un bref laudatif en faveur de l'Œuvre, et une première approbation des Constitutions des Servantes des Pauvres. Ce bref arriva au noviciat le 26 juillet 1887, en la fête de sainte Anne, et combla les Sœurs de joie et de reconnaissance. La bénédiction du Souverain Pontife valut à la Congrégation un nouvel accroissement de vocations religieuses. Le nombre des novices et des postulantes allait toujours augmentant et les anciens logements devinrent bientôt insuffisants. Les dortoirs, le réfectoire, les salles d'exercices, tout était trop étroit. Il fallut songer à bâtir ; la Providence envoya un secours inespéré, au moment où l'on allait mettre la main à l'œuvre. Le 1ᵉʳ mars 1888 fut le jour choisi pour donner le premier coup de pioche et commencer les fondations. Un bâtiment long d'environ 50 mètres et large de 12 mètres s'éleva rapidement. Rien ne fut épargné pour en assurer la solidité. Cette partie du nouveau noviciat était destinée à contenir les lieux réguliers tels que la salle du chapitre, le réfectoire et les dortoirs. On réserva le sous-sol pour y établir la cuisine avec ses dépendances. Le plan avait été dressé par un habile architecte, M. Dainville, et fut exécuté par son successeur, M. Chauveau. La nouvelle construction est remarquable par la grandeur et la sévérité de ses lignes. De larges arcades cintrées encadrent les hautes fenêtres qui éclairent les façades du nord et du midi. Les étages sont élevés et reliés ensemble par de vastes galeries où circulent l'air et la lumière. On a bâti comme on sait bâtir dans les Ordres religieux. [On a bâti non pas seulement pour abriter les corps, mais pour élever les âmes vers Dieu et les pensées célestes. Tout est disposé pour agrandir les idées, élargir les cœurs et figurer aux yeux ce qu'il y a de grand et de beau dans la vie religieuse. C'est à ce point de vue surnaturel qu'il faut se placer pour comprendre nos anciens monastères et nos splendides cathédrales. L'installation du nouveau noviciat eut lieu le 6 août 1889, en la fête de la Transfiguration de Notre-Seigneur, et la bénédiction des nouveaux logements fut faite solennellement par Monseigneur l'Évêque d'Angers, heureux de donner cette nouvelle preuve de sa bienveillance aux Servantes des Pauvres.

La notice que nous terminons en ce moment m'inspire une réflexion qui s'applique non seulement à l'OEuvre des Servantes des Pauvres, mais encore à la plupart des Sœurs dont il est question dans nos deux volumes. Il est facile d'observer que le plus grand nombre des Œuvres établies au XIXe siècle a pour but principal la classe pauvre et ouvrière. En effet, les unes s'occupent de l'enseignement gratuit et populaire des enfants, depuis la crèche et la salle d'asile, jusqu'aux écoles primaires et professionnelles. Les autres se livrent à l'assistance des malades, soit dans les hôpitaux, soit à domicile. Mais c'est toujours le peuple qui est l'objectif de tant d'œuvres, si différentes de forme, mais unies par le même esprit. Il faut en cela reconnaître un mouvement providentiel.

Tandis qu'au XVIIe et au XVIIIe siècle, les ordres religieux s'attachaient de préférence aux classes riches, dans notre siècle au contraire, l'action de l'Église se porte vers les classes pauvres et laborieuses. De fait, aux siècles précédents, l'incrédulité et la corruption infectaient les classes supérieures de la société qui devaient être châtiées par la Révolution et expier leurs fautes dans les prisons et sur l'échafaud ; l'impiété et la débauche à notre époque sont descendues dans les couches inférieures de la société. C'est le peuple que l'irréligion et la franc-maçonnerie travaillent à corrompre et à déchristianiser, C'est donc aussi le peuple que la Providence s'attache à préserver et à évangéliser. De là ce mouvement extraordinaire que le souffle d'en haut pousse vers ces Congrégations nouvelles, dont l'origine et les progrès tiennent du merveilleux. Mais dans sa prudence et tout en favorisant ces plantes nouvelles germées dans le jardin de la charité, l'Église exige que ces communautés se rattachent à des ordres anciens et éprouvés. En agissant ainsi, l'Église imite le cultivateur qui appuie des plantes naissantes contre les troncs des arbres séculaires, et d'un autre côté ces arbres vieillis reçoivent de ces jeunes plantes une nouvelle sève et une nouvelle parure. Admirons cette sagesse de la Providence divine qui soutient l'Église et semble la rajeunir au moment où ses ennemis la croyaient perdue et mourante.

A la suite de cette notice, nous rapporterons, d'après la *Semaine religieuse* d'Angers, l'allocution prononcée par Mgr Freppel au jour de l'installation ; c'est un tableau où se trouve dessinée en traits frappants l'Œuvre des Servantes des Pauvres.

Le complément naturel de la notice sur l'Œuvre du R. P. Leduc est le discours de Monseigneur à la Bénédiction du noviciat de Saint-Sauveur, en la fête de la Transfiguration, le 5 août dernier.
Il était difficile d'interpréter avec plus d'à-propos la pensée de l'homme de génie, du « théologien » qui a peint la *Transfiguration* du Sauveur. Ensuite Monseigneur a procédé à la Bénédiction du noviciat, suivant le rite monastique, en récitant des oraisons distinctes pour les différentes parties de l'édifice : pour le sous-sol, le réfectoire, les dortoirs, la salle du chapitre. Il fallait voir combien le bon Père Leduc était heureux de faire les honneurs de sa maison, et avec quelle effusion il a remercié son évêque. Il est vrai d'ajouter que Monseigneur l'a payé de retour : c'était justice.
La congrégation des *Servantes des Pauvres* est bien proche encore de son berceau, elle comptera bientôt une centaine de sujets, et déjà elle a planté ses tentes jusqu'à Paris. Que d'ouvriers devront à ces petites Sœurs la santé du corps et surtout le salut de l'âme ! Puissions-nous voir, dans un avenir prochain, cette pépinière de la charité se développer au point de rendre nécessaire l'achèvement du couvent des *Plaines !* C'est le vœu que forment tous les pauvres.

Voici l'allocution de Monseigneur :

Mes chères Sœurs,

Dans un tableau célèbre, l'un des chefs-d'œuvre de l'art chrétien, le plus théologien des peintres, Raphaël, représentait la grande scène de la Transfiguration de Notre-Seigneur, objet de la fête de ce jour. Le Christ laissant échapper quelques rayons de sa divinité, sous les yeux de ses disciples émerveillés d'un tel spectacle ; Moïse et Elie, les deux plus hautes figures de la loi et de la prophétie antiques, apparaissant aux côtés du Fils de Dieu, pendant qu'une voix sortant de la nuée lumineuse ajoutait le témoignage du ciel à ceux de la terre, quel sujet plus propre à inspirer un artiste de génie ! Mais ce qui m'a toujours frappé dans cette toile si digne d'orner la demeure des Papes, c'est l'idée profonde qu'a su y exprimer, par le plus émouvant des contrastes, celui qu'on a pu surnommer « l'Homère de la peinture ». Au-dessous de la scène éclatante du Thabor, le voici qui range sur le même plan la foule des pauvres et des malades, tout le triste cortège des infirmités humaines. En haut, la gloire ; en bas, la souffrance et la misère, comme pour montrer qu'elles ont été transfigurées avec le Christ, dans le Christ et par le Christ.

Ne vous semble-t-il pas qu'une idée toute pareille ait inspiré l'œuvre que je suis venu bénir aujourd'hui ? Cette belle église érigée sous le vocable de Saint-Sauveur, pour rappeler le mystère de la Transfiguration, et, se reliant à elle pour former un seul et même tout, ce noviciat des servantes des pauvres, n'est-ce pas la magnifique toile de Raphaël redisant, dans un vaste poème de pierre, son grand et bel enseignement ? Vous avez conçu cette œuvre, cher Père Leduc : elle est sortie de votre cœur, plus féconde et plus belle que l'œuvre d'un artiste quelconque. Aussi est-ce pour moi un devoir de vous en exprimer toute ma reconnaissance au nom des pauvres malades pour le service desquels vous avez déployé tant de générosité, d'énergie et de persévérance. Grâce à vous, l'église et le noviciat de Saint-Sauveur se sont élevés aux portes de la ville d'Angers, comme un témoignage éclatant de ce que peut l'activité d'un seul homme, quand c'est la foi qui l'éclaire et la charité qui l'inspire.

Oui, vous avez eu raison d'inscrire au frontispice de cet établissement le nom de Saint-Sauveur et de le rattacher par là au mystère de la Transfiguration ; car, ainsi que je le disais tout à l'heure, Notre-Seigneur Jésus-Christ a transfiguré dans sa personne la souffrance et la pauvreté. Avec lui et par lui, elles ont pris un caractère tout nouveau, une dignité surnaturelle, que l'orgueil et les passions humaines n'avaient pu y attacher ; elles sont devenues, pour le chrétien, choses saintes et sacrées. « Tout ce que vous ferez au moindre d'entre mes frères, c'est à moi que vous l'aurez fait. » Ce seul mot a suffi pour créer toutes les merveilles de la charité chrétienne depuis dix-huit siècles. Vous êtes les servantes des pauvres, mes chères Sœurs, parce que vous êtes les servantes de Jésus-Christ. Là se trouve tout le secret de votre vie d'abnégation et de dévouement. C'est parce qu'ils voyaient Jésus-Christ dans les pauvres, sous leurs traits, à travers leurs souffrances, que saint Louis lavait leurs pieds, que sainte Elisabeth de Hongrie pansait leurs plaies, que saint Jean de Matha brisait leurs chaînes, que saint François d'Assise leur distribuait ses biens, que saint

Vincent-de-Paul leur consacrait sa vie entière ; et chaque fois que vous chercherez dans l'histoire une de ces créations charitables qui ont épuisé la louange, vous y verrez un homme qui, après avoir baisé son crucifix, a retrouvé dans les pauvres l'image de ce Dieu qui avait reçu sa foi et touché son cœur.

Vous allez faire l'apprentissage de ces grandes, de ces divines choses dans le noviciat que vous m'avez appelé à bénir. Il y a, par le monde, bien des noviciats, des écoles de toutes sortes où l'on se prépare aux fonctions les plus diverses. Ni la religion, ni l'humanité n'ont toujours à s'applaudir de ces écoles d'où le mal peut sortir comme le bien. Ici, vous ne vous exercerez à manier d'autre arme que celle de la prière ; vous cultiverez une science bienfaisante pour tous, la science de la charité. Ici, vous apprendrez aux pieds de Jésus-Christ, avec le détachement de vous-mêmes et le mépris des joies de la terre, l'amour de la pauvreté évangélique, la bonté envers le prochain, la douceur, la miséricorde, tout ce qui fait la vraie servante de Dieu dans les malades et dans les pauvres. Sainte retraite, sublime école de vertus, où la grâce vient transfigurer de jeunes âmes, pour les rendre capables de se sacrifier, de se sacrifier encore, et de se sacrifier toujours ! Daigne le Divin Sauveur répandre sur elles ses bénédictions les plus abondantes, par l'intercession de sainte Françoise Romaine, la patronne de ces lieux et l'admirable modèle des servantes des pauvres ! Ainsi soit-il !

Veilleuse récita, à haute voix, l'acte de consécration et, une à une, les Veilleuses se présentèrent à la bénédiction de Monseigneur qui remettait, à chacune, la croix indulgenciée pour la bonne mort et le Chemin de la Croix. La Veilleuse adorant, baisant le signe du salut, l'emportait afin d'y puiser les énergies et les grâces nécessaires à l'accomplissement de ses charitables obligations. Une quête faite par Mme Jac et Mme de Reinach, précéda le chant liturgique du *Magnificat* et la bénédiction du Très Saint-Sacrement.

Monseigneur, dans sa bonté vigilante, considérant les bienfaits de l'OEuvre, les sentiments de pieuse concorde émanant des généreux efforts des associées, autorisa une demande au Souverain Pontife Léon XIII qui bientôt daigna accorder, aux membres actifs et honoraires, de précieuses indulgences. Et de plus, notre Évêque voulut bien ériger canoniquement l'OEuvre et l'enrichir de tous les trésors dont Sa Grandeur dispose.

L'OEuvre des Dames Veilleuses et Assistantes des malades à domicile n'est pas une œuvre nouvelle, mais bien plutôt une œuvre sans cesse renouvelée, telle qu'en 1634 Mme la présidente Goussault l'organisa, sous la direction du bon saint Vincent-de-Paul; telle que saint François-de-Sales, ayant égard aux obligations du monde et de la famille, la conseillait : « Il ne faut pas d'autres chaînes, disait-il, que celles de la charité pour attacher les cœurs au bon Dieu. »

Nos Associations, si nombreuses et si vivantes, n'ont pas d'autres liens, et nous les savons forts et durables.

L'OEuvre des Dames Veilleuses et Assistantes des malades à domicile, est humblement venue s'adjoindre aux œuvres déjà fondées, soit en ajoutant aux dons de la Miséricorde les secours aux malades, soit en pro-

enseigne à vivre, à souffrir, à mourir dans la paix du Seigneur.

Ce dévouement fut apprécié par les associées, versant une cotisation annuelle. Quelques-unes surmontant la timidité, la répugnance, les craintes puériles et les habitudes reçues, visitèrent pendant le jour les malades veillés la nuit. Apportant des paroles d'édification, des soins attentifs, des attentions gracieuses, mets délicats, vins généreux, fleurs et fruits, elles savaient, sous le nom d'Assistantes, mettre au service de Notre-Seigneur, dans la personne des malades, la douceur de leur langage et la distinction de leurs manières.

D'autres se consacrèrent dans un ouvroir, organisé à cet effet, à réparer, à renouveler le linge et les vêtements, non seulement du malade, mais de toute la famille. Elles prirent aussi le nom d'Assistantes, afin de bien montrer qu'elles concouraient au même but.

Un règlement fut rédigé et soumis à notre illustre Évêque, qui désigna Mgr Chesneau pour l'examiner et l'approuver. Ce digne prélat le fit avec la plus grande bienveillance. Le règlement fut envoyé à MM. les Curés de notre ville, dont quelques-uns voulurent bien venir successivement présider les premières réunions.

L'Œuvre s'organisa dans nos principales paroisses avec quelques modifications locales.

La consécration solennelle eut lieu, en l'année 1877, le 2 juillet, jour de la Visitation, fête patronale de l'Œuvre. Les Dames Veilleuses et Assistantes des malades à domicile s'unirent au saint sacrifice de la Messe que Monseigneur offrait à Dieu pour l'Œuvre, dans sa chapelle épiscopale.

Après avoir écouté l'exhortation pénétrante de notre Évêque et recueilli ses paternels encouragements, les associées reçurent la sainte communion. La Maîtresse-

ŒUVRE DES VEILLEUSES ET ASSISTANTES DES MALADES A DOMICILE

> Partout où une pensée vraiment généreuse vient à germer dans une âme chrétienne, elle prend corps et vie dans une institution qui se charge de la réaliser.
>
> Mgr Freppel.

Le désir de pratiquer plus régulièrement et plus particulièrement les préceptes de l'Évangile, réunit, il y a quelques années, de pieuses Dames qui, sur le modèle *des Veilleuses de nuit* de Paris et de Lyon, formèrent une association charitable pour secourir les malades à domicile. Des circonstances imprévues, en modifiant la direction, ne permirent pas une organisation définitive ; mais nos bons désirs ne meurent pas ; l'impulsion une fois donnée fut suivie. Comme un essaim d'abeilles qui, cherchant un abri, le trouve, s'y rassemble et se met au travail, le 22 mars de l'année 1873, le jour où l'Église honorait la sainte Couronne d'épines, quelques-unes des premières associées, afin de consacrer leur dévouement, assistaient à la messe. M. le Curé de Saint-Serge, directeur de l'œuvre naissante, la disait à l'autel du Sacré-Cœur. Trois ans après, Monseigneur érigeait canoniquement l'œuvre dans cette même chapelle.

L'une de ces femmes chrétiennes avait éprouvé, près de son mari malade, de cruelles privations, de secrètes et douloureuses angoisses. Pendant les longues veilles de ses nuits sans repos, la Vierge Marie, qu'elle priait sans cesse, lui suggéra la pensée de se consacrer aux infortunes cachées, en se dévouant aux malades à domicile. Devenue veuve, elle travaillait le jour et quêtait le soir pour les malades qu'elle veillait la nuit. Ce fut sous sa direction expérimentée que les Veilleuses de la ville d'Angers, de tout rang et de tout âge, se dévouèrent aux soins des malades à domicile. Elles donnaient une ou deux nuits gratuites, et quelques-unes ne voulurent jamais recevoir aucun paiement. Elles exerçaient leur charitable zèle, non seulement dans la paroisse Saint-Serge', mais dans les autres paroisses de la ville. Leur dévouement est le point de départ de toutes les bonnes œuvres de l'Association. A l'heure où chacun cherche le repos et le sommeil pour réparer ses forces, à l'heure où, bien souvent, l'insensé cherche les jouissances et le plaisir, mais aussi à l'heure où les âmes religieuses et pénitentes implorent, dans les cloîtres et les cellules, les miséricordes de Dieu, quelques femmes, souvent, après avoir travaillé tout le jour, quittent, sans bruit, leur demeure. Elles vont, inconnues et pieuses, donner leurs soins aux membres souffrants de Notre-Seigneur Jésus-Christ. Elles vont parfois, au loin, retrouver le malade triste et délaissé ; parfois aussi unissent leur dévouement au dévouement d'une mère, d'une sœur, d'une épouse, ou permettent à celui qui gagne la vie de la famille, de prendre un repos nécessaire. Leur piété, leur patience, leur bonté renouvellent et raniment les sentiments, le zèle quelquefois un peu ralenti des amis ou des parents. Pendant ces nuits, la Veilleuse presque toujours solitaire, accomplit sous le regard de Dieu, son œuvre apostolique. Sa charité compatissante adoucit la souffrance, l'agonie, la mort; prépare au repentir les âmes oublieuses, pécheresses, et leur

posant, à l'Œuvre bienfaisante de l'Adoption, les orphelins que la mort lui fait connaître, soit en préparant des mariages que la maladie rend plus urgents encore et que la Société de Saint-François Régis facilite avec tant de zèle, soit en réclamant le service intime, efficace et si bienfaisant des *Servantes des pauvres*.

Depuis seize ans, l'Œuvre accomplit les devoirs prescrits par le règlement, et répond à ces paroles que Notre-Seigneur Jésus-Christ prononça au moment où, seule devant la Justice de Dieu, son âme sainte se chargea de tous les péchés du monde : « Veillez avec moi, mon âme est triste jusqu'à la mort ! » Irrésistible appel que les familles et les malades adressaient à l'Œuvre.

Divisée, sans cesser d'exister, elle agit dans plusieurs paroisses de la ville, et même aux environs, heureuse et honorée quand elle s'unit aux *Servantes des pauvres*. Affiliée à l'Œuvre de Lyon, elle participe chaque année, par l'entremise d'une sympathique et fidèle secrétaire, à la bénédiction du vénérable Archevêque.

Les comptes rendus, rédigés avec soin dans les premières années par Mlle Louise Bennechet, de mémoire pieuse et vénérée, continués par Mlle Maisonneuve, contiennent les faits les plus intéressants. Afin de nous restreindre au petit espace qui nous est réservé, tout en essayant de donner une idée juste de cette œuvre discrète, parfois méconnue, nous détacherons quelques traits du grand nombre de ceux que nous avons sous les yeux.

— Un ouvrier laborieux, malade depuis sept mois, souffrait dans la solitude d'une chambre où sa femme l'enfermait à cinq heures du matin. Elle ne revenait, d'un atelier à l'extrémité de la ville, que le soir, laissant sous l'oreiller du malade un peu de soupe chaude que, bien souvent depuis quelques semaines, elle retrouvait intacte. Il ne fallait pas lui parler de l'hôpital..., il aimait mieux mourir tout seul ! Nos Assistantes, à tour de rôle, s'en allèrent frapper à cette porte close devant laquelle échouèrent leurs charitables efforts. L'une d'elles, que Dieu, probablement, destinait au salut de cette âme, retourna tant de fois que la porte s'ouvrit enfin.

L'Assistante entra. Une forme rigide se dessinait sous des draps propres et sur un lit fait avec soin. Le ménage indiquait l'ordre, un peu de bien-être ; mais aucun signe religieux ne s'y montrait.

L'Assistante salua de paroles polies et charitables le malade qui l'avait regardée à son arrivée, puis fermant ses yeux, s'était tourné vers le mur.

Elle parla avec amitié, garda le silence, reprit la parole, s'assit, se leva ; offrit un peu de vin généreux qu'elle apportait, des fruits, de la gomme sucrée, du bouillon qu'elle apporterait..... Pas un mot ne lui répondit, pas un geste, si ce n'est un mouvement d'épaules, indiquant le dédain et l'ennui. Elle s'agenouilla, fit, à voix basse, une courte prière, laissa une petite pièce d'argent et s'en alla... prier Celui par qui tout s'opère et se sanctifie.

Le lendemain la porte était fermée..., peut-être le malade l'avait-il exigé. L'Assistante frappa doucement, à intervalles et, selon son habitude, pria devant cette porte... Elle dit un mot aux voisines. — « Oh ! vous n'entrerez pas ; il est buté. Nous, on n'a guère le temps ; mais il ne nous voudrait pas plus. » L'Assistante revint trois jours de suite. Le troisième jour la porte s'ouvrit au premier essai. L'Assistante apportait un potage léger et bien chaud. Elle resta quelques instants, parla, se tut, pria à voix plus haute, et s'en alla... comme la première fois. Le jour suivant, elle était encore debout, au pied du lit, et, toute pénétrée de l'amour du divin Maître, de sa compassion pour les âmes délaissées, elle parla de la charité, de la prédilection de Jésus pour ses chères créatures ; elle parla de la Communion que Jésus a instituée, pour nous inspirer plus intimement cette ineffable charité. Elle dit ce respect attendri que tout chrétien éprouve pour les souffrances, la maladie, qui est le plus salutaire moyen de sanctification, un moyen de retraite et d'intimité avec Dieu. Si la maladie est pénible, du moins elle nous dégage des travaux fatigants, du froid, de la chaleur, des marches forcées, des conversations grossières, injurieuses; elle nous amène dans la solitude, avec Dieu, avec quelques personnes douces et dévouées. Nos parents deviennent pour nous plus aimants, plus empressés, etc.

Le malade avait soupiré profondément, puis tournant vers l'Assistante son visage amaigri, aux pommettes carminées, il la regardait. Elle s'arrêta : levant vers elle sa main pâle, il lui dit : « Ça m'enivre.

— Oh ! mon pauvre ami, je vous fatigue ?

— Non, dit-il lentement à voix basse, c'est ça que je voulais, sans le savoir. Depuis sept mois j'attends les frères et amis pour me serrer la main et me dire : bon courage ! Las d'attendre et d'écouter leurs pas dans l'escalier, j'ai dit à la femme de fermer la porte. Ils ne sont pas venus y frapper. Tant que j'ai pu, j'ai mis de l'air dans mes poumons en agitant une feuille de papier. Mais je ne peux plus... J'ai entendu trois jours durant : Toc... Toc... Ça venait, ça s'en allait sans faire d'autre bruit. J'ai dit à ma femme : Ne ferme pas la porte à clef... Quand j'ai vu que c'était une dame, ça m'a bien contrarié. A la fin j'ai pensé que je vous dirais de vous en aller ; mais je n'ai pas voulu être si malhonnête.

— Ne parlez plus, dit l'Assistante, cela vous fatigue.

— Non, cela me fait du bien.

— Prenez un peu de ce vin, de cette compote d'oranges. J'ai compris, ne parlez plus.

— Vous parlerez, vous ?

— Oui, et je vous lirai aussi des choses consolantes.

Il but quelques gorgées.

— Il y a longtemps que je pense à quelqu'un qui me donnerait à boire ! »

L'Assistante se retira après avoir prié tout haut.

Trois ou quatre mois après, le malade se mourait saintement.

Il avait tant de fois baisé la croix de Veilleuse que les ombres de la mort voilant ses yeux, il murmurait :

« Mettez-la sur un linge blanc que je puisse la voir encore. » Il mourut, ayant reçu tous les Sacrements et voulant baiser la croix.

Une femme âgée était arrivée le matin même de la Vendée ; et, sans mot dire, mais en priant, elle avait assisté au saint Viatique et à l'Extrême-Onction. Le lendemain, le calme suprême de la mort dominait les sollicitudes et l'agitation de la femme, du jeune garçon, qui avait vu mourir son père dans la paix du Seigneur.

L'Assistante pria, regarda avec respect ce visage tranquille, puis, à voix basse, dit quelques mots de consolation et d'espérance aux deux femmes. La Vendéenne, enfin, parla : — Madame, je suis venue de notre pays pour le revoir. Si mon fils aîné, son frère, n'avait pu me payer mon voyage, je venais à pied.

— Vous êtes sa mère ?

— Oui. Je suis restée veuve avec eux quatre, sans ouvrage et sans pain. Je voyais passer, devant notre fenêtre, des enfants qui suçaient le beurre et les confitures et jetaient leur pain, les malheureux !... J'endormais mes petits affamés en chantant des cantiques.
— Ah ! si vous aviez été là, dit-elle, avec l'accent d'un âpre regret, vous auriez deviné qu'ils avaient faim, et que je mourais à la peine ! Je ne vous oublierai jamais.

L'Assistante ne sachant que répondre à la violence de cette gratitude prit la tête de la vieille mère contre son cœur, et la baisant se mit à pleurer avec elle. Priant ensemble, elles se séparèrent pour ne plus se revoir.

———

Il fallait prendre un porche, une cour, une ruelle, une autre cour ; à l'entrée d'une seconde ruelle, franchir une porte sans battant, arriver à droite au parbas, à l'entrée d'une autre cour. L'Assistante arriva juste, et sur un lit où, par-dessus les murs de la cour sombre, s'étendait un rayon de soleil, elle vit une malade allongée, gracieuse. Son visage délicat, aux traits réguliers et très doux, pâle, excepté au sommet des joues, était tourné vers la muraille non recrépie.
— Sur deux chaises quelques vêtements ; ni bol, ni tasse, rien qui pût dénoter le moindre soin. L'Assistante s'accouda au pied du lit et prononça à demi-voix le nom de Marie. La malade ne leva pas ses longues paupières ; mais un léger pli se forma entre ses deux sourcils. Paroles affectueuses, prières, offre pressante

24.

de tout ce qui pourrait être agréable, insistance amicale, n'obtinrent qu'un mouvement d'ennui, à peine perceptible, mais très expressif. — Le lendemain, même silence, même immobilité. — L'Assistante voulut la soulever, essayer de la faire boire, la malade ramena son drap sur sa tête. Ainsi deux jours de suite. Le lendemain, l'Assistante venait de lire à la messe l'évangile de sainte Madeleine et, portant son livre, elle salua la pauvre malade avec affection. Se souvenant que cette jeune fille avait vécu dans le péché pendant près de sept ans, elle lut à haute voix, avec toute son âme, l'évangile du jour. La malade ne fit pas un mouvement; mais lorsque, ayant fini de lire, l'Assistante leva les yeux, elle vit, inondé de larmes, le visage de Marie. Elle tendait ses deux mains vers le livre en murmurant avec un sentiment indicible : « Lisez, lisez encore. » L'Assistante saisit l'une de ses mains et la baisa. Elle la retira vivement et son visage se colora.

— Marie, je vous le relirai demain. Aujourd'hui, je craindrais de vous fatiguer.

— Non, non, dit-elle, avec un regard languissant et d'une grande douceur. Vous reviendrez demain?

— Je reviendrai tous les jours, et vous apporterai tout ce qui pourra vous être utile et agréable. Voulez-vous du lait, du bouillon, du sirop, une orange?

— J'ai ma sœur et ma mère, dit-elle, avec une sorte de fierté..... elles sont fâchées contre moi. Elles ont raison, murmura-t-elle..... Vous irez chercher ma mère et vous l'amènerez.....

L'Assistante le lui promit. La mère était une blanchisseuse, petite, maigre et d'un courage qui s'exerçait depuis le matin jusqu'au soir. — Sa sœur était fort occupée aussi et de plus avait recueilli un petit neveu chez elle. Cependant, averties, elles vinrent dès le soir.

Deux ou trois mois après, Marie avait repris force et courage. Chaque matin, elle venait attendre l'Assistante et l'accompagnait à la messe qu'elle entendait avec un grand recueillement. Elle s'était confessée, avait communié et désirait beaucoup visiter les malades et même les veiller.

On la confia à une pieuse demoiselle qui, de temps à autre, pouvait passer la nuit. Marie restait avec elle près des malades et parlait avec émotion des miséricordes du bon Dieu et des joies de la pénitence. A l'automne, elle fut prise de fièvre et se mit à tousser. Pendant une absence de l'Assistante, sa sœur la décida à aller à l'hôpital ; elle y consentit à grand'peine, et tout à fait comme expiation. Il fallut promettre de la ramener aussitôt que la Dame serait de retour.

Quelques jours après son arrivée l'Assistante alla voir Marie. Elle était déjà revenue chez sa sœur, et couchée dans le lit d'où l'on voyait le jardin. — Elle toussait, elle avait toujours la fièvre, mais paraissait bien heureuse de revoir son amie. Elle avait un mouchoir maculé, l'Assistante lui donna le sien, et voyant qu'elle n'y touchait pas, lui fit remarquer qu'il était tout blanc. Elle sourit, rougit un peu, posa sa main dessus, et ne dit rien.

Deux ou trois jours de suite son amie revint et vit de nouveau la chère malade communier. Le matin du quatrième jour, Marie venait de mourir ; elle avait autour de son visage le mouchoir laissé par l'Assistante.

— Elle l'a voulu, Madame, pour mourir, et l'a baisé.

Que ceux qui ont besoin d'affection visitent les malades et les affligés.

Huit ans après, l'Œuvre soignait la courageuse

mère en sa dernière maladie, et la même Assistante priait près d'elle pendant la réception des derniers sacrements.

Au milieu de l'hiver une Veilleuse passa deux nuits pour elle-même et deux autres pour remplacer des Veilleuses honoraires. La neige et le verglas obligèrent les pompes funèbres à retarder d'un jour les obsèques, et la Veilleuse qui avait enseveli le pauvre malade, insista pour qu'on la laissât encore passer cette nuit près du défunt et de sa fille, afin de la consoler et de lui témoigner son estime et son affection.

Une jeune femme, ouvrière habile, depuis seize nuits veillait son enfant malade. Le jour, on la voyait bercer, tout en travaillant, son pauvre petit mourant sur ses genoux.

Nos Veilleuses s'offrirent, la jeune mère hésitait, craignant qu'il n'eût peur d'un visage étranger. Mais elles s'y prirent avec tant de délicates et tendres précautions que l'enfant ne fut pas effrayé. — Il mourut à la fin d'un temps assez long pour permettre à la fraternelle charité de nos Veilleuses de ramener à Dieu sa mère et sa famille. A la fête de Noël, le cher ange avait obtenu du petit Jésus la grâce des sacrements pour ses parents. Ils vinrent attendre l'heure de la messe de minuit chez la Veilleuse qui les conduisit recevoir le divin Enfant.

Que de mères de famille veuves, isolées, retrouvent près du chevet d'un jeune homme, d'une jeune fille, d'un mari, les tendres émotions, le charitable empressement qu'elles témoignaient à *leurs plus proches !*

Oh ! charité de Dieu qui s'empare des cœurs désolés,

agit en eux et par eux, à cause de son amour pour l'humanité souffrante ! Oh ! charité de Dieu qui seule connaît et récompense les dévouements secrets de ces excellentes chrétiennes, daigne soutenir et vivifier les œuvres de miséricorde !

Daigne accorder aux Assistantes, aux Veilleuses, l'honneur, la consolation de partager toujours les soins et les sollicitudes des *Servantes des pauvres*, leur incomparable modèle !

LES MALADES ANGEVINS AU PÈLERINAGE DE LOURDES

> La voix maternelle
> Dit : « Venez ici. »
> Le peuple fidèle
> Répond : « Me voici ! »

Ce naïf et touchant couplet, que tant de fois ont chanté les pèlerins de l'Anjou, comme ceux de la France entière, suffit à expliquer le mouvement miraculeux qui, au milieu même d'un siècle sceptique, précipite à Lourdes les foules chrétiennes. Ce n'est pas ici le lieu de raconter comment, vingt-trois fois déjà au moment où nous écrivons ces lignes, le diocèse d'Angers a pris part aux manifestations de la foi de la France ; mais il y a dans l'histoire de nos pèlerinages angevins à Lourdes, des épisodes qui relèvent naturellement du sujet de ce livre, des pages qui appartiennent de droit aux annales de la charité à Angers.

On peut dire qu'amener à Lourdes de pauvres malades est une idée qui vient de la Sainte Vierge elle-même. A peine était-elle apparue à la Grotte bénie, et déjà des gens du peuple y étaient miraculeusement guéris. Les premiers événements de Lourdes sont présents à toutes les mémoires, et depuis lors il n'est guère de maladie qui n'ait grossi, de ses *ex-voto* à la Grotte, l'arsenal des misères humaines et le trophée des miséricordes de Marie. Pas un train de pèlerinage, sans doute, qui n'ait amené aux piscines miraculeuses son contingent de maladies à guérir et de douleurs à consoler : pas un qui n'ait associé de magnifiques élans de la charité à ceux de l'espérance et de la foi. Le dévouement et le miracle se sont, pour ainsi dire, rencontrés et défiés sans cesse sur le même champ de bataille.

En ce sens, la charité à Lourdes n'a pas d'histoire : elle est de toutes les heures et a revêtu toutes les formes. Cependant, plus l'Immaculée multipliait ses faveurs, et plus d'infortunés tournaient les yeux vers son sanctuaire, demandant la grâce d'y être amenés. Leur nombre croissant rendit bientôt nécessaire de donner une règle à ce mouvement : une organisation s'imposait à cette œuvre nouvelle.

Le signal en fut donné par les grands pèlerinages qui partent annuellement de Paris, au mois d'août, sous la direction des Pères de l'Assomption et le patronage de l'Association de Notre-Dame-du-Salut. Il y a une dizaine d'années, plusieurs familles de l'Anjou, désirant témoigner leur reconnaissance pour de grandes grâces obtenues par l'intercession de Notre-Dame de Lourdes, se cotisèrent pour payer à plusieurs malades pauvres le voyage dans l'un des trains du pèlerinage du Salut. Les directeurs engagèrent vivement nos compatriotes à développer cette œuvre charitable, en amenant des groupes de malades avec les pèlerinages diocésains de l'Anjou.

Cet appel fut entendu et répété par les personnes dévouées qui avaient eu l'initiative de cette pensée. Elles devinrent, et sont demeurées, le noyau du Comité qui s'est formé en Anjou en correspondance avec ceux de Notre-Dame-du-Salut, et tous les ans elles tendent la main en faveur des pauvres malades qui se disputent d'avance la consolation et les grâces du grand voyage. Elles se groupent sous la présidence de M. l'abbé Malsou, curé de la Trinité, depuis de longues années déjà le directeur connu et aimé de nos pèlerinages de Lourdes. A ce titre, il reçoit et examine les demandes d'admission : il en est à la fois le confident et le juge.

Que ne dirait-il pas, s'il pouvait tout dire ? C'est un obscur abîme que celui des misères de l'homme, mais de quelle lumière surnaturelle peuvent l'inonder la résignation et la foi ! Les trains ne sont pas encore partis, et déjà les miracles ont commencé : miracles de patience et de prière chez nos pauvres malades. Combien de ces infortunés étaient condamnés par les médecins ! Combien risquaient de mourir en route, et le savaient bien ! Pour combien les douloureuses secousses ou la longue immobilité allaient être un martyre, accepté d'avance ! Dieu seul peut lire dans les cœurs de tels sacrifices, et ses anges les recueillir et les compter.

Ces grandes misères ont suscité d'admirables dévouements. Prêtres, religieuses, infirmiers volontaires, femmes et jeunes filles du monde, ont rivalisé d'empressement auprès de ces membres souffrants de Jésus-Christ, multipliant en cours de route, et à chacun des arrêts, les soins les plus dévoués et souvent les plus répugnants.

Installés dans des compartiments spéciaux pendant le voyage, soignés avec des délicatesses infinies, regardés partout comme la portion choisie de nos pèlerinages, nos malades, dès leur arrivée à Lourdes, sont amenés et accueillis à l'hospice des Sept-Douleurs. Ils y trouvent la pauvreté, sans doute, mais aussi la charité sous toutes ses formes, et avec toutes ses tendresses.

Visités, soignés et encouragés par nos hospitaliers, ils sont encore, autant que le permet leur état, apportés devant la Grotte et aux piscines, aux heures consacrées à la prière publique. Le spectacle ne saurait se décrire. Comment peindre cette lutte surhumaine de la prière et du miracle? La charité est à son poste de combat : au milieu des files de grabats, nos femmes et nos filles s'empressent au soulagement des malades ; elles leur apportent un peu d'eau, un peu d'ombre, une prière récitée avec eux, une exhortation à la patience et à la foi. Jésus-Christ parfois descend lui-même dans les rangs de ces infortunés. Moment vraiment céleste ! Tout alors se divinise et se transfigure : on n'entend plus que le cri des âmes : on ne voit plus que le Saint-Sacrement.

Autour des piscines, la prière veille sans cesse. Les voix, les cœurs, les bras eux-mêmes se lèvent vers le Ciel, comme pour lui faire violence, pendant que les malades descendent dans les eaux du miracle. Comment imaginer, pour la charité, une manifestation plus éclatante et plus touchante à la fois?

Telle est, esquissée à grands traits, l'histoire de nos malades angevins à Lourdes. Ils ont été nombreux déjà : trente-deux en 1887, soixante en 1888, cinquante en 1889, pour ne citer que ces trois dernières années. En sachant que chaque malade pauvre coûte à l'Œuvre environ 50 francs, lorsque sa place en chemin de fer n'a pas été payée, on se fera une idée de l'importance de cette manifestation de la charité en Anjou.

Et maintenant, sans doute, quelqu'un va demander : « Quelle a été la réponse de la Providence et de combien de miracles l'Anjou peut-il s'enorgueillir ? » Nous pourrions sans trop de peine satisfaire à cette question, si parmi tous les sentiments qui nous commandent la réserve ne se trouvait en première ligne le respect de la sage prescription de l'Église. Comme au hasard, nous pourrions, dans un grand chef-lieu de canton, citer une ouvrière de trente-deux ans, ayant presque perdu l'œil droit, menacée de cécité complète, et qui a retrouvé, le 24 septembre 1885, au contact du rocher de la Grotte, une vue depuis lors à l'épreuve de tous les travaux de sa profession. — Presque à l'autre extrémité du diocèse, dans une bourgade modeste, nous verrions un jeune homme de vingt-six ans, atteint en 1874 de carie purulente des os, retrouver la vigueur et la santé à Lourdes, le 19 août 1886. — Le lendemain même, nous aurions peine à reconnaître, dans cette jeune fille de trente-et-un ans qui sort guérie de la piscine, la poitrinaire condamnée d'avance et qui a joué vingt fois sa vie en affrontant le grand voyage.

Celle-là appartient à une paroise vendéenne bénie entre toutes, et qui mérite vraiment d'être appelée le fief angevin de la foi chrétienne et de la grâce. Voici encore un malheureux, perclus de tous ses membres, poitrinaire et devenu incapable de tout travail. Deux fois il a fait le voyage de Lourdes : sa persévérance a triomphé. Il est guéri : il a repris son dur métier de facteur, et en supporte, maintenant encore, toutes les fatigues.

Mais qu'est-ce tout cela, près des merveilles opérées dans les âmes ? Les miracles de la nature pâlissent devant ceux de la grâce. La charité à Lourdes n'a pas seulement préparé des faveurs temporelles : elle a formé des prédestinés. Tel ce pauvre malade, appartenant toujours à la même paroisse privilégiée ; son histoire laissera à ces pages comme un dernier parfum. Il alla à Lourdes : il en revint avec toutes ses infirmités. La maladie s'aggrava : pendant un an, il vit la mort venir. Sa maison était fréquentée — il était cabaretier et charcutier —; beaucoup d'hommes entraient chez lui. Il les édifiait par le spectacle de sa résignation et par ses propos chrétiens. Il les suppliait de ne point blasphémer ; il leur parlait volontiers du pèlerinage de Lourdes, de la douceur et de la beauté de Marie. C'est ainsi qu'il partit pour le pèlerinage du Ciel.

N'en doutons point : par leurs mérites et leurs prières, de telles âmes paient au centuple le dévouement de leurs bienfaiteurs d'un jour. Angevins charitables, enrôlez-vous donc dans les rangs de nos pèlerins et de nos hospitaliers de Lourdes et à l'appel de la voix maternelle, répondez à votre tour : « Me voici ! »

Les personnes qui voudraient concourir au pèlerinage des malades pauvres à Lourdes sont priées d'adresser leurs offrandes à :

M. l'abbé Malsou, curé de la Trinité, à Angers ;

Mme de Montergon, au château de Montergon, Brain-sur-Longuenée ;

Mlles Ayrault de Saint-Hénis, au château de l'Épine, Juigné-Bené, par la Membrolle ;

Mlle du Doré, au château de la Chotardière, Sainte-Gemmes-d'Andigné ;

Mme Roger Veilllon de la Garoullaye, au château de Combrée ;

Mlles de la Loge, au château de Monriou, Feneu.

Mlle de Moissac, au château de la Violaie, Chazé-sur-Argos, par Segré.

LES PETITES SŒURS DES PAUVRES

La chrétienne Bretagne honore encore le pauvre. Sa foi vive sait voir dans le mendiant le plus misérable, un membre souffrant de Jésus-Christ, et l'accueillir avec amour et respect.

Les pauvres font partie de la famille et sont de toutes les fêtes. Aux festins de noces, les mariés tiennent à honneur de les servir de leurs mains. La nuit des morts, ce sont les pauvres qui vont de maison en maison frapper aux portes et réclamer des prières pour les âmes en peine. L'Église qui place si haut la dignité du pauvre, pénètre encore de sa vie et de ses enseignements ce pays demeuré fidèle à ses lois. La vie laborieuse et pénible du Breton est, du reste, trop souvent couronnée par la misère, pour qu'il puisse dédaigner les misérables. Le vieillard hors d'état de travailler, n'a guère d'autre ressource que « d'aller chercher son pain » de ferme en ferme, et celui qui lui fait l'aumône peut avoir la même destinée dans ses vieux jours. De là une confraternité que nous avons peine à nous figurer dans nos villes où le riche et le pauvre sont séparés par tant d'obstacles et en viennent à s'ignorer l'un l'autre. Le vieux mendiant breton conserve un lointain reflet du barde errant. Les chansons de pays, les légendes, les nouvelles, sont pour lui un vrai trésor et c'est avec empressement qu'on l'accueille aux veillées : aussi les mendiants abondent en Bretagne.

Mais dans les pays maritimes, la mendicité revêt un caractère particulièrement navrant. La mer engloutit sans pitié les maris et les fils, et le nombre des veuves est grand. Une femme de marin, une mère de marins vieillit dans la douleur et l'isolement, et à mesure qu'elle avance en âge, elle voit tomber autour d'elle tous ses appuis, jusqu'au dernier. « Aller chercher son pain » devient son unique ressource, et dans cette vie d'oisiveté et d'expédients, l'âme se dégrade autant que le corps s'use et se fatigue.

L'ivrognerie, le grand vice des Bretons, est là avec toutes ses tentations, le jour où une aumône un peu plus forte permet un extra. Semblable aux mendiants du temps de saint François de Sales, « ils prennent l'aumône sans savoir que c'est Dieu qui la donne, hantent les portes des églises sans jamais y entrer et sans rien connaître des mystères qui s'y célèbrent, ils s'adonnent à tous les vices, et vivent et meurent dans une ignorance inouïe des choses du salut. »

Cette misère morale des vieillards pauvres frappa tout particulièrement l'abbé Le Pailleur, lorsqu'il arriva comme vicaire à Saint-Servan. On sait comment il forma une petite communauté religieuse avec deux jeunes ouvrières et une vieille servante, et leur donna quelques pauvres femmes à loger et à soigner. La détresse fut grande tout d'abord, car les nouvelles Sœurs durent renoncer au gain de leur aiguille pour se vouer jour et nuit aux soins de leurs pensionnaires infirmes. « Elles pansaient leurs plaies, nettoyaient leurs ordures, levaient et couchaient leurs vieilles, les instruisant encore et les consolant. » Pour subvenir aux premiers besoins, celles des vieilles qui pouvaient marcher, continuaient leur ancienne industrie et sortaient tous les jours pour mendier. Les Sœurs préparaient le repas et partageaient avec elles le pain de la mendicité. Mais on ne tarda pas à s'apercevoir que la mendicité des bonnes femmes avait l'inconvénient de les remettre constamment dans le danger de leurs mauvaises habitudes et de les rapprocher de l'occasion de s'enivrer, ce qui était le vice dominant de la plupart de ces malheureuses. Les Sœurs décidèrent de se faire mendiantes à leur place. Un panier au bras, Jeanne Jugan, la doyenne d'âge, s'en alla chercher le pain de ses pauvres pour l'amour de Dieu. Le dévouement des Sœurs toucha et surprit ; elles furent mieux accueillies que les vieilles et la quête devint plus abondante.

Que d'affronts essuyés cependant dans les rues de Saint-Servan par les premières quêteuses ! On les montrait du doigt, on les raillait, on les bafouait ; à peine si leurs anciennes compagnes d'enfance osaient leur parler. Elles passaient, douces, humbles, paisibles, reconnaissantes pour la charité, non émues par l'injure. Peu à peu le dédain fit place à l'admiration. L'Ordre naissant s'accrut rapidement et se propagea en France et à l'étranger. La maison d'Angers fut fondée en 1850. C'était la huitième depuis le commencement de la Congrégation qui en compte près de trois cents aujourd'hui. « Notre bonne Mère générale Marie-Augustine de la Compassion, écrit une des Sœurs, arriva à Angers en avril 1850 avec trois Petites Sœurs. Sous les auspices de M. l'abbé Fourré, vicaire à la cathédrale, elles reçurent chez Mlle Quenault, en la Cité, la plus charitable hospitalité et en profitèrent pendant plusieurs jours, en attendant qu'elles pussent s'installer dans une ancienne chapelle que M. Maupoint, curé de la Trinité, mettait à leur disposition. Mais comment allaient-elles faire ? la chapelle ne présentait qu'une seule pièce et il fallait nécessairement un logement pour les pauvres vieilles et un pour les Sœurs. La question fut bientôt résolue : on fera de la chapelle deux chambres au moyen d'une cloison de *papier*. Nos Petites Sœurs s'installèrent ainsi et recueillirent quelques vieilles femmes. »

Quand une vieille venait à mourir, pour ôter à ses compagnes le spectacle de son cadavre, on le transportait de l'autre côté de la petite cloison, dans l'appartement des Sœurs qui ensevelissaient ce pauvre corps et le veillaient pendant la nuit. Dans cette chapelle, derrière cette cloison de papier, est morte la bonne sœur Félicité, la première supérieure. Elle est morte au milieu de ses pauvres, comme un soldat sur le champ de bataille. Il est inutile de dire quelle vénération la ville d'Angers conserve à sa mémoire. Sa modestie et son humilité égalaient son ardeur.

« La bénédiction et la bienfaisance de Mgr l'Évêque d'Angers portèrent bonheur à ce pauvre début, et la charité des bons habitants de la ville pourvut aux besoins de ce petit asile. Que de traits providentiels on pourrait citer : Un jour l'heure du dîner approchait et l'on n'avait rien à l'Asile, lorsqu'arriva un jeune homme portant un panier de poissons qui suffit largement pour le repas des pauvres et des Sœurs. Une autre fois le dernier morceau de bois brûlait à la cuisine, la détresse était grande... On invoque saint Joseph et il arrive une charretée de bois. Mais au-dessus de tout, la joie de voir revenir au bon Dieu et à une vie chrétienne leurs pauvres petites vieilles, était pour nos Petites Sœurs la plus grande consolation.

« Mais là, dans cette chapelle, le but de l'œuvre qui est de recueillir les pauvres vieillards de l'un et de l'autre sexe, n'était qu'à moitié rempli. Notre bon Père Fondateur et notre bonne Mère Générale trouvèrent nécessaire de procurer aussi promptement que possible un local approprié aux besoins de l'Institut, et grâce à la bonne Providence, sur la fin de cette même année, la petite fondation fut transférée dans une propriété fort convenable. Aujourd'hui, cet asile qui a grandement prospéré abrite deux cent-vingt pauvres vieillards dont cent dix hommes et cent dix femmes.

« Que Dieu en soit loué et glorifié ! » Ce local, situé au haut de la Chalouère, se composait au début de bâtiments de ferme ; les Sœurs eurent à renouveler les prodiges de patience, de mortification, de courage, des premiers jours. Peu à peu des dons généreux permirent d'élever un asile vaste et bien aménagé, entouré d'un terrain spacieux, et jouissant d'une vue riante et étendue.

Citons ici un fait de préservation : au mois d'octobre 1854, un violent incendie dévorait une fabrique d'allumettes, voisine de la maison : le vent soufflant avec force, faisait voltiger sur l'Asile de la paille et autres matières inflammables. Un sinistre était à redouter, et l'effroi était bien grand parmi les pauvres vieillards. Soudain, la petite Sœur assistante se dirige vers la haie qui formait l'unique séparation, tenant en main une image de la Très Sainte Vierge, et fait vœu, si le vent change de direction, d'élever à Marie une statue en cet endroit. Au même instant, le vent cesse, le feu s'apaise, et tout danger disparaît. En exécution du vœu, un petit oratoire a été érigé dans le lieu même témoin de la puissance de Marie.

L'existence des Sœurs et de leurs pauvres pensionnaires est-elle, d'ailleurs, autre chose qu'un continuel miracle de la Providence ? Entièrement abandonnées à ses soins, elles la contraignent, pour ainsi dire, à se faire directement leur pourvoyeuse.

Le charitable asile, comme tant d'autres bonnes choses, a bien souffert de l'expulsion des Pères Jésuites. Tous les jeudis et dimanches, un groupe de novices venait passer la journée au milieu des vieillards qui étaient charmés de voir ces jeunes gens leur rendre tous les services que peut rendre une ingénieuse compassion ; ils commençaient par faire leurs lits, les servaient à table, distribuaient d'agréables surprises, promenaient les invalides ou jouaient avec eux, puis chantaient aux offices et leur faisaient des lectures édifiantes, entremêlées de récits amusants. En nous souvenant que parmi ces jeunes gens, fraternels compagnons des vieillards, il y en avait qui portaient des noms des plus honorables de la vieille France, de Castries, de Montalembert, de Rougé, etc., ne se trouve-t-on pas mille fois heureux d'appartenir à une religion qui inspire de tels sentiments, ceux de la véritable égalité ?

L'asile du Mélinais n'est pas seulement sanctifié à l'intérieur par l'exemple des Sœurs, il étend son influence morale bien loin au dehors.

Un soir de l'été dernier, revenant d'une promenade aux Fours-à-Chaux, nous fûmes croisé par une bande de malheureux débauchés qui criaient à tue-tête d'indignes chansons. Tout à coup la voix argentine de l'*Angelus* se fit entendre : « C'est la petite cloche de

Jeanne Jugan, dit une des jeunes filles ; elle nous entend ; ce que nous faisons est bien mal ; retirez-vous, ajoutait-elle en s'adressant aux jeunes gens, sans quoi il nous arrivera malheur ! » Et les deux groupes se séparant, s'éloignèrent sans proférer une parole.

Depuis quelques années, un usage touchant qui existait dans d'autres villes s'est établi à Angers. Le lundi gras, un repas est offert aux vieillards par un groupe de jeunes filles et de dames de la ville. Elles servent elles-mêmes les pauvres, lavent au besoin la vaisselle, et terminent la fête par une tombola où chaque vieux gagne un cadeau. La bénédiction du Saint-Sacrement clôt cette joyeuse journée, joyeuse et douce pour tous. Les jeunes filles du monde font l'apprentissage de la charité et comprennent au contact des Petites Sœurs le sens de ce mot : « *Servir* le pauvre. » De nos jours, on l'assiste encore ; on ne le sert plus ; on en a compassion, on oublie de le respecter. Aux âges de foi, les rois et les grands voulaient laver les pieds de cet homme en qui Jésus-Christ déclare être présent comme Il est présent dans l'Eucharistie. Mgr Freppel a donné un grand exemple en venant plusieurs fois servir lui-même les pauvres vieillards au repas du lundi gras. Puisse-t-il être de plus en plus imité par les cœurs si pleins d'élan de notre ville !

LE DÉPOT DE MENDICITÉ

Un décret du 5 juillet 1808 ordonna la formation, dans chaque chef-lieu de département, d'un dépôt de mendicité. L'Administration désigna l'abbaye de Saint-Nicolas comme local disponible, en prenant pour modèle les règlements du Pénitencier de Vilvorde, en Belgique... M. de Barbazan, qui occupait un poste éminent dans ce pays alors réuni à la France, vint comme directeur habiter quelques pièces de l'abbaye, mais il n'y resta que peu de temps. Les travaux d'appropriation pour le nouvel emploi de l'édifice allaient commencer lorsque les événements de 1812 et 1813 en ajournèrent l'exécution, et l'éminent fonctionnaire qui en était chargé alla rejoindre son ami, M. de Gourcuff, auquel il avait communiqué le plan de la Compagnie *générale* d'assurances contre l'incendie, la première fondée à Paris, à l'exemple de l'institution déjà florissante en Hollande.

Les rares Angevins de la première génération du xixe siècle se souviennent avec quel bonheur, quel élan unanime fut accueilli le projet d'un asile pour les pauvres gens sans aveu ; c'était à une époque d'ardeur et de généreuses pensées. Le Dépôt de mendicité a été fondé le 3 novembre 1831, sous le mairat de M. Alexandre Joûbert. Avant ce jour, Angers était infesté de mendiants qui différaient peu de leurs ancêtres de la *Cour des Miracles*, à Paris, décrits par les romanciers épris du moyen âge. Les places Neuve et Sainte-Croix, les abords des églises, notamment, étaient envahis par des infirmes, des estropiés, étalant des plaies hideuses, plus ou moins sincères. Au milieu de misères réelles se glissaient maints spéculateurs sur la pitié publique.

Ce spectacle barbare et honteux pour notre ville devait cesser : une ordonnance du Maire interdit la mendicité en même temps qu'un asile était ouvert aux indigents sans feu ni lieu. Tout le monde se mit à l'œuvre. Le Département prêta pour local, l'aile de Saint-Nicolas occupée jadis par le P... abbé. Les particuliers souscrivirent en argent et en effets mobiliers. Des citoyens, parmi les plus considérables, allèrent de porte en porte, solliciter l'aumône pour la literie et le vestiaire. On se fit pauvre pour secourir les pauvres. Ce mouvement que nous nous rappelons parfaitement fut admirable. En quelques semaines, on recueillit les noms de 1,399 signataires, garantissant pendant trois ans une recette annuelle de 19,041 francs, et représentant toutes les classes de la société [1].

---

[1] M. Mordret surtout, se distingua dans ce rude métier de quêteur. Pendant plusieurs mois il l'exerça, sans crainte de porter lui-même des ballots à ses protégés. Chaque année, jusqu'à sa mort, il leur offrait des étrennes en tabac, et ne les oublia pas dans son testament.

Le Dr Billard se dérobait à son immense clientèle pour aller visiter sa chère œuvre qui lui dut en partie son organisation, puisque nommé secrétaire par la Commission, il ne manquait à aucune des séances et rédigea le premier rapport avec le talent supérieur qui distinguait tout ce qu'il faisait.

Nous ne devons pas oublier, parmi les premiers bienfaiteurs du Dépôt de mendicité, M. l'abbé Besnard qui lui donna une somme importante et M. l'abbé Letellier, le digne héritier des vertus de son grand oncle, le saint abbé Cassin, et le successeur de l'abbé Besnard, comme aumônier, à titre gratuit, du nouvel hospice.

Ce n'était pas tout ! on avait bien et au delà, le contingent de pensionnaires plus ou moins bénévoles, mais il fallait des personnes pour garder ces pauvres gens, la plupart vicieux, et presque tous d'aspect repoussant. On ne pouvait songer à des soins mercenaires. Diverses congrégations auxquelles on s'adressa répondirent que ce genre d'établissement n'était pas dans leur mission ; enfin on apprit que la Communauté de la Présentation, de Tours, plus connue sous le nom de *Dames blanches*, s'était vouée à ce pénible service. Plusieurs délégués de la Commission : MM. Billard, Mordret et Chevré, partirent et ramenèrent trois Sœurs que l'on salua à leur arrivée, par une véritable ovation. Les anciens exploiteurs de la pitié publique, réunis sous un abri approprié à leurs besoins, ne tardèrent pas à en reconnaître les bienfaits. Ils furent charmés surtout, ainsi qu'une foule considérable, de voir le vénérable pasteur du diocèse, Mgr Montault, bénir les diverses parties et consacrer la chapelle d'une institution qui avait si bien conquis de prime abord son droit de cité qu'on devait le croire éternel.

Cependant, par une loi commune à toutes les œuvres humaines, même les meilleures, le temps amena des modifications. Tout en respectant le principe, on éprouva le besoin de changer certains éléments constitutifs du Dépôt. Au bout de neuf ans, il devint bien lourd pour une entreprise d'initiative privée. Les souscriptions avaient été renouvelées de trois en trois ans ; près de 200,000 francs avaient été dépensés, et dans la crainte qu'une quatrième épreuve ne fît subir une diminution grave, la majorité des fondateurs se prononça pour confier à la Ville les destinées de l'établissement.

Cette nouvelle phase dura onze ans et ne cessa qu'en 1851 où, par suite d'une convention entre les autorités préfectorales et municipales, la somme consacrée à l'entretien du Dépôt par le budget de la Ville devait être notablement diminuée, au moyen d'une indemnité, prix d'un certain nombre de places, mises à la disposition du Département.

Nous avons dit quelles furent les pieuses auxiliaires du premier directeur du Dépôt, mais nous ne l'avons pas nommé. C'était M. Cherbonnier qui remplit ces fonctions avec autant de droiture que d'intégrité ; il eut pour successeur le loyal M. Strawinski, d'abord secrétaire de la direction. Lors de la retraite de celui-ci, la Supérieure des Sœurs fut jugée capable de le remplacer. C'est elle qui dirige, depuis vingt-deux ans, le Dépôt, le seul, croyons-nous, en France, sous le commandement d'une femme [1].

A la fin de 1867, M. Montrieux vint installer le Conseil [2] qui devait assister la Supérieure, et délégua ses pouvoirs à M. Léon Sorin, l'un de ses adjoints.

Le 1er janvier 1868, date d'entrée de la nouvelle Commission, le Dépôt, sous l'appréhension d'une fin prochaine, était réduit à un dénuement presque absolu. Il y avait encore un peu de linge, quelques pièces d'étoffe pour vêtements ; mais les anciens tombaient en lambeaux. Les lits, les réfectoires, dortoirs, buanderie, cuisine, présentaient un aspect lamentable ; les portes ne fermaient plus ; les croisées pourrissaient de vétusté ; tout manquait, jusqu'aux ustensiles les plus

---

[1] On nous assure que le Directeur du Dépôt de Nantes, étant décédé, on a confié, suivant l'exemple d'Angers, la direction de cette importante maison à la Supérieure.

[2] Composé de MM. le curé Benoist, Chudeau, Montalant, Rabouin et Cosnier, secrétaire.

élémentaires, jusqu'à une baignoire, jusqu'à l'eau, si indispensable dans un hospice, surtout un hospice de mendiants.

Sous une ingénieuse impulsion, quelques jours suffirent pour changer la physionomie de ce triste réduit. Beaucoup de choses restaient à faire, sans doute, car il fallait beaucoup d'argent, et les ressources étaient bornées ; mais, du moins, la liberté étant donnée aux Sœurs, elles pouvaient revêtir leur maison de cette parure, si remarquable dans toutes les communautés de femmes, la propreté.

De son côté, l'Administration municipale, ne voulant pas rester en arrière de cet élan salutaire, se montra plus libérale. On donna l'ordre de badigeonner la cuisine qui semblait vouée à l'obscurité d'une crasse séculaire. Un fourneau, système moderne, remplaça l'appareil fumeux qui contraignait d'ouvrir les fenêtres en plein hiver. Les cellules mal closes des Sœurs furent converties en vestiaire; et les dignes femmes descendirent au premier étage, dans un local assez froid, mais décent. Les pensionnaires de leur sexe quittèrent une espèce de grenier pour une pièce où elles ne grelottèrent plus pendant la saison rigoureuse, où la vermine ne les dévora plus pendant l'été.

La loge du concierge, la plupart des salles, la cage du grand escalier, furent blanchies. On préserva de l'humidité le bureau de la Commission. Les indigentes, qui prenaient leurs repas, séparées des hommes seulement par une cloison, s'installèrent dans un réfectoire rapproché de leur quartier. Les caves et l'atelier des tisserands au sous-sol furent assainis ; l'ancienne dépense où moisissaient les provisions, fut échangée contre une autre pièce aussi sèche que bien aérée.

Enfin un cabinet de bains fut construit, grâce à la

bonne pensée des vélocipédistes qui, en 1869, consacrèrent le bénéfice d'un concours à cet emploi. Le Dépôt n'avait pas été oublié cette même année, dans la répartition du produit d'un bal au Cercle du Boulevard. Le bruit du plaisir n'empêchait pas la jeunesse angevine d'entendre la voix lointaine des malheureux.

Le service alimentaire profita de cette renaissance modeste, mais efficace. Au pain qui était inférieur même à celui des prisonniers, succéda l'excellent produit de la Boulangerie mutuelle, et le reste de la nourriture, tout en étant bien strictement l'indispensable, put au moins être composé de denrées saines et préparées avec soin.

De nouveaux progrès étaient décidés en principe lorsque survint la Révolution de 1870. Fatale à une foule d'intérêts, elle ne compromit point ceux de Saint-Nicolas. Heureusement la nouvelle Administration municipale jugea de suite combien il était important de le conserver. La Commission se composa de MM. Cubain, président, Dabry-Latté, Legludic, Renault-Lihoreau, Vignot et Cosnier.

Sur la demande de la Supérieure une ambulance fut organisée au Dépôt, dès le mois d'octobre de la funeste guerre. Elle reçut près de deux cents soldats, qui n'eurent pas moins à se féliciter de leur séjour dans le salubre et pieux asile, pour le bien de l'âme, que pour la guérison du corps. N'omettons pas un résultat qui ne peut s'expliquer que par la vertu de la charité chrétienne. Les comptes de cette ambulance qui fit tant d'honneur à la ville, se soldèrent par un bénéfice pécuniaire à son profit.

Les Sœurs, sans augmentation de nombre, suffirent à ce surcroît de charges. Les voyant se mettre si vaillamment à l'œuvre, leur personnel indigent se montra digne d'elles. Il était aussi entraîné par l'exemple de l'aumônier, le P. Barthélemy, du médecin de la maison, le Dr Dulavouer, et par celui de jeunes novices de la Compagnie de Jésus, heureux de ceindre le tablier d'infirmier. Dans leurs doubles fonctions, il y avait de quoi écraser les cinq pauvres femmes ; leur santé en fut altérée, mais bientôt il ne leur resta que la satisfaction des services rendus, en songeant qu'elles avaient conquis une infirmerie séparée pour les vieillards. Leur cœur saignait jusque-là de voir les impotents alités, de plus en plus nombreux, contraints de passer le jour et la nuit dans une atmosphère glaciale, et troublant le sommeil de leurs camarades moins souffrants, sans pouvoir procurer de repos à eux-mêmes.

Le grand bienfait de l'eau de Loire est enfin obtenu ; il répond à des nécessités de premier ordre. Les puits de Saint-Nicolas sont de qualité médiocre et tarissent en été, au moment des besoins les plus impérieux. L'abondance qui a succédé à d'intolérables privations, permet aujourd'hui de ne négliger aucune des précautions de propreté nécessaires dans un asile de vieillards, et qui ne peuvent être assurées qu'au prix d'efforts continus.

Grâce encore à cette innovation capitale, le service de la buanderie a pu être installé complètement dans l'intérieur de la maison ; on n'est plus contraint d'envoyer à la mare, parfois infecte, du pâtis voisin, des lavandières présentant peu de titres à la confiance et souvent beaucoup de difficultés à la surveillance.

Toutefois, le côté matériel, quelqu'important qu'il soit, est subordonné au côté moral dans ces sortes d'hospices. Que l'on veuille bien visiter Saint-Nicolas à toute heure, et l'on y verra régner un calme, un sen-

	Pages.
Les Servantes des Pauvres	388
L'OEuvre des veilleuses et assistantes des malades à domicile	417
Les malades angevins au pèlerinage de Lourdes	429
Les petites Sœurs des Pauvres	435
Le Dépôt de Mendicité	442
L'Hospice civil et militaire de Sainte-Marie	460
La Propagation de la Foi	482
Les Cimetières	492
Épilogue	498

Angers imprimerie Lachèse et Dolbeau, chaussée Saint-Pierre,

TABLE DES MATIÈRES

	Pages.
Les Catéchistes des Enfants pauvres....................	1
La Conférence de Saint-Vincent-de-Paul.....	18
Les Bibliothèques chrétiennes..........................	53
Le Vestiaire de la Société de Saint-Vincent-de-Paul	67
La Société de Saint-François-Régis.....................	75
Les Fourneaux économiques............................	98
Les Fourneaux des Écoles communales laïques..........	116
Les Dames de la Providence	119
Les Dames de la Miséricorde de Saint-Vincent-de-Paul....	124
L'Œuvre de Sainte-Marthe.............................	130
L'Association de Saint-François-de-Sales.................	142
Les Sociétés de Secours mutuels......................	152
La Boulangerie des Sociétés de Secours mutuels..........	177
La Caisse d'Épargne et de Prévoyance, d'Angers et du département de Maine-et-Loire........	199
Les Cercles d'ouvriers	216
La Confrèrie de Notre-Dame-de-l'Usine et de l'Atelier	232
La Maison Saint-René, au Pouliguen....................	241
Le Mont-de-Piété	262
Le Travail chrétien...................................	284
Notre-Dame-de-Salut..................................	286
La Petite Pension	296
Le Bureau de Bienfaisance............................	308
Ce qui manque au Budget des Pauvres...................	337
Les Dispensaires	349
Les vieux Papiers	354
Les Tabernacles.......................................	360
Les Sœurs de l'Espérance.............................	370
Les Sœurs de Saint-François	376
Les Sœurs de Sainte-Anne de la Providence	384

grands, les riches viennent, à leur tour, rendre hommage au Dieu fait homme ; mais, comme pour lever un obstacle qui les sépare de Lui, ils en offrent une part au nouveau-né. Ainsi, le riche échappe à la malédiction de l'Évangile, en versant dans la main du pauvre quelque part des biens qu'il possède, parce que l'Évangile n'a maudit, sans retour, que le riche avare et sans pitié. Libre au milieu des richesses, qui n'ont point séduit son cœur, il sera béni avec le pauvre, son frère, *Beati pauperes spiritu !* Tous deux, ils peuvent maintenant s'agenouiller ensemble au berceau de Jésus ; tous deux ils sont ses disciples, tous deux ils lui ressemblent ; ils sont pauvres comme Lui.

« La voilà, la véritable égalité, l'égalité chrétienne, la seule qui se puisse réaliser en ce monde. Devant elle, toutes les conditions se confondent, tous les hommes n'ont qu'un titre, celui d'enfants de Dieu, et son vrai nom, à elle, c'est la charité... Par elle s'accomplit le souhait des Anges, sur le berceau de Jésus-Christ : Paix aux hommes de bonne volonté, *Pax hominibus bonæ voluntatis !*

« L'Évangile ne nous permet pas d'en douter. C'est le témoignage du Souverain Juge lui-même, racontant d'avance la scène du Jugement dernier. S'adressant aux élus, il leur dira : « Venez, les bénis de mon Père, posséder le royaume qui vous a été préparé dès le commencement du monde, car j'ai eu faim et vous m'avez donné à manger ; j'ai été nu et vous m'avez vêtu ; j'ai été malade et vous m'avez visité, vous m'avez assisté. » En vérité, dira le Souverain Juge, toutes les fois que vous avez fait ces choses aux plus petits d'entre mes frères, c'est à moi-même que vous les avez faites.

« Donc, aux pauvres le travail et la reconnaissance ; aux riches le travail et la charité ; à tous, le Ciel ! »

pourtant doctrine irrécusable, sortie de la bouche de Dieu lui-même. Oui, heureux les pauvres! Heureux non pas des jouissances de cette vie qui finit au tombeau ; mais heureux, aux yeux de la foi, de voir le Fils de Dieu naître, vivre et mourir dans la pauvreté comme l'un d'eux ; heureux d'avoir été toujours l'objet de sa prédilection spéciale ; heureux enfin de puiser, dans ce double titre de frère et d'ami de Jésus, des consolations pour le temps et d'immortelles espérances pour l'éternité.

« Le berceau si pauvre de Jésus nous a fait entendre une parole étonnante : « Heureux les pauvres ! » Mais, il en est une autre non moins étonnante, non moins opposée aux opinions humaines, et que la Crèche nous fait entendre aussi, comme une conséquence de la première : « Malheur aux riches : *Væ divitibus!* »

« Ainsi, ce que le monde estime malheureux et bas, Jésus le proclame heureux et grand ; ce que le monde ambitionne, Jésus l'anathématise et le réprouve.

« Tous les riches sont-ils donc compris dans cette sentence ? Oui, si nous les comparons aux pauvres, que Jésus a choisis de préférence. Car, en faisant ce choix, le Sauveur nous apprend assez que la pauvreté est une voie plus assurée du salut, et que les richesses sont un écueil contre lequel beaucoup viennent se briser. Or, c'est un vrai malheur que d'être exposé à ce déplorable naufrage, où la vertu périt. Donc, malheur aux riches, *Væ divitibus!* Mais, comme il y a des pauvres qui se perdent, en blasphémant le Dieu qui s'est fait pauvre avec eux, il y a des riches qui se sauvent en se rapprochant de la pauvreté par le détachement des richesses, par le dépouillement volontaire ou par un saint usage de leur fortune. Et n'est-ce pas ce que peuvent signifier les présents des Mages, déposés aux pieds de l'Enfant de Bethléem ? Les

charme de la diction, les avoir reproduites assez fidèlement, pour renouveler l'émotion du populaire auditoire !

« Au moment où Jésus-Christ vint au monde, les anges chantaient sur son berceau : « Gloire à Dieu dans les cieux et paix sur la terre aux hommes de bonne volonté ! » *Gloria in excelsis Deo*, etc. ! Cette paix, que le Sauveur nous apportait, il voulait qu'elle fût conclue sans retard. Il appela donc auprès de Lui les deux parties intéressées, à savoir : Les petits et les grands, les riches et les pauvres, les sujets et les rois, trop souvent divisés par la haine et la jalousie, et, par conséquent, *en guerre* les uns contre les autres. Les premiers sont représentés par les bergers de Bethléem et les seconds par les Mages, venus des extrémités de l'Orient. Un ange dit aux bergers : « Je vous annonce une bonne nouvelle, qui sera pour tout le peuple le sujet d'une grande joie ; c'est qu'il vous est né aujourd'hui, dans la cité de David, un Sauveur, qui est le Christ. Et voici à quel signe vous le reconnaîtrez : Vous trouverez un enfant enveloppé de langes et couché dans une crèche. » Ainsi, quelques pauvres langes, une étable et une crèche, voilà la pourpre, le palais et le trône de ce Roi nouveau-né. Ah ! que les pensées de Dieu sont différentes des pensées des hommes ! Il est le chef et le modèle des élus, nul n'entrera au ciel qu'après Lui et avec les livrées de la pauvreté. Quel langage va-t-il donc parler aux petits et aux pauvres ? quel langage va-t-il tenir aux grands et aux riches ?

« Évidemment, les pauvres sont ses amis de prédilection. Il les a appelés les premiers et un enseignement, que sa bouche, muette encore, ne proféra que plus tard, jaillit déjà de son berceau, avec une éloquence toute divine. Heureux les pauvres, *beati pauperes* Doctrine étrange, doctrine jusque-là inconnue aux hommes, doctrine incomprise aujourd'hui encore ! Et

et les encourager de toutes nos forces. Quand les travailleurs resteront le dimanche au foyer de la famille, il n'est pas douteux que les bons sentiments qui en émanent les porteront à remercier Dieu de ses bienfaits. Cette transformation de tant d'existences troublées n'assurera pas seulement le bonheur des individus, elle contribuera puissamment au salut de la France.

Maintenant c'est au lecteur à juger si notre livre, tout imparfait qu'il soit, a démontré suffisamment l'évidence de l'histoire. Presque toutes les œuvres de bienfaisance de notre chère cité, ayant été fondées par nos évêques, le clergé et les fidèles, il en résulte que le peuple n'a pas de meilleurs amis que les catholiques. C'est donc par de déplorables malentendus qu'un grand nombre d'ouvriers se sont éloignés de l'Église; ils commencent à reconnaître leur injustice. Pour seconder ce mouvement salutaire, il n'est rien de plus efficace que le dévouement à nos chères œuvres, la persévérance, la générosité pour les soutenir et les développer; elles sont dues à des inspirations chrétiennes, et c'est là seulement que l'on trouvera la solution de tous ces redoutables problèmes, le paupérisme, le socialisme, etc., qui agitent le monde. Les Congrès de Zurich et de Berlin donneront carrière à de longs discours, à de pompeuses théories : autant de bruit et de poussière qu'emporte le vent. Le remède à tous les maux de l'humanité ne se trouve que dans les préceptes de l'Évangile, parce que là seulement est la vérité.

Nous cherchions une conclusion qui ne fût pas trop indigne de ce grand sujet, quand nous eûmes le bonheur d'entendre ces idées exprimées, comme nous n'aurions su le faire, par un de nos prêtres les plus aimés et respectés. Ces édifiantes paroles étaient adressées aux ouvriers de Notre-Dame de l'Usine. En voici la substance : puisse le souvenir, privé du

rice aux environs de la ville, 50 à 70 %. Cependant bon nombre de jeunes mères, de la classe moyenne, ne peuvent se dispenser d'avoir recours à des auxiliaires, à cause de leurs occupations ou de leur délicatesse ; d'un autre côté, le prix de 25 à 30 francs par mois est au-dessus des moyens ordinaires. Il serait d'une extrême importance de rechercher des sites, bien exposés et aérés, au plateau des *Plaines*, entre autres, où, sous la direction de Sœurs spéciales, à l'exemple des *Garderies* de la banlieue de Paris, on élèverait dans la force et la santé, des centaines d'enfants qui, aujourd'hui, sont voués à la dégénérescence, quand ils ne le sont pas à une mort prématurée.

Autrefois existait une œuvre touchante, dont Mme Fillon fut la seconde providence : c'était l'Œuvre des *Petits Ramoneurs*. Ces pauvres enfants venus d'abord de la Savoie, puis de l'Auvergne, émigrent ailleurs ; ils sont remplacés par une douzaine de petits montagnards de la Lozère. Les constructions nouvelles n'admettant plus de larges cheminées, ils ont peu de besogne, et par conséquent leur gain ne suffit pas à leur entretien. Bien que de nature douce et de visage intelligent, leur malpropreté et les guenilles dont ils sont à peine couverts empêchent qu'on ne soit ému comme on devrait l'être en les voyant si souvent transis de froid et de faim... Il serait bien à désirer qu'une seconde dame Fillon consentît à leur servir de mère adoptive.

Enfin la grande œuvre, celle qui n'est encore qu'à son aurore, appelle la sollicitude de tous les gens de bien : c'est l'œuvre de l'observation du dimanche. On voit avec bonheur que cette pensée se généralise rapidement. Pour les uns, c'est la loi divine ; pour les autres, la loi humaine. Le principal, c'est qu'on arrive au même but. Bien loin de repousser les membres de la *Ligue pour le repos du Dimanche*, il faut les seconder

dont je n'ai point à rougir, surtout à notre époque de critique et de dénigrement — ; en politique, M. Assiot a toujours été notre adversaire, et dans les relations privées on se plaignait de l'inégalité de son humeur.— D'accord, je ne prétends point mettre M. Assiot sur la même ligne que ces préfets dignement populaires, MM. de Wismes, Gauja, Vallon, qui en se faisant aimer faisaient aimer les gouvernements dont ils étaient l'honneur; mais il faut tenir compte aux hommes du milieu dans lequel ils se trouvent. Les préfets éphémères qui se succèdent tous les ans n'ont pas plus de rapport avec leurs devanciers, qui restaient huit et dix ans parmi nous, que les ministres actuels, qui changent dans les six mois, ne rappellent les Châteaubriand et les Villèle, les Périer et les Molé. Certes, depuis ces esprits supérieurs, nous sommes loin d'avoir suivi une voie progressive ; et c'est à cause de la difficulté des situations que l'on doit rendre justice à leurs successeurs, même à ceux qui n'ont pas toujours été justes envers nous.

Du reste, M. Assiot ne se méprenait point sur les erreurs de son administration. Nous savons de bonne source que, la veille de son départ de la préfecture d'Angers pour celle d'Avignon, il regrettait d'avoir été inexactement renseigné, à son début, sur les personnalités et les traditions angevines.

J'ai dit encore, dans l'avant-propos, qu'au lieu de trouver excessif le nombre de nos bonnes œuvres, il serait très désirable d'en préparer de nouvelles ; qu'on nous permette d'en citer seulement trois, dans la conviction que notre désir sera partagé même par les esprits craintifs qui voudraient limiter un champ sans limites, celui de la charité.

On a vu, dans la notice sur les crèches, combien était affligeante la mortalité des enfants mis en nour-

du Bureau de Bienfaisance et du Mont-de-Piété, qui se sont empressés de nous donner des renseignements très utiles, avec une complaisance dont nous ne pouvons trop faire l'éloge.

Je disais dans l'avant-propos du premier volume, que j'accueillerais avec plaisir les réclamations fondées, bien loin d'en concevoir de l'humeur. L'occasion de justifier cet engagement vient de s'offrir et de provoquer ma reconnaissance.

Un lettré de nos amis, à l'esprit fin, au caractère franc, m'a fait observer que le passage de la notice sur l'Hôpital, relatif à la reconstitution de sa fortune, manque de clarté; on pourrait croire à une approbation de la loi qui confisqua les biens des émigrés : telle n'est pas ma pensée. En parlant de l'excursion du Maire[1] dans la Vendée pour remplacer, au moyen des terres invendues, les propriétés des Hospices, aliénées par la Convention, j'ai relaté un incident sans ajouter une réflexion qui dût d'abord préoccuper le zélé M. Farran. Quand il fit profiter d'une spoliation l'établissement charitable, il aura surmonté ses scrupules en songeant qu'il agissait sans intérêt personnel et qu'il valait mieux, d'après la nouvelle loi, attribuer aux pauvres, injustement dépouillés, ces domaines que de les laisser tomber dans les mains d'avides spéculateurs.

Seconde remarque de notre ami, en feuilletant le volume encore sous presse. — On sera quelque peu surpris, me dit-il, de la note indulgente [2] au sujet de M. Assiot. Prenez garde à votre penchant de voir en beau les choses et les gens — défaut, si c'en est un,

---

[1] M. Jean Farran était oncle de M. Farran aîné, maire d'Angers, à plusieurs reprises, sous la Monarchie de Juillet, et qui, avec un extérieur simple et modeste, possédait une instruction variée et une réelle capacité.

[2] Pages 340 et 341, tome II.

de mon atteinte. Cette bienveillance ne m'a point manqué, et j'ai hâte de témoigner ma gratitude à toutes les personnes qui ont bien voulu m'assister de leurs lumières et de leurs travaux effectifs, car je n'ai pas reçu moins de quinze notices, si complètes qu'il n'y avait pas un mot à changer. Pour d'autres articles, les notes et renseignements étaient si exacts qu'il suffisait de les coordonner pour les placer en regard des premiers. Ce n'est pas tout : au mérite de l'obligeance, mes honorables collaborateurs ont voulu joindre celui de la modestie en m'interdisant de signer de leurs noms les travaux, souvent considérables, qu'ils m'apportaient, et sans lesquels ce recueil n'aurait pu paraître. Toutefois s'il m'était défendu expressément de désigner les auteurs des notices, on ne m'empêchait pas d'en publier la liste, ce qui ajoute le piquant de la recherche de l'écrivain à l'intérêt qu'inspire son travail.

Voici les noms que l'on désirera connaître autant que je suis heureux de les publier.

Le R. P. Dom Leduc, M. le vicaire-général Grimault, M. le chanoine Priou, M. l'abbé Chaplain, M. l'abbé Bourgain, M. l'abbé Myionnet, M. l'abbé Trimoreau, M. l'abbé Fournier.

Mme Affichard, Mme Belleuvre, Mme Blavier, Mme Beranger, Mme C. Bourcier, Mme Brulé, Mme d'Espinay, Mme Rochard, Mlle Arthuys, Mlle Ayrault de Saint-Hénis, Mlle Louise Bellanger, Mlle Bellouis, Mlle Z. de Cacqueray, Mlle Gallière, Mlle Thérèse Hervé, Mlle Jamet, Mlle Massonneau, Mlle Mulot, Mlle Louise de Place.

M. Bodet, M. Alexis Chevalier, M. Deniau, M. Gustave Genest, M. Hervé-Bazin, M. André Joûbert, M. El. Lachèse, M. de la Noue, M. de Montergon, M. Louis Lebreton, M. E. Planchenault, M. Louis Rondeau.

Nous n'avons garde d'oublier non plus Messieurs les employés de la Préfecture, de la Mairie, des Hospices,

EPILOGUE

Grâce à Dieu, la tâche est terminée ! elle m'a occupé pendant près de dix ans ; cela ne prouve pas qu'elle soit bien remplie. Mon pauvre livre soulèvera plus d'une critique ; je m'y attends et n'en serai pas surpris, car nul, mieux que moi, n'en connaît les défauts ! Toutefois, osons le dire, cette étude n'était point aisée. Je prévois l'objection : — Pourquoi l'avez-vous entreprise, puisque vous en connaissiez les difficultés ? Vous savez l'histoire de ce malheureux auteur dont la tragédie, en cinq actes et en vers, avait subi une chute lamentable : un ami accourut le consoler et ne trouva rien de mieux à lui dire : — Mais, mon cher, pourquoi avez-vous fait cette pièce ? C'est si facile de ne pas faire de tragédie, et en vers surtout ! — Je n'ai point le talent d'écrire des tragédies, mais j'ai cru remplir un devoir en commençant ce travail. D'abord je satisfaisais un désir de notre Évêque, en conservant le souvenir de faits nombreux, connus seulement de mes contemporains quasi-octogénaires ; je rendais hommage à une foule de personnes bienfaisantes, dont les noms tomberaient dans l'abîme du passé s'ils n'étaient aujourd'hui pieusement recueillis ; je divulguais des œuvres précieuses, si peu répandues que j'ignorais une partie de leurs mérites, avant de les publier ; enfin, ce genre de petits *Mémoires* me plaisait, puisque j'avais encore la force de les ranger dans une espèce d'ordre. Il est vrai que malgré tous ces motifs, je n'aurais pu détailler soixante-cinq œuvres si je n'avais compté sur la collaboration d'autorités en matières spéciales, au-dessus

tude des visites au cimetière. C'est un des symptômes de l'heureux retour à la foi de nos pères. Le dimanche surtout donne lieu à un pèlerinage continu, et la messe y attire toujours les fidèles ; ils seraient plus nombreux encore si le saint office y était célébré chaque matin. Ce serait une douce consolation pour une foule d'affligés ; aux messes déjà fondées quatre jours par semaine, il ne faudrait plus en ajouter que trois. La dépense ne serait pas bien forte, et l'inspiration qui réaliserait ce vœu général, serait assurée d'une double récompense, la bénédiction divine et la joie des cœurs reconnaissants.

Le respect et l'attrait que le cimetière a suscités dans les paroisses de la rive gauche, ont stimulé l'émulation des paroisses de la rive droite. Le cimetière du nord-ouest n'a pas de chapelle, mais, entretenu avec beaucoup de soin, il contient un grand nombre de petits monuments d'un pieux caractère ; on y remarque avec émotion les enclos funèbres réservés aux communautés de ce côté de la ville. Celui des Sœurs de Saint-Vincent, au milieu de l'allée principale, attire d'abord les regards ; il est entouré de cyprès gigantesques dont la forme pyramidale vous fait rêver aux champs des morts de la Judée. Les petites croix se pressent dans le terrain sacré, donné par la Ville ; de simples fleurs s'épanouissent à leur pied, et, si par une soirée d'été, vous pénétrez dans l'enceinte bénie, vous sentirez la brise agiter les hautes cîmes comme sur les monts du Liban ; le rouge-gorge caché dans la feuillée, fera entendre sa voix plaintive, et vous verrez une pauvre veuve, ou une jeune fille, à genoux, remercier et prier celles qui n'ont passé sur la terre que pour y faire du bien.

des messes y sont dites à des intentions particulières et par des prêtres étrangers ; l'autel est privilégié.

Les ressources tendent à s'accroître : elles consistent dans le produit de deux quêtes : l'une est faite le Vendredi-Saint, à la Cathédrale ; l'office se compose d'un sermon et du chant du *Stabat;* l'autre quête a lieu le jour des Morts, au cimetière.

Un religieux Franciscain parle du haut des marches de la chapelle, devant une foule émue par son éloquence et par l'imposant caractère de la scène. Après cette exhortation Monseigneur donne le *Salut* et bénit les tombes. Un tronc attaché à la muraille de la chapelle, reçoit les offrandes et permet aux plus pauvres de s'associer à l'œuvre commune.

Un Comité de Dames a toujours continué de s'occuper de l'OEuvre de la chapelle ; il est composé aujourd'hui de : Mmes Ad. Lachèse, présidente ; Henri Meauzé, trésorière ; Paul Belleuvre, secrétaire ; conseillères : Mmes Appert, Blavier, Durand, André Joûbert, comtesse Henri de Villoutreys; Mlles Doussault, Louise Bellanger.

M. l'abbé Chesnet, premier directeur du Comité, au cœur tendre, à l'esprit délicat, si encourageant pour vaincre les difficultés, ayant succombé à une douloureuse maladie, M. l'abbé Bazin, curé de la Cathédrale, a bien voulu lui succéder. Sous sa direction, cette œuvre, commencée avec tant d'ardeur et de dévouement, continue de répondre aux pieuses aspirations en fortifiant les âmes de ceux qui souffrent et qui pleurent.

M. l'abbé Chesnet, le vénérable instigateur de l'OEuvre consacrée aux divines consolations, a été inhumé dans la chapelle ; c'est là qu'il repose (honneur qui lui était bien dû) en attendant la récompense de sa charité.

La chapelle contribue puissamment à la pieuse habi-

M. l'abbé Chesnet; il fut ainsi composé : Mme Montrieux, présidente ; Mme la marquise de Villoutreys et Mme Désiré Richou, vice-présidentes ; Mme Sorin et Mme Belleuvre, secrétaires ; Mme Adolphe Lachèse, trésorière.

En annonçant une quête on fit appel à tous les souvenirs, et lorsqu'on se réunit sous la présidence de Monseigneur, dans le salon de l'Évêché, vingt-trois mille francs avaient été recueillis : résultat inespéré qui donnait le moyen de commencer la construction de la chapelle, sur les plans de M. Dainville.

Malgré l'importance de cette somme qui permit de ne rien négliger pour garantir la solidité de l'édifice, bien des choses furent ajournées : on dut se contenter, en commençant, d'un autel provisoire composé de quelques planches. Les ornements étaient insuffisants, la sacristie était pauvre, mais les imaginations un peu vives prédisaient des vitraux, des peintures ; on pensait qu'il n'y aurait pas assez de fenêtres, que les murailles seraient trop étroites pour satisfaire tous ceux qui voudraient attacher un nom ou un souvenir à ce lieu béni.

Les Dames du Comité ne cessèrent de solliciter de nouvelles offrandes ; en 1870, leur œuvre était achevée.

Mgr Angebault, de vénérable mémoire, n'existait plus ; Mgr Freppel, son successeur, arrivé depuis quelques jours, vint la veille de la Toussaint bénir le nouveau sanctuaire, placé sous le vocable de la sainte Vierge. Sa Grandeur prononça un discours bien touchant sur le culte des morts, puis célébra la sainte Messe. Depuis cette époque le service de la chapelle a toujours été régulier. MM. les Professeurs du collège Mongazon sont les aumôniers ; le saint sacrifice y est célébré quatre fois par semaine pour le repos de l'âme de tous ceux qui reposent dans le cimetière : souvent aussi,

point de couronnes; ils furent victimes d'un affreux accident, le 16 avril 1850.

Ah ! sans doute, le sort de ces braves jeunes gens fut cruel ! Ils entraient gaiement dans notre cité, marquant le pas, animés par les fanfares, et au lieu d'un cordial accueil, en un instant le pont s'affaisse, et les flots, soulevés par la tempête, les engloutissent; mais ils sont morts en état de grâce, il faut le croire, fidèles au devoir, sans quitter leur drapeau, submergé avec eux[1]. Devenus nos concitoyens, par la douleur que nous causa la catastrophe, leur touchant souvenir, bien que remontant à quarante ans, se confond avec les prières pour nos chers trépassés.

Au-dessus de la crypte qui renferme les débris de tant de générations, il fallait un monument, qui perpétuât la présence de l'Église sur ce sol qui lui appartient, une chapelle, à laquelle chacun pût apporter sa pierre, où la pensée lointaine des morts inconnus fût unie à la mémoire des morts que nous pleurons, afin que tous puissent jouir des grâces du divin sacrifice; une chapelle qui, toujours ouverte, pût recevoir l'épanchement de toutes les douleurs et renvoyer à toutes les tombes l'affirmation de l'espérance. En 1867 plusieurs familles affligées sentirent qu'elles puiseraient une pieuse consolation en s'occupant de construire ce sanctuaire : leur projet fut vivement encouragé par Mgr Angebault ; M. Montrieux, alors maire, s'associa aussi à une œuvre qui satisfaisait ses souvenirs et sa foi.

Un Comité de Dames se forma sous la présidence de Monseigneur l'évêque qui en confia la direction à

---

[1] Quand on retrouva le drapeau du 11e Léger, commandé par un Angevin, le lieutenant-colonel Simonet, il était tellement serré dans les bras de l'officier chargé de sa garde, qu'on eut beaucoup de peine à l'en détacher.

En 1847, l'Administration municipale décida que ces vieux cimetières seraient détruits, qu'un très vaste emplacement, éloigné du centre de la ville, recevrait désormais les dépouilles de tous ceux qui disparaissent si vite, ne laissant plus de traces que dans le souvenir et n'ayant d'espérance que dans les prières de ceux qui leur survivent.

Un grand nombre de monuments funèbres furent enlevés avec soin et portés dans le nouveau cimetière. Les restes vénérés étaient accompagnés de larmes et de prières ; mais combien de ces pauvres morts n'avaient plus de représentants pour remplir ces pieux devoirs ! Que de noms inconnus ! On creusa, au centre de ce nouveau *Campo-Santo*, une crypte spacieuse dans laquelle furent déposés les ossements avec grand respect.

Autrefois, à Angers, on n'ouvrait l'asile des morts que dans les circonstances funèbres, ou pour les processions du jour de la Toussaint, ou enfin dans des occasions très rares qui nécessitaient presque un effort de courage, tant la solennité d'un silence que rompaient seulement les chants de l'Église, communiquait à l'âme de sentiments de vénération et de crainte.

Depuis l'ouverture du nouveau cimetière les habitudes sont bien changées : on y vient en pèlerinage ; des monuments sans nombre s'y sont élevés ; les pensées, les souvenirs s'y succèdent ; on s'agenouille près des chers morts ; on s'entretient avec eux et ces petites fleurs, qui ornent leurs tombes, sont un hommage du cœur.

Parmi les sépulcres des inconnus, il en est un, sous de grands arbres, surmonté d'une colonne sur laquelle beaucoup de noms sont inscrits. Cette tombe immense renferme les corps de 223 soldats. Pour ces malheureux, tous jeunes, point de bataille, point de gloire,

Année 1862...	51.225 »		Année 1876...	83.955 68
— 1863...	57.278 80		— 1877...	85.774 78
— 1864...	51.627 18		— 1878...	136.078 63
— 1865...	57.854 22		— 1879...	90.930 03
— 1866...	56.341 69		— 1880...	83.626 86
— 1867...	50.494 32		— 1881...	73.299 66
— 1868...	75.157 75		— 1882...	75.031 42
— 1869...	63.658 18		— 1883...	75.827 15
— 1870...	50.000 »		— 1884...	70.437 70
— 1871...	62.858 »		— 1885...	78.974 85
— 1872...	64.107 12		— 1886...	68.704 »
— 1873...	65.402 »		— 1887...	73.345 40
— 1874...	65.007 75		— 1888...	72.975 15
— 1875...	73.095 85		— 1889...	73.084 30

Nous laissons à nos lecteurs le plaisir de faire l'addition des offrandes à la grande OEuvre par les catholiques angevins.

LES CIMETIÈRES

La chapelle du cimetière de l'Est est construite sur une crypte, qui renferme les ossements recueillis dans les anciens cimetières du Clon et du faubourg Saint-Michel, devenus insuffisants.

Gardiens des générations passées, ils ne pouvaient plus s'ouvrir pour laisser creuser de nouvelles tombes. La ville s'était agrandie ; des habitations nombreuses et bruyantes entouraient la demeure des morts.

qui a donné à nos missionnaires la vertu de braver mille dangers et de s'imposer des souffrances inouies, pour évangéliser les infidèles et sauver leurs âmes, en leur inspirant l'amour de la France.

Rien n'est plus simple que l'économie de la *Progagation de la foi* : chaque associée ou associé donne ou met en réserve cinq centimes par semaine, par an 2 fr. 60. Un collecteur, ou une collectrice, réunit les cotisations de dix associés et les verse au directeur local, dans chaque paroisse. Celui-ci les transmet au directeur diocésain.

Le diocèse d'Angers se soutient au quatorzième rang dans le tableau général des recettes de l'Œuvre de la Propagation.

Voici quels ont été les versements du diocèse depuis l'origine, en 1826, jusqu'en 1889 :

Année	Montant	Année	Montant
1826...	840 »	1844...	40.038 35
1827...	3.391 »	1845...	38.252 20
1828...	2.546 10	1846...	47.039 90
1829...	3.140 85	1847...	38.047 15
1830...	3.116 25	1848...	31.085 50
1831...	2.133 35	1849...	30.042 40
1832...	8.722 45	1850...	29.469 20
1833...	4.475 05	1851...	33.310 33
1834...	9.799 25	1852...	37.161 »
1835...	20.575 40	1853...	42.564 90
1836...	36.100 50	1854...	40.000 »
1837...	36.279 25	1855...	38.200 »
1838...	35.332 »	1856...	34.000 »
1839...	36.424 85	1857...	37.800 »
1840...	35.023 »	1858...	49.139 40
1841...	35.265 90	1859...	56.610 15
1842...	38.076 50	1860...	62.135 »
1843...	38.241 »	1861...	45.262 50

et l'envoie à Paris ; il veille à la distribution des *Annales* qui, pendant longtemps, furent expédiées par une brave et intelligente femme, Mme Gasnier, ancienne sacristaine de Saint-Serge.

Jusqu'en 1880, ces *Annales* s'en allaient, comme dans l'ancien temps, par les bateaux, par les diligences, par les messagers des communes ; de là, bien des retards et des irrégularités. Depuis 1880, grâce au zèle d'une personne bien connue pour son dévouement aux bonnes œuvres, tout s'expédie par la poste, rapidement et régulièrement.

En outre des cotisations ordinaires, chaque année, un supplément de dons particuliers s'élève de 10,000 à 20,000 francs et parfois au delà. Dans l'impossibilité de signaler tous ces traits de charité catholique, nous ne citerons qu'un exemple, celui du coopérateur le plus zélé, peut-être, de toutes les bonnes œuvres à Angers. En cinq années, de 1875 à 1880, M. N... (nous tairons son nom par déférence pour sa modestie) a remis à l'Œuvre près de CENT MILLE FRANCS ! Et que d'autres générosités faites par des personnes de condition plus modeste, ont eu leur prix devant Dieu !

Les recettes totales de la *Propagation de la foi* s'élèvent, chaque année, à SIX MILLIONS CINQ CENT MILLE FRANCS, environ, dont les cinq sixièmes sont fournis par la France. C'est donc une Œuvre toute française, née en France, et conservant à l'étranger le prestige de la France qu'auraient perdu autrement nos désastres de 1870. Et quand on songe que c'est avec cette somme, si faible comparativement aux trésors que prodiguent les États protestants, l'Allemagne, l'Amérique, l'Angleterre, dont les sociétés bibliques ne dépensent pas moins de soixante-quinze millions par an pour soutenir l'invasion du protestantisme, on bénit Dieu

Propagation de la foi par la lettre-circulaire de Mgr Montault, en date du 31 mars 1836 ; aussi les recettes atteignirent-elles, cette année-là, le chiffre considérable de 36,100 fr. 40. Dès ce moment, on peut constater que le diocèse accueille avec grande faveur l'OEuvre nouvelle. L'*Ordo* de 1837 contient, après la liste du personnel ecclésiastique, *les noms des villes et paroisses du diocèse d'Angers, où l'œuvre de la Propagation de la foi a été successivement établie, par les soins persévérants de MM. les Curés et d'un grand nombre de fidèles, zélés pour l'accroissement de l'Eglise de Jésus-Christ, le triomphe de sa croix et le salut des âmes.* « Quoi de plus glorieux, dit ce premier compte-rendu, où figurent déjà deux cents paroisses, quoi de plus excellent, de plus digne d'occuper une âme sacerdotale, qu'une œuvre dont le but est d'étendre le règne de Dieu, de multiplier les enfants de l'Eglise, de faire luire le flambeau de la foi dans des régions immenses, couvertes des épaisses ténèbres de l'idolâtrie ! »

Pendant vingt ans, de 1834 à 1857, l'*Ordo* du diocèse donne ainsi, sans aucun chiffre de versement, la liste des paroisses où l'OEuvre se trouve établie. A partir de 1858, le compte-rendu des envois de l'année est publié dans un fascicule à part, et l'on donne, en regard de chaque paroisse, le chiffre de ce qu'elle a versé.

Voici quels ont été, dans le diocèse, après M. Montalant et M. Guy Menard les directeurs de la *Propagation de la foi* : M. Dubois, chanoine (1844-1852); M. l'abbé Subileau (1852-1856) ; M. l'abbé Grolleau (1856-1868) ; M. l'abbé Sécher (1868-1876) ; M. l'abbé Grimault, depuis 1876.

Du reste, l'Administration de l'OEuvre est fort simple. Presque tous les versements se font au secrétariat de l'Évêché. Le directeur recueille l'argent

deux Conseils centraux de Lyon et de Paris jugèrent, d'un commun accord, que les intérêts de l'œuvre ne réclamaient point l'établissement d'un nouveau Conseil supérieur. Une expérience de près de soixante années leur a donné raison.

L'Œuvre ne tarda pas à se répandre dans toute la France. Le 18 août 1823, Mgr le prince de Croy écrivait à Mgr Montault pour lui demander de la protéger et de la recommander dans le diocèse d'Angers. Le 3 décembre de l'année suivante, Mgr Montault adressait à son clergé une circulaire où nous lisons :

« Monsieur le curé, nous offrons à votre charité et à votre zèle une excellente œuvre à remplir. Il s'est formé dans la ville de Lyon, il y a trois ans, une Association sous le nom d'*Association de la Propagation de la foi*. Pie VII, d'heureuse mémoire, et Louis XVIII, notre auguste monarque, l'honorèrent de leur protection. Leurs illustres successeurs, Léon XII et Charles X lui ont accordé la même faveur... Tous ces titres sont bien capables de vous inspirer la confiance la plus entière. »

En même temps, le prélat faisait connaitre que M. l'abbé Montalant, vicaire général, se chargerait d'adresser à la caisse centrale les sommes qui seraient versées entre ses mains.

Dès l'année suivante, 1826, le diocèse d'Angers figure au compte-rendu général de l'Œuvre pour une somme de 840 francs ! C'était sans doute bien modeste, mais l'année suivante, 1827, accuse un versement de 3,391 francs. Les offrandes du diocèse atteignaient, en 1835, le chiffre important de 20,575 fr. 40. A cette époque, M. Guy Ménard, directeur du Séminaire d'Angers, succédait à M. Montalant comme trésorier de l'Œuvre dans le diocèse.

Une nouvelle impulsion fut donnée, en Anjou, à la

s'empressa d'acquiescer à l'union des deux œuvres, et les collectes se firent, dès lors, au nom de la nouvelle société.

Vers la fin du mois de juin 1822, M. Petit, délégué par le Conseil central, se rendit à Paris pour régler la question de légalité que pouvait soulever l'existence de la nouvelle Association, et, en même temps, pour y établir, s'il le jugeait opportun, l'Association elle-même. Les adhésions ne manquèrent point. Plusieurs personnes aussi recommandables par leur piété qu'influentes par leur position, accueillirent favorablement l'œuvre nouvelle et lui promirent leur concours ; mais, convaincues qu'elle ne pourrait s'affermir et s'étendre qu'à la condition d'avoir à Paris son centre d'action, elles proposèrent l'établissement d'un Conseil supérieur auquel serait dévolue la direction suprême.

C'est dans cette pensée que, le samedi 27 juillet 1822, se réunirent au château des Tuileries, chez le prince de Croy, grand aumônier de France, et sous sa présidence, MM. le duc de Rohan-Chabot, l'abbé Perrault, le marquis de Rivière, le comte Jules de Polignac, le comte de Sensens, Pilsach et de Halles. M. Petit, le promoteur de la réunion, expliqua à la noble Assemblée l'importance de l'institution nouvelle, la grandeur de son objet, la simplicité et l'efficacité de ses moyens, et lui soumit le règlement. Ce règlement fut adopté après une légère discussion, et le Conseil supérieur se trouva constitué. M. le marquis de Rivière était élu vice-président, M. l'abbé Perrault, secrétaire, et M. le duc de Rohan, trésorier. Mgr le grand aumônier de France était président général de l'Œuvre. A ce Conseil supérieur était laissé le soin de créer le Conseil central du Nord et le Conseil particulier du diocèse de Paris.

Disons tout de suite que le Conseil supérieur cessa d'exister en 1830, après la Révolution de juillet. Les

culier, des missions de la Louisiane, il propose d'établir à Lyon une Association qui secourra, d'une manière permanente, toutes les missions du monde. On adopte la proposition à l'unanimité, et l'Assemblée, se constituant en Conseil provisoire, choisit M. de Verna pour président et M. Petit pour secrétaire. Elle charge ensuite le président de préparer un règlement pour l'Association, et nomme une Commission qui doit déterminer le mode spécial de perception des aumônes destinées aux missions. « Ce fut alors, remarque avec raison Ozanam, par l'adoption du principe d'universalité qui distinguait l'entreprise nouvelle des tentatives antérieures, ce fut ce jour-là que l'OEuvre de la Propagation de la Foi fut fondée. »

Pendant que l'on travaillait à la rédaction du règlement, un jeune homme dévoué aux bonnes œuvres, M. Victor Girodon, entré plus tard dans les ordres sacrés, vint un jour trouver M. Petit. Il lui raconte qu'il est membre d'une modeste Association quasi-secrète, fondée par Mlle Jaricot, en faveur des Missions du Séminaire de la rue du Bac, à Paris, et demande, non sans inquiétude, si M. Petit et ses amis vont élever œuvre contre œuvre.

— Non, non, répondit M. Petit. Comme vous vous intéressez aux missions d'Orient, ma mère et moi nous nous intéressons, depuis des années, aux missions d'Amérique. Mais aujourd'hui votre œuvre, dont j'ignorais l'existence, et la nôtre, vont se fondre dans une seule et grande Association qui embrassera les missions du monde entier.

Après quelques explications, Mlle Jaricot comprit, en effet, que la nouvelle fondation réalisait tous ses vœux et agrandissait son œuvre sous le triple rapport du but, des moyens et des chances de réussite. Elle

annuelles en faveur de la mission de la Louisiane, et, bien mieux, en faveur de toutes les missions de l'Amérique du nord.

L'abbé Inglesi alla au Congrès de Leybach, de Leybach à Rome, et de Rome revint à Lyon en 1822. Il vit M. et Mme Petit, et l'on fut d'avis de réunir quelques personnes de bonne volonté chez le vicaire général de Mgr Dubourg.

Le jeudi 2 mai 1822, M. Petit se mit à la recherche des hommes les plus considérés et les plus connus par la pratique des bonnes œuvres. Il s'était déjà assuré l'adhésion de quelques personnes lorsque, abordant dans la rue un de ses amis, M. Benoît Coste, il lui expose brièvement l'œuvre projetée, et l'invite à une réunion pour le lendemain.

— Volontiers, répond M. Coste, si c'est pour faire une œuvre plus générale, une œuvre qui s'étende au monde entier.

— Oui ! répond vivement M. Petit, comme frappé d'un trait de lumière, oui, c'est encore bien mieux. J'adopte votre idée : elle est plus grande, elle devra plaire à tous.

Cette idée d'une œuvre catholique, c'est-à-dire se proposant de secourir toutes les missions du monde, avait été émise par M. Coste dès 1816, mais la grandeur d'un tel dessein l'avait fait paraître inexécutable. Nul ne s'y était arrêté, quoique M. Coste l'eût mis en avant, depuis, en diverses occasions.

Le lendemain, vendredi 3 mai 1822, fête de l'Invention de la Sainte-Croix, une douzaine de personnes se trouvèrent réunies chez l'abbé Inglesi.

La séance s'ouvre par la récitation du *Veni creator*, et l'abbé Inglesi prend la parole. Après un rapide et émouvant tableau des besoins des missions, et, en parti-

Une pauvre veuve, Mme Petit, qui s'était réfugiée à Baltimore, en 1795, après le massacre de Saint-Domingue où elle avait perdu son mari et son frère, avait été rappelée en France, par sa famille, en 1803. Elle s'était fixée à Lyon ; mais ses souvenirs allaient souvent au pays où elle avait trouvé une généreuse hospitalité, et elle entretenait avec les missionnaires des États-Unis, particulièrement avec MM. Flaget et Dubourg, une correspondance qui devint plus active lorsque le premier eut été nommé évêque de Bardstown, en 1810, et le second évêque de la Nouvelle-Orléans, en 1815. Elle leur envoyait des ressources que ses relations et la considération dont elle jouissait lui permettaient de recueillir.

En 1815, Mgr Dubourg, revenant de Rome après sa consécration épiscopale, s'était arrêté quelques jours à Lyon, surtout pour aviser aux moyens de mettre plus de régularité dans la collecte des aumônes destinées aux diocèses de Saint-Louis et de Bardstown. Il avait exprimé à Mme Petit le désir que des souscriptions annuelles fussent établies, et avait proposé de fixer à *vingt sous* la rétribution de chaque souscripteur. Mais Mme Petit, malgré ses efforts, n'arriva pas à créer une organisation de quelque importance et d'un caractère permanent.

En 1821, l'abbé Inglesi, vicaire général de la Nouvelle-Orléans, vint en France. Au nom des missionnaires de la Louisiane, il se fit introduire dans la haute Société parisienne, même à la Cour, où il intéressa vivement aux besoins des églises d'Amérique Louis XVIII et les princes. Il alla à Lyon et vit Mme Petit. La célébrité que s'était acquise l'abbé Inglesi parut suffisante à M. Didier Petit, le fils de Mme Petit, pour déterminer un mouvement favorable à l'idée de Mgr Dubourg, à savoir d'établir des souscriptions

allaient transformer les moyens de communication, elle est venue à son heure, suscitée par la Providence, pour accompagner, sur tous les points du globe, les forces nouvelles, et propager l'Évangile dans le monde entier.

Chez tout vrai chrétien, il y a un apôtre, un missionnaire. Quiconque aime Notre-Seigneur entend vibrer au dedans de soi comme un écho de cette parole : « Allez et prêchez l'Évangile à toute créature ! » Malheureusement ils sont en petit nombre ceux qui peuvent s'expatrier pour aller porter au loin la vérité religieuse. Du moins la prière et l'aumône de tous les fidèles peuvent seconder l'action du missionnaire. En lisant le récit de ses travaux chacun se sent heureux et fier d'y coopérer. Telle est la pensée qui a fait germer et qui soutient l'œuvre dont nous allons parler.

Avant de faire son histoire dans le diocèse, il ne sera pas sans intérêt de rappeler quels furent, en France, ses commencements [1].

A l'encontre d'une opinion très répandue, personne ne peut prétendre au titre exclusif de fondateur ou de fondatrice de la *Propagation de la foi*.

La vérité est que, vers le commencement du siècle, diverses œuvres s'étaient formées à Lyon, presque simultanément, pour venir en aide à quelques-unes des missions d'Asie et d'Amérique. Distinctes et séparées au point de ne pas se connaître les unes les autres, elles se rencontrèrent un jour, et ce fut alors, seulement, que la grande œuvre de la Propagation de la Foi se trouva constituée.

---

[1] Nous devons à l'obligeance de M. Alexandre Guasco, secrétaire général de l'Œuvre, à Paris, les détails qui vont suivre ; plusieurs sont inédits.

passion pour les pauvres. C'était l'usage dans l'ancien temps de ne point oublier le prix attaché à leurs prières. Ces dons étaient accompagnés de demandes de messes, avec fondations ingénieuses, dont nous regrettons de ne pouvoir reproduire les naïfs considérants.

Il serait bien désirable que pour le soulagement des âmes, comme pour l'honneur qui en rejaillit sur les familles, ces touchantes libéralités fussent reprises avec faveur, continuant les traditions de la société chrétienne, un peu aisée. Dans les temps troublés que nous traversons, les misères s'accroissent et les ressources des hôpitaux suivent une voie inverse. Il est donc urgent de venir à leur secours. C'est le dernier asile des pauvres, et l'on ne peut trop le répéter :

Qui donne aux pauvres prête à Dieu.

La Commission administrative des Hospices se compose de :

M. le Maire, président ; M. Audra, vice-président ; MM. Deschamps, Charon, Fourrier et Glétron.

LA PROPAGATION DE LA FOI

Cette belle œuvre, née au commencement du siècle, a pris rang, désormais, parmi les plus admirables de la charité catholique. Elle est la grande croisade de notre temps. Au moment où la vapeur et l'électricité

Guillaume Bodinier..........	1872	Peintures évaluées
Dame G. Bodinier, née Lecomte	1872	40.000 f.
Sœur Mantel...............	1878	
Mme Barré	1881	10.000 f.
Mme Charbonnier..........	1882	125.658 f. 87.
M. Isidore Guynoiseau......	1884	10.000 f.
M. Frédéric Cadeau.........	1886	5.000 f.
M. Henri Trottier..........	1886	Installation du gaz.

Dans le tableau des anciens bienfaiteurs des Hospices, gravé sous le péristyle de la chapelle de Sainte-Marie, et que nous venons de reproduire, on n'a relevé que le nom des principaux fondateurs, sans spécifier les sommes montant de ces dons et legs, parce que l'argent ayant changé de valeur, il ne représente plus les taux d'autrefois. Ce n'est que dans notre siècle que l'on peut trouver une sorte d'équivalent, et encore un *petit écu de trois livres*, d'il y a soixante-dix ans, valait bien ce que vaut la pièce de cinq francs d'aujourd'hui.

En regard du nom des dernières supérieures, nous n'avons pas mis de chiffres, parce que nous ne les connaissons pas, et ils ne seront jamais connus. Mme de la Grandière ayant légué 10,000 francs, cette somme a été inscrite, mais la digne femme a donné bien davantage ; elle possédait deux ou trois fermes, dont les baux, bien entendu, ne furent jamais augmentés, et dont ses frères lui envoyaient le revenu. Or ce revenu était dépensé au profit de la maison, ainsi que le pratiquaient les autres supérieures, ainsi que le pratiquent les Sœurs qui possèdent ou reçoivent quelque chose de leurs familles.

En parcourant l'inventaire du chartrier de l'Hôpital Saint-Jean, dressé par M. Port, nous trouvons plus de cinq cents noms de pieux chrétiens qui donnent ou lèguent à la sainte maison des marques de leur com-

XVIIIᵉ SIÈCLE

André Lasnier.
Dame de Boissimon.
Baudard.
L'abbé Théard.
Henriette Descazeaux.
L'abbé Cassin.
Jean de Vaugirauld, évêque d'Angers.
Louise Denyau, dame Boguais.
Dlle Aubin de la Bouchetière.
L'abbé Allard.
Mme Aulin.
Sœur Manin.

LISTE DES DONATEURS (XIXᵉ SIÈCLE)

Noms des bienfaiteurs	Année	Évaluation des dons
Sœur Cellier	1819	280 f. de rente.
Dlle Marie Coquereau de Bois-Bernier	1819	25.000 f.
Dlle Jeanne Bardou	1821	6.000 f.
Dlle Marie Marchand	1824	19.056 f. 08.
L'abbé Lemaistre	1833	8.973 f. 12.
L'abbé de Mantelon	1838	600 f. de rente.
Henri Mauvif de Montergon	1839	80.000 f.
Marie-Louise Tharreau, née Caillault	1842	100.000 f.
Denis Allère	1847	5.000 f.
Jean-Baptiste Guépin	1858	40.000 f.
Dame Guépin, née Hueau de Saint-Amand	1858	65.000 f.
Pierre-François Drouart	1861	88.753 f. 12.
Sœur Samouilhan	1864	
Général d'Angell	1865	62.012 f. 32.
Dr Th. Bigot	1869	5.000 f.
Dr E. Daviers	1871	10.000 f.
Sœur de la Grandière	1873	10.000 f.
Général Leroy du Verger	1874	14.000 f.

Jacques Verdier.
François Lailler.
Jacques de La Brosse et sa femme Marie Saguyer.
Mathurin Denyau.
Le P. Joseph, supérieur des Récollets.
Jacques Avril.
Nicolas du Tronchay et Renée Lebret, sa femme.
Louise de Marillac, veuve du sieur Le Gras.
René Leclerc de Sautré.
Gilles de Boussac.
Denis Berthelot de la Berthière.
Léger de la Tranchardière.
Mathieu Delalande, sieur de Lessard.
Jean Piolin.
Jacques Fronteau.
Guillaume de Cluny.
Vincent de Paul.
Claude Chaston, femme de J. de Thibault.
Gabriel Constantin.
Christophe Cupif, sieur d'Aussigné.
Pierre Guérin.
Pierre Bodin de la Foresterie.
Le curé Guichet.
Renée de Charnières.
Christophe du Doré.
Marguerite de Gondi, duchesse de Brissac.
Jacques Huet.
Mathurin Bilheu de Villeneuve.
Jeanne Martineau, veuve de Constantin de Monriou.
Guillaume de la Porte.
Anne Maumussard.
Étienne Garnier.
Marie Lasnier.
Le marquis d'Autichamp.
Henri Arnauld, évêque d'Angers.
Grimaudet.
Françoise Sallezard.
Pierre de la Buynardière.

Le Pape Alexandre III, mcxxxi.
Emma, abbesse du Ronceray, mclxxxviii.
Pétronille Le Meschin, mclxxxviii.
Constance, duchesse de Bretagne, mcvciv.
Philippe et Geoffroy de Ramefort, mcxcv.
Arthur, duc de Bretagne, mcxcix.
Geoffroy de Précigné, mccv.
Théophanie Milion, mccv.
Geoffroy du Val, mccxvi.
Charles Ier, comte d'Anjou, mccxl.
Audéarde Lespeingnole, mcclix.
Marie de Maillé, mccxciv.
Richard Leclerc, mcccvi.
Jeanne la Georgette, mccclxxxiv.
Guillaume Legouz et Gillette sa femme, mcccxcvii.
Maurice Lepelletier, mccccxlix.
Le Roi René, mcccccli.
Frère Auger, mdlxxii.
Pierre Gourreau, mdlxxiii.
François Bradasne, mdlxxviii.
Dame de la Rochebouet, mdlxxxvi.
Jean Gaudin, mdxcv.
Bernardin Goumenault, mdxcviii.
Georges Vivien, mdxcix.
Gilles Héard, mdxcix.

XVIIe SIÈCLE

Pierre Ayrault.
Renée Legay.
Madeleine de Rohan.
Pierre Chaston, sieur de Puyansault.
François de Chabannes.
Rose Baillif.
Lucrèce Maumussard.
Marie de Médicis, reine de France.
René Hiret.

Que de choses nous aurions à dire sur l'Hôpital ! mais dans l'obligation de nous borner, nous n'ajouterons qu'un mot à propos du rétablissement des *tours* pour l'exposition des enfants. On sait que cette question capitale a été posée, il y a une dizaine d'années, par le Dr Rochard à l'Académie de médecine de Paris. Combattue d'abord, l'évidence des faits lui a fait gagner graduellement du terrain, au point que maintenant, le retour à l'ancienne coutume est réclamé par le plus grand nombre des autorités compétentes. Tout ce que M. de Civrac prévoyait avec une sagacité surprenante lors de la discussion sur ce sujet, au Conseil général, il y a quarante ans, est arrivé. L'avantage financier, résultat de la suppression, s'est peu à peu réduit et les conséquences immorales ont grandi à proportion. Il n'est pas à douter que cette imprévoyance ne soit une des causes de l'affaiblissement de la population en France. Ceux qui pourraient le nier, changeraient d'avis s'ils venaient collaborer quelque temps à l'œuvre de Saint-François-Régis.

Mais passons à un ordre d'idées plus consolant, celui qui résulte de la connaissance des principaux bienfaiteurs de notre cher Hôpital, placé d'abord sous le patronage de Saint-Jean l'Evangéliste, aujourd'hui sous le vocable de Sainte-Marie :

Principaux Fondateurs et Bienfaiteurs de l'Hôpital Saint-Jean l'Évangéliste, aujourd'hui l'Hôtel-Dieu, — et des Pénitentes, des Renfermés et des Incurables, aujourd'hui l'hospice Sainte-Marie.

Henri II Plantagenet, roi d'Angleterre et comte d'Anjou, MCLXXXI.
Étienne de Marchay, sénéchal d'Anjou, MCLXXIV.

villes, dès le xvi⁰ siècle, le *Conseil du Roi octroyait* une part au profit des établissements de bienfaisance. Depuis la Révolution, tous les gouvernements ont reconnu ce droit[1], et même aujourd'hui, le budget de la ville de Paris, comme, je le suppose, celui de toutes les grandes villes, alloue aux Hospices, à titre de restitution, des sommes équivalentes à celles perçues pour l'entrée des denrées, ou même laissent entrer celles-ci sans frais.

Il est donc vraiment contraire à la règle d'équité de continuer cette contravention aux principes. De 1870 à 1880, notre Commission a été présidée par cinq maires : tous ont fait la même réponse à nos réclamations : « Votre demande est parfaitement juste, mais nous devons beaucoup ; le temps n'est pas favorable ; attendez le retour de la prospérité, etc. » Il serait pourtant désirable que cette affaire fût bientôt réglée, car il ne s'agit rien moins que de l'intérêt des pauvres, qui perdent ainsi non moins de 20,000 francs par an.

Une autre réclamation importante est faite à bon droit par l'Administration des Hospices au Conseil général ; c'est à propos des idiots dont la place n'est point à Sainte-Marie. C'est par un malentendu, à l'origine de l'Asile de Sainte-Gemmes, que ces malheureux furent renvoyés à l'Hôpital Saint-Jean. Confondus aujourd'hui au milieu des vieillards et des épileptiques, ils y sont souvent un sujet de trouble et de scandale. Ce serait un grand bienfait, à plus d'un égard, de leur ouvrir un quartier à Sainte-Gemmes, où l'on pourrait les soigner et les occuper autant que leur situation l'exige.

---

[1] Voir un mémoire irréfutable sur ce sujet, intitulé : *Caractère obligatoire* des subventions allouées sur l'octroi, aux hospices et aux bureaux de bienfaisance, par notre savant compatriote, M. Alexis Chevalier.

« Nous avons l'honneur de vous présenter Mme la Supérieure qui était à Metz pendant le siège. »

« La forme délicate et la brièveté de ce compliment produisirent le meilleur effet sur le Maréchal. Sans chercher à répondre avec cérémonie, l'illustre visiteur, faisant allusion aux derniers mots qu'il venait d'entendre, reprit du ton le plus naturel : « Ah! les Sœurs! je ne cesse de les admirer et d'en faire l'éloge. Partout, en France, on les trouve quand il y a du bien à faire. Avec elles on est sûr de voir régner l'ordre et les bons sentiments. Ce sont les amies de l'armée. Elles en font partie. Je serais bien ingrat si je ne les aimais pas. Je les ai vues à l'œuvre. J'ai fait quarante-cinq ans la guerre avec elles. Les Sœurs nous ont accompagnés en Afrique, en Italie ; elles nous ont suivis jusqu'à Constantinople, jusqu'en Crimée… »

« Ces paroles, prononcées avec le feu de la jeunesse, avec l'accent du cœur, avaient rompu l'étiquette. Il n'y avait plus de barrière officielle. Tous les assistants étaient à l'aise. L'entretien continua sur le ton d'une courtoisie communicative… »

Nous avons dit que les Hospices d'Angers n'étaient pas riches, mais que grâce à leur sévère et intelligente gestion, ils parviennent à solder leurs dépenses, sans réclamer de subvention à la Ville et à l'État. C'est une situation précieuse, bien rare, qui permet à l'Administration de conserver son indépendance. Mais de ce que les Hospices ne réclament rien au budget municipal, il ne s'ensuit pas qu'ils doivent être leur victime; or, c'est ce qui arrive par le prélèvement des droits d'octroi sur les denrées consommées à l'Hôpital, viande, charbon, etc. Il est si juste que la maison des pauvres devrait en être exempte, que l'État la dispense d'impôts.

Les octrois furent fondés en grande partie pour assister les indigents. Sur les taxes, à l'entrée des

chal de Mac-Mahon, alors président de la République, le 27 août 1874. Cette citation suffira pour donner une idée des sentiments qu'inspirent nos Sœurs à Angers, comme partout en France et dans les missions lointaines :

« Deux heures et demie sonnaient lorsque des acclamations joyeuses annoncèrent l'approche du Maréchal. Parvenu au galop à la grande porte, il s'était arrêté court, devant un peloton de cornettes blanches, digne avant-garde d'une assistance, composée presqu'en entier d'êtres souffrants et deshérités de ce monde. — Ah ! voilà nos Sœurs ! avait-il dit de l'air le plus affable en se préparant à descendre, lorsque M. le Commissaire central s'approcha pour le prévenir qu'on l'attendait plus loin. Presque aussitôt il parut, en tête de son escorte, sous le portique de la cour d'honneur. Les broderies de son imposant uniforme ne brillaient qu'à travers une enveloppe de poussière, souvenir de la revue du Champ-de-Mars ; mais le vaillant cavalier n'en avait nul souci. Ses traits respiraient la belle humeur et le contentement. A peine eut-il mis pied à terre que Mme la Supérieure et M. le Vice-Président de la Commission des Hospices se trouvaient devant lui. M. Lelièvre s'exprima ainsi :

« Monsieur le Président,

« Nous n'entendons rien ici aux discours ; nous devrions vous dire combien nous sommes touchés de l'honneur que vous faites à nos Hospices et vous assurer que nous en garderons un long et précieux souvenir.

« Mais le bien faire vaut mieux que le bien dire.

« Nous vous prions donc simplement de vouloir bien visiter avec nous l'œuvre de nos Sœurs de Saint-Vincent-de-Paul. Vous verrez, Monsieur le Maréchal, comment elles savent soigner nos pauvres et nos malades, comment elles savent aussi soigner vos soldats.

Par le même motif de dénuement général, les ressources manquent pour se soigner à domicile ; les mères malades ne pouvant y laisser leurs enfants, profitent de l'accord bienfaisant de la Mairie et de la Commission pour recevoir les enfants même au-dessous de quatre ans. Les frais ne s'élèvent pas à plus de 60 centimes par jour. C'est ainsi qu'un crédit, jadis, de 2,000 francs, on l'a judicieusement élevé à 6 et même 7,000, ce qui représente douze mille journées.

Enfin, quoique ce ne soit pas toujours l'usage chez les anciens administrateurs de complimenter leurs successeurs, nous n'éprouvons nul embarras à féliciter les membres de la Commission actuelle, d'avoir toujours soutenu le maintien des Sœurs à Sainte-Marie. Malgré certaines inquiétudes, il n'a jamais été question, et nous le savons de bonne source, de laïciser les services. Les administrateurs sont angevins, ou du moins sont nos concitoyens depuis longtemps, ils savent combien les Sœurs sont aimées et respectées de la population entière ; peut-il en être autrement ?

L'Hôpital d'Angers est le premier, en province, auquel Vincent-de-Paul ait envoyé ses filles, sous la conduite de la sainte dame Le Gras ; il est venu les visiter ; il a écrit maintes fois qu'elles lui causaient de grandes satisfactions, et depuis deux cent cinquante ans, elles n'ont pas plus changé de caractère que de costume, de dévouement que d'amabilité. Enfin le sang versé au Champ-des-Martyrs par les Sœurs Marianne et Odile a laissé parmi nous des souvenirs qui ne seront point effacés.

Au cours de nos visites fréquentes à l'Hôpital, nous avons eu l'occasion de raconter plusieurs épisodes qui se sont passés sous nos yeux. Qu'on nous permette d'emprunter un passage au récit de la visite du maré-

que les Sœurs qui les gardaient et que l'on avait choisies parmi celles qui avaient le plus besoin du bon air des champs.

Cependant, malgré toutes ces considérations, le riant domaine de *Vendôme*, d'où la vue s'étend sur les coteaux de la Loire, a été vendu et l'on a perdu ainsi une admirable occasion d'établir, presque sans frais, un hospice pour les convalescents, réclamé par tant de besoins et avec tant d'instances.

Une autre occasion non moins favorable se présenta pour établir une succursale champêtre de l'Hôtel-Dieu, comme il en existe près de tous les hôpitaux des grandes villes. C'était la belle propriété de Montecler. Bien qu'à deux pas de Sainte-Marie, située sur une hauteur qui domine tous les environs, elle n'est pas sous le vent du voisinage, et jouit de tous les avantages d'une pure atmosphère. Le prix était de 100,000 francs, dont un intérêt relatif se serait trouvé dans l'abondance des fruits, surtout en exploitant par les bras peu coûteux des indigents. Espérant avoir des conditions plus modérées, on attendit, et malheureusement on ne se décida pour l'acquisition qu'après la vente conclue avec les Frères de l'abbé Moreau, ravis de transporter leur tente de la vallée de Cheffes sur ce Thabor, ardemment désiré.

Une remarque à propos des enfants recueillis dans leur quartier spécial, l'ancien bâtiment de Belle-Fontaine : ils sont bien plus nombreux que de notre temps, et c'est une louable mesure de la part des Hospices comme de la Municipalité. L'accroissement continu de la misère publique en faisait une nécessité. Les demandes d'admission à l'Hospice qui ne montaient pas à une centaine autrefois, dépassent aujourd'hui quatre cents, et il n'y a que soixante-dix vacances annuellement.

l'Hôpital la Sœur par un employé? nous admettons ce qui est vrai, que M. le Préposé, sous le rapport administratif, remplit aussi bien ses attributions que la bonne Sœur Louise qui l'a précédé; d'accord, mais l'effet moral n'est plus le même. La Sœur annonçait le caractère chrétien de l'établissement. Le malade qui ne se présente guère à l'Hôpital que par contrainte, sent son émoi augmenter, à l'aspect d'un Monsieur qu'il ne connaît pas, tandis que la Sœur le rassure; il croit l'avoir vue, et lui parle sans embarras.

Ensuite il faut dire que la plupart des affaires de la maison, ont leur début et parfois leur conclusion à la grande porte. La Sœur informait la Supérieure de ce qui s'y passait d'important; celle-ci n'étant plus renseignée suffisamment, ne peut exercer la surveillance générale, comme il serait si nécessaire.

Avant la Révolution, l'Hôpital avait trois campagnes pour y transporter les convalescents : Aigrefoin, la Papillaie et la Pantière. Les Sœurs en profitaient pour changer d'air et se remettre de l'affection qui leur est habituelle, sons le nom de *fièvre d'hôpital*. Durant nos dix années d'exercice, mes collègues et moi attendions toujours le moment de jouir d'une belle campagne qu'une charitable dame donnait par testament : c'était *Vendôme*, parfaitement situé à trois kilomètres de la ville. Nous partîmes le 1er janvier, et dans le mois d'avril, la charitable dame instituait, par son décès, les Hospices propriétaires de sa belle campagne. On ne tarda pas à en éprouver les bienfaits, car l'hiver suivant, de nombreux cas de rougeole s'étant produits à Belle-Fontaine, on transporta les enfants à *Vendôme*; bien que ce fût dans la saison rigoureuse, et que l'installation ne fût que provisoire, tous les petits malades ne tardèrent pas à recouvrer la santé, ainsi

du siècle se sont le plus distingués par leur capacité et leur dévouement. M. Fr.-J. Grille, déjà nommé, MM. Langlois, Brichet, Saulnier, Appert-Georget, le D{^{r}} Guépin, M. Charles Bourcier, M. l'abbé Bernier, M. Lardin, M. l'abbé Legeard, le D{^{r}} Bigot, M. Lemotheux.

Loin de nous l'idée, qui serait injuste, de nier les améliorations que Sainte-Marie doit à ses nouveaux administrateurs. Grâce à un aménagement habile de l'abondante fontaine *des Vignes*, on a pu pratiquer un bassin intérieur d'eau suffisamment renouvelée où se lave tout le linge de la maison. La surveillance des buandières qui se tenaient dans un bateau est devenue bien plus facile, et l'on n'est plus exposé à perdre du linge entraîné par le courant de la rivière.

La nécessité d'augmenter le nombre des salles de militaires à cause de l'accroissement de la garnison, a donné le moyen d'ouvrir dans le même pavillon un certain nombre de chambres de pensionnaires, occupées au prix modique de cinq francs et trois francs le jour, par des voyageurs ou des gens aisés qui désirent être soignés à l'Hôpital. Sur l'invitation de plusieurs personnes, entre autres de maîtres d'hôtel, nous avions eu l'intention de prendre cette bonne mesure; mais le temps nous a manqué pour l'exécuter.

Enfin, grâce à la généreuse initiative de feu M. Henri Trottier, vice-président de la Commission, le gaz éclaire maintenant l'Hôtel-Dieu et l'Hospice. C'est incontestablement un grand bienfait, à tous les points de vue, de la propreté, de la lumière et de l'économie de temps.

Maintenant que nous n'avons pas épargné l'éloge, on voudra bien nous permettre d'exprimer quelques regrets.

D'abord pourquoi a-t-on remplacé à la porte de

liberté. Ce n'est pas à mon âge (près de 79 ans) qu'on se plaît à déguiser la vérité et à manquer d'égards envers ses concitoyens.

Le 1er janvier 1880, l'Administration des Hospices fut révoquée, sur la demande de M. le préfet Béchade. Elle se composait de MM. Lelièvre, vice-président, Montrieux, Mestayer, Ambroise Joûbert, Cosnier, M. le curé Bachelot et M. le pasteur Audra. M. Audra fut seul conservé. Pourquoi cette révocation ? par simple motif politique. On n'avait nul grief à reprocher aux anciens Administrateurs. Ils avaient géré le grand établissement avec connaissance et impartialité. La concorde régnait entre tous les groupes du personnel ; d'excellentes innovations avaient été appliquées, l'alimentation améliorée, les médicaments choisis de première qualité ; les comptes tenus à jour et se soldant à chaque inventaire par un excédent de recettes. Tout ceci du reste n'a pas été contredit, mais devait s'incliner à cette époque devant la terrible apostrophe : « Ils ne sont pas républicains ! »

Dès leur entrée en fonctions, nos successeurs, et c'est bien naturel, ont voulu faire mieux que nous. Sans nous accuser de malversations, ils nous trouvaient quelque peu terre à terre, et se persuadaient qu'il y avait autant de réformes à entreprendre que de progrès à poursuivre. On se donna beaucoup de peine, on élabora beaucoup de projets, mais la vérité est, ce que nous tenons de la bouche même de l'un des novateurs, qu'en général les choses se passèrent en délibérations prolongées, en nombreux plans développés sur le papier. Finalement, on en revint ou à peu près aux errements des prédécesseurs comme ceux-ci avaient suivi leurs devanciers. Profitons de la circonstance pour retenir quelques noms de ceux qui dans le cours

faisais partie, peu satisfaite de l'état de la basse-cour (vacherie, porcherie, poulaillers), surveillée jusque-là par des employés secondaires, en remit la direction à une Sœur ; peu de mois après les étables brillaient par leur blancheur, et tous les animaux tenus avec une propreté irréprochable, semblaient jouir de leur heureuse transformation. Dès la première année, le produit net s'éleva de quinze cents francs à six mille francs !

C'est un plaisir pour nous d'ajouter que dans ce notable progrès les Sœurs avaient efficacement été secondées par notre excellent économe le commandant Branlard. Il n'était pas possible de voir un homme doué de plus de distinction naturelle, portant plus haut le sentiment de l'ordre et se prêtant avec plus d'aisance à toutes les affaires et à toutes les fonctions. Sa loyauté, sa délicatesse en faisaient un type d'officier français. En conversant avec lui et visitant les divers services du vaste établissement, j'aimais à me rappeler un de ses devanciers à l'administration des hospices, dont le passage comme secrétaire en chef y exerça une heureuse influence. De même que M. Branlard, M. Dainville avait servi glorieusement ; comme lui, grand ami des Sœurs, tout dévoué à ses fonctions dont il comprenait l'importance bienfaisante, son abord était aussi prévenant que son caractère était généreux. Heureuses les administrations qui possèdent des représentants d'une intelligence aussi vive et d'un cœur aussi élevé ! Tous les pas sont faciles, parce que toutes les mesures sont accomplies avec la sagesse qui les a inspirées.

Nous arrivons à un point délicat. En parlant des Hospices, il n'est pas possible à un membre de l'ancienne Commission de garder le silence à son sujet, et de ne pas apprécier quelques actes de ses successeurs avec courtoisie, bien entendu, mais aussi avec toute

pas riche ; elle n'a bien juste que ce qu'il faut pour entretenir quatorze cents personnes. Divisez la somme par l'unité et vous verrez combien est modique le coût de la journée. Si nous avions assez de marge pour faire l'énumération des dépenses de toutes sortes qu'entraîne le fonctionnement d'un grand hospice comme celui d'Angers, on serait surpris qu'avec un budget relativement si restreint, on puisse suffire à tant de nécessités, secourir tant d'infortunes. Ce n'est qu'à force de vigilance de la part des administrateurs, de zèle et de régularité de la part des employés que l'on peut parvenir à balancer le doit et l'avoir. Enfin, soyons juste et ne craignons pas de dire la vérité ; le principal mérite dans la conservation du bien des pauvres revient assurément aux Sœurs hospitalières. On dit avec raison qu'une femme intelligente et sage maintient l'ordre dans un ménage comme dans une maison de commerce. Là elle a surtout en vue la prospérité de la famille, mais quand elle travaille pour l'amour de Dieu, alors ses forces sont doublées par une grâce surnaturelle ; ne coûtant personnellement presque rien, n'ayant pas d'autre préoccupation que l'accomplissement de leur devoir, elles y consacrent toutes leurs pensées, et veillent aux diverses missions qui leur sont confiées avec plus de sollicitude que s'il s'agissait de leurs propres intérêts. C'est pourquoi rien ne se perd entre leurs mains ; elles savent tirer parti de tout et sans parcimonie, sans que nul en souffre, elles font produire aux petites comme aux grandes choses tous les avantages que l'on peut en attendre. C'est un dicton parmi leur pauvre clientèle que si on donne aux Sœurs du blé à moudre, *le son devient farine*.

Voici un exemple de leur ingénieuse industrie ! Dans le cours de 1875, la Commission administrative, dont je

Dons et legs.	1,100	»
Journées de militaires et marins	47,400	»
Malades, infirmes, vieillards, enfants.	79,750	»
Journées ou pensions de personnes non malades, services annexés.	10,300	»
Exploitations industrielles, produit du travail	15,500	»
Produits intérieurs.	12,400	»
Recettes accidentelles et imprévues	4,600	»
Revenus en nature.	61,621	42
Total.	232,671	42
Le total des revenus fixes étant de.	339,466	87
Celui des revenus mobiles, étant de	232,671	42
Il s'ensuit que le revenu total pour l'exercice 1887 a été de	572,238	29

Suit un détail de recettes et de dépenses extraordinaires, trop long pour être inséré dans ce précis. Il résulte de ce compte administratif exposé avec beaucoup de soin et une grande clarté, un excédent de recettes de 15,482 fr. 40.

C'est ce compte qui a servi de base pour dresser l'inventaire de 1888 et de 1889, ainsi que pour établir le projet de budget de 1890 [1].

Ah! s'écrieront les lecteurs peu familiarisés avec les questions hospitalières, cinq cent soixante-douze mille francs! comme Sainte-Marie est riche! Non, elle n'est

---

[1] Le peu d'espace dont nous pouvons disposer nous interdisant de traiter, selon notre désir, l'ample sujet de l'Hôpital, nous nous en référons, pour la partie ancienne à l'*Inventaire des Archives de Saint-Jean*, par M. E. Port, et pour la partie moderne, à notre étude sur les *Sœurs hospitalières* parue en 1882.

La population de Sainte-Marie se divise ainsi qu'il suit :

HÔTEL-DIEU

Salles militaires	143 lits.
Salles civiles (hommes).	122 »
Salles (femmes) y compris les enfants, la Maternité et l'École d'accouchement . .	261 »
Total. . . .	526 lits.

HOSPICE SAINTE-MARIE

Quartier des hommes	330 lits.
Épileptiques	47 »
Quartier des femmes.	334 »
Épileptiques	57 »
Enfants assistés	135 »
Total. . . .	903 lits.

Pour faire face aux dépenses qu'entraînent les soins d'une population aussi nombreuse, les hospices disposent des ressources suivantes, d'après le projet du budget pour 1890 :

Propriétés foncières, fermages, loyers, etc.	86,604 36
Rentes sur l'État	220,032 »
Rentes sur particuliers, rentes en nature, etc.	32,833 51
Total. . . .	339,466 87

Voici le revenu fixe de l'établissement, les chiffres qui vont suivre sont mobiles et jusqu'à un certain point aléatoires :

note la désignation des métairies abandonnées par les propriétaires, même souvent par les fermiers et qui n'avaient pas trouvé d'acheteurs. De retour à Angers, il fit ratifier par l'autorité compétente la prise en possession au profit des hospices de ces propriétés dites *nationales*.

Toutefois la perte qu'avait causée la République ne put être amortie. Vérification faite de tous les moyens employés pour combler le déficit, on constata qu'il n'était pas moins de 45,000 francs de revenu.

Le règne sanglant de la Convention ayant cédé à la malédiction publique, le Directoire lui avait succédé. Sous ce régime moins cruel que l'autre, mais tout aussi corrompu, quelques essais de réparation avaient eu lieu, entre autres la loi de 1797 qui réorganisa les œuvres de charité publique. Ce fut l'origine des Commissions hospitalières. Celle d'Angers se composait de cinq membres nommés par l'Administration municipale. Les premiers élus furent MM. Lemasurier père, Roussel, Grille fils aîné, Joseph Trottouin, négociant, et Moron, notaire. La reconstitution de la fortune des pauvres, dépôt sacré auquel on n'aurait pas dû toucher, fut très laborieuse; tous les documents de l'époque témoignent de la capacité et du zèle que déployèrent les honorables citoyens, chargés de cette mission de confiance [1]. Quant aux divers services intérieurs, ils furent aussi réorganisés graduellement, mais ils ne reçurent leur complément qu'au retour des Sœurs de Saint-Vincent-de-Paul, en 1806.

---

[1] Me sera-t-il permis d'observer que M. Grille était le grand-père de ma femme, et M. Moron, mon grand-père maternel ?

La dépense de l'Hôpital s'éleva à 697,000 francs, celle de l'Ecole de médecine et des bains à 186,500 fr. Total : 877,500 francs. L'ancien et vénérable Hôtel-Dieu, sous le vocable de Saint-Jean l'Évangéliste, fut vendu à la Ville 120,000 francs.

Malgré de fréquentes vicissitudes dans la fortune de nos hospices, leur revenu, à la veille de la Révolution, atteignait encore, grâce à l'abondance continue des dons, la somme de 235,377 francs[1], qui vaudraient bien plus que le double aujourd'hui.

La Convention, par sa loi du 23 messidor an II, ayant confisqué tous les biens des établissements de bienfaisance, sous le vain prétexte que l'État devait nourrir les pauvres, la belle fortune de nos hospices se trouva soudain engloutie. Du premier coup, ils perdirent 171,557 francs de revenu ; il ne restait que le produit des biens que l'on n'avait pu vendre, et les ressources étaient par conséquent si réduites qu'après avoir diminué le nombre des malades, on envoyait chaque jour les convalescents invoquer de porte en porte la charité publique. Cet état misérable dura jusqu'au 16 vendémiaire an V, date de la loi qui abrogea celle de messidor, en permettant aux municipalités de rétablir l'ancien avoir des hospices au moyen des biens non vendus des émigrés. M. Jean Farran était alors maire d'Angers. C'était un administrateur habile et résolu. Il parcourut, non sans péril, les environs de Beaupréau, du Lion-d'Angers et de Morannes, où l'insurrection vaincue, était encore frémissante. Il prit en

---

[1] J'emprunte ces chiffres qui doivent être authentiques à la Notice de M. Audra, vice-président de la Commission actuelle, publiée en 1886.

décide que l'ancien Hôtel-Dieu serait abandonné et que le nouvel hôpital serait construit sur les nouveaux terrains restés disponibles, après la construction de l'Hospice Sainte-Marie, dans le grand enclos de Belle-Fontaine.

Lors de la session de novembre 1860, le Conseil municipal approuva la délibération de la Commission des Hospices, et vota une subvention de 50,000 francs, à la condition que l'on construirait, dans l'enceinte du nouvel hôpital, les bâtiments nécessaires à l'Ecole préparatoire de médecine et de chirurgie.

M. Moll fut chargé de préparer les plans du nouvel édifice, comme il avait déjà fait ceux de Sainte-Marie. Cinq ans après, le 25 décembre 1865, tous les malades civils et militaires, tous les services, furent transférés dans le nouvel hôpital pour ne plus former, avec Sainte-Marie, qu'un seul établissement.

Le choix de l'emplacement du premier de ces monuments n'obtint pas l'approbation unanime comme le second l'avait rencontrée. Ce furent MM. les Drs Bigot et Daviers qui décidèrent la Commission ; aux raisons sérieuses pour soutenir leur avis, on objectait surtout l'inconvénient de rapprocher deux groupes considérables de malades et de vieillards. Quoi qu'il en soit, depuis vingt-cinq ans, les craintes naturelles, suscitées par cette concentration, n'ont pas été justifiées ; nulle épidémie grave n'a sévi dans cet asile de tant de misères. Est-ce à l'excellente exposition des bâtiments, ou bien à l'excellence des soins prodigués à leurs habitants, que l'on doit cette préservation ? Probablement à toutes les deux, en n'oubliant pas les conclusions du père de la chirurgie française, racontant ses cures :
« *Je le pansay et Dieu le guarit.* »

lières, la Commission décide l'acquisition de sept propriétés, faisant autrefois partie du grand enclos de Belle-Fontaine.

Dans le mois de mai 1838, le Conseil municipal fut consulté sur cette grave question. L'examen en fut confié à une Commission composée de : MM. Planchenault, président du tribunal civil, Gaultier, procureur général Latour, commandant du génie, Lefrançois, docteur médecin et Augustin Giraud, ancien maire. Sur le rapport de celui-ci, le Conseil déclara donner son plein et entier assentiment au projet qui lui était soumis, et exprima sa vive reconnaissance à la Commission des Hospices, pour une conception aussi humaine dont la mise à exécution serait très favorable aux intérêts de la ville. Plus tard, 50,000 francs furent votés pour concourir à cette grande OEuvre.

Les sept propriétés coûtèrent ensemble 547,000 fr. Elles contenaient vingt-deux hectares, trente-huit ares.

Les plans demandés à notre compatriote, M. Moll, architecte à Paris, furent adoptés, et le 29 juillet 1849, le prince Louis-Napoléon posa la première pierre du nouvel édifice. Depuis, malgré de difficiles circonstances, les travaux ont marché régulièrement, et le 30 novembre 1854, Mgr Angebault bénissait le majestueux édifice. Depuis, sous la direction de M. Bodinier qui a donné une somme importante pour l'ornementation de la chapelle, M. Lenepveu, secondé par MM. Appert et Dauban, l'a décorée de fresques, considérées comme son chef-d'œuvre.

Dans le mois de juin 1860, la Commission des Hospices, composée de : MM. Montrieux, président, Bourcier, Bigot, l'abbé Legeard, Lemotheux et Boutros,

La Commission administrative se compose de M. Monprofit, adjoint au Maire, et de MM. Dabry-Latté, Daburon-Leroy, Héry, Anatole Laboulais et Frédéric Sautreau.

HOSPICE CIVIL ET MILITAIRE DE SAINTE-MARIE

Le 25 août 1837, la Commission administrative des Hospices, composée de : MM. Langlois, Brichet, Bourcier, Guépin et Saulnier, prit, sous la présidence de M. Giraud, alors maire, l'importante délibération suivante :

« La Commission estime qu'il y a nécessité et urgence de transférer dans un autre local les trois hospices d'Angers, désignés sous les noms : d'Hôpital Général, d'Hospice des Incurables et d'Hospice des Pénitentes, lesquels contiennent ensemble une population de mille individus. »

Le 27 avril 1838, la même Commission, sous la présidence de M. Cheux, adjoint de M. Farran, vu la délibération du 25 août 1837, considérant que, depuis cette délibération, l'urgence de la mesure dont il s'agit s'étant fait de plus en plus sentir ; considérant que tout auprès de la ville, à cinquante pas de l'Hôtel-Dieu, et à pareille distance du nouveau pont de la Haute-Chaîne, existe un emplacement, dont l'admirable position semble réunir au plus haut degré toutes les conditions désirables pour y placer des maisons hospita-

DÉPENSES DU SERVICE

Alimentation	15,300 f.
Chauffage et éclairage	2,000
Entretien du linge, de l'habillement, de la chaussure, de la literie, etc.	3,100
Frais du culte, pharmacie, sépulture. .	500
Entretien des ustensiles de cuisine, d'horticulture, de buanderie, nourriture et entretien des bêtes de somme; foin, paille, service de propreté, salaire des travailleurs à l'intérieur et menues dépenses	6,046
Réparations locatives	600
Total.	32,000 f.

RECETTES

Subvention du Département pour l'entretien de quarante lits, à 350 fr. chacun . .	14,000 f.
Arrérages et rentes diverses	1,461
Travail des indigents.	6,000
Produit de la vente d'objets divers . .	1,039
Total.	22,500 f.

Les dépenses montant à	32,000
Les recettes à	22,500
Il en résulte que, d'après le dernier traité entre le Conseil général et le Conseil municipal, le Dépôt, aussi bien organisé que possible, ne coûte plus à la Ville que . .	9,500 f.

Aujourd'hui 3 mars 1890, il y a 140 indigents, 95 hommes et 45 femmes.

travailleurs satisfaits? L'aspect des lieux s'est également transformé : ce n'est plus la tristesse d'une prison silencieuse, c'est le mouvement d'une exploitation agricole. Au temps de la moisson surtout, la grande cour de Saint-Nicolas et l'entrée de l'enclos sont remplies de récoltes ; on dirait la riante animation d'une métairie. Des monceaux de céréales, de fourrages, y abondent, et l'on y entend, tout le jour, la batterie cadencée des fléaux qui, jadis, retentissait si gaiement dans nos campagnes.

La Commission du Dépôt de mendicité est composée d'hommes modérés et bienveillants. Ils ont le bon esprit de seconder la Supérieure quand il le faut, sans l'entraver dans sa gestion, sachant qu'elle ne cesse d'être aussi régulière que bienfaisante. L'accord est donc parfait dans l'Administration du Dépôt et l'on espère qu'il durera longtemps encore. Toutefois on ne peut se défendre d'une certaine inquiétude en songeant que la bonne Supérieure est dans la maison depuis 1860. Sans être très âgée, elle éprouve souvent de vives souffrances, et ne se soutient que par la vaillance du cœur.

Quand Dieu jugera sa grande tâche accomplie, comment pourra-t-on la remplacer ?

D'après le projet du budget pour 1890 :

Les dépenses du Dépôt monteraient à 32,000 francs, répartis ainsi :

PERSONNEL

Sept Sœurs hospitalières à 450 fr.	3,150 f.
Un aumônier	600
Un médecin	100
Un concierge	500
Un barbier	104

établissements religieux savent si bien communiquer à toutes les créatures du bon Dieu.

Notre Dépôt de mendicité, et c'est un grand bonheur, est donc très peu une maison de correction, tandis qu'il est presque tout à fait une maison de bienfaisance ; mais c'est tout autre chose néanmoins que Sainte-Marie ; le personnel en diffère essentiellement. Un tiers, environ, est composé d'hommes et de femmes de trente-cinq à soixante ans, par conséquent trop jeunes pour entrer dans un hospice. Ensuite, ils ont presque tous été condamnés, pas pour des fautes bien graves, mais la prison s'en est suivie, et c'est une marque indélébile aux yeux du peuple ; ils appartiennent donc, il faut le reconnaître, à une classe sociale bien infime, à la dernière, avant celle des désespérés.

Cette maison, cachée à l'extrémité d'un faubourg, est peu connue et mérite cependant beaucoup de l'être. D'abord son titre éloigne les sympathies, et c'est à tort. Loin de regretter l'ancien système appliqué aux condamnés pour mendicité, on doit désirer la suppression de ce vilain mot sur la façade de la maison où ils trouvent un refuge assuré après avoir subi leur peine. Il serait à désirer qu'elle se nommât *Asile d'indigents* : ce serait plus vrai et nullement pénible. Pourquoi sans nécessité humilier les malheureux, et les empêcher de revenir au sentiment de la dignité qu'ils ont perdue et qu'ils peuvent recouvrer, si l'on consent à leur tendre la main ?

Aussi n'est-ce pas un spectacle admirable de voir que l'esprit de charité d'une femme, d'une simple religieuse ait changé, à l'extérieur comme à l'intérieur, le caractère morose d'un assemblage forcé de misérables, désœuvrés et mécontents, en une réunion de

cierge étant souvent sorti pour les besoins du service, — réussît à gouverner une foule de gens plus ou moins imparfaits, par le seul ascendant de l'intérêt qu'elle leur porte et du bon sens qui la dirige.

Le second motif de la médiation de M. de Civrac venait de la préférence qu'il donnait à l'organisation de notre Dépôt, tel qu'il est, sur le caractère qu'il aurait eu, en prenant pour modèle l'institution impériale qui ne brillait pas par la tendresse. En somme, selon l'éminent moraliste chrétien, la mendicité n'est pas un crime, et l'abri qu'elle trouve dans un asile charitable, comme à Angers, est préférable, de tout point, à la détention dans une maison de force, comme au Mans.

De son côté, la Commission ne voulant pas rester en arrière des libéralités de la Supérieure obtint de la ville l'éclairage au gaz ; puis le nouvel orage, peut-être plus redoutable que le premier, ne grondant plus que pour couvrir honorablement sa retraite, le calme intérieur ne fut point troublé par l'agitation qui ne s'était fait sentir qu'au dehors.

Les nuages ayant disparu, le Dépôt suivit le cours de sa paisible existence, sans incidents fâcheux que nous sachions, du moins : bien au contraire, sous le mairat de M. Jules Guitton, le bel enclos devant l'abbatiale a été acheté ; il remplace avantageusement les arpents des Sœurs, car il en contient le double. En un hiver, il fut mis en état et rapporte bien près des intérêts du prix d'acquisition. Cet accroissement de terrain procure aux bras encore valides un travail sain, fructueux ; de plus, il a permis de retirer les animaux de la basse-cour où ils étaient entassés et de les installer dans de vastes étables; ils y respirent à l'aise et jouissent de tous les avantages du bien-être que les

d'un avenir prospère, une controverse inopportune faillit renverser d'un coup l'édifice si laborieusement achevé.

A propos d'un différend avec le Conseil général, sur l'exécution du traité concernant le Dépôt, une Commission fut nommée. Le rapport se fondant sur cette circonstance, et sur l'état de la maison qui n'est point conforme aux décrets de 1808 et 1811, conclut à l'abandon par la ville de cet établissement. Le Conseil ayant adopté cet avis, il s'ensuivit une grande émotion au dehors. L'opinion publique, en général, se prononça contre ce projet. On étudia de nouveau l'importante question, et le Conseil, cédant de bonne grâce aux réprésentations du maire, M. Mourin, eut la sagesse de revenir sur son impression première. Il imita en cela, son prédécesseur, le Conseil de 1868 qui, à peu près dans les mêmes conjectures, s'était soulevé contre l'interprétation selon lui erronée du Conseil général, et avait fini par céder à la voix conciliante de M. Montrieux, le maire d'alors. Nous devons ajouter que dans ces deux cas, sans vouloir diminuer l'importance des mérites de MM. Montrieux et Mourin, le principal rôle dans les deux crises appartint à M. de Civrac. Les deux parties étaient tellement animées que, sans l'intervention de ce puissant arbitre, il n'eût pas été possible de les mettre d'accord.

Le très regrettable Président du Conseil général, qui prouva tant de fois qu'aucune fonction n'était au-dessus de sa supériorité, tenait à l'apaisement entre les assemblées rivales pour deux motifs; d'abord il professait une grande estime pour la sœur Caroline. Rarement une session avait lieu, sans qu'il vînt lui faire visite, et il en revenait toujours émerveillé qu'une femme n'ayant ni fortune, ni santé, ni assistance d'homme — le con-

Frédéric Parage lui donna pour étrenne une jolie bête bretonne ; le bon abbé Grangeard lui en offrit une seconde ; puis le don de six cents francs par une pieuse fille, Marie, excellente beurrière, que la Sœur Victorin avait amenée d'Ancenis, permit d'acheter une belle *Cotentine*, mère et grand'mère de la magnifique race, précieusement entretenue à Saint-Nicolas.

Nous parlions dernièrement du château en Espagne de Perrette la laitière, à l'occasion d'une autre entreprise de charité, mais là il n'est encore qu'à l'état de plan, tandis qu'au Dépôt, le château est édifié de toutes pièces.

Que n'a-t-on pas fait avec cette nouvelle ressource, grâce à l'initiative de la Supérieure, à la capacité variée de sa compatriote, la sœur Cécile, et au concours dévoué de toutes les Sœurs ? On commença par le beau portail d'entrée provenant de l'hôtel d'Anthenaise, lors de sa démolition. Puis se succédèrent la création d'une lingerie, peut-être sans égale à Angers, la décoration de la chapelle, la refonte de matelas, devenus durs comme les bois de lit vermoulus, également remplacés, qui avaient servi aux prisonniers espagnols, décimés par le typhus, en 1814, à l'ambulance du grand Saint-Nicolas.

Bref, le domaine des Sœurs, consistant en trois arpents, pris à ferme dans le voisinage, rapporta en six ans, outre une fraîche et saine alimentation, plusieurs milliers de francs convertis en acquisitions et en travaux des plus urgents.

Mais il faut toujours se défier du bonheur dans ce monde ; c'est au moment où l'on se croit le plus sûr de sa continuité qu'il survient des incidents aussi fâcheux qu'inattendus. Le 24 juillet 1877, au moment où le Dépôt, suffisamment amélioré, semblait certain

cesse multipliés, il fallait suppléer à l'exiguité du budget de la maison : 25,000 francs pour 110 personnes, ce n'est pas 70 centimes par jour, tous frais compris. Comment faire pour trouver avec rien quelque addition au régime alimentaire si maigre, à la literie si incommode ? Est-ce à la bourse des Sœurs que l'on aura recours ? mais on sait que la plupart des règles monastiques défendent les ressources particulières. Les religieuses, quand elles le peuvent, apportent à la Congrégation une dot très mince qui disparaît dans le fonds commun. — D'accord, nous disait-on alors ; mais les Sœurs de Saint-Nicolas jouissent comme d'autres, d'un traitement dont elles disposent à leur gré. — C'est juste ; chacune d'elles touche 450 francs par an, la Supérieure pas plus que ses quatre compagnes ; sur cette somme, fixée en 1832 et qui n'a pas varié depuis, elles se nourrissent et se vêtissent ; que peuvent-elles économiser sur 1 fr. 20 centimes par jour, un peu moins que le salaire des dernières ouvrières de fabrique ?

Ces véritables mères des pauvres firent plus que de gratifier leurs protégés de réserves pécuniaires ; il n'y en avait pas ; elles leur consacrèrent tout le produit d'une ingénieuse industrie, en se disant : « L'autorité a beaucoup fait pour relever l'établissement de la ruine ; à nous de faire le reste. » Leur parti fut bientôt arrêté. La Supérieure[1], ayant pris à l'admirable colonie de Mettray quelques notions de *faisance valoir*, se mit à quêter non de l'argent, mais des vaches. Le généreux

---

[1] Née Marie-Caroline de Lescas, d'une ancienne famille de l'Agénois. Elle fut amenée d'un orphelinat, d'Orléans, à Mettray, par M. de Metz qui, l'estimant très haut, lui avait confié la direction du service féminin de la Colonie.

se laisser toucher, ajouta-t-elle, il n'y avait pas de sacrifice qu'elle ne fît pour le salut de son âme. » Cette assurance était donnée avec un tel accent qu'elle émut le pauvre homme. « On dit que Jésus-Christ est mort pour les pécheurs, répondit-il; mais vous, consentiriez-vous à mourir pour un grand criminel ? — Oui, à l'instant même, s'écria la Supérieure, et toutes mes Sœurs avec moi ! » Ces paroles, rapportèrent les assistants, parties dans un élan sublime, fondirent le cœur de pierre du vieux terroriste, et il expira peu après, consolé et fortifié par un sincère repentir.

J'arrive à un point délicat : ne voulant pas trahir des secrets, presque surpris [1], j'hésite à soulever le voile qui recouvre d'autres bienfaits ignorés, mais pour le besoin de la cause générale, on m'excusera, je l'espère, de froisser peut-être de modestes susceptibilités.

Ce n'est pas assez pour les Sœurs de Saint-Nicolas de consacrer depuis la première heure du jour jusqu'à la dernière, du 1er janvier au 31 décembre, leur temps, leur santé, leur intelligence, au soulagement moral et physique de vieillards, d'infirmes dont les relations ne peuvent satisfaire des personnes élevées dans des habitudes bien différentes; ce n'est pas assez de s'être ingéniées pour procurer à leurs bonnes gens un travail moralisant et rémunérateur dont elles ne retirent aucun profit personnel; ce n'est point assez de s'être faites apprenties dans des manufactures pour leur apporter et leur enseigner de nouveaux moyens d'utiliser leurs bras débiles; ce n'est pas assez de prodiguer à ces abandonnés des soins incessants contre lesquels se soulève la nature, même chez les cœurs les plus compatissants; ce n'est pas assez de tous ces sacrifices sans

---

[1] En 1873, quand j'étais secrétaire de la Commission.

ment aggravante, avait essayé de deux ou trois autres métiers.

Nous disions tout à l'heure que la préparation à la mort, la principale affaire de la vie, est excellente chez les indigents de Saint-Nicolas ; une exception cependant fut à noter. Dans les premières années du Dépôt, un octogénaire était en proie à une maladie mortelle. Comme il avait l'humeur farouche et que ses camarades le redoutaient, nul autre que les Sœurs et l'aumônier n'approchaient de son lit de souffrances ; mais il les repoussait en protestant contre toute pratique religieuse. On le nommait le père *Carmagnole* ; d'après les anciens, il avait pris part aux noyades de la Baumette, aux fusillades du Champ-des-Martyrs ; on l'accusait encore d'avoir égorgé des Vendéennes qui se cachaient dans le faubourg Saint-Michel, après le siège d'Angers, en décembre 1793.

L'état du misérable empirait de plus en plus ; la nuit il était agité de rêves sinistres, et il proférait des paroles épouvantables qui confirmaient les accusations dont il était l'objet.

Sur ces entrefaites, la première Supérieure du Dépôt, Sœur Saint-Jean, que la Commission des souscripteurs avait amenée de Tours avec bonheur, en 1832, revint de Nantes, où, après quelques années passées à Angers, elle fut mise à la tête d'un établissement beaucoup plus important que le nôtre. C'était une femme dont le caractère aimable et ferme a laissé de vifs souvenirs chez tous ceux qui l'ont connue. Se sentant atteinte d'une affection mortelle, elle avait voulu passer ses derniers jours au milieu de ses anciens protégés. Après les avoir tous reconnus, elle s'approcha du moribond, et lui dit qu'elle était heureuse de le revoir, mais qu'elle avait appris avec douleur son endurcissement. « S'il voulait

assurent le prix inestimable d'une bonne mort. Presque tous, sans contrainte, sans complaisance coupable, accomplissent simplement les devoirs religieux ordinaires. Il est bien rare qu'un malade refuse l'assistance de l'aumônier. Ces pauvres gens qui ont souvent un rude passé à expier, s'élèvent ainsi par un humble repentir au-dessus de bien des puissants et des heureux de la terre. La miséricorde divine même en semble émue, au point que pour les indemniser de leurs longues et anciennes souffrances, elle leur accorde souvent une agonie douce et résignée.

On ne nous croirait pas si nous affirmions que la principale cause de la détresse de ces malheureux, le vice de l'ivrognerie n'entraîne pas des rechutes fréquentes; elles sont relativement rares, et parfois, cette habitude, si difficile à déraciner, s'y atténue d'une façon inespérée ; on pourrait en citer maintes preuves ; que l'on m'en permette une entre bien d'autres. Cela se passa de mon temps, le lendemain de nos désastres, en 1872. D'après un usage immémorial et peu prudent, le Mardi-Gras tous les pensionnaires un peu ingambes étaient sortis, mais avec force recommandations de veiller par leur sagesse à l'honneur de la maison. La rentrée était fixée à la collation de quatre heures ; quelle ne fut pas la surprise de la Supérieure en voyant rentrer tout son monde avant le terme convenu ! Aux félicitations que méritait même le dernier arrivé, le serre-file de l'arrière-garde, celui-ci répondit en passant, ferme comme un roc, près d'elle, sa casquette en main : « Madame, quand la France est en deuil, les pauvres gens ne sont pas en joie. » Peut-on mieux dire ? Et ce propos naturel dans la bouche d'un ancien soldat, venait d'un homme qui n'a jamais été sous les drapeaux, un vieux maçon qui, circonstance singulière-

timent de bien-être qui n'existent pas toujours dans des maisons comblées de faveurs. Sous le joug léger d'une religieuse, cent quarante individus rejetés de la société par leurs vices ou leur misère, y trouvent le repos et souvent la satisfaction de la conscience. N'ayant au-dessus d'eux qu'une autorité de raison, celle d'une femme dont toute la force est dans la bonté et la justesse d'esprit, ces mendiants, ces vagabonds qui, pour la plupart, ont manqué leur vie, et n'ont apporté au Dépôt que des habitudes d'inconduite et de grossièreté, eh bien ! dans ce milieu régulier, paisible, se calment sous une pure influence ; ils se laissent toucher par une sollicitude presque maternelle, et finissent par retrouver les penchants honnêtes dont leur nature est susceptible. Les symptômes les plus manifestes de cette transformation sont : le retour vers le goût du travail, de bons procédés envers leurs compagnons, une respectueuse reconnaissance pour les Sœurs, et enfin, ce qui est plus difficile chez plusieurs au moins, le renoncement à des défauts invétérés. Cependant il n'y a trace de répression corporelle. La salle de police a été supprimée ; la réprimande, des retenues sur un modique salaire, suffisent pour corriger, jusqu'à ce que l'on ait recours à l'exclusion dans les grandes circonstances. Avec ces moyens primitifs, les natures incultes ou ulcérées ont été réduites ; on a ramené dans la bonne voie presque tous ces pauvres êtres égarés, si disgracieux, et souvent plus infirmes d'esprit que de corps. Une ingénieuse et juste compassion a su trouver la clef de ces âmes endurcies, et le souffle chrétien, écartant les cendres, a rallumé l'étincelle sacrée, bien rarement éteinte au cœur de l'homme du peuple. Ce n'est pas assez de procurer à leurs pensionnaires le repos des dernières années, ces pieuses femmes leur

www.ingramcontent.com/pod-product-compliance
Lightning Source LLC
Chambersburg PA
CBHW072213240426
43670CB00038B/887